ASTROLOGIE LIVE!

Astrologie und Astrodrama
als lebendige, kreative und heilende Erfahrung

Barbara Schermer

★ VERLAG PETRA NIEHAUS ★

Aus dem Amerikanischen von Axel Ruland

© 1991 Verlag Petra Niehaus
    Vaalser Str. 146
    D - 5100 Aachen

Alle deutschen Rechte vorbehalten
Originaltitel: Astrology Alive!
erschienen bei *The Aquarian Press* (Thorsons Publishing Group), London
© 1989 Barbara Schermer
Umschlagbild: K. Kampmann
Horoskopzeichnungen: Martin Garms
Lektorat: Hannelore Kühl
Printed in Germany
ISBN 3-928088-00-9

Inhalt

Vorwort   9

Buch I   15

Einleitung   17

1. Einführung in die erfahrbare Astrologie   23

Planeten-Theater   26
Antike Mysterien   29
Astrologie und die Götter   34

2. Moderne Wurzeln der erfahrbaren Astrologie   36

Dane Rudhyar und die Humanistische Astrologie   36
Der Beitrag der Jungschen Psychologie   37
Erfahrbare Astrologie und Humanistische Psychologie   40
Spirituelle Traditionen und Transpersonale Psychologie   42

3. Die Praxis der erfahrbaren Astrologie   44

Planeten-Theater   44
Astrologie durch Erfahrung lernen   52
(Die Elemente erfahren – Bildertafeln)
Heilen mit erfahrbarer Astrologie   56
(Astrodrama-Marathon: ein Beispiel)
Astrodrama und Psychotherapie   63

4. Do it yourself!   65

Techniken der bildenden Kunst (Venus/Sonne)   65
Der Einsatz von Bildertafeln   66
Das Geburtsbild als Mandala   67
Masken herstellen   69
Ein Heilbild malen   70
Aktive Techniken (Mars/Sonne)   71
Kontemplative Techniken (Mond/Merkur)   73
(Das Transit-Tagebuch – Das Traum-Tagebuch – Reflexionen zum Geburtsbild)

5. Astrodrama: mit anderen spielen — 80

Astrodrama: wie man es macht — 81
Das lebendige Horoskop — 83
(1. Geburtsbildanalyse – 2. Rollenverteilung – 3. Das Thema festlegen – 4. Die Reihenfolge im Rollenspiel – 5. Die Vorbereitung des Rollenspiels – 6. Aufbau der Bühne – 7. Das Drama spielen – 8. Der Abschluß des Dramas – 9. Feedback)
Variationen — 90
(Meditatives Astrodrama – Kunst-Astrodrama – Non-verbales Astrodrama)
Astrodrama und Jungs Modell der Psyche — 91

6. Die Intuition schulen — 94

Intuition verlangt Übung — 96
Partner-Übung: ins linke Auge blicken — 98
Bilder senden — 99
In die Ferne senden — 100
Traum-Kontrolle — 101
Die eigenen Hände ansehen — 101
Intuition und Transite — 102

7. Mit Bildern heilen — 104

Bilder bei der Arbeit mit Klienten — 104
Bilder für eine Saturn-Rückkehr — 107
Bilder für Saturn — 108
Bilder für Uranus — 109
Bilder für Neptun — 110
Bilder für Pluto — 111

8. Das Ausgleichen schwieriger Transite — 115

Kriya-Yoga und Astrologie — 116
Ausgleichstechniken — 118
Wie man Saturn mit Jupiter ausgleicht — 118
Wie man Saturn mit Mars ausgleicht — 120
Saturn erleben und transformieren — 120
Wie man Uranus mit Saturn ausgleicht — 122
Andere Möglichkeiten, Uranus auszugleichen — 123
Uranus erleben und transformieren — 124
Wie man Neptun ausgleicht — 124
Neptun erleben und transformieren — 126
Wie man Pluto ausgleicht — 126
Pluto erleben und transformieren — 127

9. Ein persönliches Ritual mit dem Horoskop gestalten — 130
Das eigene Ritual entwerfen — 132
Beispiel eines persönlichen Rituals — 134
Der richtige Zeitpunkt für ein Ritual: ein Beispiel — 137
Schlußbemerkung — 139

Buch II: Arbeitsbuch — 141

Einführung — 143
Elemente — 144
(Feuer – Luft – Erde – Wasser)
Lebendige Aspekte — 149
Eisbrecher und Aufwärmer — 150
(Dehnung und Bewegung – Kontakt-Tanzen – Stellen Sie einen Gegenstand dar! – Tiergruppen – Percussion-Band – Papiertüten-Band – Die verwickelte Gruppe – Seilpartnerschaften – Sich vorstellen – Gruppengeschichte – Gruppenimagination – Gruppen-Puzzle – Anzeigengeschichte – Erster Eindruck – Vertrauen – Auf frischer Tat ertappt – Menschenrolle – Nachlaufen und Umarmen)

Die Planeten und die Zeichen — 157

Sonne und Löwe — 157
(Die Sonne, eine Erfahrung des Selbst – Die Geschichte von der Reise des Helden – Was magst du an dir? – Gedichte rezitieren – Namensgesang – Ein Löwe-Erlebnis erzählen – Geschichten erzählen – Bestätigung – Warmer Flausch – König oder Königin – Geburtstags-Ritual – Sonne/Löwe-Filme – Sonne/Löwe-Planetenspaziergang – Sonnen-Meditation: der Lichtball – Lichtball-Gruppenmeditation – Musiktips)

Mond und Krebs — 166
(Mond-Erlebnis: Mondgrotte – Wie nähre ich mich selbst? – Kindheitsfoto – Mutter – Wiegen – Das Haus der Kindheit – Wo sind Sie aufgewachsen? – Zuhause – Kindheitsspielzeug – Das ist Ihr Leben! – Weibliche Themen – Geburt – Frauenthemen – Lebens-Linie – Autobiographie – Pfeifenreiniger-Lebenslinie – Sandspiel – Motherpeace-Tarot – Mond/Krebs-Filme – Krebs-Planetenspaziergang – Mond-Meditation: die Gezeiten – Spiegel-Tanz – Musiktips)

Merkur, Zwillinge und Jungfrau — 174
(Merkur/Zwillinge-Erfahrung – Merkur-Bewegung – Dialog mit einem Planeten – Memory-Spiele – Stille Post – Machen Sie sich ein Bild vom Himmel – Ereignis-Tagebuch für eine Woche – Cocktail-Party – Pantomime – Folgen Sie dem Vorbild! – Zuhören lernen – Entspannung – Meine Traumreise – Sprache – Silbenrätsel – Kauderwelsch – Geschwister – Lexikon-Spiel – Trivial Persuit – Gesundheitsprofil – Ins Detail gehen – Arbeitsplatzanalyse – Merkur-Filme – Merkur/Zwillinge-Planetenspaziergang – Merkur/Jungfrau-Planetenspaziergang – Merkur-Meditation – Musikvorschläge)

Venus, Stier und Waage 184
(Venus, eine Sinneserfahrung – Orangen – Kontakt – Massage – Kontaktspiele – Massage-Reihe – Löffelberührung – Lakenspiel – Mit anderen in Kontakt treten – Aufstehen – Kissen – Eßsucht – Mit Aufmerksamkeit essen – Freuden – Was an mir am attraktivsten ist – Kleider-Check – Partys – Finanzsituation – Erotika – Beziehungen – Kunst – Kunst-Materialkiste – Der Zustand meines Herzens – Luxusbad – Jeanne Rose's Herbal Body Book – Dessous – Verehrung der Göttin – Venus-Filme – Venus-Spaziergang – Venus-Meditation – Musikvorschläge)

Mars und Widder 196
(Mars: NASA-Abenteuerspiel – Sport – Abenteuer! – Sportliche Wettkämpfe – Profi-Football – Vergnügungsparks, Kirmes – Notfälle – Widder/Waage-Drücken – Wut – Den eigenen Mars beobachten – Marsbilder im Fernsehen – Mars-Filme – Mars-Planetenspaziergang – Mars-Meditation – Musikvorschläge)

Jupiter und Schütze 202
(Jupiter: sich selbst und andere anerkennen – Glaube – Die Berge – Freunde – Überraschungsreise – Motto-Party – Übertreibung – Berühmte Persönlichkeiten – Die Weltreligionen – Menschen anderer Kulturen – Ausländische Filme – Reisen ins Ausland – Reiseberichte – Geschenke – Stretching, Körperdehnen – Fingerfarbe – Jupiter-Filme – Jupiter-Gang – Jupiter-Meditation – Überfluß: Heilmeditation – Musikvorschläge)

Saturn und Steinbock 209
(Saturn/Steinbock-Erfahrung – Grenzen – Lebenszyklen – Fundamente – Ton – Geschichte zur Zeit Ihrer Geburt – Saturn-Rückkehr – Rückläufiger Saturn – Asteroidengürtel – Malen Sie Ihr momentanes Problem! – Der Schatten – Alter – Ein alter Mensch, den ich als Kind erlebt habe – Ein weiser, alter Mensch – Verstärkung Ihres Fundaments – Ziele – Schwierige Saturn-Transite im Rollenspiel – Nahtod-Erfahrungen – Beschäftigung mit dem Tod – Saturn-Filme – Saturn-Gang – Saturn-Meditation – Musikvorschläge)

Uranus und Wassermann 220
(Uranus: ein elektrisierendes Erlebnis – Bewegung – Unvorhergesehene Ereignisse – Unfälle – Kreativität und Originalität – Zeitungsturm – Weltraum-Phantasie – Science Fiction – Bizarrer Humor – Harte Nüsse – Planetarium – Uranische Kunst – Genies – Außerirdische – Weltraumprogramme – Elektronische Medien – Uranisches Wochenende – Zukünftige Transite – Das Jahr 2020 – Uranus-Filme – Uranus-Gang – Uranus-Meditation – Musikvorschläge)

Neptun und Fische 226
(Neptun, eine Erfahrung – Bewegung – Isolationstank – Blindes Gehen – Neptun/Saturn-Variante – Gruppenheilung – Wortgesänge – Subtile Heilmethoden – Retreat/Exerzitien – Drogen und Süchte – Neptun-Aktivitäten – Fotografie – Visionäre Kunst – Neptun-Filme – Neptun-Gang – Ihre Aura – Musikvorschläge)

Pluto und Skorpion 233
(Schamanische Verwundung – Schamanische Reise – Machtreihe – Geheimnisse – Körpertherapien – Teile von mir, die ich nicht sehen will – Ressentiments – Feierliches Ritual – Bis an die eigenen Grenzen gehen – Sexualität – Tantra – Tabus – Nukleare Vernichtung – AIDS – Magie – Die letzte Stunde des Lebens – Skrupel – Pluto-Filme – Pluto-Gang – Musikvorschläge – Pluto-Geschichte)

Anhang A
Die Geschichte von Margaret und Tamlaine 243

Anhang B
Gruppenleitung: Tips und Techniken 251
Der Beginn einer Gruppe: Die Vorbereitung 251
(Der Anfang – Sicherheit und Geborgenheit)
Gruppendynamik 254
(Gefühle – Struktur und Zeitplan – Feedback)
Ablauf erlebnisorientierter Gruppen 257
(1. Vorstellung – 2. Dehnübungen, Aufwärmer und Eisbrecher – 3. Vorgehensweise – 4. Abschluß)
Astrodrama: Eingreifen 259
(Stopp! – Doublen)

Anmerkungen 263

Literaturverzeichnis 267

Vorwort zur deutschen Ausgabe

Mit beginnendem Wassermann-Zeitalter findet auch die Astrologie eine neue Form. Ein wichtiger Beitrag auf diesem Weg ist das vorliegende, einfühlsam und kompetent geschriebene Buch von Barbara Schermer. Hier findet der experimentierfreudige Astrologe, der Astrologie-Interessierte wie auch der spirituelle Sucher einen wahren Schatz an Übungen, Spielen und Anregungen zum hautnahen Erleben der Astrologie.

Wer sich auf die Lektüre einläßt und sich die darin gegebenen Vorschläge zu Herzen nimmt, lädt die Planetengötter selber ein, an seine inneren Türen zu klopfen. – Laß sie herein und staune!

Ich freue mich, daß Barbara Schermers inspirierendes Buch nun in deutscher Übersetzung vorliegt. Daß bislang aus deutschsprachigen Federn so wenig zum Thema 'erfahrbare Astrologie' auf dem Buchmarkt publiziert wurde, heißt nicht, daß die Planeten in unseren Breiten schlafen! Die Wurzeln des Astrodramas lassen sich in Europa und in den Staaten in dieselben Jahre zurückverfolgen.

In der Astrologie-Welt der späten 70er Jahre herrschte vielerorts Aufbruchsstimmung. Alan Oken, Stephen Arroyo und Liz Greene sowie Hans Taeger und Bruno Huber im deutschsprachigen Raum – um nur einige Namen zu nennen – hatten frischen Wind in die angestaubte traditionelle Astrologie gebracht. Mit Neptun im Schützen (als Ausdruck der visionären Zeitqualität) gab es immer wieder neue 'Hits', die dem Astrologieinteressierten gänzlich neue Horizonte eröffneten. Composite-Horoskope, Astro-Kartographie, Themen wie 'Mythologie und Astrologie' oder 'Tiefenpsychologie und Astrologie' begeisterten ein immer breiteres Publikum.

Als 1981 Uranus, der Patron der Astrologie, auch noch in den Schützen einzog, fielen die letzten Grenzen. Experimentierfreudige Astrologengruppen saßen fasziniert Tag und Nacht zusammen, um neue Ideen auszuprobieren und die noch ungeahnten Möglichkeiten der 'lebendigen Astrologie' auszuschöpfen. Jupiters Eintritt in den Schützen und die darauf folgende Langzeitkonjunktion mit Uranus im Winter '83 brachten dann den Höhepunkt dieser kreativen Sturm- und Drang-Periode.

Hatte man sich in den Jahren davor (mit Uranus im Skorpion) hauptsächlich mit dem Erleben einzelner Planeten, des Tierkreises und der Felder/Häuser beschäftigt, so ging es nun darum, das ganzheitliche Zusammenspiel aller Horoskop-Faktoren, die Totalität des Aspektbildes (Schütze) erlebbar zu machen. In diesem Sinne entstanden in den Staaten und in der Schweiz erste Astrodrama-Gruppen, die über den Weg der Horoskop-Inszenierung die verschiedensten Ebenen eines Horoskops erforschten.

Den Planeten wurde als eigenständigen Persönlichkeitsanteilen Gestalt und Sprache verliehen. Da experimentierte man mit Projektionsmechanismen – der Planet tritt dem Horoskopeigner von außen entgegen – oder ließ Transitplaneten mit dem Horoskopkreis interagieren.

Diese spannenden Horoskop-Inszenierungen brachten so viel Enthusiasmus mit sich, daß man sich buchstäblich darum riß, sein eigenes Horoskop in der Gruppe zu erleben. Das vorher schwer nachvollziehbare Kräftespiel im Horoskop und die darin enthaltenen Möglichkeiten wurden so auf bewegende Art und Weise verständlich. Manche Szenen und Situationen waren so beeindruckend, daß sich die begeisterten Laiendarsteller bald auf der Bühne wiederfanden.

Erstaunlich ist (auch) die Synchronizität des Geschehens. Neue Ideen – als Ausdruck des Zeitgeistes – manifestieren sich an mehreren Orten der Welt zugleich. Die End-70er brachten hüben wie drüben eine Experimentierphase, in der verschiedene Astrologielehrer/innen, motiviert, einen lebendigen Unterricht zu gestalten, Mittel und Wege erforschten, die Astrologie erlebbar werden zu lassen.

Anfang der 80er differenzierten und vertieften sich verschiedene Arbeitsstile, von denen einige in therapeutische Richtung gingen, andere künstlerisch-kreative Arbeitsansätze weiterentwickelten und wieder andere astro-didaktische Ziele verfolgten.

Im Laufe der 80er Jahre beeinflußte die Humanistische und Transpersonale Psychologie, die den 'Körper als Tempel der Seele' versteht, eine größer werdende Zahl von Astrologen. Ihnen wurde immer klarer, wie sehr Körper, Gefühle und Geist eine Einheit bilden und daß die persönliche Entwicklung nur dann dauerhaft Früchte trägt, wenn alle drei Ebenen im Menschen berührt werden. Viele Astrologen erlernten daraufhin beratungsbegleitende Therapieformen, die sie nicht nur in ihrem eigenen Prozeß weiterbrachten, sondern auch, an Körper und Seele gereift, ihre eigene Beraterrolle mit größerer Klarheit wahrnehmen ließen.

Mittlerweile – mehr als ein Jahrzehnt ist seit unseren Pioniergruppen vergangen – sind auch in Europa einige erlebnisbezogene Astrologielehrer/innen durch ihre Arbeit bekannt geworden. Um nur einige zu nennen:
Erich Bauer (Nirmal), München: ganzheitliches Rollenspiel mit Planetenmasken,
Stefan Bischof, Freiburg: integrativ-kreative Kosmopsychologie,
Satya F. Burger, Schweiz: Elemente-Erleben und Integration der Astrologie in Arbeitsweisen der Humanistischen Psychologie und des Schamanismus,
Marie-Claude Emery, Lausanne: Astrologie, Tanz und Körperarbeit,
Hans Planje, Holland: Psychodrama und astrologisches Rollenspiel,
Babs Kirby, London: geführte Traumreisen zu den Planeten,
Melanie Reinhard, London: Astrologie und schamanische Arbeitsweisen; Chiron, der verwundete Heiler.

Ich selbst arbeite mit astrologischer Musik, Körperarbeit und Gruppendynamik und leite Astrodrama-Ausbildungszyklen.

In Europa sind vielerorts autonome Astrologie-Erleben-/Astrodrama-Gruppen entstanden, die zum Teil in Eigenregie mit der Materie experimentieren. Auch im Theaterbereich ist im deutschsprachigen Teil Europas schon mancher Planet auf der Bühne gelandet, wie zum Beispiel bei Johannes Galli, Freiburg, mit seinen "7 Typen", einem Stück, in dem er meisterhaft in die Rollen der sieben klassischen Planeten schlüpft. Die Astrodrama-Produktion "Helvetias Himmelfahrt" erhellte das Landeskarma der Schweiz anhand des Staatsgründungshoroskops (14 Darsteller, Regie: Burger/Roggenbuck).

Die mannigfaltigen Arten, mit der sonst eher trockenen Astrologie zu spielen, unterscheiden sich markant vom gängigen Umgang mit Astrologie. Und obwohl sie auf den ersten Blick vielleicht weniger allwissend und seriös erscheinen, erweisen sie sich beim 'Eintauchen' als weitaus tiefgreifender und wirkungsvoller als manche Beratungsstunde beim klassisch deutenden Astrologen.

Endlich – die Planeten tanzen wieder! Saturn mahnt wieder zum Opfer, Jupiter gibt wohlwollende Unterstützung – nicht draußen im Tempel oder droben am Himmel – nein, in der astrologischen Gestaltarbeit oder der geführten Phantasiereise als innewohnender Wesensanteil.

Warum ist diese prozeß- und gefühlsorientierte Astrologie erst so spät aus ihrem Jahrtausende währenden Dornröschenschlaf erwacht? Astrologen selber definieren die Astrologie als eine uranische Wissenschaft. Uranus als typischer Vertreter des Luftelements ist auf der Ebene von Gedanken und Erkenntnis zu Hause. Es geht unter anderem besonders um das Erkennen übergeordneter Zusammenhänge. Das ist eine Welt, in der Ideen und Prinzipien in ihrer ursprünglichen bedeutungsschwangeren Art das Geschehen bestimmen; eine Welt, in der noch kein Körper/Träger ausprobiert worden ist, durch den der Geistesinhalt auf die Erde gebracht werden kann. Im Jungschen Sinne bilden Uranus und das Luftelement den Gegenpol zur Gefühlswelt des Wasserelements.

Ist es da verwunderlich, daß die Mehrzahl der heutigen Astrologen mehr an Computer- und Datenverarbeitungsprogrammen, Astrologiesystemen, Zeitschlüsseln und neuen Informationen interessiert ist als an dem eigentlichen Erleben und Spüren der Qualitäten astrologischer Archetypen? Ist es verwunderlich, daß die Astrologie-Adepten des 20. Jahrhunderts mit den Ephemeriden auf Jagd nach Jupiter- oder Saturn-Einflüssen gehen, anstatt wie in alten Zeiten durch Naturerleben, im Ritual oder in der Einsamkeit Kontakt zu den Planetenkräften aufzunehmen?

Dieser uralte Initiationsweg der Astrologie mit seinen Ritualen, der ein Leben möglicherweise von Grund auf ändern kann, ist seines antiken Reichtums, seiner Tragweite beraubt und auf ein Blatt Papier, Tabellenbögen und verbale Erklärungen dezimiert worden.

Uranus hat als Göttervater der griechischen Mythologie unter solcher Hochspannung seine Nachkommen gezeugt, daß die hoffnungslos überforderte Erdenmutter Gaia keine adäquaten Körper in die Welt setzen konnte. Entwickelt sich die heutige Astrologie zu sehr in uranische Richtung weiter, besteht die Gefahr, daß die Schnelligkeit und Unpersönlichkeit unserer Computer zur Zeugung von neuen Zyklopen, Titanen und Giganten führt.

Barbara Schermers liebevoll geschriebenes Buch gibt Erdenmutter Gaia wertvolle Unterstützung und wird der Astrologie sicherlich dazu verhelfen, dem Körper und den Gefühlen mehr Raum und Stellenwert zu geben.

Unsere Astrologie braucht die Umsetzung, die praktische Anwendung im Hier und Jetzt des Alltags und braucht Astrologen, die bereit sind, die kosmischen Archetypen in sich selber leben und walten zu lassen. Dieser neue Typ von Astrologen lebt seine Planeten, versteht den Menschen als Kanal für mannigfaltige kosmische Kräfte, die durch ihn wirken. Ihre 'Klientel' malt Horoskope, reist im 'Lebensrad' in Selbsterfahrungsgruppen viele Tage durch die astrologischen Häuser ihres Geburtshoroskops oder begegnet den Planetengöttern auf Visionssuche in der Natur.

Befreien wir den Zodiak aus seinem flachen Papiergefängnis! Lassen wir die Planeten durch unsere Zellen tanzen!

Sithonia/Griechenland im Mai 1991
Friedel Roggenbuck

Dank

Ich gehöre nicht zu denjenigen, die im Kino ihren Platz verlassen, sobald ein Film zu Ende ist. Ich bleibe oft sitzen, wenn die Lichter angehen, um mir den Abspann anzuschauen und zu staunen, wie viele Menschen am Zustandekommen eines Films beteiligt sind. Wenn ich nun nach der Fertigstellung von *Astrologie Live!* zurückschaue, fällt mir auf, wie viele Menschen mir dabei zur Seite gestanden haben. All denjenigen, die mich so tatkräftig unterstützt haben, möchte ich diesen 'Vorspann' widmen und meinen aufrichtigen Dank aussprechen:

Shellyji, der mich mit seiner tiefen yogischen Weisheit, seinem skorpionischen Humor und seinem Glauben an mich bestärkt hat,
Kriyananda, der mich lehrte, auf eigenen Füßen zu stehen,
meinem Vater, der mir durch seine Sanftheit zeigte, was Stärke ist,
Jeff Jawer für seine kollegiale und freundschaftliche Unterstützung, Ermutigung und Inspiration,
Clay Bodine, Noel Tyl, Paula Walowitz und Rick Tarnas für ihre Vorschläge, ihr sensibles Feedback und ihre fundierten Ratschläge bei der Herausgabe des Buchs,
Eileen Campbell für ihre Bereitschaft, mein erstes Buch zu veröffentlichen,
meiner Freundin, der Geschichtenerzählerin Marcie Telander, für ihre reizende Geschichte von Tamlaine,
Bobby Skafish und Dixie Sue Botari, die mir halfen, die entsprechende Planeten-Musik zu finden,
B.J. Johnson für ihre gelungene Illustration des Kriya-Yoga-Chakrensystems,
Greg Vlamis für seine kosmische Verbindung,
Michael Cox, der mir völlig unerwartet vorschlug, dieses Buch zu schreiben,
meinen Kollegen und Freunden Margie Nicholson, Debra Trimmer, Moira Canes, Mary Ellen Glass, Jamie Binder, Betsey Means, Susie Cox, Ann Trompeter, Carl Fitzpatrick, Tom Brady, Ramona Lucero, Marty Beddoe und meiner Mutter und meiner Familie, die mich mit ihren Ideen ständig ermutigt haben und mir in zwei Fällen erlaubten, ihre persönlichen Geschichten darzustellen.
Vor allem aber möchte ich meinem Ehemann Bob Craft danken, der mich und meine Arbeit – besonders in Augenblicken von Enttäuschung und Zweifel – konsequent und mit viel Liebe unterstützt hat, der die in jedem Computer hausenden Bestien zähmte und jedes Kapitel, jeden Satz und jedes Wort in diesem Buch sorgfältig gelesen und kommentiert hat.

Barbara Schermer

Widmung

Für Shellyji und alle, die ihm vorausgingen;
für Kriyananda und alle, die ihm folgen.

Buch I

Einleitung

Am Anfang war die Astrologie *lebendig*. Das Leben und besonders der Aspekt, den wir *Geist* nennen, wird von den immer wiederkehrenden Beziehungsmustern zwischen den Menschen und ihrer Umwelt geformt.[1] Die Entwicklung der Menschheit hat sich niemals unabhängig von ihrer Lebensgrundlage, einem umherwirbelnden Himmelskörper, vollzogen, der den zyklischen Bewegungen von Sonne, Mond, Planeten und Sternen ausgeliefert ist und mit ihnen in Wechselbeziehung steht. So können wir sicher sagen, daß die Strukturen der Himmelsbewegungen auch dem Leben, dem Geist und der Menschheit innewohnen. Und als Männer und Frauen später die Sterne als ihre wandernden Begleiter betrachteten, lehrten die komplizierten Gesetzmäßigkeiten des Himmels sie immer differenziertere Zusammenhänge, so wie sie wiederum den Sternen entsprechend dem Entwicklungsstand des menschlichen Geistes Bedeutung gaben.

Das menschliche Leben war zu Beginn nicht von der Schöpfung losgelöst. Die Sterne müssen ein vertrauter Bestandteil des Alltagslebens gewesen sein. Es bleiben uns allerdings nur wenige Anhaltspunkte über die ersten Versuche unserer Vorfahren, das Firmament zu begreifen. Haben sie womöglich Berge bestiegen, um den Sternen näher zu kommen? Haben sie vielleicht Steine aufgetürmt, um deren Bahnen am Himmel darzustellen? Wir wissen, daß derartiges bereits vor 4000 Jahren in Mesopotamien und spätestens bis 1500 vor Christus in Stonehenge geschah – und wer weiß schon, wie lange das große Medizinrad mit seiner exakten astronomischen Anordnung von Steinen bereits in den Bighorn-Bergen von Wyoming steht? Wir können auf jeden Fall davon ausgehen, daß die ersten Menschen, die in der Pracht der dunklen, stillen Nächte zum Sternengewölbe aufblickten, fasziniert waren und sich ins Reich der Götter erhoben fühlten. Der römische Dichter Manilius (1. Jh. n. Chr.) fing viele Jahrhunderte später die Stimmung ein, die die ersten Menschen dabei empfunden haben mögen:

> Es sind jene mondlosen Nächte, wenn selbst die Sterne der sechsten Größe ihre mannigfaltig schimmernden Feuer entzünden, gleichsam wie Samenkörner des Lichts inmitten der Dunkelheit. Die glitzernden Himmelstempel leuchten dann mit Fackeln, die zahlreicher sind als die Sandkörner am Meeresstrand, als die Blumen auf den Wiesen, als die Wellen des Ozeans, als die Blätter des Waldes. Hätte die Natur dieser Vielfalt Kräfte verliehen, die ihrer Menge entsprächen, so wäre es dem Himmel nicht gelungen, seine eigenen Flammen zu ertragen, und die gesamte Welt wäre ein Opfer der Feuersbrunst des Olymp geworden.[2]

Und später noch (etwa 150 n. Chr.) schrieb Ptolemäus: "So sterblich ich auch bin, so weiß ich doch, daß ich für den Tag geboren wurde, wenn ich aber dem dicht gedrängten Lauf (der Sterne) folge, berühren meine Füße die Erde nicht mehr. Ich erhebe mich zu Zeus persönlich, um mich an der Ambrosia, der Speise der Götter, zu ergötzen."[3] Selbst in der Kultiviertheit der griechischen und der römischen Zivilisation blieb der Mensch der Erde unter seinen Füßen und den Sternen am Firmament verbunden. Männer und Frauen standen in enger Verbindung zur natürlichen Welt, und die Betrachtung des Himmels bildete eine wesentliche und ursprüngliche Gemeinsamkeit, die dem Leben Bedeutung verlieh.

Heutzutage sehen wir, daß die Menschen die Verbindung zu dieser ursprünglichen Erfahrung verloren haben. Und die Astrologie, das Kind dieser Vereinigung zwischen dem tiefen inneren Bedürfnis nach Kontemplation und dem Licht des Sternenhimmels, läuft Gefahr, ihre ursprüngliche Vitalität zu verlieren, indem sie zu abstrakt, theoretisch und zu analytisch wird. Gehirnforscher haben uns in den vergangenen Jahren darauf aufmerksam gemacht, daß wir nicht bloß über ein Gehirn, sondern über zwei Gehirnhälften verfügen, mit – auch wenn dies etwas zu einfach dargestellt sein mag – einer analytischen, verbalen, rationalen linken Hemisphäre und einer intuitiven, visuellen, ganzheitlichen rechten Hemisphäre.[4] Die in unseren Kulturen traditionelle Form der Erziehung kultiviert und fördert die linke Gehirnhälfte, propagiert die Abstraktion, während sie die Entfaltung unserer intuitiven, phantasievollen rechten Gehirnhälfte vernachlässigt. Der Unterricht von Mathematik, Naturwissenschaften und verbalen Fähigkeiten geschieht auf Kosten von Kunst, Musik und kreativer Ausdrucksfähigkeit. Obwohl aufgeklärte Pädagogen in der letzten Zeit begonnen haben, diese Tatsache anzuerkennen, sind es doch gerade derartige Programme, die man als erste streicht, wenn finanzielle Mittel gekürzt werden.

In diesem Zusammenhang ist es wichtig, darauf hinzuweisen, daß viele von uns nicht besonders gut mit Hilfe von Worten oder abstrakten Symbolen lernen können, sondern auf denjenigen Teil ihres Gehirns angewiesen sind, der 'Bilder malt'. "Durch zahlreiche Studien wurde bestätigt, daß intensiv erlebte Phantasiebilder, also Vorstellungen, die sowohl sichtbar als auch fühlbar sind, einen erheblichen Einfluß haben können auf Gehirnwellen, Blutstrom, Herzschlag, Hauttemperatur, Magensekrete und Immunreaktion – genaugenommen, auf die gesamte Physiologie."[5] Und die Forschung läßt nicht nach, auf die entscheidende Rolle von Bildern im Lernprozeß zu verweisen.[6] Die Tyrannei durch die Vorherrschaft der linken Gehirnhälfte wird zu weit getrieben. Es ist daher wohl auch kaum verwunderlich, daß die künstlerischen Impulse der meisten Kinder bereits im Alter von neun Jahren zu verschwinden beginnen, weil sie seit ihrem sechsten Lebensjahr auf den ausschließlichen Gebrauch ihrer linken Gehirnhälfte 'getrimmt' worden sind. Unser gegenwärtiges Bildungssystem fördert Kinder nicht, die vielleicht von Natur aus visuelle, phantasievolle Denker sind.

Unsere Astrologie-Ausbildung war da keine Ausnahme. Zu Beginn saßen wir vor einem Lehrer und haben uns passiv die Planeten, Zeichen, Häuser und ihre jeweiligen Bedeutungen eingeprägt. Dann haben wir, wiederum passiv, in einer anderen Gruppe gelernt, wie sich diese Planeten, Zeichen und Häuser zu einer aussagekräftigen Interpretation zusammenfügen lassen. Welche anderen Arten des Lernens sind uns heute zugänglich? Wir können Bücher lesen und an Konferenzen teilnehmen. Aber die meisten Konferenzen finden auch in der gewohnten, der linken Gehirnhälfte entsprechenden Lernatmosphäre statt: Ein aktiver Teilnehmer, der Vortragende, spricht zu einer passiven, gefügigen Gruppe von 25 Zuhörern. Und unsere Bücher sind nur allzuoft eine trockene Parodie des gleichen Vorgangs. Wir wurden – und werden immer noch – dazu ausgebildet, über Astrologie lediglich nachzu*denken*. Die Schlußfolgerung ist offensichtlich: Um eine Astrologie der rechten Gehirnhälfte zu unterrichten, müssen wir auch ihre Sprache benutzen, eine Sprache der Bilder und nicht der Worte.

Versetzen Sie sich in folgende Situation: Sie sind Astrologe und beraten eine Klientin über einen Neptun-Transit. Anstatt zu sprechen, zeigen Sie ihr ein Bild von San Francisco in Nebel gehüllt, um ihr die bevorstehende Begegnung mit diesem Planeten zu verbildlichen. Oder Sie verteilen Stifte in einer Lerngruppe und lassen die Teilnehmer aufzeichnen, wie sich ein Mars/Uranus-Quadrat 'anfühlt', oder Sie verbinden ihnen die Augen und gehen dann mit ihnen um den Häuserblock, um sie den Aspekt des Neptun/Merkur-Quadrats direkt erfahren zu lassen. Oder, um das Wesen von Pluto besser zu vermitteln, können Sie gemeinsam auf dem Fußboden an einer riesigen Collage von plutonischen Bildern arbeiten, die von Zauberern, führenden Weltpolitikern, Atomexplosionen und Vulkanausbrüchen nur so wimmelt. Wenn Sie mit einer Gruppe noch weiter gehen wollen, könnten Sie den Gebrauch der rechten Gehirnhälfte auch anregen, indem Sie die Teilnehmer ihre eigenen inneren Bilder z.B. von Mars darstellen lassen. Unter Zuhilfenahme energiegeladener Musik läßt sich die Verbindung zur Mars-Energie aufnehmen, die dann durch Bewegung und Tanz ihren Ausdruck findet. (Diese Art der Darstellung planetarer Energien wird als *Astrodrama* bezeichnet.) Der Prozeß kann innerhalb der Gruppe noch verfeinert werden, wenn man erforscht, wie unterschiedlich sich die Mars-Energie im Stier oder Skorpion anfühlt, oder wenn man die unterschiedlichen Gefühlsnuancen im Ausdruck einer Mars/Jupiter-, Mars/Saturn- oder Mars/Uranus-Konjunktion bemerkt.

Musik ist vielleicht das altehrwürdigste Mittel zur Kommunikation mit der rechten Gehirnhälfte. Man kann Musik finden, die die spezielle Energie eines jeden Planeten anregt. 'The Planets' von Holst und die Neubearbeitung durch Tomita sind Klassiker in diesem Bereich. Die LP 'Deep Breakfast' von Ray Lynch erinnert an Venus/Jupiter, und das Lied 'Ikarus' von verschiedenen Interpreten zaubert eine wunderschöne Venus hervor. 'Hearing Solar Winds' von David Hykes and the Harmonic Choir erweckt ein intensives Gefühl für Neptun und Pluto.

Eine Reaktion der rechten Gehirnhälfte läßt sich allerdings auch ohne diese eher expressiven Methoden erzielen durch den gekonnten Einsatz verbaler Bilder wie z.B. Metaphern, Analogien oder Märchen. Sie könnten Ihren Klienten oder Ihrer Gruppe beispielsweise erklären, daß Neptun dem 'Tragen einer Brille mit den falschen Gläsern' entspricht. Eine Saturn-Rückkehr ließe sich als 'das Ausschlüpfen eines Kükens aus dem Ei' verbildlichen. Milton Erickson, Hypnotiseur *par excellence*, und die Psychotherapeuten des NLP (Neurolinguistisches Programmieren) haben demonstriert, daß der Einsatz von Metaphern über das bloße Verbildlichen weit hinausgeht – er *heilt*.[7] Wenn Sie Ihre Fähigkeiten in diesem Bereich verfeinern wollen, können Sie beispielsweise das Märchen 'Der Froschkönig' der Gebrüder Grimm erzählen lernen, um das transformierende Wesen von Pluto zum Leben zu erwecken. Oder Sie bedienen sich der griechischen und der römischen Mythologie, der Geschichten, in denen die planetaren Archetypen selbst die Hauptrolle spielen.

Die Tatsache, daß astrologische Archetypen in den antiken Geschichten ihren Ausdruck finden, ist natürlich kein Zufall, denn die Erkenntnis, daß die planetaren Energien und die Götter einen tiefgreifenden (wenn nicht sogar einen identischen) Einfluß auf die Menschheit ausüben, hat den gleichen antiken Ursprung. Und *Astrologie live!* will beweisen, daß die hier beschriebene 'neue' Astrologie in Wahrheit eine Wiedergeburt der ganz alten Astrologie ist, die aus einer Zeit stammt, in der die archetypischen Energien direkt erlebt und zutiefst empfunden wurden. Im ersten Kapitel wird das anhand der Geschichte von Demeter und Persephone verdeutlicht, die für die Griechen der Gründungs-Mythos der 'Eleusinischen Mysterien' war, eines Rituals, das als Schauspiel, Prunkumzug und Huldigung 2000 Jahre lang alljährlich zur Herbst-Tagundnachtgleiche wiederholt wurde. Jedes Jahr verließen die Einwohner Athens ihre Stadt, um sich auf den 22 Kilometer langen 'Heiligen Weg nach Eleusis' zu machen und dort am 'Heiligen Theater' und seinen Riten teilzunehmen. Wie wir später sehen werden, hatte dieser Mythos eine außergewöhnliche Macht innerhalb der griechischen Kultur und im Unterbewußtsein des griechischen Volkes.

Wir brauchen uns aber nicht auf westliche Traditionen zu beschränken, denn die Astrologie steht auch im Osten seit vielen Jahrhunderten in Blüte, wo sie meist in die spirituelle Tradition eingebettet ist. Besonders in den späteren Kapiteln dieses Buches werden Sie Hinweise auf meine Beschäftigung mit Yoga finden.

Astrologie live! wird die Bedeutung dieser Mythen und Riten für eine neue Form der astrologischen Praxis zeigen, die ein Gegengewicht zur 'Vorherrschaft der linken Gehirnhälfte' in der Astrologie und in unserer Kultur im allgemeinen bietet. In überlieferten Mythen verbergen sich die tiefsten Wahrheiten einer Kultur. Im Westen scheinen wir heute nur über eine verkümmerte Mythologie zu verfügen, die durch den zu strengen Glauben an die wissenschaftliche Weltsicht der Aufklärung geschwächt wurde. Und wir sollten vermuten, daß die Astrologie als 'Institution', die in gewissem Maße zu dieser Kultur gehört, ebensosehr geschwächt ist. Wir, die wir ein Interesse an der Astrologie haben, sind auf den Wogen der technischen Entwicklung unserer Zeit mitgeschwommen, häufig zu unserem Vorteil im Hinblick auf neue Berechnungs- und Forschungsmethoden, aber auch zu unserem eigenen Schaden, denn wir haben dabei vergessen, daß unsere ursprüngliche Begegnung mit dem Firmament unmittelbar, direkt und lebendig war. Sehnen wir uns etwa nicht nach einem tieferen Verständnis von uns selbst und anderen? Und ist es nicht genau das, was die Astrologie zu erreichen bestrebt ist? Stellt sie nicht eine tiefere Verbindung zu unserer wahren Natur her? Allzu häufig hat es den Anschein, daß wir einfach unserer Kultur gefolgt sind und lediglich über Astrologie *nachgedacht* haben. Ist es nicht an der Zeit, sie auch zu *spüren*?

Mit Hilfsmitteln wie Metaphern, Musik, Mythen, spiritueller Praxis, schauspielerischem und künstlerischem Ausdruck können wir in einen *direkteren* Kontakt mit den planetaren Energien treten und dadurch unsere eigene Tiefe wiederentdecken. Die Astrologie ist dann nicht mehr nur ein Werkzeug zur Abstraktion und zum Denken, sondern eine Methode der Selbsterkenntnis und ein Hilfsmittel für eine lebendige, ursprüngliche Verbindung mit allem, was jenseits unseres Horizonts liegt. Womit wir wieder bei dem Zweck dieses Buches angelangt sind: *Astrologie live!* soll das, was als *erfahrbare Astrologie* bezeichnet wird, vorstellen und vermitteln. Es ist ein Buch für jeden, den traditionelle Ansätze langweilen, der sein Gefühl für die planetare Verbindung wiederbeleben will und der bereit ist, sich auf tiefere Ebenen der Erfahrung zu begeben. Das Buch wurde so konzipiert, daß es sowohl für den Lehrer als auch für den Schüler der Astrologie von Wert ist, ebenso wie für all diejenigen, die künstlerisch oder psychologisch tätig und zumindest in der astrologischen Sprache bewandert sind. Dieses Material ist für die wachsende Zahl von Menschen gedacht, die damit begonnen haben, die Astrologie mit anderen Gebieten zu verknüpfen, wie zum Beispiel mit Gestalt-Therapie, Psychosynthese, Mythologie, Kunst und mit spiritueller Praxis zur Entwicklung neuer Heilmethoden.

Betrachten Sie dieses Buch als Einladung zu einem Festmahl, an dessen reich gedecktem Tisch Sie die Art von Nahrung finden werden, die sowohl die Sinne anregt als auch den Geist nährt – das heißt praktische, direkte Methoden, mit denen Sie die Astrologie durch Arbeit und Spiel lebendig machen können. So ein Tisch braucht natürlich Stützen. Die vier 'Beine' unseres Tisches bestehen aus drei wichtigen Denkern und einer 'Bewegung'. Der erste Denker ist Dane Rudhyar, dessen Lebenswerk in der Entwicklung einer 'humanistischen' Astrologie bestand. Der zweite ist C.G. Jung, der uns eine äußerst fruchtbare Reise in die Funktionsweise des menschlichen Geistes bescherte. Ohne sein Konzept der Archetypen, des Selbst und des persönlichen und kollektiven Unbewußten hätten wir wohl kaum die Möglichkeit, über bedeutende Belange des menschlichen Bewußtseins zu sprechen. Die dritte Stütze im Bunde ist Jacob Moreno mit seinem Psychodrama, das das Astrodrama – eine besonders weit entwickelte Form der erfahrbaren Astrologie – unmittelbar anregte. Im zweiten Kapitel dieses Buches wird verdeutlicht, daß die vierte Stütze die 'Humanistische Psychologie' ist, durch die die Psychologie in den 60er Jahren gesellschaftsfähig wurde. (Barbara Schermer spricht in diesem Zusammenhang vom 'Human Potential Movement', das inhaltlich am ehesten mit der Humanistischen Psychologie vergleichbar ist, sich aber im Grunde nicht ausschließlich als eine Richtung der *Psychologie* festlegen läßt – d.Ü.)

Der Astrologe Stephen Arroyo hat auf einen wichtigen Stolperstein für Schüler der Astrologie, aber auch für praktizierende Astrologen hingewiesen: die fehlende Anleitung für die Synthese der vielen grundverschiedenen Elemente einer astrologischen Deutung.[8] Nur selten findet man einen astrologischen Text, der zeigt, wie man die verschiedenen Symbole eines Horoskops verbindet. Die Synthese führt jedoch rasch zu experimentellen Methoden, bei denen man durch aktives Tun lernt. Ich werde dies anhand von Techniken zeigen, die ich durch meine eigene Erfahrung mit experimenteller Darstellung und Theater sowie im Unterricht, bei Beratungen und in Marathon-Therapiegruppensitzungen gesammelt habe.

Um es noch einmal zusammenzufassen: Teil I von *Astrologie live!* wird sich nach angemessener Vermittlung von Hintergrundwissen und Theorie darauf konzentrieren, Ihnen näherzubringen, wie spannend und vielversprechend die erfahrbare Astrologie ist, und Ihnen die grundlegenden Fähigkeiten vermitteln, die ein Lernen durch Erfahrung ermöglichen. Teil II ist ein praktisches und konkretes Arbeitsbuch mit Vorschlägen für spezifische Übungen, die zum einfacheren Nachschlagen nach Planeten, Zeichen und Elementen geordnet sind. Jeder Abschnitt des Arbeitsbuchs endet mit einer Liste leicht erhältlicher Musik, die die Energie des jeweiligen Planeten oder Zeichens hervorruft. Der Anhang am Ende des Buches bietet Hinweise und Methoden zur Arbeit mit Gruppen und besondere Vorschläge zur Durchführung von Astrodrama.

Dieses Buch will Ihren Forschungsdrang, Ihre Betroffenheit und Spontaneität wecken und will ganz einfach Spaß machen. Harvey Cox beschreibt das sehr treffend so: "Das Überleben der Menschheit als Spezies ist in ernste Gefahr geraten, weil wir unsere Fähigkeit zu feiern und unsere Phantasie unterdrücken. (...) Der Mensch ist seinem Wesen nach ein Geschöpf, das nicht nur arbeitet und denkt, sondern auch singt, tanzt, betet, Geschichten erzählt und feiert. Er ist der 'Homo festivus'."[9] Ich möchte Sie also einladen, an diesem Fest teilzunehmen. Vergessen Sie aber bitte nicht, daß unser Spiel einen ernsten Hintergrund haben kann: Pluto durchläuft zur Zeit den Skorpion, und durch den daraus entstehenden tiefen psychischen Aufruhr suchen die Menschen in zunehmendem Maße nach Wegen, aus ihrer Tiefe jene Kräfte hervorzuholen, die zu Transformation und Erleuchtung führen. Die erfahrbare Astrologie, wie sie hier vorgestellt wird, kann als Werkzeug für diesen Prozeß dienen. Ich lade Sie ein, es weise, gezielt und mit Freude zu gebrauchen.

1
Einführung in die erfahrbare Astrologie

Eine der Wahrheiten unserer Zeit ist die tiefe Sehnsucht der Menschen überall auf unserem Planeten, miteinander in Verbindung zu kommen. Das menschliche Bewußtsein überschreitet gerade eine Schwelle, die ebenso gewaltig ist wie der Übergang vom Mittelalter zur Renaissance. Die Menschen hungern und dürsten nach echter innerer Erfahrung.
Marilyn Ferguson, Die sanfte Verschwörung

Erste Szene: Ein junger Mann im roten Umhang stolziert aggressiv auf eine große kräftige Frau zu. Sie steht ganz steif, die Arme vor der Brust verschränkt, und weicht nicht von der Stelle. Im Hintergrund erschallt aus einem verborgenen Lautsprecher die Mars-Sequenz aus 'The Planets' von Holst. Wie von der wilden Musik aufgeputscht, versucht der junge Mann mehrmals, sich den Weg an seinem Gegenüber vorbei zu erzwingen. Je mehr er drängt, desto unbeweglicher bleibt die Frau. Je 'heißer' er wird, desto 'kälter' wird sie. Er unterdrückt seine Frustration und ändert seinen Kurs, indem er versucht, sie mit lieblichen Worten zu umgarnen. "Komm wieder, wenn du erwachsen bist!" herrscht sie ihn an.

Im weiteren Verlauf der Szene leuchtet in ihren Augen ein Blick des Verstehens auf. Plötzlich begreift sie, in welch schöpferische Sackgasse sie bei ihrer künstlerischen Tätigkeit geraten ist, seitdem in den letzten Wochen Saturn im Quadrat zu ihrem Radix-Mars steht.

Zweite Szene: Eine Gruppe von Astrologie-Schülern verteilt sich auf dem mit Zeitungen ausgelegten Boden und bemalt große Plakatflächen leidenschaftlich mit Fingerfarben, um die Energie und das Wesen von Jupiter auszudrücken. Mit klebrigen, blauen Händen vollführen sie eine Reihe beeindruckender und schwungvoller Bewegungen. Ganz offensichtlich bereitet ihnen diese Aktivität großen Spaß.

Dritte Szene: Eine junge Frau, die im Mittelpunkt eines Kreises (ihres Geburtsbilds) sitzt, ist von den lebhaften Gesichtern der zehn 'Planeten' umgeben, die sich in der gleichen Anordnung wie zum Zeitpunkt ihrer Geburt befinden. Ausgehend von der Felderspitze ihres ersten Hauses, an der ihr Mond im Krebs steht, stellt sich nun jeder einzelne reihum vor. Mond tätschelt ihre Füße und säuselt: "Ich bin dein Krebs-Mond. Ich bin schüchtern und still. Ich ziehe mich gern von der Außenwelt zurück, um auf mich selbst zu achten. Ich liebe Kräuterbäder, Spaziergänge mit meinem Geliebten, und ich schmuse gern mit meiner Katze."

Nachdem sich jeder Planet reihum vorgestellt hat, beginnen sie, miteinander in Beziehung zu treten, um die Aspekte im Geburtsbild der Frau darzustellen. Mond tritt gemeinsam mit Jungfrau-Pluto in den Kreis. (Der Mond dieser Frau steht im Sextil zu Pluto.) Durch Plutos Einfluß bewegt sich Mond nun sinnlicher, würdevoller und leidenschaftlicher. Dann stürmt ein kriegerischer Widder-Mars in die Szenerie. (Der Mond der Frau steht im Quadrat zu Mars.) "Sei nicht so ein Schwächling", verspottet er Mond. "Aus Unsicherheit und weil alle dich lieben sollen, gibst du immer nach. Was bedeutet es schon, ob man gemocht wird? *Ich schere mich nicht darum, ob sie mich gernhaben!*"

So entfaltet sich das Geburtsbild der jungen Frau vor ihren Augen und vermittelt ihr das Gefühl, wie die verschiedenen Aspekt-Figuren in ihrem Unterbewußtsein wirken. Am Ende ihres 'lebendigen' Horoskops ist sie zutiefst bewegt und überwältigt von ihrem einzigartigen, persönlichen Drama.

Vierte Szene: Wir befinden uns in einem runden Theatersaal, der ganz von hohen Glasfenstern umgeben ist. Am Abendhimmel geht der Vollmond auf. Auf der Wiese vor dem Gebäude nähert sich eine Prozession von zehn 'Planeten', Schauspielern in Kostümen. Obwohl viele der Zuschauer mit Astrologie nicht vertraut sind, werden sie von den Planeten Sonne bis Pluto belehrt und unterhalten und erkennen die innere, psychische Symbolik der Planeten.

Fünfte Szene: Mit dem Ziel, die vier Elemente kennenzulernen, sind Sie mit Ihren Schülern für eine Nacht in einen Wald gegangen. Um mit der Erde in Verbindung zu treten, sitzt die Gruppe auf dem Boden, meditiert und stellt sich die Kraft vor, die von der Erde in ihre ruhigen Körper einfließt. Um das Element Luft zu erfahren, gehen Sie mit Ihrer Gruppe an einen windigen Abhang und atmen die Luft mit tiefen, vollen Zügen ein. Um dem Feuer zu begegnen, schwärmen Sie aus, sammeln Reisig und Feuerholz und machen damit ein großes, loderndes Lagerfeuer. Um das Wasser zu erleben, wandern Sie zu einer heißen Quelle und entspannen Ihre müden Muskeln, während Sie der Neumond im Osten begrüßt.

Sechste Szene: Eine junge Frau betrachtet den kaleidoskopartig bunten Kreis von Bildern und Symbolen an der Plakatwand vor ihr – ein 'Geburts-Mandala' ihres Horoskops. Die letzten beiden Stunden hat sie damit verbracht, in einem künstlerischen und meditativen Prozeß diese lebendige, gehaltvolle Darstellung ihrer Psyche zu erschaffen.

Siebte Szene: Ein ernsthafter junger Mann sitzt im Mittelpunkt seines eigenen Geburtsbilds in aufrechter Haltung, ganz nach innen gekehrt, und stimmt sich auf seine planetaren psychischen Energien ein. Er weiß, daß für ihn der Saturn-Transit in Opposition zur Sonne bevorsteht. Er beginnt gerade ein Ritual, das er selbst entwickelt hat, um dieses Ungleichgewicht zu mildern und zu neutralisieren.

Jede der oben skizzierten Situationen ist ein Beispiel für einen zeitgemäßen Ansatz in der Astrologie, dem Sie hier möglicherweise zum ersten Male begegnen: der *erfahrbaren Astrologie*. Diese neuen Methoden in einer alten Disziplin sind sehr vielversprechend und bringen Kraft, Tiefe und Bedeutung in das umfangreiche Repertoire der Astrologie. Das wichtigste Merkmal der erfahrbaren Astrologie ist, daß ihre Methoden eine *direkte Teilhabe* an den lebendigen Energien, die das Horoskop symbolisiert, anbieten. Indem wir das astrologische Horoskop dem Papier entreißen und in Bewegung, Begegnung, Kunst, Schauspiel und Tanz verwandeln, gestatten wir nicht nur unserem Intellekt, sich damit auseinanderzusetzen, sondern ebenso unseren Sinnen und Gefühlen, daran teilzuhaben. Die Methoden der erfahrbaren Astrologie lassen sich zwar erlernen, ihrem Wesen nach ist die erfahrbare Astrologie aber ein Abenteuer, das erlebt werden muß!

Meine persönliche Abenteuerreise begann im Jahre 1979, während ich einen Grundkurs in Astrologie abhielt. Wir sprachen gerade über Saturn und seine Entsprechung zum Alter. In dem Bestreben, mich verständlich zu machen, hörte ich auf zu sprechen und begann einfach, vor der Gruppe auf und ab zu gehen. Zunächst ging ich als fröhliches junges Mädchen mit federndem Schritt, veränderte dann meine Gangart und mein Verhalten dem mittleren Alter entsprechend, wurde ein wenig verspannter und gebeugter, wobei ich einen neu aufgetretenen Schmerz im Rücken mit der Hand massierte. Dann, durch den Lauf der Zeit noch weiter ermüdet, begann ich zu schleichen und zu schwanken, bis ich schließlich als altes Weib tot auf dem Boden zusammenbrach. Der Effekt dieses Zwei-Minuten-Schauspiels war deutlich spürbar. Ich hatte mir bei meinem Versuch, ein planetares Symbol zu verkörpern, tatsächlich meinen eigenen Tod vorgestellt und hatte ihn dargestellt, wodurch ich einen Vorgeschmack auf die bittere Pille des Saturn erhielt. Die Diskussion, die nach einer Zeit der Stille in meiner Gruppe folgte, zeigte, daß sie Saturn ebenfalls real erlebt hatten.

Einige Monate später entdeckte ich beim Durchblättern einer Zeitschrift das Bild eines explodierenden Vulkans. Da war Pluto! – viel deutlicher vor meinem geistigen Auge als durch jede verbale Beschreibung. Angeregt durch die Erkenntnis, daß sich astrologische Prinzipien durch Bilder lehren lassen, verbrachte ich die ganze Woche damit, einen Haufen alter Zeitschriften zu durchforsten, und stellte Collagen von Bildern und Fotografien für jeden der zehn Planeten her. Ich zeigte die 'Bildertafel', die ich über Merkur zusammengestellt hatte, einer neuen Gruppe von Schülern. Ohne vorherige Kenntnis des Planeten Merkur erzählten sie *mir*, was Merkur bedeutete!

Diese Erkenntnisse brachten mich zu Lehrmethoden, die ein Ausmaß an Interesse, Energie und Beteiligung in meinen Gruppen hervorriefen, das mir in meiner Erfahrung als Lehrerin und Schülerin der traditionellen Methode so gut wie nie begegnet war. Da ich in meinen Kursen zu Spontaneität und Spiel ermunterte, wurden die Schüler untereinander lockerer und fanden es leichter, authentisch zu sein. Sie waren eher bereit, 'ihre eigenen Geschichten zu erzählen' und ihre Erkenntnisse anderen zu vermitteln. So entstand eine Atmosphäre größerer Gruppenaktivität, tieferer Anteilnahme und Vertrautheit.

Einige Zeit später las ich in 'Astrology Now' einen Artikel von Jeff Jawer über Astrodrama und über seine Arbeit in Atlanta.[1] In 'Living the Drama of the Horoscope' beschrieb Jeff seine ersten Erfahrungen mit der Darstellung einzelner Aspekte eines Geburtsbilds im Unterricht und bei seiner Tätigkeit als Berater. Die wichtigsten Anregungen für seine praktische Arbeit habe er von J.L. Morenos Arbeit mit Psychodrama und dem Werk von Dane Rudhyar erhalten. Jeffs Artikel inspirierte mich und gab mir eine Unmenge neuer Ideen, die ich ausprobieren wollte. Er bestätigte meine eigene Begeisterung für die Möglichkeiten einer 'interaktiven Astrologie' – eine Begeisterung, die wir damals teilten und es auch heute noch tun, nach zehn weiteren Jahren der Kreativität und der Entdeckungen.

Von 1982 bis 1984 veranstaltete ich eine Reihe von ausgedehnten Workshops in Chicago, bei denen wir jede Woche die Geburtsbilder von mindestens zwei Mitgliedern der Gruppe im Stil des Astrodramas darstellten. In einer besonders aufregenden Gruppe gab es zwei große, starke und gutaussehende Männer, der eine dunkel, der andere hell, und beide waren außerdem hervorragende Tänzer. Anstatt ihre Stimmen zur Darstellung ihrer Rollen (gewöhnlich Sonne, Mars oder Jupiter) einzusetzen, tanzten sie die Energie mit ihren Körpern! Einmal, so erinnere ich mich, während wir uns in unseren Mars-Rollen aufwärmten und im Hintergrund John McLaughlins 'Birds of Paradise' lief, explodierten die beiden förmlich im Raum. Sie rannten mit großen Sprüngen aufeinander zu und waren so martialisch, daß der Rest der Gruppe in Deckung ging. Hier tat sich plötzlich eine neue Art auf, die Planeten darzustellen: sie zu *tanzen*.

Planeten-Theater

Im Oktober 1983 bot sich die Gelegenheit, all diese neuen Hilfsmittel der Astrologie auszuprobieren, und zwar auf der Konferenz des 'New Center of the Moon', einer außergewöhnlichen Mischung aus erfahrbarer Astrologie und öffentlichem Theater, die den etwa 200 nach Santa Fe gekommenen Teilnehmern auch heute noch in bester Erinnerung sein dürfte. Die von dem Astrologen Tom Brady aus Santa Fe organisierte Veranstaltung fand statt vor dem planetaren Hintergrund der Konjunktion von Transit-Sonne, -Merkur und -Pluto Ende Waage/Anfang Skorpion im Sextil zu Neptun im Schützen. Tom sammelte eine einzigartige Gruppe von Menschen um sich, die das Open-Air-Astrologietheater planten und spielten. Es war für Konferenz-Teilnehmer ebenso wie für die Einwohner von Santa Fe offen. Das 'Theater der planetaren Erinnerung' wurde im Cathedral-Park errichtet auf einem geräumigen Platz neben einer prächtigen, alten spanischen Kirche. Den Mittelpunkt des Theaters bildete ein aufblasbares, kuppelartiges, schwarzes Planetarium, dessen Innenwände mit einer reflektierenden Karte des Zodiaks und anderer Sternenkonstellationen verziert waren. Rund um die zentrale Kuppel waren zehn 'Planetenräume' eingerichtet worden, von denen jeder einzelne einen bestimmten Planeten erfahrbar machte. Sie waren mit Licht, Musik und Bildern ausgestattet. Unter Mithilfe des kreativen Videoproduzenten Bob Shea, erfahrener Lichttechniker und eines Teams von Zimmerleuten erwachten diese Räume zum Leben. So stand beispielsweise in dem rot gefärbten Mars-Raum ein Soldat der 'Green Berets' in voller Kampfmontur in Hab-Acht-Stellung. Er vermittelte Stärke mit einem bedrohlichen Unterton. Ein leibhaftiger Mars!

Beim Betreten des Geländes ging man unter einem riesigen leuchtenden Schild hindurch, auf dem 'Theater der planetaren Erinnerung' stand, und kam auf einen Platz, auf dem zwölf Neon-Tierkreiszeichen hoch oben in den Bäumen aufgehängt waren. Beim Eintritt in den Merkur, der ersten Station der Planetenreise, gab jeder Besucher seine Geburtsdaten an, die dann in einen Computer eingegeben wurden, der sein oder ihr Geburtsbild errechnete und es auf einem Monitor in der Sternenkuppel erscheinen ließ.

Im Innern der Kuppel hatten zehn Schauspieler in Planetenkostümen dann knapp drei Minuten Zeit, die wichtigsten Aspekte dieses Besuchers herauszufinden, sich darüber zu unterhalten, wie sie sich darstellen lassen, und die Positionen einzunehmen, die die Planeten im Geburtsbild besetzt halten. Da Tom von meinen Erfahrungen mit Astrodrama und experimenteller Arbeit wußte, hatte er mich eingeladen, als Regisseurin des Theaters zu fungieren. Meine Aufgabe war es, aus zehn Planetenschauspielern ein effektives Astrodrama-Ensemble zu machen und die einzelnen Darstellungen im Theater zu dirigieren. Lediglich zwei der 'Schauspieler' hatten eine Theaterausbildung oder Bühnenerfahrung vor diesem Wochenende.

Nachdem sich die Schauspieler vorbereitet hatten, holte unser 'Psychopompos' (Beiname des Hermes/Merkur in seiner Funktion als Seelenführer – d.Ü.), der Clown 'Wavy Gravy' vom Woodstock-Musikfestival, den gespannten Besucher, führte ihn in die verdunkelte Himmelskuppel und plazierte ihn auf einen großen Regiesessel im Zentrum der Kuppel. Die Lichter gingen an, und jeder Besucher wurde mit dem dynamischen Schauspiel seines Innenlebens konfrontiert. Voll kostümiert, geschminkt und mit sämtlichen Requisiten versehen, spielten die Planeten-Schauspieler die speziellen planetaren Konflikte und Harmonien im Geburtsbild dieses Besuchers. In nur drei Minuten gelang es den Mitgliedern der Truppe, eine Reihe kurzer Szenen darzustellen, wobei sie sich rasch von einer Konstellation im Natal zur nächsten bewegten. Durch die Enthüllung ihres inneren Wesens wurden die Teilnehmer beglückt, aber auch zum Weinen gebracht.

Viele, die dem Astrodrama eine solche Macht nicht zugetraut hatten, verließen das Zelt mit einem völlig verblüfften Gesichtsausdruck.

Wenn diese Erfahrung für die Besucher schon so überwältigend war, können Sie sich vielleicht vorstellen, was sie bei denen auslöste, die das Astrodrama spielten. An den beiden Abenden, an denen das Theater stattfand, haben wir wohl über 100 Darstellungen von Geburtsbildern aufgeführt. Jeder von uns spielte eine spezielle planetare Energie in allen zwölf Zeichen und in jeder nur denkbaren Aspektkonstellation. Nach der Hälfte der Vorstellungen waren wir förmlich mit der Energie unseres Planeten *aufgeladen*, und obwohl wir durch die Kürze der Zeit unter Druck standen, fühlten wir uns in Hochstimmung und keineswegs überfordert.

In der Nacht, nachdem das Theater längst beendet war, schien die Kuppel immer noch mit der Energie der Schauspieler geladen zu sein, und wir blieben nach den Aufführungen noch für eine lange Zeit dort und ließen unsere Erfahrungen mit einer Astrologie, wie sie vorher nur wenige erlebt hatten, noch einmal Revue passieren. Die Auswirkungen unseres Astrodrama-Experiments waren auch während der Konferenz deutlich spürbar, und wir Schauspieler konnten 'inkognito' ohne unsere Kostüme häufig Unterhaltungen mit anhören, in denen unsere Arbeit gelobt wurde. Und vielleicht haben ja diese und andere Darstellungen der erfahrbaren Astrologie noch einen weitergehenden Effekt: Langsam aber sicher können wir beobachten, wie immer mehr Konferenzen irgendeine Form von Theater-Vorführung oder auch Workshops über erfahrbare Methoden mit einschließen.

Dieses Wochenende sollte sich später noch aus einem anderen Grunde als besonders wichtig für mich herausstellen: Irgendwann gab mir Tom im Vorübergehen einen verlockenden Hinweis, der mich zu einer Untersuchung trieb, die gewissermaßen in diesem Buch gipfelte. Bei seinen Forschungen in der Bibliothek der University of New Mexico war Tom auf eine Auswahl früh-griechischer orphischer Schriften gestoßen, die einen geheimnisvollen Hinweis auf 'getanzte Horoskope' enthielten. Diese Vorstellung beflügelte mich derart, daß ich mit umfangreichen Untersuchungen über das griechische Heilige Theater und die gräko-romanischen Mysterien-Schulen begann. (Seltsamerweise ist dieser Hinweis immer ein Rätsel geblieben. Weder Tom noch mir ist es gelungen, das Zitat zu finden.) Schließlich habe ich einen Monat in Griechenland an etlichen heiligen Orten verbracht. Obwohl Delphi, Epidauros und Delos ihren Zauber auf mich ausübten, fühlte ich mich doch am stärksten zu dem Heiligen Theater, den Heilriten und Zeremonien von Eleusis hingezogen.

Antike Mysterien

Im Jahre 1985 hielt ich mich zur Herbst-Tagundnachtgleiche in Eleusis auf – jenem Tag, an dem vor vielen Jahrhunderten die alljährlichen Feiern der 'Großen Mysterien' zu Ehren der Großen Mutter abgehalten wurden. Ich hatte lange Tage in Einsamkeit damit zugebracht, mir alles, was uns von diesen heiligen Vorgängen bekannt ist und was wir darüber vermuten können, vorzustellen, zu überdenken und mich in die Situation 'einzufühlen': vom Schauspiel des 22 Kilometer langen Prozessionszugs auf dem Heiligen Weg bis zu den rituellen Tänzen am Brunnen von Kallichoron; die Teilnehmer der Mysterien tanzten bei Initiationsriten und wurden im *Dromenon* Zeugen der Inszenierung des Mythos von Demeter und Persephone. Ich hatte die Bücher der Fachleute über Eleusis gelesen, und jetzt schritt ich selbst immer wieder über dieses Gelände in der Hoffnung, eine Ahnung davon zu bekommen, wie die heiligen Tänze aussahen und wie sie sich anhörten. Ich meditierte am Eingang zu Plutos Höhle, dem Plutonion, und vollzog mein eigenes, privates Ritual. Vom Berg über der Stadt schaute ich hinunter auf die Ruinen-Silhouette des heiligen Bezirks und versuchte, vor meinem geistigen Auge Säulen und Giebel wieder zusammenzufügen, meinem intuitiven Wissen zu vertrauen, bis ich schließlich glaubte, bei der Wahrheit dieses Ortes angelangt zu sein. Eleusis mit seinem im Mythos wurzelnden Heilritual gibt es schon lange nicht mehr. An jenem Tag aber konnte ich mir vorstellen, daß die mythischen Archetypen noch einmal ins Leben gerufen würden. Folgendes sah, hörte und fühlte ich ...

Eleusis, Herbst-Tagundnachtgleiche, 20. Boedromonion (530 vor Christus)

Ich träumte, ich tanzte – so weit zurück, wie meine Erinnerung reicht. Ich brauchte dazu nur die Einsamkeit bei den kleinen Berggeschöpfen meiner Heimatstadt Mandra. Die Blumen und die Vögel waren mein Publikum. Die hochgelegene Bergwiese, auf der ich meines Vaters Schafe hütete, war meine Bühne. Ich war zehn Jahre alt, als meine Mutter und mein Vater mich nach Süden mitnahmen, um das große Fest in Eleusis zu erleben. Ich werde es nie vergessen. Zum ersten Mal sah ich, daß auch andere Menschen meine heimliche Freude am Tanzen teilten. Ich war kaum in der Lage, ruhig sitzenzubleiben, während ich dem Tanz zu Ehren der Getreide-Göttin zuschaute. Mein Herz raste. Obwohl ich nicht sehr viel von der geheimen Bedeutung dessen verstand, was ich sah, wurde meine Seele von dem Zauber des Festes entflammt.
Und heute, fünf Jahre später, tanze ich wegen dieses Traums selbst zum erstenmal zu Ehren der Göttin Demeter. 'Demeter' – selbst durch ihren Namen können wir lernen: *De* ist der 'Buchstabe der Vulva', das Delta, das Dreieck der weiblichen Dreifaltigkeit von Jungfrau, Mutter und altem Weib. Das ganze Jahr hindurch habe ich hart gearbeitet, um ihre Lehren in mich aufzunehmen, mich auf diesen Augenblick vorzubereiten. Die Priesterinnen wiesen mich hierbei an und verlangten von den Tänzern die detaillierte Einhaltung der Überlieferung. Hunderte verschiedener Tanzschritte müssen gelernt werden.[2] Durch Fehler verliert unser

Ritual seine Macht. Der Tanz ist genau strukturiert und trägt uns in Schlangenlinien durch das Tor vom Leben zum Tod und wieder zurück ins Leben.
Gestern führte Iakchos die lange Prozession von Athen, und meine Schwestern und ich begleiteten zusammen mit Tausenden anderer Bürger die heilige Statue unserer Großen Mutter zum Tempelgelände, dem Ort, den die Göttin selbst geweiht hat. Während der ganzen Prozession sangen wir das alte Anrufungslied:

> Komm, erhebe dich; aus dem Schlaf erwache,
> Komm; die feurigen Fackeln entfache,
> Du Morgenstern, der du nächtens tanzt,
> Siehe, die Wiese erstrahlt im feurigen Glanz,
> Das Alter läßt Jahre und Traurigkeit zurück,
> Gealterte Knie springen vor Glück,
> Erhebe deine strahlenden Fackeln über uns,
> Begleite den untadeligen Zug,
> Führe uns, gehe voran und leite uns.[3]

Heute ist die sechste Nacht der Feier und die erste Nacht des Tempeltanzes und des *Dromenon*, der heiligen Verkörperung. Ich muß jetzt gehen. Der Tanz beginnt. Gemeinsam mit hundert anderen Tänzern durchschreite ich den großen steinernen Triumphbogen. Die Inschrift auf dem Bogen werde ich bald begreifen: "Nur wer die Mysterien tanzt, kennt die Mysterien!"[4] Wir betreten den neuen östlichen Tempelhof, der auf dem alten Hof errichtet wurde, auf dem so viele Menschen beinahe tausend Jahre lang tanzten wie wir. Draußen sehe ich nun die Menschenmassen, die auf den östlichen Terrassen um den Hof herum sitzen, den Blick auf den Altar der Göttin gerichtet, der in der südwestlichen Ecke des Platzes steht. Ich spüre eine leichte Brise vom Meer, die mich zu meinem Platz am Brunnen von Kallichoron, dem 'Brunnen der schönen Tänze', lockt. Ich habe meinen Platz eingenommen. Ich schaue auf meine nackten Füße. Ich fühle Spannung und Furcht. Mein Mund ist trocken. Mein Herz beginnt, in einem schnelleren Rhythmus zu schlagen. Meine Augen verharren auf meinen Füßen; ich atme tief durch und beginne den Tanz zusammen mit den anderen.
Langsam und zart bewegen wir uns in gemessenem Schritt und erzeugen einen Rhythmus, der die Wahrnehmung einlullt. Wir nehmen uns die Zeit, um in Gleichklang zu kommen, winden uns im Labyrinth hin und her, hin und her. Ich stampfe mit meinen Füßen zum Rhythmus der Trommeln. Hin und her. Hin und her. Immer wieder. Immer wieder. Immer wieder. "Es gibt nichts in mir, das nicht Bestandteil der Göttin ist." Tauche tiefer ein! Benutze dein rituelles Wissen! Jeden Schritt vollführe ich mit liebevoller Aufmerksamkeit. Ohne Zwang überschreite ich sanft meine Grenzen, meine Müdigkeit, Schritt für Schritt, und dringe an den Ort der Stille vor. "Empfange die Kraft des Tanzes!" Schritt. Schritt. Schritt. Mein Herz schlägt im Rhythmus der Trommeln und meiner Füße. Von den Fesseln der Angst befreit, tanzen meine Füße wie das gleichmäßige Klopfen des Regens. Sie spüren, daß sie diese Schritte schon tausend Mal zuvor getanzt haben.
Es sind jetzt nicht mehr nur hundert Körper, die sich im Tanz bewegen. Ich sehe und spüre nun weitaus mehr Gestalten, die umherwirbeln, mit Ihr in Verbindung

Jephthas Tochter geht ihrem Vater entgegen

treten, Sie ehren. Die Schatten meiner Vorfahren tanzen mit uns im Kreis.
Meine Füße wirbeln umher wie Fische im Wasserstrudel, mein Körper *ist* der Rhythmus, der Kreis, der Tanz. Ich atme im Gleichklang mit meinen Bewegungen, ein und aus, ein und aus, während ich mich tief ins Innere des Kreises gezogen fühle

und dann wieder an seinen Rand hinaus gelange. Jede Wiederholung der heiligen Tanzfolge zieht mich tiefer in seinen Bann. Aus mir entspringt wie aus dem Kreislauf der Natur selbst eine endlose Folge neuer Frühlinge nach alten Wintern. Mein Blick verschwimmt; ich schließe meine Augen kurz, reiße sie wieder weit auf und verstehe einfach nicht, was ich in dem aufsteigenden silbrigen Nebel sehe. Ich erwache in jenem Traum, den ich letztes Frühjahr träumte. Ich lebe die Vision, die mich hierher gebracht hat! Ich wirble umher, und die Lichter umkreisen mich wild und ungestüm. Ich werde in einen dunklen, alten Brunnen gesogen. Ich fürchte mich vor dem dunklen Schlund, aber kann mich dem Sog in die Tiefe nicht entziehen, der mich näher und näher zu dem klaffenden Maul zieht. Ich greife hinein und spüre meine Stärke. Trotz des Drucks der Energien, die um meine Beine wirbeln, bin ich in der Lage, an dem Schlund stehenzubleiben. Ich fürchte nicht mehr, hineingesogen zu werden, und stehe mit meinen Füßen fest auf dem Boden. Meine Augen folgen den Mondstrahlen in den Nachthimmel hinauf und sehen, wie der Vollmond würdevoll seinem Höhepunkt zustrebt. Ich bade im sanften Licht des Mondes. Es fließt in mich hinein, durch mich hindurch. Ich spüre, wie die behutsamen und dennoch starken Seelenarme der Mondgöttin herunterreichen, mich umarmen und mich verwandeln. Während sie mein Gesicht und meinen Körper erhellt, tanzt ein Schatten neben mir. Hand in Hand halten wir inne, entscheiden uns und tauchen in den Schlund ein!
Ich erreiche meinen Mittelpunkt, erreiche Sie in mir; ich trage die massive Kraft der Erde in mir, standhaft und ausdauernd. Ich verschmelze mit dem alten, weiblichen, spirituellen Urgrund, verbinde mich mit einer jahrmillionenalten Generationenfolge bis hin zu unseren Urahnen, die noch in der ursprünglichen Einheit lebten. Ich trinke von ihrer Stärke und fühle mich ermächtigt. Ich trinke von ihrer Heilkraft und werde ganz. Das beständige, ewige Atmen der Großen Mutter klingt in meinen Ohren. Ich fühle meine Haarsträhnen vor den Augen, während ich umherwirble. Ich fühle, wie die Tränen auf meinen Wangen trocknen. Der Mond am Himmel überwältigt mich. Die Göttin ist gegenwärtig. Die Göttin ist hier...
Aus der Ferne vernehme ich das Wehklagen einer Frau. Die anderen Tänzer hören Sie auch, und während wir uns Ihr annähern, sehen wir Sie an dem 'Stein der Freudlosigkeit' am Rand des Heiligen Weges weinen. Das eigentliche *Dromenon* hat begonnen. Demeter, unsere Erdmutter, hat gerade entdeckt, daß ihre Tochter Persephone von Pluto, dem Gott der Unterwelt, entführt wurde. Von Leidenschaft verzehrt, trug er die junge Persephone durch die Pforten des Hades, um sie zu seiner Königin zu machen. In Trauer um den Verlust ihrer Tochter bricht Demeter in Wehklagen aus. Mir fällt auf, daß auch ich schluchze. Ich sehe ein Bild vor meinem geistigen Auge, das sich für alle Zeiten in mein Gedächtnis eingegraben hat: der Tag, an dem mein Vater im letzten Jahr starb. Ich sehe seinen letzten Atemzug, seine Todesangst. Ich fühle mich ohnmächtig, möchte seine Lebenskraft an mich reißen und sie ihm zurückzugeben. Ich weine. Sie weint. Tausende weinen. Gemeinsam mit der Göttin rase ich vor Wut, brause auf und nieder, zittere. Mein Körper ist mit heißem Schweiß bedeckt. Ich reise in die kalte Dunkelheit, stelle mich meiner Angst, meinem Entsetzen, erschaudere und zittere. Ich sacke in mich

zusammen, völlig erschöpft von den Strapazen der mystischen Reinigung.
Ich werde aufgerüttelt! Ein Gefühl von Ekstase sprudelt meine Wirbelsäule hinauf, und eine Welle wogt meinem Kopf entgegen. Ich schaue auf. Ich schaue erneut mit angestrengten Augen bis an den äußersten Rand des Sichtbaren. Ich erblicke den Nebel und in seiner Mitte die Vision. Dort sehe ich die Rückkehr. Wieder werde ich aufgerüttelt und erhoben, ich reise in eine Region des reinen Lichts, einen Ort von himmlischem Glanz. Liebliche Gesänge heiliger Stimmen durchfluten mich, und ich werde vom heiligen Tanz der Göttinnen umgeben. Ich wandere völlig frei umher in diesem von Freude erfüllten Reich, bin in Verbindung mit mir ..., mit Ihr ..., mit allem Sein, ich verschmelze mit dem kosmischen Rhythmus.
Was ich wirklich sah, läßt sich nicht beschreiben. Meine Lippen wurden mit einem heiligen Siegel versehen. Ich darf nicht weitersprechen.

****

Und unzählige Lippen blieben versiegelt, so daß die 2000 Jahre lang mündlich überlieferten Geheimnisse mit dem Tode des letzten Oberpriesters starben. Ein Schleier hat sich über Eleusis gesenkt. Der Brunnen von Kallichoron ist versiegt.

Was geschah aber nun wirklich in Eleusis, daß es zu solch machtvoller Wirkung kommen konnte? Wir wissen es nicht. Wir wissen, daß die Riten die Erfahrung des Zyklus von Tod und Wiedergeburt vermittelten und zu einem tieferen Verständnis der esoterisch-spirituellen Bedeutung dieses kollektiven menschlichen Geschehens führten. Themistius schrieb unter Berufung auf Plutarch, der in die Mysterien eingeweiht war: "Die Seele macht (am Übergang zum Tode) die gleiche Erfahrung, wie jene, die in die großen Mysterien eingeweiht werden."[5] Und Pindar schrieb: "Selig, wer solches schaut, eh' er hinabging; er weiß um des Sterblichen Ende, er weiß um den Anfang, den Gott ihm gewährt."[6] George Mylonas beschließt sein Buch über Eleusis mit der Feststellung, daß, ganz gleich, worin der Gehalt der Mysterien bestanden haben mag, die Tatsache bestehenbleibt, daß die eleusinischen Riten die aufrichtigsten und tiefsten Sehnsüchte des menschlichen Herzens befriedigten.[7]

Das eleusinische Ritual steigerte sich zu einem ekstatischen Höhepunkt, in dem aufgestaute psychische Unausgewogenheit und Spannung aufgelöst wurde. Angst wurde zu Freude, und die Teilnehmer erfuhren eine machtvolle, heilende Reinigung. Die Handlung steigerte sich. Durch die intensiven und andauernden körperlichen Anstrengungen kam es zu einer erhöhten Empfänglichkeit. Nach langen Stunden des Sprechgesangs, des Singens, Tanzens, Trommelns und der rhythmischen Bewegung wurden die Teilnehmer aus ihrem Alltagsbewußtsein herausgetragen und konnten sich höheren Bereichen öffnen. Dem Tanz gingen Tage der inneren Reinigung und des Fastens voran; es wurde nur wenig geschlafen, und alle Teilnehmer liefen zusammen mit Hunderten gleichgesinnter Seelen in ehrfurchtgebietenden Prozessionen. Prächtige Festgewänder und heilige Symbole wurden gezeigt, und heilige Worte und Gebete wurden gesprochen. Das Ereignis erreichte seinen Höhepunkt in einem magischen Augenblick, in dem der erleuchtete Teilnehmer die kosmischen Kräfte unmittelbar erfahren konnte. Durch diese Art der Teilnahme wurde eine göttliche Verbindung erzeugt, und das Individuum verwandelte sich vom bloßen Betrachter in einen dynamischen, aktiven Teil des Kosmos. Der Mensch wurde zum Mitschöpfer des kosmischen Schauspiels.

Astrologie und die Götter

Die eleusinischen Riten verkörperten die Erfahrung von Tod und Wiedergeburt, die die Astrologen als das Wirken des Pluto-Archetyps in der Psyche des Individuums bezeichnen. Die astrologischen Archetypen und die Mythen der Götter und Göttinnen entspringen derselben Quelle. In der Mythologie sind die einzelnen Manifestationen der Archetypen in ihren unterschiedlichen Erscheinungen enthalten. Die Astrologie übernimmt zehn grundlegende (und viele andere) dieser wichtigen Archetypen in ihre Sprache.

Zumindest für die westliche Kultur gilt eindeutig, daß dieselben kulturellen und historischen Kräfte, die die Mythen der Götter und Göttinnen hervorbrachten, auch die Schmiede waren, in der die Astrologie entstand. Die Götter der Griechen – Uranus, Chronos, Hades, Poseidon, Hermes und Aphrodite – sind die Verkörperung der charakteristischen psychischen Eigenschaften der planetaren Kräfte, die wir heute mit ihren römischen Namen bezeichnen – Uranus, Saturn, Pluto, Neptun, Merkur und Venus. Somit ist Saturn, der im Geburtsbild auf Tod und Zerstörung hinweisen kann, die gleiche Kraft, die durch den griechischen Gott Chronos repräsentiert wird, der seine Kinder verschlang und der unter dem Deckmantel der Zeit alles zerstört, was jemals geschaffen wurde.

Die Teilnahme an einem Ritual und das Darstellen eines Mythos, in dem eine kulturübergreifende Wahrheit mitschwang, gab den Gläubigen von Eleusis die intensive Erfahrung einer Verbindung mit dem Kosmos. Wenn also tatsächlich die astrologischen Archetypen aus den gleichen tiefen, unbewußten Reichen des Geistes wie die Götter und Göttinnen aufsteigen, so müßte die Belebung astrologischer Symbole zur gleichen Art von Verbindung führen. Wenn wir beispielsweise lernen, unseren Pluto aktiv auszudrücken, ihn bewußt zum Leben zu erwecken, werden wir seine Macht nicht mehr verleugnen oder unterdrücken, und es gelingt uns dann vielleicht, die für Pluto typischen Explosionen unserer Emotionen oder Konflikte zu vermeiden. Durch die Darstellung der symbolischen Wahrheiten des Planeten lernen wir, bewußter mit unserem eigenen Pluto umzugehen, indem wir in seine Macht eindringen, sie umwandeln und in uns aufnehmen.

Ich will nicht behaupten, daß Astrologen vier Tage tanzen und fasten müssen, damit sie einen planetaren Archetyp kennenlernen, obwohl diese Intensität für manchen Astrologen eine angemessene Erfahrung wäre. *Was* ich allerdings sagen möchte, ist, daß wir, ebenso wie die Menschen der Antike, die Grenzen der bloßen Beobachtung und des Denkens überschreiten und die direkte Erfahrung nutzen sollten, um unsere eigenen inneren, planetaren Kräfte zu verstehen.

Dies führt uns vom bloßen Betrachten der Planeten als isolierte geistige Bilder zur tatsächlichen Erfahrung der lebenswichtigen Rhythmen ihres Zusammenspiels, die unsere unbewußteren Gefühle und die vordem nicht ausgedrückten Aspekte unseres Seins offenlegt. Dann bleibt das Geburtsbild nicht mehr eine bloß statische, schwarz-weiße, eindimensionale Ansammlung von Daten mit leblosen Glyphen und Zeichen. Es wird zum lebendigen Ausdruck planetaren Wirkens: pulsierend, interagierend, zutiefst persönlich und lebendig!

2
Moderne Wurzeln der erfahrbaren Astrologie

Dem bones, dem bones, dem dry bones... (Spiritual)

Liebe Leser, sammeln Sie Ihre Kräfte! Dieses Kapitel wendet sich stärker als alle anderen in diesem Buch an die linke Gehirnhälfte; denn es beinhaltet einen Ausflug in die Domäne der astrologischen und psychologischen Theoretiker. Vielleicht möchte der eine oder andere von Ihnen für den Augenblick dieses Kapitel überschlagen und sich lieber der Beschreibung praktischer Anwendungen im dritten Kapitel widmen. Aber wenn Sie's gerne kopfmäßig mögen, lesen Sie weiter!

Dane Rudhyar und die Humanistische Astrologie

Der moderne Ursprung der erfahrbaren Astrologie läßt sich bis in die späten siebziger Jahre zurückverfolgen, als die 'Humanistische Psychologie' Einzug in die Psychologie, die gesamte Kultur und damit auch in die Astrologie hielt. Dane Rudhyars Werk und die von ihm sein ganzes Leben lang entwickelte Humanistische Astrologie ist Grundlage für meine Arbeit mit Geburtsbildern. Sein Werk verlagerte den Schwerpunkt der Astrologie von einer veralteten, prophezeienden, ereignisorientierten, ja sogar fatalistischen Einstellung hin zu einer personenorientierten Haltung, die das Wachstum und die Vervollkommnung in den Vordergrund rückt.

In *Astrologie und Psyche* finden wir vielleicht Rudhyars deutlichste Erklärung der Beziehung zwischen Astrologie und der Tiefenpsychologie, die dem modernen Ansatz zugrunde liegt. Rudhyar verfolgt darin die Entwicklung der Tiefenpsychologie zurück bis zu ihrem Ursprung in der Darwinschen Evolutionstheorie.[1] Der klassische, an Plato orientierte Psychologe betrachtet einen bestimmten Stein, einen Baum oder eine Person als blasse Kopie einer vorher bereits existierenden ewigen Form. Für Darwin und jene, die sich seine Gedanken zu eigen gemacht haben, *entwickelt* sich alles Leben, einschließlich unseres eigenen, aus primitiveren Anfängen – 'den Tiefen' – und befindet sich in einem fortwährenden Schöpfungsprozeß. "Anstatt das individuelle 'Ich' *a priori* als ein archetypisches Selbst – ein für das organische Leben auf der Erde übernatürliches 'Musterbild der Perfektion' anzusehen", stellt Rudhyar fest, "wird es als das Endresultat des menschlichen Lebens verstanden, als ein Sieg, den man gewinnen muß, als das Ziel einer langsamen und anstrengenden Bemühung um Integration und (...) Individuation."[2] Sigmund Freud lehrte als erster die Erforschung des menschlichen Geistes in seiner instinktiven Tiefe, und sein Werk und das seiner Schüler untermauert diese moderne Sicht des Geistes und des menschlichen Lebens.

Rudhyars Interesse an der Tiefenpsychologie begann im Jahre 1932, als er das Werk von C.G. Jung, einem frühen Weggenossen Freuds, kennenlernte.[3] Für den Astrologen Rudhyar war dies der Beginn seines lebenslangen Bestrebens, die 'klassische' Astrologie im Sinne einer sich entwickelnden Humanistischen Psychologie neu zu definieren. Seine Bemühungen führten zur heute weit verbreiteten 'Humanistischen Astrologie', die eng mit seinem Namen verbunden ist. Die erfahrbare Astrologie verdankt Rudhyar viel: Die humanistische Orientierung ist der *wesentliche theoretische Rahmen* für die erfahrungsorientierte Anwendung der Astrologie mit dem Ziel, heil und gesund zu werden und Körper, Geist und Seele in Einklang zu bringen. Die erfahrbare Astrologie geht jedoch noch über Rudhyars Programm hinaus, indem sie Elemente der Humanistischen Psychologie mit solchen der Kunst und der antiken spirituellen Tradition verbindet und dadurch *ein System von Techniken* zur Selbstdarstellung und Selbstverwirklichung entwickelte.

Der Beitrag der Jungschen Psychologie

Wenn man bei einer Diskussion über C.G. Jung die Astrologie ins Spiel bringt, so ist dies keine Unterstellung, denn der große Psychologe hat häufig und wohlwollend über die Kunst der Astrologen gesprochen. In seinen zahlreichen Schriften betonte Jung, daß die Astrologie eine "Landkarte der Seele" sei, die die Gesamtsumme allen alten psychologischen Wissens enthält und sowohl die angeborenen Veranlagungen einer individuellen Persönlichkeit beschreibt, als auch eine genaue Methode zur zeitlichen Bestimmung von Lebenskrisen bietet. Wegen ihrer Bedeutung für die erfahrbare Astrologie erfordern folgende Ideen Jungs unsere Aufmerksamkeit: der Prozeß der Individuation, das Konzept von Ganzheit und Polarität, das Modell der Psyche mit ihrer bewußten, persönlich unbewußten und kollektiv unbewußten Ebene und die Theorie der *Archetypen*. Auch die *Mythologie* als Schlüssel zum Verständnis des menschlichen Geistes ist in Jungs Denken ein zentraler Punkt.

Aus Jungs Sicht beginnen wir alle unser Leben in einem Zustand undifferenzierter Ganzheit. Während wir heranreifen, tauchen wir aus dem kosmischen Schoß des Unbewußten auf und entwickeln uns in zunehmend komplexere Strukturen, die es uns ermöglichen, uns immer genauer und differenzierter auszudrücken. Dies ist der Prozeß der Individuation. Zuerst zeigt sich eine grundsätzliche Polarität. Jung stellt fest: "Die Psyche besteht aus zwei inkongruenten Hälften, die zusammen ein Ganzes bilden sollten." Aber "Bewußtsein und Unbewußtes ergeben kein Ganzes, wenn das eine durch das andere unterdrückt und geschädigt wird. Wenn sie einander schon bekämpfen müssen, dann möge es wenigstens ein ehrlicher Kampf mit gleichem Recht auf beiden Seiten sein. Beide sind Aspekte des Lebens. Das Bewußtsein sollte seine Vernunft und seine Selbstschutzmöglichkeiten verteidigen, und das chaotische Leben des Unbewußten sollte auch die Möglichkeit haben, seiner eigenen Art zu folgen, soviel wir davon ertragen können. Das bedeutet offenen Konflikt und offene Zusammenarbeit. (...) Es ist das alte Spiel von Hammer und Amboß. Das leidende Eisen zwischen beiden wird zusammengeschmiedet zu einem unzerstörbaren Ganzen, und zwar zum 'Individuum'."[4] Somit ist die Individuation das Ergebnis der beständigen Integration von Bewußtsein und Unbewußtem, und das menschliche Wachstum schreitet voran, indem es einzelne Elemente zu einem komplexen Ganzen zusammenfügt.

Die Astrologie bezieht sich nicht weniger als Jung auf die alten Begriffe Ganzheit und Polarität. Das astrologische Geburtsbild stellt die Ganzheit einer individuellen Persönlichkeit dar. Es setzt sich aus zwei Hälften zusammen, die eine Hälfte repräsentiert die bewußte, solare, aktive, maskuline Tagseite des Bewußtseins, die andere Hälfte die unbewußte, lunare, passive, feminine Nachtseite. Wie sich Jungs Darlegungen oft auf das Zusammenspiel von Gegensatzpaaren konzentrieren, z.B. bewußt – unbewußt, Denken – Fühlen, Wahrnehmung – Intuition, Animus – Anima, so besteht auch das Horoskop aus Polaritäten von ähnlich starker Aussagekraft: gegenüberliegenden Paaren von Zeichen (Stier/Skorpion), Häusern (zweites/achtes) und Archetypen (Venus/Mars). Und selbst eine astrologische Beratung, die äußerst stark von der linken Gehirnhälfte beeinflußt ist, bringt letzten Endes das Unbekannte ins Bewußtsein und strebt somit der von Jung beschriebenen Individuation entgegen. Die erfahrbare Astrologie soll dieses Ergebnis erweitern und "den offenen Konflikt und die offene Zusammenarbeit" zwischen dem Bewußtsein und dem Unbewußten, auf die sich Jung bezieht, fördern.

Im Jahre 1909 hatte Jung einen außergewöhnlichen Traum, der seine Theorie konkretisierte, daß sich die Psyche aus drei unterschiedlichen, aber miteinander verbundenen Systemen oder Ebenen zusammensetzt – aus dem bewußten Geist und dem unbewußten Geist, der in zwei Teile zerfällt, das persönliche und das kollektive Unbewußte.[5] Der Traum führte schließlich zur Veröffentlichung seines richtungsweisenden Werkes *Symbole der Wandlung*. Joseph Campbell hat die Themen dieses großen Werkes zusammengefaßt:

> Diese grundlegenden Erkenntnisse (...) waren: erstens, da die Archetypen oder Grundmuster der Mythen für die gesamte Menschheit gelten, sind sie in ihrem Wesen weder ein Ausdruck der örtlichen sozialen Gegebenheiten noch der einzelnen Erfahrung eines Individuums, sondern sie verkörpern allgemein-menschliche

Bedürfnisse, Instinkte und Potentiale; zweitens, in den Traditionen jedes einzelnen Volkes werden die örtlichen Gegebenheiten jene geistigen Bilder bestimmt haben, durch welche sich die archetypischen Themen innerhalb der tragenden Mythen dieser Kultur darstellen; drittens, wenn sich die Art zu leben und zu denken eines Individuums derart von den Normen seiner Spezies entfernt, daß ein pathologischer Zustand des Ungleichgewichts, Neurose oder Psychose, entsteht, werden sich Träume und Phantasien in Analogie zu bruchstückhaften Mythen einstellen; und viertens, solche Träume sollten nicht durch die Rückschau auf unterdrückte Kindheitserinnerungen (Reduzierung auf die Autobiographie) interpretiert werden, sondern durch den äußeren Vergleich mit den analogen mythischen Mustern (Ausdehnung auf die Mythologie), damit das gestörte Individuum lernen kann, sich selbst entpersonalisiert im Spiegel des menschlichen Geistes zu betrachten, um durch die Analogie den Weg zu seiner eigenen größeren Erfüllung zu entdecken.[6]

Mit der Veröffentlichung dieses Buches vollzog Jung den Bruch mit Freud; denn er forderte, daß die therapeutische Methode nicht mehr aus einer bloßen "Reduzierung auf die Autobiographie", der Freudschen Methode, bestehen, sondern die "Ausdehnung auf die Mythologie" betonen sollte, anders gesagt, die Verbindung herstellen sollte zwischen unbewußten Inhalten und dem umfassenderen Ausdruck der tieferliegenden Realität, den ewigen Mythen der Menschheit. Und gerade in dieser Schwerpunktverlagerung liegt die Relevanz von Jungs Gedanken für die erfahrbare Astrologie. Jungs große Erkenntnis war, daß der Geist, ebenso wie in Freuds Sicht, über eine unbewußte Ebene verfügt, die die unterdrückten Inhalte seiner persönlichen Geschichte enthält, aber auch, daß dieses *persönliche Unbewußte* "auf einer tieferen Schicht (ruht), welche nicht mehr persönlicher Erfahrung und Erwerbung entstammt, sondern angeboren ist." Jung nannte diese Schicht das *kollektive Unbewußte*, weil "dieses Unbewußte nicht individueller, sondern allgemeiner Natur ist, das heißt es hat im Gegensatz zur persönlichen Psyche Inhalte und Verhaltensweisen, welche überall und in allen Individuen cum grano salis die gleichen sind." Deswegen hat unser aller Geist eine Ebene, die "in allen Menschen (...) identisch (ist) und (...) damit eine in jedermann vorhandene, allgemeine seelische Grundlage überpersönlicher Natur (bildet)."[7]
Wichtig ist, "daß es sich bei den kollektiv-unbewußten Inhalten um altertümliche oder – besser noch – urtümliche Typen, das heißt seit alters vorhandene allgemeine Bilder handelt."[8] Diese Archetypen legen die Form und nicht den Inhalt fest. Jung bietet uns das lebendige Bild des Archetyps als sozusagen das "Achsensystem eines Kristalls (...), welches die Kristallbildung in der Mutterlauge gewissermaßen präformiert, ohne selber eine stoffliche Existenz zu besitzen."[9] Weiter erläutert Jung, daß diese Archetypen, die unser universelles Erbe sind, in irgendeinem individuellen Bewußtsein zutage treten, eine empfängliche Stelle bei seinen Gefährten berühren und so zu Mythos, Ritual und kulturellem Glauben entwickelt werden können, wie dies im Laufe unserer Geschichte immer wieder geschehen ist. Sie sind die Quelle unseres gemeinsamen Verständnisses der Großen

Mutter, des Helden, der Götter selbst und nicht zuletzt der planetaren Symbole in der Astrologie.

Wir können spekulieren, daß Jungs Erkenntnis der tieferen, mythischen Ebene, die er das kollektive Unbewußte nannte, eine Wiederentdeckung derselben Ebene ist, auf der sich die Vereinigung mit den Göttern vollzog, die die alten Griechen von Eleusis vor zweitausend Jahren erlebten. Es ist augenscheinlich, daß Jung nicht etwa ein Konzept entworfen hat, sondern eine psychische Realität erkannte. Wir Menschen erfinden Konzepte als Hilfsmittel zum Begreifen, Kategorisieren und Analysieren. Konzepte lassen sich ersetzen, aber archetypische Strukturen des Bewußtseins sind wie lebenswichtige Organe: es gibt keinen vernünftigen Ersatz für sie. Die Archetypen sind mächtige, unsichtbare Kräfte, die unser Verhalten formen und Gefühle und Glauben beeinflussen. Jung – und dies ist der Kern seiner therapeutischen Methode – würde uns dazu bringen, diese Muster in uns selbst kennenzulernen und dadurch ganzer und freier zu werden. Die Jungsche Perspektive gibt uns sowohl die Erkenntnis als auch die Mittel, um das astrologische Symbol als Archetyp zu verwenden. In der erfahrbaren Astrologie wollen wir Methoden ausarbeiten, um astrologische Archetypen heraufzubeschwören, und uns auf diese Weise Jungs Ziel der Bewußtheit, Ganzheit und Freiheit nähern.

Erfahrbare Astrologie und Humanistische Psychologie

Ich möchte nicht den Eindruck erwecken, daß die erfahrbare Astrologie durch eine Kommission von Akademikern entwickelt worden ist, die sich auf die Werke von Freud, Jung und Rudhyar gestürzt haben. Wer am meisten zu ihrer Entstehung beigetragen hat, hat in der Tat mehr Zeit damit verbracht, die Grenzen des persönlichen Wachstums zu erforschen, als in der Bibliothek zu vertrocknen. Mein eigener Hintergrund mit fast jedem nur möglichen Wachstums-Workshop, mit Pilgerfahrten zum Esalen Institute in Big Sur, Kalifornien, einem ausgiebigen Trainingsprogramm für Gruppenleiter und 15 Jahren Beschäftigung mit Kriya-Yoga ist nicht untypisch. Das sind natürlich Gelegenheiten, psychologisch, spirituell und künstlerisch zu wachsen, die sich besonders in den USA als 'Human Potential Movement' (entspricht ungefähr den Inhalten der Humanistischen Psychologie – d.Ü.) in der Mitte der sechziger Jahre auftaten. Wenn wir also Elemente einer erfahrbaren Astrologie zusammentragen, bringen wir eine Vielzahl theoretischer und praktischer Begriffe ein, deren Ursprung leicht in Vergessenheit gerät. Einige Strukturen sind jedoch deutlich erkennbar und werden im folgenden unter den Stichworten 'Erfahren', 'Darstellen' und 'Verkörpern' kurz abgehandelt. Zuvor möchte ich aber meiner besonderen Dankbarkeit gegenüber Jacob Moreno und seinem 'Psychodrama' Ausdruck verleihen.

Astrodrama, eine Form der erfahrbaren Astrologie, bei der es um das 'Darstellen des Geburtsbilds' geht, verdankt seine Inspiration zum Teil Jacob Morenos therapeutischer Methode des Psychodramas. Moreno war ein Wiener Psychiater und Zeitgenosse von Freud und Jung. Er starb 1974 und erlebte beinahe den gesamten Zeitraum, der uns interessiert, wenn auch sein Psychodrama erst seit den sechziger Jahren eine größere Bekanntheit erlangt hat. Moreno begann in den zwanziger Jahren als Leiter eines experimentellen Theaters. Sein Interesse an der therapeutischen Nutzung dieses Mediums begann mit einem Ehestreit zwischen zwei Mitgliedern seines Ensembles, den er mit bemerkenswertem Erfolg seinem Publikum vorführte.[10] Durch diesen Anfang erkannte Moreno die vielversprechenden Aussichten eines heilenden Theaters und begann mit seiner Verwirklichung. Moreno schmiß als erstes sein Psychiater-Sofa hinaus und ersetzte es durch eine Stehgreif-Bühne, wo die Individuen in der völligen Freiheit der Improvisation ihre eigenen Probleme und die der ganzen Welt ausagieren konnten.[11] Ein Beobachter notierte: "Morenos Theorien sind komplex und abstrus, aber seine Methode ist einfach, direkt und wirkungsvoll. In einer psychodramatischen Vorstellung treten Teilnehmer auf, die Szenen aus dem Leben von einem von ihnen darstellen und dabei eine Vielzahl verschiedener Techniken anwenden, um Emotionen zu steigern und Konflikte zu klären; und die Beobachter ziehen häufig Nutzen aus dieser Erfahrung, obwohl sie gar nicht direkt daran beteiligt sind."[12] Während das klassische Drama darauf abzielte, im Publikum eine Katharsis (das heißt, ein heilendes Freisetzen von Emotionen) zu erzeugen, lädt das Psychodrama mit großem Erfolg die Schauspieler selbst ein, diese Erfahrung zu machen. Das Astrodrama kann in seiner leichteren, aufführungsorientierten Art auf das Publikum ausgerichtet sein; wird es aber als Mittel zum persönlichen Wachstum benutzt, so kann es die ganze Intensität und Unmittelbarkeit des Psychodramas haben. In beiden Ausdrucksformen hat das Astrodrama das, was Astrologen als ausgesprochenen Vorteil schätzen werden, nämlich ihre Informationen direkt aus der "Landkarte der Seele", dem astrologischen Geburtsbild zu bekommen.

Rudhyar gibt uns die humanistische Sichtweise des Geburtsbildes, Jung stellt uns den größeren theoretischen Rahmen zur Verfügung, in dem die Astrologie kreativ wirken kann, und Moreno unterstützt die Bedeutung der aktiven Teilnahme des Individuums als einen Weg, zur zentralen Rolle des Hauptdarstellers in seinem eigenen, sich entfaltenden Lebens-Drama zurückzukehren. Aber auch andere Einflüsse haben mitgeholfen, die erfahrbare Astrologie zu prägen. Aus der großen Vielfalt an Möglichkeiten heben sich drei Strukturen oder Themen ab:

Der erste Einfluß aus der Humanistischen Psychologie ist das Prinzip des 'Erlebens'. Wir 'erleben', wenn wir im Moment aktiv und emotional auf uns selbst eingestimmt sind, besonders in einer Situation, die die Gelegenheit zu persönlichem Wachstum bietet. Im Extremfall kann Erleben eine tiefgreifende, emotional reinigende Entladung von Gefühlen bedeuten. Leidenschaftsloses und abstraktes Intellektualisieren ist dem Erleben fast diametral entgegengesetzt. Keine geringere Autorität als Carl Rogers, der Vater der nicht-direktiven Psychotherapie, hielt diesen Faktor für derart bedeutend, daß er (gemeinsam mit seinen Kollegen) eine Skala zu seiner Messung entwickelte.[13] Schon eine oberflächliche Betrachtung bestätigt, daß die übliche Kommunikation über Astrologie abstrakt und leidenschaftslos ist, vielleicht für das Übermitteln von rohen Fakten geeignet; über die Erfahrbarkeit, die ein Wachsen ermöglicht, wird jedoch nicht nachgedacht. Die erfahrbare Astrologie möchte diese Lücke füllen.

Ein zweites Merkmal des wachstumsorientierten Vorgehens läßt sich als das 'Darstellen' bezeichnen. Sie haben das Darstellen in seiner offensichtlichsten Form im psychodramatischen Spielen von Lebensepisoden in Morenos Werk kennengelernt. Das Darstellen, besonders in der von Fritz Perls entwickelten Gestalt-Therapie, beinhaltet aber auch das Ausagieren und Integrieren unbewußter und entfremdeter Inhalte aus dem Bereich des Unbewußten.[14] Ein intensives Astrodrama kann diese Elemente enthalten, wenn bestimmte Transite im Verhältnis zum Geburtsbild/Natal darauf hinweisen, oder aber es kann zum vollständigen emotionalen Ausdruck eines Archetyps wie Venus, Sonne oder Pluto kommen. Das Darstellen holt die in unserem Unbewußten verborgenen Dinge hervor und ermöglicht uns, ihnen Form und Gefühl zu verleihen und sie so in unser Sein zu integrieren.

Das 'Verkörpern' ist der dritte Faktor, der die erfahrbare Astrologie beeinflußt. Seit Wilhelm Reich, einem weiteren frühen Gefährten Freuds, hat der Westen wohl begonnen, sich wieder darauf zu besinnen, daß wir in einem wirklichen Sinne Körper *sind*, wir haben sie nicht nur als unglückliches Anhängsel unseres Geistes. Der Beitrag Reichs (der während der sechziger Jahre und später von seinen Anhängern wie Lowen und Keleman weiterentwickelt wurde) bestand einerseits in der Erkenntnis, daß der Körper ein energetisches System ist mit typischen Blockaden des freien Flusses von Emotionen und Gefühlen, und andererseits in der Entwicklung von Techniken zur Überwindung dieser Blockaden.[15] Wie Sie im dritten Kapitel dieses Buches sehen werden, können diese Techniken – in den richtigen Händen – sanft und machtvoll in der erfahrbaren Astrologie eingesetzt werden. Allgemeiner gesprochen, bedeutet 'Verkörpern' jedoch, daß wir Astrologen unseren Sessel im Beratungszimmer verlassen und die Bedeutung der astrologischen Archetypen in Bewegung, Gefühl, Tanz und Berührung ausdrücken können – und wir werden dadurch bereichert werden.

Spirituelle Traditionen und Transpersonale Psychologie

Die westliche humanistische Tradition hat die Inhalte der Humanistischen Psychologie niemals vollständig bestimmt. Seit dem Aufkommen der Bewegung hatten auch spirituelle Führer mit uralten Traditionen und Techniken (die hauptsächlich aus dem Osten kamen) darin ihren Platz neben den Therapeuten und den Trainings-(=Encounter-)Gruppen. Die Astrologie hat eine besondere Wesensverwandtschaft mit einigen Elementen dieser spirituellen Strömung, was zum Teil auf gemeinsame Ursprünge zurückzuführen ist. Ein Beispiel: Im Kriya-Yoga sind die Lehren aus Astrologie und Yoga seit langem eng miteinander verflochten und inspirieren sich gegenseitig.[16] Im Verlauf dieses Buches werden Sie aus dem Yoga stammende und rituelle Aspekte der erfahrbaren Astrologie kennenlernen.

Die oben genannten östlichen und westlichen Formen der Psychologie sind in einem relativ neuen Gebiet verbunden, der 'Transpersonalen Psychologie'. Die Schriften ihrer Verfechter, wie z.B. Ken Wilber, Stanislav Grof und Jean Houston, können eine Quelle ständiger Inspiration für unsere Beschäftigung mit der erfahrbaren Astrologie sein. Interessanterweise hat diese Richtung die klassische Psychologie neu belebt, deren allgemeine Ablehnung seinerzeit den Beginn der humanistischen Ära signalisierte. Grof erklärt das im Hinblick auf die Astrologie:

> Zudem kann sich die Astrologie (...) – eine Disziplin, die von der kartesianisch-Newtonschen Wissenschaft verworfen und lächerlich gemacht wird – als unschätzbare Quelle von Informationen über die Entfaltung und Wandlung der Persönlichkeit erweisen. Es bedürfte langer Erörterungen, um darzulegen, wann und wie die Astrologie als erwägenswertes theoretisches Bezugssystem fungieren kann. Die Möglichkeit erscheint aus der Sicht der mechanistischen Wissenschaft, in der das Bewußtsein als eine Begleiterscheinung von Materie gilt, vollkommen absurd. In Anbetracht eines Ansatzes aber, in dem das Bewußtsein als das primäre Element des Universums betrachtet wird, das in jedem Aspekt der Existenz enthalten ist und in dem *archetypische Strukturen als etwas erkannt werden, das den Phänomenen der materiellen Welt vorausgeht und sie bestimmt* (meine Hervorhebung), hat die Astrologie einen durchaus logischen und verständlichen Stellenwert.[17]

Um die erfahrbare Astrologie anwenden zu können, brauchen wir glücklicherweise nicht zu entscheiden, ob die klassische oder die Humanistische Psychologie letztendlich recht hat, zumal dies den Philosophen der letzten 3000 Jahre auch nicht gelungen ist. Ob wir nun glauben, daß die Archetypen in einer Dimension jenseits unserer Realität entstehen (wie Grof oder die Anhänger Platos) oder daß sie eine Manifestation des Geistes als unser gemeinsames menschliches Erbe sind (à la Jung) oder aber daß sie gewöhnliche aber außerordentlich wichtige Gedanken sind, die kulturelle Realitäten widerspiegeln, wir können sie auf jeden Fall als Werkzeug zur Selbsterkenntnis und zum Wachstum einsetzen.

Nun schließt sich der Kreis unserer Reise in die Theorie, und doch haben wir nur einige der vielen Einflüsse auf die erfahrbare Astrologie berührt. Teilweise liegt dies an den weit gestreuten Ursprüngen unseres Vorgehens; ein wichtigerer Grund ist aber wohl auch, daß wir zu dem, was wir zu ergründen versuchten, durch tatsächliche, lebendige Erfahrung gekommen sind, anstatt durch bloßes Forschen. Jeder von Ihnen, der die erfahrbare Astrologie entdecken möchte, wird die Gelegenheit haben, sie auf seine eigene Art zu erfahren, ihre Prinzipien zu verkörpern und sie in seinem eigenen Leben auszuagieren.

3
Die Praxis der erfahrbaren Astrologie

Wir sind Darsteller, Erzähler und Zeugen der Geschichte unserer Seelen.
James Hillman, Revisioning Psychology

Die erfahrbare Astrologie wird hauptsächlich auf vier Arten eingesetzt: als künstlerische und expressive Form des Theaters, als Mittel, um Schüler und Interessierte zu unterrichten, im Kontext mit therapeutischem Heilen und, wie wir in den Kapiteln Vier und Neun sehen werden, zum Selbststudium, zur Meditation und als persönliches Ritual.

Planeten-Theater

In der Antike war die Darstellung archetypischer planetarer Energien integraler Bestandteil des öffentlichen Schauspiels. Theater war ein heiliges, reinigendes Medium, das dazu bestimmt war, durch direkten Kontakt mit den tiefsten Schichten des Bewußtseins zu heilen. Im Gegensatz dazu will das moderne Theater, obwohl es von Zeit zu Zeit damit experimentiert, dunkle Symbole heraufzubeschwören, meistens eher unterhalten als läutern. Die im folgenden beschriebene Astrodrama-Aufführung war einer von vielen Schritten zur Wiederbelebung des heilenden Theaters der Vergangenheit mit astrologischen Symbolen als Medium zur direkten Interaktion mit dem Unbewußten. Wenn Sie weiterlesen, achten Sie auf den Heileffekt im Publikum und bei den Akteuren sowie auf die Leichtigkeit, mit der das Astrodrama denjenigen astrologische Informationen vermittelt, die nicht viel mehr als ihr eigenes Sonnenzeichen kennen.

Die Aufführung hatte das Ziel, die astrologischen Einflüsse zum genauen Zeitpunkt der Darbietung darzustellen (siehe nebenstehende Zeichnung). Was hier beschrieben wird, ist die erste von zwei zusammenhängenden Vorführungen, die bei einer Mondfinsternis (Skorpion-Vollmond/Stier-Sonne) im Mai 1985 vor einem ganz gewöhnlichen Publikum stattfand. Die andere wurde bei der Sonnenfinsternis (Neumond) im Skorpion im November 1985 für die Regionaltagung des NCGR (National Council on Geocosmic Research) aufgeführt.

Der Ort des Geschehens ist der große, umgestaltete Theatersaal des Noyes Cultural Arts Center in Evanston, Illinois. Große Fenster, die sich vom Boden bis

Planetentheater 4. Mai 1985
5.5.1985, 00:30 GMT, Evanston/Illinois (Felder Koch)

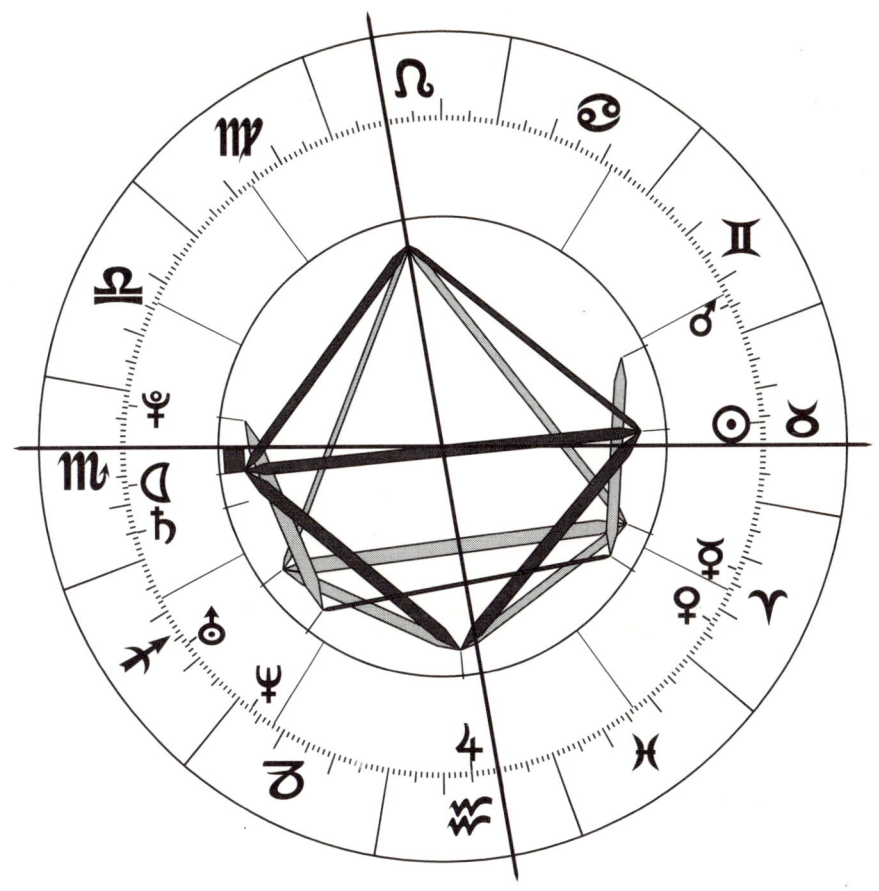

zur Decke erstrecken, geben an zwei Seiten des Raums den Blick auf eine große Wiese frei. Es ist ein wunderschöner, lauer Frühlingsabend. Während die Dämmerung allmählich in Dunkelheit übergeht, spiegelt das Flackern von unzähligen Kerzen den mit Sternen übersäten Hintergrund wider. Der Vollmond geht gemächlich am Nachthimmel auf. Über hundert Zuschauer, von denen die Hälfte keine astrologischen Kenntnisse besitzt, nehmen ihre Plätze ein, um die Vorstellung zu genießen. Kommen Sie doch einfach mit uns in die Show!

Während die Lichter langsam verlöschen, durchbricht die dunkle, hallende Stimme des Erzählers die Stille: "Und Gott schuf die Sonne, den Mond und die Planeten..."

Ein Scheinwerfer erfaßt die schillernd kostümierten 'Planeten', die einer nach dem anderen ihren Auftritt haben. Mars springt auf die Bühne und fuchtelt mit seinem Schwert; Saturn tritt mit stattlichem, ja beinahe schwerfälligem Gang ein. Jeder Planet stellt sich kurz vor: "Ich bin Merkur! Ich bin Ihre Kommunikationsfähigkeit, der Geist in Ihrem Hirn, das Vergrößerungsglas, durch das alles andere hindurch muß. Mit der Fackel der Vernunft suche ich nach Wahrheit." Venus betritt die Bühne in einem Wirbel aus rosa und grünem Chiffon: "Ich bin Venus! Ich bin alles, was Sie lieben und was Ihnen teuer ist. Ich bezaubere durch meinen liebevollen, sanften und harmonischen Geist." Nachdem alle Planeten die Bühne betreten haben, schwärmen sie aus, mischen sich unters Publikum und scherzen mit den Zuschauern. Venus geht auf eine Frau in der hinteren Reihe zu: "Und in welchem Zeichen steht Ihre Venus?" "Stier", antwortet die erstaunte Zuschauerin. Im Bruchteil einer Sekunde beginnt Venus zu improvisieren: "Oh, wir lieben gutes Essen! Gehen wir doch in dieses neue, kleine französische Restaurant! Dort gibt es die beste Gänseleberpastete weit und breit. Und die Flasche 82er Pomerol ist da auch sehr preiswert!" Die Frau erkennt sich darin wieder, lacht glucksend und ergreift Venus' Hand mit Wärme. Sie verbreitet Begeisterung und freudige Erwartung um sich, während die anderen Planeten weiterhin das Publikum unterhalten.

Kurz darauf begibt sich jeder Planet zur zentralen Bühne und nimmt die Position im Tierkreis ein, die seine genaue Stellung am Himmel in diesem Moment zeigt. In seiner natürlichen Rolle als Sprecher deutet Merkur auf die vier Himmelsrichtungen, den Zodiak, die auf- und untergehenden Planeten und die Aspekte (Winkelbeziehungen) jedes Planeten zu allen anderen an diesem Abend. In drei Minuten stellt sich dann jeder Planet vor, wobei er seine spezielle Eigenart so vollständig wie möglich herausstellt. Durch Körperbewegungen, Gefühle, Bilder, Geräusche, Sprache, Gesten und Gesichtsausdruck malen sie ein lebendiges Portrait ihrer planetaren Energie. Hören wir Merkur einmal zu:

"Ich bin Ihre Fähigkeit zu kommunizieren, zu denken, zu überlegen und eine Erfahrung von der anderen zu unterscheiden. Wie Hermes, der Götterbote, bin ich die Brücke zwischen Ihrem bewußten Denken und der unentdeckten Welt des Unbewußten. Ich bin das Medium, durch das Sie sprechen. Ich habe alle Schriften, Sprachen, Bücher und Büchereien erfunden. Ich suche Wissen und Verständigung. Ich erforsche neue Möglichkeiten, die Welt zu begreifen. Ich stelle die ultimativen Fragen: Woher bin ich gekommen? Weshalb bin ich hier? Wohin gehe ich...? Ich kann Ihr bester Freund sein oder aber Ihr ärgster Feind. Als Ihr Widersacher kann ich Sie unendlich lange ablenken und Sie von Ihren unterdrückten Emotionen fernhalten. Ich beschäftige Sie, damit Sie nicht *fühlen* können. Gefühle sind so unvernünftig!

Im Skorpion dringe ich in die Tiefe vor, suche den Kern. Ich kenne die Geheimnisse von Magie und Tantra, aber niemals werde ich Ihnen sagen, was ich entdeckt habe! In der Jungfrau bin ich klar, genau und tüchtig. Ich erkenne Irrtum

und Unvollkommenheit. Allerdings muß ich gestehen, daß ich mich mehr für meine Fehler interessiere als für das, was ich richtig gemacht habe.
Heute abend befinde ich mich im Widder. Ich bin kühn, ungestüm und impulsiv. Meine Gedanken sind wie ein Feuerwerk, sie explodieren in alle Richtungen – und ich werde Ihnen alles erzählen, was mir durch den Kopf geht, ob es Ihnen gefällt oder nicht."

Nachdem sich alle Planeten vorgestellt haben, wird das Licht dunkler, und die nächste Phase des Programms beginnt, die Erzählung des Mythos von Demeter und Persephone. Dieser Mythos wurde gewählt, weil er die starken Stier/Skorpion-Energien (Verrat und Vergebung) heraufbeschwört, die uns am heutigem Abend zugänglich sind.

Die erste Szene zeigt Hades, wie er in unkontrollierbarer Wut auf- und abgeht, schimpft und tobt, Grimassen schneidet und die lärmenden, zornigen Riesen anknurrt, die im Ätna über ihm gefangen sind. Fest entschlossen, in diesem Gebiet wieder Ruhe herzustellen, begibt er sich in die Oberwelt. Als er dort ankommt, erspäht er Persephone, die auf einer Wiese Blumen pflückt. Von einer Anhöhe aus beobachtet Venus das Geschehen, und in einem kurzen Anfall von Ironie schickt sie Amor los, den arglosen Hades mit dem Pfeil der Liebe zu durchbohren. Derart getroffen, wandelt sich Hades' Wut in Verlangen nach dem unschuldigen jungen Mädchen. Von seiner Leidenschaft völlig beherrscht, umkreist er sie, faucht und leckt sich die Lippen vor Lust.

Ein wogender Trommelrhythmus gibt Persephones Herzschlag wieder, als sie den lüsternen Hades erblickt. Unbeeindruckt von ihren Angstschreien, ergreift der dunkle Gott das Mädchen und trägt es fort in seine Höhle in der Unterwelt. Als Demeter, die Mutter des Mädchens, erfährt, was sich zugetragen hat, schreit sie vor Wut und bricht dann, von Gram völlig überwältigt, krampfhaft schluchzend zusammen. Niemand kann sie trösten, nicht einmal die Götter. Deshalb müssen seither alle Menschen leiden. Als Göttin des Getreides und Beschützerin all dessen, was auf der Erde lebt, vernachlässigt sie ihre Pflichten. Die Erde verdorrt. Was einmal grün und voller Schönheit war, wird nun braun und karg.

Schließlich wird mit Hilfe von Hermes/Merkur und der Intervention durch den allmächtigen Zeus/Jupiter ein bitterer Kompromiß geschlossen. Persephone wird die sechs Monate zwischen den Tagundnachtgleichen in der Unterwelt verbringen und im Frühjahr zurückkehren, um das Leben auf der Erde wiederherzustellen. Alle müssen sich mit der neuen Vereinbarung abfinden. Die urzeitliche Macht von Hades und Demeter wird gegen die Unschuld der Persephone ausgespielt. Die drei sind gegen ihren Willen durch Leidenschaft und Trauer aneinandergekettet. Jeder hat Verrat begangen und ist verraten worden.

Die letzten Worte des Stückes werden von Hermes gesprochen: "Dies ist ein Mythos, der unsere Reinheit und Unschuld, unsere Sehnsüchte und unseren Verrat zeigt. Es ist eine Geschichte über unsere Duldung des Unerträglichen, Annahme des Unannehmbaren und in letzter Konsequenz Verzeihung des Unverzeihlichen. Sie veranschaulicht das Mysterium des Menschen, das diesen Widersprüchen innewohnt, diesen Gegensätzen, die sich ewig im rhythmischen und kreativen Zusammenspiel von Licht und Dunkelheit begegnen. Der Schlüssel zur Lösung liegt im Mut des Menschen und in seiner Fähigkeit, Grenzen zu überschreiten, sich den Dämonen zu stellen und durch das Feuer zu gehen. Der Mensch ist die Flamme und die Feuerstelle, das Feuerholz und das Opfer..." Die Lichter verlöschen. Die emotionale Berg- und Talfahrt der letzten zwanzig Minuten endet in einem Augenblick des fruchtbaren, nachdenklichen Schweigens, das, wie einige Zuschauer es später ausdrücken, voll von aufgewühlten Gefühlen und ihren eigenen Erinnerungen an Vertrauensbruch ist.

Mit dem Beginn einer Reihe spielerischer, kreativer Improvisationen von Geburtsbildern einiger Zuschauer ändert sich der Ton der Vorführung jedoch schnell. Von weit hinten im Raum kommt der Wunsch, "Merkur in den Zwillingen im Quadrat zu Uranus in der Jungfrau" zu sehen. Nach kurzer Beratung begeben sich Merkur und Uranus in die Arena. Merkur beginnt einen kraftvollen Monolog, posaunt seine Lieblings-Ansichten aus, prahlt mit Büchern, die er schreiben wird, und den Antworten, die er auf bewegende Fragen gefunden hat. Uranus, der langsam näherkommt, scheint eine unberechenbare Energie auszustrahlen, auf die Merkur reagieren muß. Erbarmungslos kritisiert er Merkurs Gedanken und überschwemmt ihn mit einer Fülle verwegener Möglichkeiten, die es zu bedenken gilt. Die Improvisation endet dann mit einem erschöpften Merkur, der um Frieden und Ruhe fleht.

Der Wunsch, "Sonne im Widder, in Opposition zu Mond in der Waage" zu sehen, lädt zu einem weiteren spontanen Sketch ein. Sonne und Mond nehmen ihre Stellungen auf der Bühne ein und verstricken sich in ein psychisches Tauziehen um Heiratspläne. Die kraftvolle Sonne (Er) besteht darauf, so bald wie möglich zu heiraten, wohingegen der zögernde Mond (Sie) mit verwirrtem Gesichtsausdruck umherirrt. Zum Publikum gewandt erzählt sie, was sie denkt: "Dieser Typ! Er ist nett, aber ich kenne ihn doch erst seit letzter Woche. Er sieht ein bißchen wie Brad aus, aber verhält sich eher wie Tom." Die Szene endet ohne eine Lösung, aber mit viel Applaus des amüsierten Publikums.

Zum Finale des Abends tritt jeder Planet einzeln vor, um dem Publikum ein symbolisches Geschenk anzubieten. Merkur verteilt den Samen des positiven Denkens, Saturn gibt Lehm, um damit eine Struktur für unser Leben zu formen, Mars sein Schwert als Ermutigung, alles durchzutrennen, was uns zurückhält. Das Ende der Vorstellung vereint die Teilnehmer des Abends, Darsteller und Zuschauer, in einem Augenblick der Besinnung. Die allerletzten Worte spricht Carl Fitzpatrick als Pluto:

"Neun wunderbare Geschenke. Aber wurde nicht etwas vergessen? Etwas, das Sie von jedem hätten bekommen können, aber irgendwie ... Wie dem auch sei, was können Sie von Pluto erwarten, wo ich in meinem Reich doch alles sammle, was übrigbleibt, nachdem Sie im Stier alles, was Ihnen wertvoll erscheint, zusammengerafft haben, es mit Ihrem Stempel versehen haben und sich in Sicherheit wähnten? Ein Teil dieses Abfalls verwest in Ihren Tiefen und wird zu tödlichem Gift. Wenn Sie überleben wollen, müssen Sie sich wieder an mich wenden, um es auszugraben und die Kraft zur Heilung zu finden. Den *wahren* Schatz haben Sie niemals erkannt. Selbst wenn ich ihn Ihnen jetzt gebe, werden Sie ihn ohnehin wieder fortschmeißen.

Die Mondfinsternis offenbart das Geheimnis. Der Mond steht im Skorpion, und Sie jammern und weinen, weil ich Ihnen Verrat und Tod bringe. Aber was wissen Sie schon von Vertrauen oder vom Leben? Ich werde Ihre seichte Unschuld in der Feuerprobe des Mißtrauens testen, und vielleicht können Sie dann lernen, sich ganz einzulassen und Vertrauen zu verbreiten. Verrat? Den fügen Sie sich selbst zu! Ich fordere Sie auf, sich durch Ihre tiefsten Leidenschaften transformieren zu lassen, damit Sie die Fülle des Lebens kennenlernen. Auch den Tod fügen Sie sich selbst zu.

Die Sonne steht im Stier, Sie hausen in einem Felsblock, und ich bin der Bildhauer, der die Mauern Ihres Gefängnisses nach und nach wegmeißelt. Blut fließt, wenn Sie festhalten wollen, was Sie haben, anstatt zu schätzen, was Sie sind. Sie können *mir* Ihren Groll und Ihre Verbitterung bringen; denn alles, was Ihnen wertvoll erscheint, ist unredlich und gestohlen. Mein Geschenk für Sie ist das Letzte, wonach Sie jemals verlangen werden: Ihr wahres Selbst!"

Nach der Aufführung gibt es Live-Musik, Tanz, Getränke und ein Buffet. Es war ein anregender, nachdenklicher und emotionaler Abend, der uns das tiefe Drama zeigte, das sich hinter den gewohnten Symbolen einer Vollmondfinsternis auf der Achse Stier/Skorpion verbirgt.

Als Mitproduzentin, Regisseurin und Planet(in) Merkur erinnere ich mich noch lebhaft an das Ereignis. Unserer Schauspieltruppe war es gelungen, die Qualität des Augenblicks heraufzubeschwören und sie in ein astrologisches 'Happening' umzusetzen. Merkur im Sextil zu Jupiter und im Trigon zu Uranus gestattete es uns, astrologische Prinzipien und Einsichten zu vermitteln und zu lehren. Das starke Stier/Skorpion-Quadrat zu Jupiter gewährte uns den Zugang zu einer Bewußtseinsebene, die eine heilende Befreiung zuließ; Venus im Sextil und Mars im Trigon zu Jupiter sicherten den Erfolg der Aufführung und des Festes an diesem Abend. Die Aufführung bot darüber hinaus auch die Möglichkeit, nicht nur versierte Astrologen anzusprechen, sondern auch viele Menschen, für die die Astrologie völlig neu war. Anstatt nur mit einer Person in Berührung zu kommen wie im üblichen Beratungsgespräch, erreichten wir mehr als 100 Menschen gleichzeitig. Mit Transit-Pluto im Skorpion, einer Zeit, in der die Menschen tiefgreifende, reinigende Erfahrungen suchen, waren wir in der Lage, einen

Schimmer des psychologischen Potentials von Astrodrama und erfahrbarer Astrologie zu zeigen.

Die Menschen, die dieses Unternehmen verwirklichen, sind aus astrologischer Sicht von besonderem Interesse. Die Produzenten des Theaters waren Clay Bodine (Saturn Konjunktion Pluto), Betsey Means (Sonne im Skorpion) und ich selbst (Saturn Konjunktion Pluto). Von den zehn 'Planeten' waren vier praktizierende Astrologen, drei Schauspieler/innen, und die übrigen waren als Therapeuten oder Heiler tätig. (Fünf von uns hatten einen astrologischen Hintergrund, die anderen besaßen keine astrologischen Vorkenntnisse.) Von den zehn 'Planeten' hatten vier die Sonne im Skorpion, zwei den Mond im Skorpion, zwei einen Skorpion-Aszendenten und drei eine Saturn/Pluto-Konjunktion. Die Tatsache, daß innerhalb dieser Gruppe eine solch gebündelte Skorpion-Energie zusammentraf, um eine Aufführung bei der Stier/Skorpion-Mondfinsternis zu gestalten, war für mich mehr als nur bloßer Zufall. Dieses Ereignis schien Menschen anzuziehen, die nicht nur an tiefen, psychologischen, emotionalen Erfahrungen interessiert waren, sondern auch gleichzeitig die Fähigkeit besaßen, die mächtigen Energien der Mondfinsternis heraufzubeschwören und zu vermitteln.

Für uns Schauspieler ging die Erfahrung natürlich weit über die Aufführung dieses Abends hinaus. In intensiven acht Wochen hatten wir zweimal pro Woche geprobt. Die Proben umfaßten Astrologie, Bewegung, Körperbewußtsein, Klang, Stimme, geleitete Phantasiereisen und kreatives Improvisieren. Hinzu kam das Entwerfen des Spiels im Spiel (Demeter und Persephone). Wir hatten auch das Glück, über die besonderen Fachkenntnisse zweier bekannter Frauen aus der Umgebung verfügen zu können, der Stimmtherapeutin Vickie Dodd und der Tanztherapeutin Jane Siegel. Beide gaben sich viel Mühe, den Darstellern dabei zu helfen, ihre Stimmen und Körper wirkungsvoll einzusetzen. Jeder Planetenspieler verbrachte viele Stunden damit, seine spezielle planetare Identität buchstäblich zu leben: sie dachten sich in die Planeten hinein, fühlten, spürten sie, ja, wurden ihr Planet und fanden Wege, das, was sie in ihrem Innern erlebt hatten, zu vermitteln. Mit Hilfe von Bildern, kreativem Visualisieren, geführter Meditation, Stimme, Klang, Bewegung und körperlicher Darstellung erforschten sie ihre Verbindung mit dem inneren Archetyp. Während der Vorbereitungswochen halfen sich die Schauspieler gegenseitig bei der Entwicklung ihrer Rollen als Planeten, bei der Verfeinerung der einzelnen Ideen, beim Skriptschreiben und beim Entwerfen und Herstellen der Kostüme und des Make-ups.

Wir tauschten auch unsere Gefühle über unsere Rollen miteinander aus. Pluto berichtete, wie er auf seinem Heimweg nach der ersten Probe eine innere Stimme vernahm, die ihn anschrie: "Was machst du da eigentlich? Du bist seit deinem achten Schuljahr nicht mehr aufgetreten!" Bei einer anderen Gelegenheit berichtete uns Neptun mit tränenerfüllten Augen von ihrem inneren Kampf auf der Suche nach Möglichkeiten, ihren Planeten darzustellen: "Ich habe erkannt, daß ein Teil von mir völlig den Kontakt zu allem Spirituellen verloren hat. Es war so schwer, mich zu öffnen und darauf zu vertrauen, daß ich es in mir habe."

Die Wirkung der Aufführung überstieg alle unsere Erwartungen. Der Fotograf David Hartwick, ein guter Freund, machte folgende Beobachtung: "Mein stärkster Eindruck von diesem Erlebnis ist, daß es heilendes Theater ist und daß diejenigen, denen die größte Heilung zuteil wurde, die Schauspieler selbst waren. Auf die Bühne treten zu können und diese Dinge wirklich zu *sein*, das ist der Weg, wie wirkliche Heilung stattfindet. Ich bin schon immer ein Fan des Volkstheaters gewesen, bei dem jeder mitmachen kann. Im weiteren Verlauf dieses Prozesses solltet ihr versuchen, noch mehr Menschen direkt einzubeziehen. Darin liegen wohl letztlich die größten Heilungschancen. Wir alle müssen irgendwann aufstehen und ausagieren, was wir sind."

Davids Bemerkungen hatten durchaus prophetischen Charakter, besonders, wenn man sich einmal die Erfahrungen der Schauspieler nach unserer Aufführung anschaut (astrologische Schlüsselbegriffe in Kursivschrift). Sonne (Clay Bodine) entschied sich, die Anzahl der Klassen, die er unterrichtet, zu *erweitern* und setzte sich die Verdopplung seines Arbeits-/Theater-Raums zum Ziel, was er auch innerhalb von sechs Monaten verwirklichte. Mond (Ann Trompeter) hörte auf, *wankelmütig* zu sein, und beschloß, sich ganz auf ihre Schauspielkarriere zu konzentrieren. Merkur (Barbara Schermer) begann, dieses Buch zu *schreiben*. Beide Venus-Darstellerinnen (Saren O'Hara und Randi Wolferding) entschlossen sich, *schwanger* zu werden. Mars (Dennis Brittan) ist dabei, ein anerkannter Therapeut in Chicago zu werden, und spezialisiert sich auf die psychologischen Aspekte des *Kampfs* gegen AIDS.

Saturn (Betsey Means) zeigte drei miteinander verbundene Ergebnisse auf: neue Erkenntnisse darüber, wie sie ihr Leben *eingeschränkt* hatte, und den neuen Willen, diesen Zustand zu überwinden; die Annahme einer Schlüssel-Rolle in einem Stück in Chicago, in dem sie eine *überlastete* Frau spielt, die schließlich verrückt wird; und ihre Katalysator-Rolle, als sie Uranus half, ihr neues Büro zu *organisieren*. Uranus (Vicky Dodd) hat sich schließlich als *nonkonformistische* Therapeutin akzeptiert und das New Age Network-Zentrum 'New Voices Networking' eröffnet. Es überrascht nicht, daß Neptun (Gina Bader) die *unbestimmteste* Erfahrung im Zusammenhang mit der Aufführung machte, obwohl sie sagte, daß sie sich in der letzten Zeit stärker inspiriert fühlte. Jupiter (Jim Redmond) hat keine besonderen Jupiter-Elemente in seinem Leben feststellen können. Astrologen würden allerdings anmerken, daß der Einfluß seines Saturn-Returns (26 Grad im Skorpion) und die Konjunktion des Transit-Pluto mit seinem Mars auf 4 Grad Skorpion wahrscheinlich sämtliche Auswirkungen von Jupiter in den Hintergrund gedrängt haben.

Pluto (Carl Fitzpatrick) hatte das *dramatischste* Erlebnis. Einige Wochen nach seinem Auftritt fiel er von einer zwölf Meter hohen Leiter, wobei sein linker Fuß zerquetscht wurde und er sich das Becken und den rechten Arm brach. (Transit-Uranus stand in Konjunktion mit seinem Mars im ersten Haus im Schützen, während Pluto ein Sextil zu Saturn bildete. Carl ist der Überzeugung, daß das Pluto-Sextil dazu beitrug, sein Leben zu retten.) Er schrieb folgendes über sein Erlebnis: "Kurze Zeit nach unserer Aufführung im November, die auf den Zeitpunkt der Sonnenfinsternis im Skorpion an meinem Geburtstag gelegt worden war, überlebte ich einen äußerst schweren Unfall, der mich an den Rand des Todes brachte. Anderen Menschen mag es so erscheinen, als hätten Pluto-Aspekte mir diese Katastrophe beschert, aber in meinem eigenen Herzen und in meinem Verstand kommt es mir vor, als hätte meine Verbindung mit dem Pluto-Archetyp mich auf das Überleben im Augenblick der Krise vorbereitet. Pluto, der Heiler, gab mir die innere Kraft, den Unfall fast heil zu überstehen.

Während unserer Proben hatte ich über die Bedeutung von Pluto nachgedacht und über die Notwendigkeit der Transformation in jedem Leben. Unterschwellig wurde mir immer klarer, daß ein Wendepunkt in meinem Leben näherrückte. Im nachhinein kann ich feststellen, daß es um die Entscheidung ging, die ich seit Jahren vor mir hergeschoben hatte, mit meiner Arbeit, die ich auf hohen Leitern verrichtete, aus mehreren Gründen aufzuhören. Ein mit überhöhter Geschwindigkeit fahrendes Auto, das die Leiter buchstäblich unter mir wegriß, war nötig, damit ich meine Entscheidung endgültig treffen konnte. Es erscheint lächerlich, diese Erfahrung als Katastrophe zu bezeichnen. Wer hätte schon gedacht, daß ich aus der Höhe des vierten Stocks abstürzen und dabei nur mit einer sehr geringfügigen Behinderung davonkommen könnte? Mir erscheint es deutlicher denn je, daß Pluto, wenn wir ihn mit unserem instinktiven Bewußtsein akzeptieren, eine tiefgreifende Befreiung des wahren Selbst bedeutet."

Insgesamt war unser Astrodrama eine außergewöhnliche Gruppenerfahrung. Der Einfluß, den es auf die Darsteller hatte, ist klar. Die Wirkung auf das Publikum wurde durch die gute Atmosphäre beim nachfolgenden Fest und beim Tanz deutlich. Die Menschen waren ganz offensichtlich ergriffen und berührt und waren sich ihrer eigenen, zutiefst persönlichen Verbindung zu ihren kosmischen Nachbarn bewußter geworden. Darsteller und Publikum hatten sich zusammengefunden, um ein ausgezeichnetes Beispiel für eine erneuerte Astrologie zu demonstrieren, die die menschliche Erfahrung erweitert und erläutert und alle heilend berührt.

Astrologie durch Erfahrung lernen

Beinahe jeder, der innerhalb der westlichen Tradition erzogen und ausgebildet wurde, hat eine allgemein 'bewährte' Methode zur Aneignung von Wissen kennengelernt. Das Lernen vollzog sich innerhalb eines Klassenzimmers, in dem ein Lehrer seine Gedanken mit Hilfe von Worten vortrug und wir, die Schüler, ruhig an unserem Tisch saßen und mitschrieben. Wir wurden darauf konditioniert, dies für die einzige Lernmethode zu halten.

In Ihrer ersten Astrologiegruppe für Anfänger haben Sie sicher auch mit einer undurchdringlich scheinenden Fülle von Daten gekämpft. Es gab Seiten über Seiten von detaillierten Ausführungen über 34 neue Begriffe. Da waren die zehn Planeten, zwölf Zeichen und zwölf Häuser, ganz zu schweigen von den fünf Hauptaspekten. Das Erlernen der Grundlagen hat Sie wahrscheinlich ebenso wenig begeistert wie Ihre Erfahrung als Drittklässler, wo Ihnen Begriffe hauptsächlich durch rein mechanisches Auswendiglernen eingetrichtert wurden. Erst nachdem Sie sich schließlich alle 34 Begriffe eingeprägt hatten, konnten Sie ein Gefühl dafür entwickeln, wie sich all die vielen Daten zu einer schlüssigen Interpretation zusammenfügen lassen.

Aber mit den erlebnisorientierten Lehrmethoden können wir jetzt so lernen und lehren, daß unser ganzes Selbst gleichzeitig angesprochen wird, nicht nur unsere linke, kognitive Gehirnhälfte. Wir können neben unserem Luftelement (Reden) auch Feuer (Aktion), Erde (Wahrnehmung, praktische Dinge) und Wasser (Gefühl) zum Unterrichten verwenden. Durch die Vielzahl von Ansätzen bietet die Astrologie direktere Interaktion, das Lernen wird leichter, die Synthese vollständiger.

Die Elemente erfahren

Ein grundlegendes Konzept, das wir in den astrologischen Anfängergruppen lernen, ist die Beziehung zwischen den vier Elementen: Feuer (Widder, Löwe, Schütze), Luft (Zwillinge, Waage, Wassermann), Wasser (Krebs, Skorpion, Fische) und Erde (Stier, Jungfrau, Steinbock). Schauen wir uns einmal an, wie die erfahrbare Astrologie den Elementen näherkommen könnte.

Wenn Sie die vier Elemente anhand der traditionellen Methode unterrichten, stellen Sie möglicherweise jedes dieser Elemente mit einer verbalen Beschreibung vor und zeichnen gegebenenfalls vier Dreiecke mit den entsprechenden Elementen und ihren Zeichen an eine Tafel. Diese Herangehensweise spricht den Intellekt an. Wenn Sie eine umfassendere Erfahrung vermitteln wollen, warum bieten Sie nicht für jedes Element eine Aktivität an, an der die ganze Gruppe teilnehmen kann?

Für das Feuerelement könnten wir die Gruppe auffordern, aufzustehen, sich im Raum zu verteilen und sich zu strecken. (Dazu brauchen Sie viel Platz.) Wenn sie sich gelockert haben, legen Sie eine feurige Widder-Musik auf – aktive, eindringliche, aggressive Rhythmen. Ermutigen Sie dann die Gruppe, die Feuer-Qualität zu fühlen, Feuer zu *sein*, sich wie ein Feuer zu bewegen und zu brennen. Seien Sie direkt, bestimmt und entschieden. Weisen Sie Ihre Schüler an, Arme, Beine, Rumpf und Kopf zu bewegen. Dieser Prozeß kann das Selbst in vollständigen Einklang mit dem Feuerelement bringen. Wenn die Musik zu Ende ist, beobachten Sie die hoch geladene Energie im Raum. Alle schnaufen und pusten, sind laut und aufgekratzt. Das ist Feuer! Um die Lernerfahrung zu verstärken, fragen Sie die Gruppe, was sie bei dieser Übung empfunden haben. Hieraus kann sich eine Diskussion über das Feuer-Element in ihren Geburtsbildern ergeben. Jemand mit einem feurigen Geburtsbild wird wahrscheinlich keine Schwierigkeiten dabei haben, während eine Person mit einem wasserbetonten Geburtsbild sich etwas gehemmt fühlen könnte.

Nach dieser kurzen Diskussion wenden Sie sich dem Element Luft zu. Sprechen Sie zuerst über die Luft, und lassen Sie dann die Gruppe das Element erleben. Versuchen Sie, eine imaginäre Situation zu schaffen. Ihre Gruppe soll sich vorstellen, eine Cocktail-Party zu geben. Die ersten Gäste sind bereits eingetroffen, und es ist ihre Aufgabe, für das Wohlergehen der Besucher zu sorgen. Sie sollen die Rolle des sozialen Schmetterlings übernehmen, der von einer Gruppe zur nächsten schwirrt und auf jeden einzelnen Besucher eingeht. Legen Sie beschwingte, jazzige Hintergrundmusik auf, um die Atmosphäre zu verstärken. Das ist Luft! Nachdem jeder die Gelegenheit hatte, diese Rolle zu spielen, nehmen Sie sich einen Augenblick Zeit, um herauszufinden, was Ihre Teilnehmer dabei empfunden haben. Haben sie viel Luft in ihren Geburtsbildern? War es leichter für Teilnehmer mit stark luftbetontem Geburtsbild? Für wen ist diese Übung am schwierigsten? Sagt uns das etwas über die Verteilung der Elemente in ihren Geburtsbildern?

Gehen Sie dann über zum Element Erde. Da die Erde sich auf Sinneswahrnehmungen verläßt, um Eindrücke aufzunehmen, bitten Sie die Gruppe, sich mit verschränkten Beinen im Kreis zu setzen, so eng nebeneinander, daß sich ihre Knie beinahe berühren. Dann sollen sie die Augen schließen. Geben Sie Ihnen natürliche Dinge zum Herumreichen in die Hand, die sie berühren, riechen und schmecken können, wie ein Säckchen voll Erde, Kräuter, Steine, Lehm, Edelsteine, Eisen, Räucherstäbchen, Gold, ein Blatt oder ein Stück Baumrinde. Beim Berühren, Riechen oder Fühlen eines Gegenstandes benutzen die Teilnehmer ihr Erdelement. Nachdem alle Gegenstände rundgegangen sind, bitten Sie die Gruppe, die Augen zu öffnen. Waren irgendwelche Gegenstände abstoßend? Angenehm? Nicht identifizierbar? Das ist Erde!

Arbeiten Sie schließlich mit dem Element Wasser. Bitten Sie die Teilnehmer, sich in einer bequemen Position auf den Boden zu legen. Löschen Sie dann das Licht, und laden Sie sie mit einer Phantasiereise ein, an einen Strand zu gehen. Lassen Sie sie den warmen Sand und das Wasser spüren. Während die Flut ansteigt, treiben sie sicher auf dem Wasser und ins offene Meer hinaus. Spielen Sie sanfte Meeresgeräusche im Hintergrund. Geben Sie ihnen die Gelegenheit, mit der Situation zu verschmelzen. Schweigen Sie fünf Minuten lang. Dann führen Sie Ihre Teilnehmer wieder in den Raum zurück, indem Sie ihnen ihre Umgebung langsam ins Bewußtsein zurückrufen. Schalten Sie zu gegebener Zeit das Licht wieder ein. Wie war dieses Erlebnis? Fast jeder genießt diese Art passiver, introvertierter Wasser-Erfahrung, besonders aber diejenigen mit einer starken Wasserbetonung. Die etwas unruhigeren Teilnehmer haben möglicherweise starkes Feuer oder Feuer-Transite, die auf ihr Geburtsbild einwirken. Lassen Sie nun die anfängliche Erregung beim Erleben der Elemente in eine weitere Diskussion übergehen.

Schüler, die durch Erfahrung lernen, werden wahrscheinlich ein tieferes Verständnis von den Elementen erlangen. Sie werden Feuer, Luft, Erde und Wasser nicht nur als intellektuelles Konzept begreifen, denn sie haben die Elemente am eigenen Körper erfahren und gespürt.

Bildertafeln

Bildertafeln zum Lernen und Lehren bieten ebenfalls eine Fülle neuer Möglichkeiten. Solche Collagen sind ein wirksames und anregendes Mittel, um Anfängern astrologisches Grundwissen zu vermitteln, um weiter fortgeschrittenen Schülern beim Verstehen der Aspekte und der Verfeinerung ihrer Interpretationsfähigkeit zu helfen und sogar um die schöpferischen Kräfte erfahrener Astrologen bei der Vorbereitung von Geburtsbildern ihrer Klienten zum Fließen zu bringen.

Für eine Anfängergruppe könnte man eine Bildertafel für den Planeten Venus erstellen mit sinnlichen Bildern, wie z.B. einem Tier-Baby in einem Feld von Gänseblümchen, dem Foto einer frisch mit Schokolade verschmierten Hand, die ein in Schokoladenglasur getauchtes Eistütchen hält, einem kleinen Mädchen, das den Hut, die Handtasche und die hochhackigen Schuhe ihrer Mutter trägt und ihre Puppe in den Armen hält, dem Bild sinnlicher feuchter Frauenlippen, einem Delphin, einem Liebespaar, einem Strand voller Sonnenanbeter, einem Mann in einem Boot, der friedlich in der Abenddämmerung fischt, und einer tanzenden Ballerina. Führen Sie eine solche Bildertafel Schülern vor, die keine astrologischen Vorkenntnisse haben, und stellen Sie ihnen die Frage, was Venus symbolisiert. Sie werden es Ihnen sagen!

Holen Sie danach eine Bildtafel von Uranus hervor. Auf ihr könnte die gezeichnete Silhouette eines Mannes zu sehen sein und über ihm in allen Farben leuchtende Blitzstrahlen, Spiralnebel, Sternschnuppen und eine Fülle von Sternen, dazu das Bild eines Computerschaltkreises, der mechanische High-Tech-Arm eines Industrieroboters, ein Raumschiff, punkig aussehende, verrückte junge Leute mit Sonnenbrillen, ein Foto des Silicon Valley und ein Blick in die Tiefe des Weltalls. Fragen Sie, wofür Uranus stehen könnte. Fragen Sie dann, was geschieht, wenn man die Energien von Uranus und Venus zusammenbringt.

Wenn Sie das Kombinieren von Aspekten unterrichten, führen Sie die Tafeln für Venus und Uranus gleichzeitig vor. Benutzen Sie wiederum die zusammengestellten Bilder, um zu illustrieren, wie diese Energien in einer Konjunktion, einem Sextil, einem Quadrat, einem Trigon oder einer Opposition miteinander reagieren. Was sagen die Tafeln den Schülern über die Qualität der Beziehungen, die man mit einem Venus/Uranus-Trigon im Geburtsbild sucht? Was könnte eine typische Abfolge von Ereignissen in einer Beziehung sein, wenn ein Klient im Geburtsbild ein Venus/Uranus-Quadrat hat oder den Transit-Uranus in Opposition zur Radix-Venus? Was für eine Liebesbeziehung kann sich ergeben, wenn ihre Venus in Konjunktion zum Uranus ihres neuen Partners stünde?

Wenn Sie die Bildertafeln therapeutisch einsetzen wollen, lassen Sie Ihre Schüler oder Klienten die Bilder ihrer Radix-Venus im Quadrat zu Uranus betrachten. Bitten Sie sie, spontan zu beschreiben, was sie sehen. Erkennen sie Parallelen zwischen diesen Bildern und ihrer Art, im Alltagsleben mit anderen Menschen umzugehen? Fragen Sie, wie sich diese Energie im Inneren anfühlt. Können sie einige dieser Gefühle mit ihrer derzeitigen Beziehung in Verbindung bringen? Können sie ein eigenes Bild, wie sich das für sie anfühlt, malen? Die Investition einer halben Stunde in diese Vorgehensweise wird weitaus mehr zutage fördern, als eine bloße Beschreibung des Venus/Uranus-Quadrats.

Zur Herstellung von Bildertafeln benötigen Sie zehn große Bogen Karton (mindestens 40 x 50 cm), einen Stapel Zeitschriften, eine Schere, durchsichtige Kunststoffolie, um die Tafeln abwaschbar zu machen, und einen Klebestift. (Wenn Sie Fixogum verwenden, können Sie Ihre Bildertafeln häufig verändern, damit sie für Ihre Schüler und für Sie selbst interessant bleiben und Sie bessere Bilder hinzuzufügen können, wenn Sie welche finden.) Machen Sie es sich zur Gewohnheit, beim Durchblättern von Zeitschriften auf passende planetare Bilder zu achten. Nach einiger Zeit werden Ihre Bildertafeln wirklich die Planeten heraufbeschwören, die sie illustrieren.

Heilen mit erfahrbarer Astrologie

Die erfahrbare Astrologie kann Emotionen aufrühren, eine Katharsis begünstigen und persönliches Wachstum fördern; kurz gesagt: sie ist *therapeutisch* einsetzbar. Im Januar 1985, während des stationären Saturn im Skorpion, war ich von meiner Freundin, der Astrologin Susie Cox, eingeladen worden, einen zwölfstündigen Astrodrama-Workshop für ein Dutzend Teilnehmer auf der Canyon-Ranch in Tucson, Arizona, abzuhalten. Das Wochenende war wegen der zu jener Zeit herrschenden Aspekte ausgewählt worden: Mars/Venus in der letzten Fische-Dekade im Trigon zum Stationspunkt von Saturn, und Jupiter/Merkur im Steinbock, die sich mit zwei Sextilen dazwischenschoben.

Es stellte sich heraus, daß die Gruppe fast ausschließlich aus Frauen bestand (nur ein Mann) und daß das Wasserelement sehr stark vertreten war. Ich begann wie gewöhnlich, indem ich den 'Puls der Gruppe' fühlte. Hierfür machten wir eine Tabelle für Sonne, Mond und Aszendenten eines jeden Teilnehmers. Wir zerlegten diese drei Faktoren in ihre Elemente – Feuer, Erde, Luft und Wasser – und ich errechnete deren Summen. Wir erhielten eine Vorstellung der vorherrschenden

Elemente innerhalb der Gruppe und fanden jene Energien, zu denen wir den leichtesten Zugang hatten. Ich begann das Gespräch über die spezifischen Umstände dieser Gruppe mit einigen Betrachtungen zur Art der Elementenverteilung, daß z.B. das Fehlen von Feuerenergie hier einen Widerstand gegen physische Aktivitäten erzeugen könnte und daß das starke Wasserelement wohl eher jene Art von Übungen bevorzuge, die emotionale Bewegung, Reinigung und Heilung mit sich bringen.

Während des Marathons verbrachten wir jeweils 40 bis 60 Minuten mit der Darstellung und Verarbeitung des Geburtsbilds und persönlichen Dramas jedes einzelnen Teilnehmers. Vom Geburtsbild ausgehend, betrachteten und diskutierten wir kurz die innere Dynamik. Um das Szenario in Gang zu setzen, entschied der 'Regisseur' (die Person, deren Geburtsbild dargestellt werden sollte), welche Gesichtspunkte der psychischen Dynamik sie ergründen wollte. Daraufhin wurden die Planeten ausgesucht, und es wurde ein Brain-Storming abgehalten, um herauszufinden, wie die Aspekte und Beziehungen am besten porträtiert werden könnten.

Astrodrama-Marathon: ein Beispiel

Nach Abschluß der Vorbereitungen wurde ein Drama aufgeführt und mit Video aufgezeichnet. Hier folgt nun die Dokumentation einer dieser individuellen Astrodrama-Sitzungen.

Rebecca wollte mit ihrem fixen T-Quadrat zwischen Mond/Jupiter, Sonne/Venus und Pluto arbeiten. Das Drama begann mit den fünf an dieser Konstellation beteiligten Planeten, die einen Kreis um Rebecca bildeten. Zuerst sprach der 'süße', fließende Mond, der dann von Jupiter liebevoll gestreichelt und unterstützt wurde. Sie sprachen über ihr wassermännisches Wesen und darüber, wie sie erkannt hatten, daß die Astrologie Rebecca helfen könnte, ihr wahres Wesen zu sehen. Dann wurden sie von einem ungestümen Pluto jäh unterbrochen. Die ansteigende Lautstärke und Intensität zwang alle Planeten, sich zurückzuziehen, bis auf die mächtige Sonne im Skorpion, die Pluto bald zu einem Machtkampf herausforderte, wodurch sich der Streit fortsetzte. Völlig überwältigt, vergrub Rebecca schließlich ihr Gesicht in den Händen und schrie laut auf.

Nach einer kurzen Pause, in der sich Rebecca sammelte, versuchte sie, sich von dem Geschehen zu distanzieren, während sich die Intensität des T-Quadrats ständig steigerte. Indem sie auf ihren Mars im Steinbock zuging, der am Rande des Geschehens stand, suchte sie unbewußt eine Verbindung zu der Energie, bei der sie sich stabiler und beherrschter fühlen konnte. Die Erleichterung durch Mars war jedoch nur von kurzer Dauer, da dieser auf seine Opposition zu Uranus reagierte. Als sie erkannte, daß Mars ihr nun nicht mehr helfen konnte, zog sich Rebecca ganz aus dem Kreis zurück. In der aufgeladenen Atmosphäre hatten ihre

Rebecca
16.11.1950, 16:40 GMT, Oklahoma City (Felder Koch)

Gefühle einen Höhepunkt an Intensität erreicht. Hier ging ich in meiner Rolle als Spielleiterin dazwischen und rief: "STOPP!" Jeder blieb stehen, wo er gerade war. Der Tumult verstummte sofort.

    Spielleiterin (Barbara Schermer): "Was geht jetzt im Augenblick in dir vor?"
Rebecca: "Mein Herz rast mit 180 Kilometern in der Minute." (Sie atmet tief ein.) Sie beginnt zu schluchzen und sagt: "Das ist zu viel für mich. Ich bin völlig am Ende."
S.: "Und was machst du normalerweise, wenn du am Ende bist?"
R.: "Weinen."
S.: "Das T-Quadrat zu Pluto ist ein Teil deiner Psyche, der dich einschüchtert. Kennst du irgendeine Möglichkeit, diese Gefühle aufzulösen? Welcher

andere Planet kann dir helfen?"
R.: "Mein Mars. Er kann mir ein Gefühl für meine eigene Kraft geben."
Sie schaut sich im Raum um und erblickt ihren Mond. "Und du, mit dir habe ich gar keinen Kontakt."
(Ich nahm diese Äußerung zum Anlaß, Rebecca und ihren Mond zu bitten, sich gegenüberzusetzen.)
S.: "Erzähle deinem Mond, warum du dich mit ihm nicht verbunden fühlst."
R.: "Du bist immer gerade nicht da. Du hast keine Verbindung zu den Menschen, von denen du behauptest, daß dir etwas an ihnen liegt. Du manipulierst die anderen und kümmerst dich nicht wirklich um sie."
Mond: "Aber ich stehe so vielen Menschen nahe."
R.: "Darum geht es ja gerade. Man kann sich nicht um jeden kümmern. Wenn du dich um jeden scherst, ist das nicht Qualität, sondern bloße Quantität."
S.: "Kannst du die unterschiedlichen Stimmen hören? Ihre gegensätzlichen Standpunkte? Ein Teil der Pluto-Psyche ist ichbezogen, sieht nur sich selbst und betrachtet jede Beziehung zu anderen mit Argwohn. Das ist der Teil deiner Psyche, der eher zum Selbstschutz neigt und Beziehungen durch Manipulation kontrollieren möchte. Der Mond/Jupiter-Teil deiner Psyche möchte die Gefühle frei ausdrücken und jedem Menschen eine zärtliche, liebevolle Fürsorge zukommen lassen. Der eine zieht sich von Kontakten zurück, der andere gibt freizügig. Erkennst du, daß dich die Manipulation möglicherweise daran hindert, das zu bekommen, was du gerne hättest?"
R.: "Wie würdest du das lösen? Anscheinend habe ich das bisher nicht sehr gut gemacht."
Da ich vermutete, daß die Wurzeln dieses Konflikts in einem Trennungs-Trauma aus frühester Kindheit liegen könnten (Mond/Pluto-Opposition), lenkte ich Rebeccas Aufmerksamkeit auf ihre Kindheit.
S.: "Hast du als Kind erlebt, daß einer deiner Eltern dich verlassen hat?"
R.: "Ja. Meine Eltern ließen sich scheiden, als ich sieben war. Ich sah meinen Vater erst mit 21 Jahren wieder."
S.: "Eine Pluto/Mond-Opposition kann eine frühe, intensive Verlassenheitserfahrung bringen, die einen starken Einfluß auf die Psyche hat."
R.: "Deswegen ist es auch einfacher, alle zu lieben, statt nur einen. Ich riskiere nicht, noch einmal verlassen zu werden. Tatsächlich bin ich es, die zuerst geht. Ich habe einfach kein Vertrauen zu Männern!"
S.: "Und wie löst du dieses Dilemma?"
Mars antwortet spontan: "Du hast Neptun im Trigon zu Mond. Es gibt viele wunderbare Menschen in deinem Leben. Die kannst du zur Hilfe heranziehen."

S.: "Wie hilft Neptun bei einem schwierigen Pluto- Quadrat?"
Die Gruppe: "Vertrauen... Meditation... Er gibt ihr einen starken Zugang zum Wissen... Mit einer Mond/Jupiter-Konjunktion im Trigon zu Neptun ist sie tiefer Gefühle fähig."
S.: "Das stimmt, aber sie hat eine mächtige Verlassenheitserfahrung aus der frühen Kindheit, die den Schmerz eines tiefen ungelösten Konflikts bringt. Wir können zwar über die Spiritualität von Neptun sprechen, aber es wird ihr nicht besonders weiterhelfen, solange sie sich nicht konsequent dem ungelösten Problem mit ihrem Vater stellt. Es bildet den zentralen Punkt in all ihren bisherigen Beziehungen zu Männern."
S. an R. gewandt: "Das Problem, das bei dir in Beziehungen auftritt, wird durch die gegensätzlichen Gefühle, die du hast, hervorgerufen. Ich könnte mir vorstellen, daß du den Männern komplizierte und mehrdeutige Botschaften rüberschickst. Dein Skorpion-Anteil *will* eine starke, intime und enge Bindung. Aber wenn du dem nachgibst, bekommst du es mit der Angst zu tun, fühlst dich verletzlich, verschließt dein Herz und ziehst dich zurück. Du ziehst an und stößt ab.
Bei deinem Geburtsbild fällt mir auf, daß der zum Jahresende und im nächsten Jahr noch einmal bevorstehende Transit von Saturn über deine Sonne dein T-Quadrat aktivieren wird. Diese Zeit kannst du nutzen, mit deiner verdrängten Energie, mit den unterdrückten Gefühlen von Wut und Schmerz in Kontakt zu treten, dich ihnen zu stellen, sie freizusetzen und zu integrieren. Wenn du erkennst, was du unbewußt tust, kannst du daran arbeiten, es zu entschärfen. Dies kann dem Beziehungsmuster entgegenwirken, das du mit Männern erlebst.
Und höchstwahrscheinlich wird der bevorstehende Saturn-Einfluß dich zwingen, noch weiter in die Tiefe zu gehen, damit du die notwendigen Antworten bekommst. Das wird gelegentlich sehr schwer für dich sein und einigen Mut erfordern, aber du wirst emotional gestärkt daraus hervorgehen und in der Lage sein, dich auf die Welt einzulassen. Du hast hier eine echte Chance.
Weißt du, Rebecca, du bist eine starke Frau, auch wenn dein bewußter Verstand das nicht wissen sollte. Es ist jetzt einfach wichtig zu erkennen, daß dir ein Teil dieser Stärke seit deinem siebten Lebensjahr nicht mehr zur Verfügung stand. Bei der bevorstehenden Aktivierung deines achten Hauses könnte eine Psychotherapie jetzt wahrscheinlich als Katalysator zu deiner Befreiung dienen. Vielleicht riskierst du sogar eine Therapie bei einem Mann! Dein Mars im zwölften Haus im Steinbock ist ein weiterer Faktor, der dein T-Quadrat unterstützt... Er symbolisiert ebenfalls eine ins Unterbewußtsein verdrängte Energie, eine Energie, derer du dir vielleicht gar nicht bewußt bist, die dich aber dennoch beeinflußt. – Wie ich sehe, hast du jetzt sehr an-

gespannte Gesichtszüge."

R.: "*Extrem* angespannt!"

S.: "Okay, wir haben dich jetzt zwanzig Minuten lang aufgewühlt. Möchtest du etwas mit dieser Energie anfangen?"

Nachdem sich Rebecca einverstanden erklärt hatte, standen wir alle auf. (Es war offensichtlich, daß nicht viele in dieser speziellen Gruppe in Kontakt mit tiefgreifender Pluto-Energie waren, aber wir waren alle von Rebeccas Drama zutiefst bewegt.) Um sie bei der Freisetzung dieser Energie zu unterstützen, verbrachten wir einige Minuten mit der folgenden Übung:

Die Gruppe verteilte sich, und jeder fand seinen persönlichen Platz, wo er niemand anderen sehen konnte. Alle nahmen einige tiefe Atemzüge und konzentrierten ihre Aufmerksamkeit auf ihren Magen (Mars/Pluto-Chakra). Dann begannen sie, ein kaum hörbares Brummen auszustoßen. Als die Intensität zunahm, führten sie ihr Brummen langsam tiefer nach innen. Ich ermutigte sie, so laut zu sein, wie sie wollten. Sie sollten ihre Töne aus dem Solarplexus kommen lassen. Dann verwandelten wir uns in starke, wilde Tiere, die tiefe, rauhe, urtümliche Laute von sich gaben. Nach einigen Minuten bat ich die Gruppe, von ihren isolierten Plätzen hervorzukommen und sich mit den anderen wilden Kreaturen zu beschäftigen.

Ich wählte Rebecca aus, übernahm die Rolle ihres Pluto und pirschte mich an sie heran. Sie ließ sich auf mich ein, und wir wurden spontan zu Löwen. Nachdem wir uns einige Augenblicke umkreist hatten, drehte ich mich um und schaute ihr ins Gesicht. Ich blieb in der Rolle der Spielleiterin, aber überließ ihr die Führung. Sie knurrte mich an, und ich knurrte mit gleicher Intensität zurück. Dann schubste ich sie ein wenig vor mir her und knurrte wütender. Ich ermutigte und konfrontierte sie. Langsam bewegte sie sich auf den gefürchteten Ort zu, an dem ihre Macht verborgen lag. Sie knurrte mich tiefer und bedrohlicher an, bis deutlich wurde, daß sie in neues Terrain eingedrungen war. Das Erlebnis ging zu Ende, wir nahmen wieder unsere menschliche Gestalt an und setzten uns hin, um das Erlebte zu bearbeiten. Ich fragte Rebecca, wie die Übung für sie war.

R.: "Ich bin sehr tief nach unten vorgedrungen. (Lange Pause) Da bin ich schon lange nicht mehr gewesen."

Eine andere Teilnehmerin erzählte Rebecca dann, daß ihr eigener Vater starb, als sie 15 Jahre alt war. (Zu diesem Zeitpunkt befand sich der stationäre Saturn in Opposition zu ihrer Sonne.) Rebecca setzte sich neben sie, legte ihre Arme um sie wie eine zärtliche Mutter, und die beiden weinten und umarmten sich gegenseitig. Nach einer langen Pause fragte ich: "Wenn der Schmerz der ungelösten, unterdrückten Pluto-Energie erst einmal freigesetzt ist, welche Rolle kann Neptun *dann* spielen?"

Gruppenmitglieder: "Sie die Dinge mit mehr Abstand betrachten lassen und ihr zu der Erkenntnis verhelfen, wie idealistisch sie in Bezug auf Männer war. Sie wollte eine ideale Beziehung, die alles ersetzen sollte, was sie von ihrem Vater nicht bekommen hatte. Und wer weiß, wenn sie sich eines Tages von all dem unbewußten Ballast, der sie zurückhält, befreit hat, wird sie vielleicht fliegen."

R.: "Ich sehe schon, daß ich noch eine Menge Arbeit vor mir habe."

Wir beendeten Rebeccas Astrodrama so, wie es sich für uns alle als richtig anfühlte: Wir schaukelten sie, indem wir mit unseren Armen eine Wiege bildeten. (Diese Übung ist im Arbeitsbuch-Teil 'Mond-Schaukeln' beschrieben.) Wir ermutigten sie mit ruhiger Stimme, loszulassen, ihre Spannungen freizusetzen und zu vertrauen, daß wir sie halten würden. Wir haben sie eine lange Zeit geschaukelt und sie dann langsam auf den Boden niedergelassen. Schweigend saßen wir um sie herum und genossen dabei die süße, beschützende Kraft dieses besonderen Augenblicks... Alles in allem war dies nicht etwa eine Erfahrung emotionaler *Qual*, sondern ein Erlebnis emotionaler *Befreiung* und Heilung.

Bei all diesen Dramen haben wir mehr getan, als bloß über unsere Geburtsbilder zu reden, wir haben sie wirklich erlebt. Und obwohl sie reine, nackte Emotionen erzeugten, haben wir immer darauf geachtet, über die Ergebnisse nachzudenken und sie zu verarbeiten. Das Vorhandensein *beider* Elemente verleiht diesen Dramen ihre starke Wirkung. Die Katharsis war möglich, weil in einer Atmosphäre des Vertrauens das Gleichgewicht zwischen Denken und Fühlen gewahrt blieb.

Wir beendeten diesen langen, tränenreichen, nachdenklichen Tag emotional erschöpft, aber spirituell gestärkt. Jeder von uns hatte tiefe, lange verlorene Gefühle berührt und den schmerzlindernden Balsam der Reflexion aufgetragen.

In den emotional schwierigen Wochen nach dem Astrodrama arbeitete Rebecca intensiv mit ihrer Psychotherapeutin. Viele ungelöste Themen wurden in ihr aufgewühlt, nicht nur ihre Gefühle bezüglich des Vaters, sondern auch ihre Probleme mit der Mutter. Das Astrodrama erwies sich als Katalysator, der ihr half, ihrem unerkannten Zorn und Schmerz zu begegnen, ihn freizusetzen und die heilende Salbe der Vergebung und des Akzeptierens aufzutragen. Ich habe gerade dieses Beispiel gewählt, weil es für uns alle eine Lehre enthält. Der Umfang und die Tiefe der Arbeit haben mir deutlich die Kraft und die Wirksamkeit des therapeutischen Astrodramas gezeigt und meine Ansicht bestärkt, daß seine Methoden mit Umsicht eingesetzt werden müssen. Wenn Sie sich in die plutonischen Tiefen der Psyche eines anderen Menschen wagen, sollten Sie erstens sicher sein, daß sie dazu qualifiziert sind, und zweitens dafür Sorge tragen, daß Ihre Gruppenmitglieder weiterführende Hilfe haben, um das aufgewühlte Material zu bearbeiten.

Astrodrama und Psychotherapie

Ich habe die Erfahrung gemacht, daß das Astrodrama in Verbindung mit den Methoden der Psychotherapie sein Heilpotential immer wieder unter Beweis gestellt hat. Es läßt sich mit vielen therapeutischen Ansätzen durchführen, mit der Jungschen Richtung, der Gestalt-Therapie, der Psychosynthese etc. Die Astrologie kann besonders gut mit Aspekten der Neo-Reichianischen Körpertherapien und mit Alexander Lowens Bioenergetik verbunden werden, besonders wenn Astrologe und Therapeut als Team zusammenarbeiten. Ich habe gemeinsam mit meinem Mann, dem Psychotherapeuten Bob Craft, eine Reihe von Workshops zum Thema 'Astrologie und Psychotherapie' in Chicago für Astrologen angeboten, die bei ihrer Arbeit mit Horoskopen weiter in die Tiefe vordringen möchten. Wir gehen dabei in einer sehr ähnlichen Weise vor wie bei dem Marathon in Tucson, das ich oben beschrieben habe. Der Unterschied besteht darin, daß die Dimension von Bobs Erfahrung und therapeutischen Fähigkeiten hinzukommt. Hier ist ein Beispiel aus einem Workshop, den wir gemeinsam leiteten:

Die Gruppe beschäftigte sich mit dem Geburtsbild einer Frau, die an dem Problem ihrer Saturn/Pluto-Konjunktion im Löwen im siebten Haus arbeiten wollte. Sie hatte nie geheiratet und hatte die Angewohnheit, vor einer Beziehung wegzulaufen, wenn diese zu intim wurde. Als sie fünf Jahre alt war, erkrankte ihr Bruder lebensgefährlich an Kinderlähmung, und sie mußte zu ihrem eigenen Schutz bei Verwandten leben. Sie erinnert sich, daß sie ihre Eltern fast nie sah. Für sie zerfiel die Familie, und sie kam sich verlassen vor. Als Erwachsene erkannte sie jetzt, daß die Unsicherheiten und Zweifel aus diesem Lebensabschnitt zu ihrer tiefverwurzelten Angst vor engen Beziehungen beitrugen.

Wir begannen mit einem kurzen Astrodrama, wobei sie auf ihren Saturn und ihren Pluto mit Verwirrung und Frustration reagierte. Bob fragte sie dann, ob sie ihm gestatte, etwas Körpertherapie mit ihr zu machen. Sie willigte ein, und Bob bat sie, sich auf ihren Rücken zu legen. Weil sie die Nähe zu einem Mann als bedrohlich empfand, setzte ich mich zur Beruhigung neben sie. Als sie sich in der Situation wohlfühlte, legte Bob seine Hand auf ihr Brustbein und übte einen sanften Druck aus. Er bat sie, sich auf die Gefühle zu konzentrieren, die jetzt bei ihr entstünden, ganz gleich welcher Art sie auch seien.

Während er weiter auf ihre Herzgegend drückte, brach sie in Tränen aus. Zunächst sprach sie, stockend durch die Tränen, von Schmerzgefühlen in bezug auf Männer in ihrer Vergangenheit. Dann begann sie, sich gegen Bob zu wenden. Sie ergriff seine Hände und versuchte, sie wegzuschieben. (Sie wußte, daß sie die Übung jederzeit durch ein "Stopp" beenden konnte.) Er hielt ihr stand, und sie drückte noch kräftiger. Schließlich gelang es ihr, ihn weiter fortzudrücken, indem sie ihre Füße unter ihn schob und sie wütend und trotzig gegen seine Brust drückte.

Bob bot sein volles Gewicht gegen ihre abwehrenden Füße auf. Er forderte sie auf, diese Position so lange wie möglich zu halten und 'bei ihren Gefühlen zu bleiben'.

Ihre Beine begannen, von der Anstrengung des Widerstands zu zittern, und bald schien sie unter der Anstrengung, ihn fernzuhalten, zusammenzubrechen. Sie zeigte Anzeichen von Erstickung und begann, panisch nach Luft zu ringen. Voller Angst schrie sie: "Erstick mich nicht! Erstick mich nicht! Laß mich in Ruhe! Verschwinde! Ich bekomme keine Luft!" An diesem Punkt, so sagte sie später, gelang ihr der 'Durchbruch', und sie befreite ein lange vergessenes und unterdrücktes Erlebnis, bei dem sie im Alter von vier Jahren beinahe im Michigan-See ertrunken wäre.

In den Geburtswehen dieses Erlebnisses kämpfte sie mit anfänglichem Entsetzen. Dann verwandelte sich ihre Angst in eine andere Reaktion – sie gab den Kampf auf, kapitulierte und akzeptierte ihr Schicksal. "Ich kam dann an einen Ort von tiefem Frieden und Ruhe. Ich war erstaunt, daß ich tatsächlich vor mir im Wasser einen kleinen Aal und ein treibendes Stück Seetang sah, dann einen Lichtstrahl, der durch das Wasser hinunterfiel. Dann spürte ich, wie mich jemand nach oben riß; es war ein Nachbar, der mein Untergehen gesehen haben mußte."

Wir beendeten die Sitzung, die so vieles zu Tage gefördert hatte, mit einem Gespräch darüber, wie dieses unterdrückte Erlebnis, ihre Erstickungsgefühle und ihre Unfähigkeit, eine Beziehung einzugehen, zu ihrer Saturn/Pluto-Konjunktion im siebten Haus passen. Diese Frau hatte ein neues und wertvolles Stück Information darüber gewonnen, warum sie diese Gefühle gegenüber Männern hatte. Seit dem Workshop hat sie mit Bob weitergearbeitet. Er hat weitere Körperarbeit, Techniken aus der Kunsttherapie und Traumarbeit angewandt, um ihr zu helfen, das Erstickungserlebnis zu integrieren und die damit verbundenen Probleme zu überwinden.

Die erfahrbare Astrologie und die Psychotherapie bieten, wenn sie miteinander verbunden werden, eine aufregende Fülle von Techniken und Konzepten zur Ergründung der Psyche. Beide können etwas Einzigartiges beisteuern. Und jetzt, mit Pluto im Skorpion, wäre es nicht überraschend, wenn mehr Menschen an einer Synthese von Ansätzen interessiert wären, die sie zum Kern ihres Geburtsbilds und ihrer selbst führen können.

4
Do it yourself!

Wenn mir die Worte fehlen, etwas auszudrücken, stehe ich auf und tanze es.
Alexis Sorbas (Nikos Kazantzakis)

Ich hoffe, daß das, was Sie bis hierhin gelesen haben, Ihre Lust auf direkte, eigene Erfahrung geweckt hat. Und genau das ist die Absicht dieses Kapitels – Sie dazu zu bringen, mit der erfahrbaren Astrologie zu spielen und daraus zu lernen. Das Ziel ist, Ihre rechte Gehirnhälfte mit visuell-künstlerischen (Venus/Sonne), aktiven (Mars/Sonne) und reflektiven (Mond/Merkur) Methoden aufzuwecken.

Techniken der bildenden Kunst (Venus/Sonne)

Obwohl Sie Farbe und andere Materialien für die unten beschriebenen Aktivitäten benötigen, denken Sie nicht, daß Sie ein Künstler sein müssen, um daran teilnehmen zu können! Jeder von uns besitzt ein angeborenes Gefühl für Farben, Linien und Formen, und obwohl wir vielleicht im Erschaffen von Kunstwerken nicht geübt sind, läßt sich vieles daraus ablesen, wie wir die Dinge optisch anordnen. In diesem Teil werde ich vier Techniken vorstellen: Bildertafeln, Geburtsbild-Mandalas, Masken und Heilbilder. Sie sollten sich als erstes eine Sammelkiste mit so vielen künstlerisch verwertbaren Gegenständen wie möglich zulegen – Zeitschriften als Quelle für Mandalabilder, Bildertafeln oder Collagen; Schere, Klebstoff, Klebeband, Garn, Bastelbögen (weiß und farbig), Zeitungspapier, Plakatkarton in verschiedenen Größen; Wasserfarben, Textmarker, Buntstifte, Bleistifte, Fingerfarben, Temperafarben; ein Sortiment an Malpinseln, weiße, goldene, silberne und bunte Gesichtsschminke; Verbandsmull zum Herstellen von Masken, Pappe, Glimmer, Pailletten, Federn, Pfeifenreiniger, goldene, silberne und bunte Glasur, Schnur und Trinkhalme. (Da es natürlich recht teuer wäre, all diese Dinge auf einmal zu kaufen, können Sie Ihre Kunstkiste auch mit der Zeit immer weiter vervollständigen.)

Der Einsatz von Bildertafeln

Im dritten Kapitel haben Sie Bildertafeln bereits kennengelernt. Besprechen wir sie nun im Detail. Durch das Herstellen persönlicher Bildertafeln Ihrer eigenen Planeten erhalten Sie ein neues Mittel zum Selbststudium, zur Meditation und für Rituale. Solche farbenfrohen, symbolischen Bilddarstellungen können eine visuelle Erweiterung Ihres Geburtsbilds werden, die Gedanken und Gefühle in Ihnen weckt und den inneren Bewußtseinsprozeß vertieft.

Beginnen Sie, indem Sie eine Bildertafel für jeden der zehn Planeten in Ihrem Geburtsbild entwerfen. Schneiden Sie passende Bilder, Worte oder Sätze aus Zeitschriften aus, oder zeichnen und malen Sie alles, was Ihre Planeten, deren Zeichen und Häuser anspricht. Für die Konjunktion von zwei oder drei Planeten machen Sie eine Bildertafel, auf der die Energien miteinander vermischt sind. Ich habe eine Bildertafel, auf der meine Sonne/Uranus-Konjunktion im sechsten Haus in den Zwillingen dargestellt ist. Sie ist gelb mit einer strahlenden Sonne, leuchtenden Blitzen, Spiralnebeln, Bildern von Computern, Büchern, Worten, einem Fernsehapparat, gebrauchten Flugzeugtickets, sonderbaren, wassermännisch aussehenden Menschen, einem Schreibtisch, über dem sich der Aufruf "Diene!" befindet, einer tief in Gedanken versunkenen Frau, den Worten "Beruhige dein Nervensystem" sowie "Bündle deine Energie", "Atme", "Lerne, Geduld zu haben". Ich hole sie immer hervor, wenn ich mich daran erinnern will, was die Sonne/Uranus-Konjunktion für mich bedeutet.

Wenn Sie ihre zehn Planeten-Bildertafeln vollendet haben, suchen Sie sich eine freie Fläche, und verteilen Sie die Bilder um sich herum auf dem Boden in der Reihenfolge, in der sie in Ihrem Geburtsbild stehen. Setzen Sie sich ins Zentrum (den Schnittpunkt von Aszendent, Deszendent, Medium Coeli und Imum Coeli), und schauen Sie in die Richtung Ihres MC. Nehmen Sie sich nun reihum, von Planet zu Planet, jede einzelne Bildertafel vor. Gibt es Tafeln, zu denen Ihnen in diesem Augenblick der Bezug fehlt? Zu welchen Planeten fällt Ihnen der Zugang schwerer? Welche durch Transite oder Progressionen aktivierten Planeten wirken sich auf Ihre derzeitige Lebenssituation aus? Welche Planeten-Energien bereiten Ihnen gerade jetzt Probleme? Welche helfen? Welche Wirkungen haben Sie erkannt ... oder ignoriert? Welche Gefühle rufen sie hervor?

Konzentrieren Sie sich zunächst auf jene Planeten, die Ihre größte Stärke sind. Nehmen Sie ein Blatt Papier und einen Buntstift oder einen Marker, und zeichnen Sie, wie diese momentane Stärke aussieht und wie sie sich anfühlt. Sprechen Sie mit diesen Planeten! Was haben Sie jedem einzelnen zu sagen? Was haben sie Ihnen zu sagen? Wie können sie hervortreten und Ihnen helfen, das Gleichgewicht zu erreichen, das Sie suchen?

Wenden Sie jetzt Ihre Aufmerksamkeit einem aktuellen Problem zu, und beachten Sie, ob Ihnen irgendein Planet ein ungutes Gefühl macht. Nehmen Sie ein Blatt Papier, und malen Sie auf, wie das Problem aussieht und wie es sich anfühlt. Wenn es sich z.B. um einen Saturn-Transit in Konjunktion zu Ihrem Radix-Merkur handelt, legen Sie diese beiden Bildertafeln unmittelbar vor sich hin. Stellen Sie sich vor, daß hinter jeder dieser Bildertafeln ein spezifisches archetypisches Bild steht. Merkur beispielsweise könnte Hermes, der Götterbote, sein und Saturn Chronos, der Vater der Zeit, oder eine weise alte Frau.

Versuchen Sie, mit diesen Bildern zu sprechen, und geben Sie damit Ihren eigenen inneren Archetypen die Gelegenheit, sich zu äußern. Was haben Sie Saturn zu sagen? Was Merkur? Was hat Merkur Saturn zu sagen? Was haben sie Ihnen zu sagen? Fragen Sie jeden Planeten, wie er oder sie Ihnen helfen kann, in Harmonie zu kommen. Wie würden sich die beiden Planeten gegenseitig beeinflussen, wenn sie im Trigon statt in Konjunktion zueinander stünden? Welche Möglichkeiten haben Sie, so zu tun, als sei Ihre schwierige Konjunktion ein Trigon? Sie können den Transit unter Kontrolle behalten, wenn Sie sich auf die Planeten stützen, die zur Zeit Ihre Stärke ausmachen.

Zeigen Sie jedem Planeten, mit dem Sie in Verbindung getreten sind, Ihre Dankbarkeit für das, was er Ihnen offenbart hat. Behandeln Sie ihn wie jede andere wertvolle Beziehung. Das mag Ihnen wie eine törichte Übung vorkommen, aber die Erfahrung wird Sie eines Besseren belehren. Es ist eine gute Methode, mit Ihren inneren Stimmen in eine bewußtere Beziehung zu treten.

Die einzigen Grenzen für die Macht der astrologischen Archetypen sind die, die das Bewußtsein ihnen setzt. Jedes astrologische Symbol ist ein unerschöpfliches, lebendiges, organisches Ganzes in Ihrem Innern. Indem Sie in dieses lebensbereichernde Symbol und seine Geheimnisse bewußt eindringen, interagieren Sie mit ihm und erweitern und vertiefen dadurch Ihre Beziehung zu ihm. Sie leben seine Energie nicht mehr unbewußt und vielleicht sogar zwanghaft aus.

Wenn es Ihnen schwerfällt, einen Planeten dazu zu bringen, mit Ihnen zu sprechen, dann ist es wahrscheinlich die planetare Energie, die Sie am stärksten aus Ihrem Bewußtsein verdrängen. Empfinden Sie Ärger oder Unbehagen gegenüber einem Planeten, so kann dies ebenfalls auf bewußte oder unbewußte Unterdrückung hindeuten. Um das Gefühl der Ganzheit wiederzuerlangen, wird es wohl von entscheidender Bedeutung sein, daß man lernt, sich gerade auf diese Energien einzulassen.

Das Geburtsbild als Mandala

Das Mandala ist der universelle Ausdruck der Ganzheit, die durch die Integration der menschlichen Psyche entsteht. Natürliche Mandalas treten überall in unserer Umgebung auf, in Schneeflocken, Spiralnebeln, Baumringen und der jährlichen Entfaltung der Jahreszeiten. José und Miriam Argüelles bezeichnen in ihrem *Mandala-Buch* die Erde selbst als ein "lebendes Mandala", "ein organischer

Mutterboden, von dem eine Folge von Anstößen, Grundmustern und Wellenbewegungen ausgeht, von denen jede eine andere durch ihre Vielfalt an organischen Strukturen und Anregungen übertrifft und mit der höchsten Fähigkeit zu reflektierendem Bewußtsein ausgezeichnet ist."[1]

Seit Urzeiten wird das Mandala als Kreis mit einem Mittelpunkt beschrieben. Das Geburtsbild, ein Kreis mit einem Mittelpunkt, ist Ihr eigenes persönliches Mandala und kann als lebendiges, pulsierendes Mittel zur Kontemplation eingesetzt werden. Symbolisch betrachtet, ist die Mitte der Schnittpunkt, durch den alles Leben fließt. Die Verbindung zur Mitte hilft uns, unser psychisches Gleichgewicht zu halten.

Zur Herstellung Ihres Geburtsmandalas benötigen Sie einen großen Plakatkarton (80 cm x 1 m), einen Bleistift, Textmarker, farbige Bastelbögen, Zeitschriften, eventuell Fotos von sich selbst und von Personen, die für Sie wichtig sind, und einen Klebestift. Um in die richtige Stimmung zu kommen, könnten Sie sanfte Meditationsmusik auflegen. Befreien Sie Ihren Arbeitsplatz von allem, was Sie ablenken könnte, und legen Sie den Plakatkarton vor sich hin. Zeichnen Sie nun mit dem Bleistift einen Kreis mit einem Durchmesser von ca. 60 cm. Unterteilen Sie den Kreis in zwölf gleich große, keilförmige Abschnitte. Dadurch erhalten Sie die Grundlage zur Erstellung Ihres Mandalas.

Konzentrieren Sie Ihre Aufmerksamkeit dann auf den Mittelpunkt, und machen Sie sich bewußt, daß dies der zentrale Knotenpunkt ist, durch den Ihre Lebenskraft kommt. Von diesem Punkt aus strömt alles, was Ihr Leben ist, in immer größer werdenden Wellen auf den Rand des Geburtsbilds zu. Meditieren Sie über diesen Punkt, und nehmen Sie sich viel Zeit dazu. Je vollständiger Sie in den schöpferischen Prozeß des Mandalas vordringen, um so tiefer werden Sie in Ihr eigenes Geburtsbild eindringen. Stellen Sie sich vor, daß Sie in einer Spiralbewegung in diesen Punkt hinuntersteigen. Was tut sich dort für Sie auf? Eine Rose? Ein Stern? Ein schwarzes Loch? Ein Lichtwesen? Ein Yantra? Ein Wort? Sehen Sie vor Ihrem geistigen Auge das Zentrum Ihres Mandalas. Sie verschmelzen mit diesem Bild. Nehmen Sie Ihren Textmarker, und malen Sie es vollständig.

Erweitern Sie als nächstes Ihre Aufmerksamkeit auf die planetaren Kräfte an der Peripherie. Welchen Planeten spüren Sie am deutlichsten? Konzentrieren Sie sich auf ihn. Welche Verbindung hat dieser spezielle Planet zum Zentrum? Welche Verbindung hat er zu den anderen Planeten? Welche Farben, Wörter, Sätze und Bilder fallen Ihnen ein? Wenn Ihr Mond in der Jungfrau steht, möchten Sie vielleicht sein Haus grün anmalen. Vielleicht wollen Sie einen großen Mond malen und das Bild einer Mutter mit Kindern hineinkleben oder etwas anderes, das diese planetare Energie heraufbeschwören kann. Wenn Sie fertig sind, wenden Sie sich dem nächsten Planeten zu, der Sie anspricht, bis Sie jeden Planeten im Geburtsbild dargestellt haben. Denken Sie nicht zu sehr darüber nach, was Sie tun! Fügen Sie alles hinzu, was Ihnen spontan einfällt und was sich richtig anfühlt.

Versuchen Sie, jedes Jahr zur Zeit Ihres Geburtstags ein Geburtsmandala zu malen. An der Art, wie es sich mit der Zeit verändert, werden Sie feststellen, wie sich Ihre Psyche entfaltet. Es wird Ihnen viel über Ihr Gefühl, die Tiefe und die Richtung Ihres inneren Prozesses von Jahr zu Jahr verraten.

Masken herstellen

Es kann Spaß machen, Masken herzustellen und so das Geburtsbild in drei Dimensionen zu erleben. Allein oder mit einer Gruppe – Masken bringen Sie in engeren Kontakt mit den planetaren Archetypen. Merkur in den Zwillingen könnte eine leuchtend gelbe Maske mit Antennen aus Pfeifenreinigern tragen. Auf der Oberfläche der Maske könnten Worte und Sätze stehen: "Forsche! Lerne! Schreibe! Unterrichte! Sprich! Beweg dich! Reise! Tu etwas! Gib mir mehr Information! Ich lerne gerne! Wann gehen wir?" Ebenso Bilder: von Büchern, Bibliotheken, Universitäten, Fahrrädern, Flugzeugen, Zügen, Telefonen. Derartige Masken erzeugen einen direkten Kanal zwischen den astrologischen Archetypen und der Psyche. Indem wir sie als eine Art Schild benutzen, der uns unsichtbar macht, sind wir plötzlich frei, uns ohne Angst vor dem Urteil anderer auszudrücken.

Zur Herstellung Ihrer Planetenmaske benötigen Sie folgende Dinge: ein Tuch oder eine Mütze, um Ihr Haar zurückzubinden, Vaseline, eine Schere, eine Schüssel mit warmem Wasser, Papiertücher, Handtücher zum Schutz für Ihre Kleider, Farben, Stoff, Stoffbänder, Glimmer etc., um Ihre Maske zu dekorieren, und eine Rolle Gipsverband (eine normale Rolle wird für zwei Masken reichen). Gipsbinden sind in jedem Sanitätshaus erhältlich. Sie brauchen auch einen Partner, der die Verbandsstreifen auf Ihrem Gesicht formt.

Schneiden Sie zuerst die Gipsbinde in etwa 20 Streifen, 5 cm breit und etwa 10 cm lang. Für kleinere Bearbeitungsflächen und zum Auffüllen von Lücken sollten Sie auch einige kürzere Stücke bereithalten. Als nächstes binden Sie mit dem Tuch Ihr Haar zurück und verteilen die Vaseline auf Ihrem gesamten Gesicht, außer auf Augen und Nasenlöcher. Vergessen Sie nicht, auch die Augenbrauen mit Vaseline zu bedecken. (Bartträger sollten ihren Bart ausreichend mit Vaseline eincremen, sonst findet sich der Bart später in der Maske, und nicht im Gesicht wieder.)

Bestimmen Sie, welche Planeten-Maske Sie herstellen wollen, und legen Sie entsprechende Musik auf. Lehnen Sie sich zurück, den Kopf auf einem Handtuch, entspannen Sie sich, und konzentrieren Sie sich auf Ihren Atem. Lassen Sie Ihren Partner Ihre Augen, Nase und Lippen mit kleinen, feuchten Papiertüchern bedecken. Jetzt kann die erste Lage der Gipsbinde aufgelegt werden. Wenn Sie so etwas noch nie gemacht haben, denken Sie daran, Ihr Gesicht entspannt und neutral zu halten. Konzentrieren Sie sich auf das Wesen des Planeten, den sie gerade herstellen wollen. Atmen Sie! Ihr Partner sollte jetzt die Verbandstreifen in Wasser eintauchen, auf Ihr Gesicht legen und mit den Fingern glattstreichen. Ihr Gesicht sollte in drei Lagen vollständig mit dem Gipsverband bedeckt werden, wobei die kleineren Streifen um Augen, Mund und Nase gelegt werden. Legen Sie die zweite Schicht rechtwinklig zur ersten auf. Dann lassen Sie die Maske etwa 10 Minuten trocknen (an einem feuchten Tag dauert es etwas länger). Wenn der Gips angetrocknet ist, entfernen Sie die Maske vorsichtig von Ihrem Gesicht. Sobald sie völlig trocken ist, können Sie die Maske mit Farbe und anderen Materialien zum Leben erwecken. Variante: Wenn Sie Ihren Gesichtsausdruck (einen wütenden Mars zum Beispiel) in der Maske widergespiegelt sehen möchten, machen Sie den übertriebensten Gesichtsausdruck, der Ihnen gelingt. Stellen Sie sich darauf ein, daß sie diesen Ausdruck mindestens zehn Minuten lang halten müssen, bis die Maske angetrocknet ist. Solche Masken sind gewöhnlich interessanter, erfordern aber auch eine größere Anstrengung.

Ein Heilbild malen

Eine andere gestalterische Variante, die Sie ausprobieren können, ist die Herstellung eines Heilbildes von Ihrem Geburtshoroskop. Ich habe diese Technik vor kurzem mit einer Gruppe meiner Schüler angewandt. Eine Teilnehmerin hatte die Konjunktion von Transit-Uranus/Saturn im Schützen in Opposition zu ihrem Mond/Merkur (in den Zwillingen) im Quadrat zu Neptun (in der Jungfrau). Sie malte einen Wald voller Bäume auf grünem Boden. Ihr Heilbild half ihr, ihre äußerst labile, nervöse Energie zu erden und auszugleichen.

Eine Ärztin (Fische), deren erste Saturn-Rückkehr gerade hinter ihr lag, hatte auch den Transit-Pluto im Skorpion im Trigon zu ihrer Venus/Merkur-Konjunktion in den Fischen. Oben auf ihr Blatt malte sie die Symbole für Pluto und Fische, von denen goldene Strahlen in vier Föten herabschienen. Sie erklärte, daß der eine Fötus ihren neuen 30-Jahres-Zyklus darstelle und die anderen Embryos ihre Patienten seien, die sie mit ihrer heilenden Pluto-Energie berühren wolle.

Eine andere Frau, die sich mitten in der Opposition von Transit-Pluto im Skorpion zu ihrem Stier-Mond befand, malte eine aufwendige, grüne, durchdringende Spirale, die ihr Eindringen in ihre innere Tiefe symbolisierte, ihre Verbindung zu ihrer Weiblichkeit, deren Zentrum ein Auge wurde, das 'Auge ihrer Seele'.

Zur Erstellung eines Heilbildes benutzen Sie die gleichen künstlerischen Utensilien wie für das Geburtsmandala. Beginnen Sie mit weicher, meditativer Musik. Legen Sie dann einen Plakatkarton (ca. 60 cm x 60 cm) vor sich hin. Schließen Sie die Augen, und konzentrieren Sie sich einige Minuten auf Ihren Atem. Wenn Sie sich entspannt fühlen, öffnen Sie die Augen, und stellen sich vor, wie sich Ihr Geburtsbild auf den leeren Karton umsetzen ließe. Lassen Sie ein Heilbild aufsteigen, das Ihr Geburtsbild/Leben zur Zeit widerspiegelt. Wenn Sie es vor sich sehen, lassen Sie es durch Ihren Pinsel oder Ihre Stifte auf den Karton fließen, und bleiben Sie beim Malen mit seiner heilenden, ganzmachenden Qualität in Verbindung.

Aktive Techniken (Mars/Sonne)

Die erfahrbare Astrologie bedient sich nicht nur der bildenden Künste (Venus/Sonne), um das Geburtsbild zu erleben, sondern auch der aktiveren Form des Astrodramas. Ein den ganzheitlichen Therapieformen zugrundeliegendes Prinzip ist, daß alle unsere Gedanken und Emotionen unauflöslich mit körperlicher Bewegung verwoben sind. Östliche Philosophien haben seit Jahrtausenden aktive Praktiken wie Yoga, Karate und heilige Tänze integriert. Als das westliche Denken schließlich mit Descartes' Dualismus zu brechen begann, wurde auch hier die Einheit von Geist und Körper bestätigt. Wilhelm Reich stellte die Hypothese auf, daß Erinnerungen und Emotionen sowohl in den Muskeln als auch im Gehirn gespeichert werden.[2] Die Biochemikerin und Körpertherapeutin Ida Rolf stellte fest, daß Druck auf bestimmte Muskeln Erinnerungen, Gefühle und Emotionen hervorbringt.[3] Neuere Untersuchungen, die die Idee der Einheit von Geist und Körper unterstützen, haben zu der neuen Richtung des Bio-Feedback geführt.[4]

Wenn wir das Potential der Astrologie vollständig ausschöpfen wollen, müssen wir unseren Körper einsetzen, um unsere Psyche kennenzulernen; also kommen wir gleich zur Sache! Versuchen Sie das einmal: Legen Sie lebhafte, angenehme Musik auf, zu der man sich leicht bewegen kann. Stehen Sie auf, und beginnen Sie langsam, sich zu der Musik zu bewegen. Tanzen Sie! Drehen Sie sich! Wiegen Sie sich! Wie bewegt sich Venus? *Werden* Sie Venus!

Legen Sie nun agressivere Mars-Musik auf. Fühlen Sie Mars in Ihrem Körper! Reagieren Sie darauf durch energiegeladenes Tanzen. Werden Sie Mars! Rütteln Sie sich auf! Lassen Sie Ihr Herz hämmern! Kommen Sie in Bewegung! Dann legen Sie eine ätherische Neptun-Musik auf. Lassen Sie sich auf die Rhythmen ein, und kehren Sie zu langsamen, fließenden Bewegungen zurück. Fühlen Sie, wie Venus und Neptun sich ähneln? Beide haben eine fließende, leichte, weiche Energie. Verstehen Sie, weshalb Astrologen Neptun als die 'höhere Oktave' von Venus bezeichnen?

Jetzt, wo Sie Ihren Körper aufgewärmt und bewegt haben, holen Sie Ihr Geburtsbild hervor, und legen es vor sich hin. Bestimmen Sie einen Ihrer Planeten, den Sie ausdrücken wollen. Ist es Ihr Mars in den Zwillingen? Der Mond in den Fischen? Venus im Löwen? Gehen Sie Ihre Musiksammlung durch, und suchen Sie etwas aus, das dem Gefühl des Planeten entspricht. (Leicht zu beschaffende Musik für jeden Planeten finden Sie im Arbeitsbuchteil im Anschluß an die Übungen für Planeten und Zeichen.) Spielen Sie eine Auswahl an Musik für Ihren Mars in den Zwillingen. Welche Aspekte hat er mit anderen Planeten? Wie würden sie die Bewegungen von Mars beeinflussen? Bei einem Trigon zu Jupiter können

Ihre Bewegungen ausladender, ausgedehnter und schwungvoller werden. Steht er im Quadrat zu Saturn? Das könnte Ihre Bewegungen einschränken oder abrupter und sprunghafter werden lassen.

Wenn Sie sich ein wenig umschauen, können Sie Ihre eigene Kollektion an planetarer Musik zusammenstellen. Wenn Sie dann bei einem Saturn-Transit über Ihren Mars ein Gefühl der Frustration erleben, können Sie die Mars/Saturn-Musik auflegen, sie austanzen und so die blockierte Energie freisetzen. Immer wenn ich die Wirkung der zerstreuten, nervösen Energie meiner Sonne/Uranus-Konjunktion in den Zwillingen verspüre, lege ich die 'Dynamische Meditation' aus dem Shree Rajneesh Ashram auf. Die beharrlichen, treibenden Rhythmen versetzen meinen Körper in Bewegung und Schwingung, wodurch sich die überschüssige mentale Spannung entlädt. Danach fühle ich mich jedesmal erleichtert und zentrierter als zuvor. Wenn ich mich leicht melancholisch und 'saturnisiert' fühle, lege ich die 'Fanfare for the Common Man' von Aaron Copland auf und tanze in großen, ausladenden Bewegungen, um Saturn mit Jupiter zu begegnen.

Probieren Sie die folgenden Tanzformen für Ihre Planeten in den entsprechenden Zeichen!

Widder: direkt, bestimmt, stampfend, gerade heraus.
Stier: fest an einem Platz auf der Erde verwurzelt und tief gebeugt. Bewegen Sie sich langsam, methodisch und träge.
Zwillinge: schnelle Bewegungen wie ein Schmetterling, der mit Leichtigkeit hierhin, dorthin, überallhin flattert. Benutzen Sie Arme, Hände und Gesichtsausdruck.
Krebs: rhythmisches Schwingen, Wiegen, Zusammenrollen in Embryostellung auf dem Boden, sich wie ein kleines Kind fühlen.
Löwe: großartige, dramatische Gesten, königliche Gebärden und Bewegungen.
Jungfrau: peinlich genaue Aufmerksamkeit auf jede kleine Bewegung.
Waage: ausgeglichene Bewegungen mit Anmut.
Skorpion: Hüften und Becken bewegen sich in langsamen, sinnlichen Kreisen, Ihre Hände fahren ebenso sinnlich über Ihren Körper.
Schütze: Bewegungen, die den Körper aufrichten, sich nach oben strecken, höher klettern.
Steinbock: prägnante, autoritäre, sichere, wirkungsvolle, geerdete Bewegungen.
Wassermann: 'einsammelnde' Bewegung, die andere mit einschließt, bewegen Sie sich als Gruppe!
Fische: fließende, geschmeidige Bewegungen, wie Blätter im Wind.

Wenn Sie gerne tanzen und Ihren Körper einsetzen, legen Sie eine rhythmische, fließende Venus-Musik auf, bewegen Sie sich von einem Planeten zum anderen, und tanzen Sie Ihr Geburtsbild aus. Versuchen Sie es wenigstens einmal! Die verschiedenen Formen von Energie, die Sie in Ihrem Innern tragen, werden dadurch deutlicher in Ihr Bewußtsein vordringen.

Kontemplative Techniken (Mond/Merkur)

Die reflektiven Techniken (Mond/Merkur) bilden eine weitere Kategorie erfahrungsorientierter Methoden, die man alleine einsetzen kann. Um hier einen Einstieg zu finden, versuchen Sie, ein Transit-Tagebuch, ein Traum/Transit-Heft oder ein Reflexions-Heft zu führen.

Transit-Tagebuch

So könnte ein typischer Eintrag in ein Transit-Tagebuch aussehen:

> (18. März)
> Transit-Mars im Quadrat zu Radix-Saturn – Hatte das Gefühl, daß mein Chef mich heute auf die Palme bringen wollte. Hatte eine heftige Auseinandersetzung mit ihm, als ich ihm den Zwischenbericht über unser derzeitiges Projekt gab. Er hat mich ständig mit Fragen nach völlig belanglosen Dingen unterbrochen. Die Sitzung dauerte doppel so lange, wie sie sollte. Ich war so sauer auf ihn, daß ich mein Glas heftig auf den Tisch knallte und mir dabei böse in den Finger schnitt. Mein Gott, war ich unbeherrscht und leicht aufzubringen!

Wissen Sie, was geschah, als Mars zum letzten Mal im Quadrat zu Ihrem Saturn stand? Oder was passierte, als Jupiter zuletzt in Opposition zu Ihrer Venus stand? Sind Ihnen die Bewegungen der Transit-Planeten, besonders die von Mars, Jupiter und Saturn, in Ihrem Leben bewußt? Wenn Sie die Antworten auf diese Fragen nicht kennen, sollten Sie ein Tagebuch führen, um Ihre Transite und die Erfahrungen, die Sie machen, festzuhalten. (Vor allem für Anfänger ist dies ein hilfreiches Werkzeug.) Es wird Ihnen helfen, Ihr Bewußtsein für die Wirkungsweise planetarer Zyklen zu schärfen und zu verstehen, welche Wirkungen die Transite in Ihrem Leben hervorbringen.

Ein Transit-Tagebuch wird auch zwei wichtige Dinge aufzeigen: erstens, welche planetaren Energien sich in Ihrem Horoskop beständig wiederfinden (bei mir ist das der Planet Mars, wenn er mit meiner Sonne/Uranus-Konjunktion in Kontakt kommt – immer wieder unerwartete Unfälle) und zweitens, wann sie wahrscheinlich am stärksten sind. Wann wirkt bei Planeten, die rückläufig sind (alle außer Sonne und Mond), der Transit am intensivsten? Ist die stärkste Wirkung bei der ersten, zweiten oder dritten Überquerung? Beobachten Sie zum Beispiel genau die direktionalen und die retrograden Phasen des Saturn bezogen auf ihren Radix-Planeten. Wann zeigt er sich am stärksten? Das ist ein wichtiger Schlüssel für die Intensität *aller* rückläufigen Planeten.

Das Führen eines Tagebuchs über alle Transite, die Sie beeinflussen, kann sehr schnell zu einem 'Jungfrau'-Gefühl führen. Also wenn Sie das überlastet, können Sie auch folgende Kurzform versuchen: Kaufen Sie sich ein dickes, liniertes Spiralheft, und unterteilen Sie es in 12 Monatsabschnitte, die Sie zum leichteren Nachschlagen mit Etiketten versehen. Lassen Sie die ersten drei oder vier Seiten frei für die Wirkungen der lang andauernden Transite (Uranus, Neptun, Pluto), die Sie bemerken. Beginnen Sie Ihr Tagebuch, indem Sie einmal pro Woche über die Transite der äußeren Planeten, also von Pluto, Uranus und Neptun nachdenken. Wie äußert sich deren Wirkungsweise in Ihrem Leben? Vermerken Sie die aktiven Transite in der linken Spalte. Lassen Sie etwa 1/3 Seite frei, um im Laufe des Monats hineinschreiben zu können. Sie brauchen dann immer nur die ersten paar Seiten eines Monats durchzulesen, um die Wirkungen der langsamen Transite zu sehen.

Konzentrieren Sie sich dann auf die deutlicher spürbaren Transite von Saturn, Jupiter und Mars. Führen Sie im zweiten Abschnitt jedes Monats ein tägliches Tagebuch, in dem Sie auf der linken Seite alle Daten und Transite von Saturn, Jupiter und Mars auflisten. Führen Sie Ihre momentanen Transite in der Reihenfolge ihrer Stärke auf. Tragen Sie rechts neben Ihrer Liste Ihre Beobachtungen ein, was in Ihrem Leben geschieht, das mit dem Transit in Verbindung gebracht werden kann.

Die Transite von Mond, Merkur, Sonne und Venus haben eine Dauer von nur wenigen Stunden bis hin zu einigen Tagen. Manchmal fungieren sie als Auslöser für mächtigere Transite. Behalten Sie sie im Auge, und vermerken Sie diese Transite und Erfahrungen einfach unterhalb der Eintragungen für Saturn, Jupiter und Mars. Wenn Sie etwa vier Monate lang ein Protokoll über die schneller laufenden Planeten führen, werden Sie ein Gefühl für ihre Wirkungsweise entwickeln. Mond-Transite können nur wenige Stunden dauern. Um eine feine Einstimmung auf den Mond zu erreichen, achten Sie zwei Monate lang auf die Tage, an denen der Mond über Ihre Radix-Planeten läuft. Das Führen eines Transit-Tagebuchs erfordert eine gewisse Diziplin, aber Sie werden feststellen, daß sich Ihre Mühe auf jeden Fall auszahlt. Sie werden lernen, bevorstehende Transite besser einzuschätzen, und Sie können sich bewußter darauf vorbereiten.

Traum-Tagebuch

Letzte Nacht träumte ich, daß jemand ein Hundehalsband um meinen Hals legte. Ich geriet in Panik, als das Halsband mir den Atem abschnitt. Verzweifelt zerrte ich mit meinen Händen an dem Halsband, um Luft in meine Lungen zu bekommen. (Transit-Saturn in Opposition zu meiner Sonne/Uranus-Konjunktion)

Es besteht eine enge Verbindung zwischen den Botschaften unserer Träume und unseren Erfahrungen im Alltagsleben. Ja, sogar viele Ereignisse der bewußten Welt lassen sich vorhersehen, wenn wir auf das hören, was unsere Träume uns sagen. Lehrer der Yoga-Wissenschaften gehen sogar so weit zu behaupten, daß sich ein im Traumzustand erschienenes Symbol innerhalb von 72 Stunden in der bewußten, wachen Welt manifestiert.

Weil eine direkte Verbindung zwischen unseren bewußten Erfahrungen und unseren Transiten besteht, ist es klar, daß auch eine Beziehung zwischen unseren Träumen und den Transiten besteht. Das gleichzeitige Führen eines Transit-Tagebuchs und eines Traum-Heftes kann diese Verbindung verdeutlichen. Ich habe zwölf Jahre lang immer wieder ein Traum/Transit-Heft geführt. In vielen Fällen hat mir diese Praxis zu wichtigen Informationen über meinen inneren Prozeß verholfen, an die ich ohne diese Aufzeichnungen wohl niemals gelangt wäre.

Beim Führen eines Traum/Transit-Tagebuchs werden Ihnen zwei Dinge auffallen: erstens, daß aktive Transite tatsächlich eine Entsprechung in Ihren Traumsymbolen haben, und zweitens, daß sich diese Traumsymbole im wachen Zustand manifestieren *können*.

Hier nun einige Beispiele aus meinem derzeitigen Heft:

Als die Transit-Venus in Opposition zu meinem Radix-Saturn stand, träumte ich, daß ich beraubt würde. Drei Tage später erhielt ich einen ungedeckten Scheck. Bei der Konjunktion von Transit-Jupiter mit meinem Radix-Mond träumte ich, daß eine weiße, weibliche Eule auf meinem Kopf landete und sich dort ihr Nest baute. Jetzt, im nachhinein, fällt mir auf, daß während dieses Monats zwei neue und für mich sehr bedeutende Frauen in mein Leben traten. Als der Transit-Mond mein zwölftes Haus durchlief, träumte ich von einem Besuch in einem Gefängnis, wo die Häftlinge in einem Swimming-Pool gefangengehalten wurden. Am darauffolgenden Wochenende gerieten mein Mann und ich bei einem Ausflug aufs Land in ein gewaltiges Gewitter, bei dem viele Straßen überschwemmt wurden. Wir irrten über drei Stunden lang ziellos umher, als wir versuchten, der Überschwemmung auszuweichen. Bei Transit-Mars in Konjunktion zu meinem Jupiter zu Weihnachten träumte ich, wie ich auf Skiern einen Berg mit großer Geschwindigkeit hinunterfuhr, wobei ich mich mit absoluter Sicherheit auf dem Grat des Abhangs hielt. Am Weihnachtsmorgen bekam ich völlig unerwartet neue Skier geschenkt.

Viele Menschen behaupten, sich nicht an ihre Träume erinnern zu können. Wenn Sie sich an Ihre Träume erinnern möchten, müssen Sie Ihr Unterbewußtsein trainieren. Jeden Abend vor dem Schlafengehen sollten Sie einen autosuggestiven Samen pflanzen: "Ich werde mich genau an meine Träume erinnern." Danach schlafen Sie in Ihrer gewohnten Art und Weise ein. Es kann ein oder zwei Wochen dauern, aber letztlich werden Ihre Träume durchkommen.

Wenn Sie erwachen, bleiben Sie auf Ihren Traumzustand konzentriert, ohne die Augen zu öffnen. Versuchen Sie, sich an so viel wie möglich zu erinnern. Drehen Sie sich dann gleich zum Bettrand, und tragen Sie, ohne sich ablenken zu lassen, den Traum in Ihr Traum-Heft ein, möglichst unter Verwendung der Gegenwartsform. Verändern Sie nichts, sondern schreiben Sie ganz spontan. Lesen Sie es sich danach durch, und halten Sie Ihre ersten Gedanken zur Bedeutung dieses Traums fest. Unterstreichen Sie die Schlüsselelemente Ihres Traums. Spricht der Traum ein spezielles Thema in Ihrem augenblicklichen Leben an? Betrachten Sie die Ephemeriden. Haben Sie in dieser Woche irgendwelche Transite, die den Traumsymbolen entsprechen? Vermerken Sie sie neben dem Traum. Achten Sie besonders darauf, wenn Planeten stationär sind. Wenn Sie sich der Symbole, die während einer zweiwöchigen Phase in Ihren Träumen auftauchen, bewußt sind, werden Sie beginnen, eine Parallele zwischen Ihren Transiten und Ihren Erfahrungen im wachen Zustand zu erkennen. Sehr bald werden Sie entdecken, daß Ihr Unbewußtes lauter zu Ihnen spricht, als Sie vorher geahnt hatten.

Reflexionen zum Geburtsbild

"Erkenne dich selbst" ist ein wichtiger Kernsatz, der die Jahrtausende überlebt hat und uns durch die Tempelinschriften in Delphi/Griechenland überliefert wurde. Das Geburtsbild bietet uns eine Methode, uns selbst zu erkennen, und zwar anhand einer dynamischen Landkarte unserer bewußten und unbewußten Bereiche. Durch das tiefe Studium und die Reflexion unseres Geburtsbildes gelangen wir zur Selbsterkenntnis.

Selbsterkenntnis ist von entscheidender Bedeutung, wenn wir die Astrologie als Werkzeug benutzen, um anderen zu helfen; denn wir können mit anderen nur so weit gehen, wie wir selbst bereits gegangen sind. Eine gute Art, dies zu vervollständigen, ist das Führen eines Reflexions-Heftes. Mit Hilfe dieses Heftes können Sie Aspekte Ihres Selbst/Geburtsbilds betrachten und studieren, mit sich in einen Dialog treten und Ihre innersten Gedanken und Gefühle festhalten. Die Heftseite wird zum lebendigen Spiegel, in dem Sie sich selbst klarer sehen können.

Tragen Sie aus der folgenden Liste eine Frage, die für Sie von besonderem Interesse ist, in ein Spiralheft (oder ein anderes strapazierfähiges Tagebuch) ein. Schließen Sie Ihre Augen, und denken Sie über die Frage nach. Welche Gefühle, Bilder, Worte fallen Ihnen ein? Stellen Sie irgendwelche körperlichen Empfindungen fest? Schreiben oder zeichnen Sie Ihre Reaktionen. Nachdem Sie Ihre Antwort geschrieben oder gezeichnet haben, untersuchen Sie den dazugehörigen Planeten in Ihrem Geburtsbild. Welche Aspekte, welche Zeichen-, welche Häuserposition hat er in Ihrem Geburtsbild? Wenn die Frage für Ihre augenblickliche Gefühlslage besonders relevant ist, untersuchen Sie Ihre Progressionen und Transite. Entsprechen sie Ihrem augenblicklichen Gefühl?

Fragen zur Reflexion:
Sonne
    Wie empfinden andere Menschen mich?
    Welche Facetten meines Selbst sehe ich?
    Was ist mein Ziel?
    Welche Aspekte meines Selbst benutze ich nicht bewußt?
    Wie kann ich mein vollständiges Sein weiterentwickeln oder ausdrücken?
    Wie war mein Vater?
    Welche Botschaften hat er mir mitgegeben?
    Hielt er sich selbst für erfolgreich?
    Welche Schwächen, welche Stärken hatte er?

Mond
    Wie fühle ich mich in diesem Augenblick?
    Wie sorge ich für mich?
    Wie fühlt sich das kleine Kind in mir zur Zeit? Was sind seine Bedürfnisse?
    An wen oder was wende ich mich, wenn ich Unterstützung und Ermutigung brauche?
    Wie war meine Mutter?
    Welche Botschaften hat sie mir mitgegeben?
    Welche Schwächen, welche Stärken hatte sie?
    Hatte sie ein Lieblingskind? War ich das?
    Wie hat sie ihre Gefühle gezeigt?

Sonne/Mond
    Wie sehen mein inneres und mein äußeres Selbst jetzt aus, wie fühlen sie sich an? (Malen Sie, wie sie für Sie aussehen!)
    Machen Sie zwei Listen. Zählen Sie alle Ihre Mond-, Ihre weiblichen, Ihre *Yin*-Qualitäten auf. Dann all Ihre Sonne-, Ihre männlichen, Ihre *Yang*-Qualitäten. Ist eine Seite stärker als die andere? (Welche Aspekte, welche Zeichen-, welche Häuserpositionen haben Ihre Sonne und Ihr Mond?)

Merkur
    Wie denke ich heute über mein Leben?
    Welche Eigenschaftswörter beschreiben meine Art zu kommunizieren?
    Welche Botschaften sage ich mir selbst?

Wenn ich eine Botschaft übermitteln könnte, die auch gehört würde, was würde ich sagen?
Wieviele innere Stimmen kann ich wahrnehmen?
Ist mir normalerweise eher bewußt, was ich über eine Sache denke oder was ich dazu fühle?
Welche Wege kenne ich, mit mir selbst zu kommunizieren?

Venus
Welche Menschen/Dinge liebe ich am meisten?
Was liebe ich an mir selbst?
Worin erlaube ich mir, exzessiv zu schwelgen?
Bin ich auf irgend jemand neidisch? Warum?

Mars
Wofür bin ich bereit, Energie aufzubringen und mich anzustrengen?
Welches sind meine liebsten körperlichen Betätigungen?
Wofür bin ich bereit, mich zu engagieren?
Was macht mich wütend?
Welche Eigenschaften anderer Leute machen mich wütend?
Was tue ich, wenn ich wütend werde?

Jupiter
Was sind meine Talente und Fähigkeiten?
Was sind meine positiven Persönlichkeitszüge?
Was sind die wichtigsten Dinge, die ich erreicht habe?
Auf welchen Gebieten empfinde ich Selbstvertrauen gegenüber meinem Wissen und meinem Können?
Worin bestehen meine momentanen Möglichkeiten?
Welche Bereiche meines Lebens entfalten sich ungestört und sind vielversprechend?
Welche Ambitionen habe ich für die nächsten fünf Jahre meines Lebens?
Woran glaube ich zur Zeit?
Welche Worte symbolisieren meine Lebensphilosophie zur Zeit?
Gibt es Situationen, in denen ich mich aufgeblasen und eingebildet verhalte?

Saturn
Was sind meine größten Stärken?
Welche besonderen Verantwortungen habe ich zur Zeit?
Welche Einstellung habe ich ihnen gegenüber?
Welche Züge fürchte, verurteile oder hasse ich an mir?
Welche Züge fürchte, verurteile oder hasse ich an anderen?

In welchen Bereichen meines Lebens fühle ich mich sicher und stabil?
Womit kämpfe ich zur Zeit? Kommt es von innen oder von außen? Wie sieht dieser Kampf aus? Benennen Sie ihn!
Sehe ich eine Möglichkeit, mein Problem zu lösen? Was kann ich anders machen, damit sich die Situation zum Besseren wendet?

Uranus

Gegen welche Menschen/Ideen habe ich mich in meinem Leben aufgelehnt?
Gibt es Dinge, die ich mag und die andere merkwürdig finden?
Mit welchen Gruppen habe ich zu tun?
Bin ich aktiv an ihnen beteiligt oder nur am Rande?

Neptun

Wodurch werde ich wahrhaft inspiriert?
Welche Bereiche meines Lebens glaube ich nicht klar genug zu sehen?
Halte ich Illusionen über mein Leben oder irgendeine Person in meinem Leben aufrecht?
Wonach bin ich süchtig? Hat das Auswirkungen auf mein Leben oder das Leben anderer?

Pluto

Was sind meine größten inneren Ressourcen?
Gibt es Probleme in meinem Leben, die ich unterdrücke oder die nach Veränderung schreien?
Welche Ressourcen, die mir bei einer Veränderung helfen können, stehen mir innerlich/äußerlich zur Verfügung?
Gibt es Dinge oder Personen, die ich intensiv hasse? Warum?
Gibt es eine Person in meinem Leben, der zu vergeben ich noch lernen muß?
Wie sieht der verwandelnde Heiler in mir aus?
Habe ich irgendetwas getan, für das ich noch lernen muß, mir selbst zu vergeben?

Jeder dieser Ansätze wird Ihnen eine Fülle von Möglichkeiten geben, über sich selbst im Spiegel der Astrologie zu reflektieren. Und das Wichtigste: Sie werden aus der Erfahrung lernen, Ihrem besten Lehrmeister.

5
Astrodrama: mit anderen spielen

Im Himmel in Indra soll es ein Geflecht aus Perlen geben, die so angeordnet sind, daß man beim Betrachten einer Perle alle anderen in ihr reflektiert sieht.
Eine Hindu-Sutra

Allen ist an der Reihe, sein Geburtsbild mit der Gruppe als Astrodrama darzustellen. Es geht ihm um ein besseres Verständnis seines fixen T-Quadrats von Merkur in Opposition zu Uranus, beide im Quadrat zu Neptun. Er sitzt verwirrt und ängstlich in der Mitte des Raumes und verfolgt den Streit zwischen den Beteiligten dieses schwierigen T-Quadrats. Sein Merkur fängt an, seinen Uranus zu beschimpfen. "Immer drängst du mich: 'Beeil dich! Laß uns endlich anfangen! Wir müssen heute diese zwanzig Dinge erledigen.' Laß mich entspannen. Ich bin es leid, immer eine Million verschiedener Dinge anpacken zu müssen. Diese Hetze macht mich nervös und bringt mich durcheinander." Dann wendet er sich zu Neptun (im Quadrat) und klagt: "Und du! Immer so wischiwaschi! *Nie* beziehst du Position. Immer läßt du dich von Uranus überfahren. Er bietet dir so viele Möglichkeiten, daß du einfach betäubt dasitzt, ja regelrecht benebelt. Tu gefälligst endlich etwas!" Neptun antwortet verträumt: "Nun, etwas zu tun ist eigentlich gar nicht so wichtig. Es geht ums Träumen. Schließlich bin ich es, der dir gelegentlich zur Flucht verhilft. Und wie du weißt, begeben wir uns dann auf interessante Reisen. Erinnere dich an die großartige Idee, nach Corpus Christi zu gehen und einen Würstchenstand aufzumachen. Wow! Das wäre klasse gewesen, dort am Strand rumzuhängen." Uranus unterbricht: "Du lebst wirklich in einem Wolkenkuckucksheim. Kein Gefühl für die Realität. Wenn es nach dir ginge, würden wir niemals etwas getan kriegen. Du bringst alles durcheinander und machst unser Handeln wirkungslos. Du gehst mir auf die Nerven!" Neptun erwidert: "Und du bist ausfallend. Du siehst meine Sensibilität nicht, obwohl du zugeben mußt, daß ich dir manchmal auch gute Einfälle gebe. Du bist ein Alleskönner und spielst dich als mein Herr und Meister auf. Ich weiß einfach nicht mehr, was ich noch tun kann, um mit dir klarzukommen."

Die Energie im Raum war gespannt, verwirrt und chaotisch, und drei schrille Stimmen stritten ständig miteinander. Die Frustration spiegelte sich in Allens Augen, als er versuchte, den Stimmen von Merkur, Uranus und Neptun zu folgen. Plötzlich legte ihm seine Steinbock-Sonne im vierten Haus (die hinter ihm stand) spontan ihre Hand auf die Schulter und versicherte ihm: "Es ist ganz gleich, wie sehr sie dich verwirren und frustrieren. Du hast ja mich, deine Sonne im Steinbock! Ich bin stark und tatkräftig. Ich werde dir durch alles hindurchhelfen, was dein T-Quadrat anrichtet. Wenn nötig, kümmern wir uns um diese Planeten. Wenn Uranus sich aufspielt und deinen Geist verwirrt, denk daran, zu mir zu kommen und dich zu erden, damit du Klarheit erlangst und ihm nicht unvorbereitet gegenüberzutreten brauchst. Und wenn sich Neptun mit seinen verträumten Vorstellungen bemerkbar macht, werden wir ihm zuhören und uns inspirieren lassen, ja manchmal sogar der Realität entfliehen, aber wir werden seine großen Illusionen und die Verwirrung unter Kontrolle halten. Benutze mich als deine ausgleichende Kraft, wenn Uranus oder Neptun versuchen, dich verrückt zu machen. Ich werde für dich da sein – jederzeit." Innerhalb kurzer Zeit wurde die Energie im Raum ruhiger und kam ins Gleichgewicht, wodurch Allen wieder sicher wurde, daß er mit seiner schwierigen Planetenkonstellation wirksam umgehen konnte.

Astrodrama: wie man es macht

Was Sie gerade erlebt haben, ist Astrodrama, eine Technik innerhalb des größeren Bereichs der erfahrbaren Astrologie, bei der ein Horoskop/Geburtsbild in schauspielerischer Form dargestellt wird. Horoskope werden im wahrsten Sinne des Wortes lebendig, wodurch die Teilnehmer die Gelegenheit bekommen, ihre Energien unmittelbar zu erfahren und mit ihnen zu arbeiten. Astrodrama ist eine aufregende und unterhaltsame Methode, um sowohl in Einzelsitzungen als auch in Gruppen von bis zu 25 und mehr Personen Ihre psychischen Energien zu erforschen.

Wenn Sie sich mit einem Freund treffen, um über Horoskope zu sprechen, versuchen Sie einmal, einige Szenen zu improvisieren. Denken Sie sich eine Reihe von Situationen aus, in denen Sie beide interagieren können. Schauspielerisches Talent ist nicht nötig. Atmen Sie tief durch, und versuchen Sie es! Fangen Sie an, indem Sie aufstehen, sich strecken und den Löwen in Ihrer Seele hervortreten lassen. Um Ihnen und Ihren Freunden den Einstieg zu erleichtern, gebe ich Ihnen einige Beispiele. Wenn Sie die erprobt haben, entwerfen Sie Ihre eigenen Szenarien:

Stellen Sie sich vor, Sie und Ihr Freund hätten beschlossen, gemeinsam die Ferien zu verbringen. Einer von Ihnen ist ein starker Schütze, der andere ein starker Fisch. Wie sieht Ihr Entscheidungsprozeß über Ihren gemeinsamen Urlaubsort aus? Oder stellen Sie sich vor, Sie sind zwei Teenager-Freundinnen, die zum ersten

Mal nach New York City reisen. Heute findet Ihr erster Einkaufsbummel statt. Eine von Ihnen hat die Venus in der Jungfrau, die andere in den Zwillingen. Versuchen Sie auch, die Polarität zwischen Venus im Wassermann und Venus im Löwen oder zwischen Venus im Löwen und Venus in den Fischen darzustellen.

Sie müssen zusammen mit einem Kollegen vor einem bedeutenden Gremium eine Dokumentation vortragen. Er hat Merkur in der Jungfrau, Sie im Schützen. Wie verbringen Sie wahrscheinlich die letzten fünf Minuten der Vorbereitung? Sie fahren mit Ihrem Freund Ski. Er hat einen positiven Jupiter-Transit, Sie ein Saturn-Quadrat. Wie treffen Sie die Entscheidung, welche Abfahrt Sie nehmen? Bei rückläufigem Merkur überprüfen Sie gemeinsam mit Ihrem Ehemann die Kontoauszüge Ihrer Bank. Sie haben Merkur in der Jungfrau, er in den Fischen. Was passiert?

Sie müssen vor Ihrem Lehrer Ihre Abschlußprüfung ablegen. Sie haben den Transit-Saturn im Quadrat zu Ihrer Sonne. Spielen Sie diese Szene! Danach spielen Sie die gleiche Situation bei Jupiter in Konjunktion zu Ihrer Sonne! Stellen Sie sich vor, es sei gerade jemand auf Ihr Auto aufgefahren. Sie steigen aus, um den Schaden zu untersuchen. Ihr Mars ist in der Waage. Der Typ, der Sie angefahren hat, hat Mars im Widder, in der Jungfrau oder in den Fischen. Probieren Sie jede Variante!

Als non-verbale Improvisation können Sie folgendes ausprobieren: Sie sind ein Stier-Löwe, der sich an eine Zwillinge-Gazelle heranpirscht. Was geschieht? Sie und Ihr Freund sind junge Hunde, einer wurde im Stier geboren, der andere in den Zwillingen. Sie sind vierjährige Spielgefährten am Strand. Einer von Ihnen hat die Sonne im Löwen, der andere in der Jungfrau. Wie spielen Sie miteinander?

Versuchen Sie, eine Saturn/Sonne-Konjunktion zu sein, Saturn Trigon Mond, Jupiter Konjunktion Sonne, Jupiter Trigon Mond, Mars Quadrat Sonne, Merkur Konjunktion Jupiter, Merkur Konjunktion Saturn, Merkur Quadrat Neptun, Merkur Trigon Uranus, Merkur Opposition Pluto, Mars Konjunktion Mond in der Jungfrau, Mars Konjunktion Venus, Venus Konjunktion Mond im Krebs, Venus Konjunktion Saturn im Skorpion, Venus Konjunktion Jupiter im Skorpion, Mars Konjunktion Jupiter im Schützen, Mars im Löwen Quadrat Saturn im Stier. Probieren Sie auch einige Generationsaspekte aus: Saturn Konjunktion Uranus im Stier, Saturn Konjunktion Uranus in den Zwillingen, Saturn Konjunktion Pluto im Löwen, Saturn im Löwen Sextil Neptun in der Waage, Saturn Konjunktion Neptun in der Waage, Saturn in der Waage Quadrat Uranus im Krebs.

Sollten Sie zu dritt sein, so können Sie sich abwechselnd Aspekte, an denen Sie arbeiten möchten, aus den einzelnen Geburtsbildern aussuchen. Nehmen wir an, Ihre Freundin hat den Mond im Widder im Quadrat zu Merkur im Steinbock und würde gerne mehr darüber erfahren. Verteilen Sie die Rollen Mond und Merkur untereinander, ohne den Aspekt vorher zu besprechen. Die Person, um deren Aspekt es sich handelt, kann einfach zuschauen. Legen Sie zunächst die Szene fest, in der Sie beide interagieren wollen. Schlagen Sie beispielsweise vor, Sie sind ein Ehepaar, das zu Hause sitzt. Einer von beiden hat Lust, ins Kino zu gehen. Wie würde ein Widder-Mond im Quadrat zu Merkur im Steinbock reagieren? Sie können auch im voraus den Aspekt mit Ihrer Widder-Mond-Freundin diskutieren und sie auffordern, Ihnen zu schildern, wie sie diesen Aspekt in ihrem Leben erlebt. Dann spielt einer von Ihnen die Rolle des Widder-Mondes. Die Frau, um deren Aspekt es hier geht, könnte ihren eigenen Steinbock-Merkur darstellen, wodurch sie die Gelegenheit erhält, ihren Merkur zu spüren und zu erleben. Die dritte Person schaut zu. Wenn Sie fertig sind, tauschen Sie die Rollen. Sie spielen dann ihren Merkur, sie ihren eigenen Mond. Anschließend besprechen Sie das Erlebte. Wie fühlte sie sich in der jeweiligen Rolle? Hat sie etwas Neues gelernt? Hat sie den Widerstreit dieser beiden psychischen Komponenten deutlicher erkannt? Wie haben Sie sich als ihr Mond gefühlt? Als ihr Merkur? Was ist dem Zuschauer aufgefallen? Tragen Sie Ihre spontanen Einfälle zusammen, wie sie mit diesem Quadrat besser umgehen könnte. Ist es zu neuen Erkenntnissen gekommen? Wenn Sie und Ihre Freunde bereits Erfahrung mit Astrodrama haben, können Sie auch die Häuser einbeziehen. Spielen Sie zum Beispiel ihren Widder-Mond im zweiten Haus im Quadrat zu ihrem Steinbock-Merkur im elften.

Wenn Sie eine etwas größere Gruppe haben mit etwa fünf oder sechs Teilnehmern, versuchen Sie, Kombinationen von Aspekten darzustellen, wie z.B. T-Quadrate – Mond im Widder im Quadrat zu Merkur im Steinbock und dazu Neptun in der Waage, der in Opposition zu Mond und im Quadrat zu Merkur steht. Wie fühlt sich dieses psychische Muster an? Danach nehmen Sie die positiven Wirkungen des Trigons von Widder-Mond zur Jupiter/Pluto-Konjunktion im Löwen hinzu. Wie verändert dies die Struktur?

Haben Sie eine Gruppe von zehn oder mehr Teilnehmern? Dann versuchen Sie, ein vollständiges Geburtsbild zu inszenieren. Hier können Sie die Astrologie dann wirklich 'live' erleben. Meine ersten Erfahrungen mit Astrodrama in einer Gruppe machte ich im Herbst 1981 am Esalen-Institute in Big Sur, Kalifornien. Als Leiterin eines Workshops unterrichtete ich dreimal pro Woche eine Astrologiegruppe, deren Teilnehmer sowohl Astrologie studierten als auch regelmäßig an Gestalt-Encounter-Gruppen teilnahmen. Mit der Gruppe ließ sich ideal arbeiten; denn die Teilnehmer hatten fundierte Kenntnisse in Astrologie, kannten sich in Gruppenarbeit aus und waren neuen Gedanken gegenüber aufgeschlossen. Aus den Erfahrungen am Esalen-Institute entstand der Prozeß, das vollständige Geburtsbild zu inszenieren.

Das lebendige Horoskop

Die Grundform des 'lebendigen Horoskops' wird im folgenden erläutert. Am Ende dieses Kapitels werde ich eine weiter entwickelte Form skizzieren, bei der ich das

Jungsche Modell der Psyche benutze, insbesondere sein Konzept des persönlichen und kollektiven Unbewußten.

Bei der Arbeit mit einer größeren Gruppe wollen Sie sicher zuerst miteinander 'warmwerden'. Beginnen Sie mit einigen 'Eisbrecher-Übungen' (diese sind im Arbeitsbuch aufgeführt). Wenn Sie sich locker und entspannt fühlen, wählen Sie die Planeten aus. Zerbrechen Sie sich nicht zu lange den Kopf darüber, wer welche Energie darstellen soll, wählen Sie einfach, und fangen Sie an. Nachdem alle Planeten verteilt sind, können Sie einige einfache Aspekte improvisieren. Beginnen Sie mit Aspekten, die die Gruppenmitglieder gerne sehen möchten. Vielleicht möchte jemand seinen Jupiter im Krebs im Trigon zu Merkur im Skorpion oder seine Sonne/Uranus-Konjunktion in der Jungfrau sehen. Wenn ein bestimmter Aspekt angesprochen wird, sollten die beiden Planeten sich kurz austauschen und dann ihre planetare Identität nutzen, um das Wesen des entsprechenden Aspekts zu porträtieren. Wenn sich alle Mitglieder in der Gruppe wohlfühlen, können Sie mit der Darstellung eines gesamten Geburtsbilds beginnen. Um mit einer Gruppe von zehn bis zwölf Teilnehmern vollständige Geburtsbilder darzustellen, können Sie sich der folgenden Grundform bedienen. Sie ist anpassungsfähig und bietet doch ein einfaches Gerüst, innerhalb dessen Sie spielen können.

Skizze des lebendigen Horoskops – Grundform
Es gibt drei Arten von Rollen:
Der 'Regisseur' ist die Person, deren Geburtsbild dargestellt wird. Sie oder er übernimmt die Führung beim Entwerfen des Astrodramas.
Die 'Planeten' von Sonne bis Pluto werden vom Regisseur denjenigen Mitgliedern zugeteilt, die die spezielle Planeten-Energie am besten ausdrücken können.
Der 'Spielleiter' unterstützt den Regisseur, indem er sich, wenn nötig, einschaltet, um das Drama auf den Punkt zu bringen. Seine relativ unbeteiligte Perspektive erlaubt es den Mitspielern, in ihrer 'Rolle' zu bleiben, während strukturelle und den Hergang betreffende Dinge erledigt werden. (Wie Sie sehen, ist eine Gruppe von zwölf Teilnehmern ideal: zehn Planeten plus Regisseur und Spielleiter.)
Die Grundstruktur eines lebendigen Horoskops sieht folgendermaßen aus:

1. Geburtsbildanalyse

Beginnen Sie den Prozeß, indem Sie das Geburtsbild der Person, deren Drama dargestellt werden soll, vor der Gruppe aufstellen. (Eine Schultafel ist dabei eine nützliche Hilfe.) Der Regisseur führt die Gruppe dann durch sein oder ihr Geburtsbild, zeigt die Schlüsselaspekte, die Verteilung der Elemente usw. Wenn der Regisseur kein fundiertes astrologisches Wissen hat, kann er oder sie die Gruppe bitten, die Aspekte aufzuzeigen und zu besprechen.

2. Die Rollenverteilung
Als nächstes wählt der Regisseur Mitglieder der Gruppe aus, die die Planeten darstellen sollen. Er möchte vielleicht, daß eine bestimmte Person seine Sonne spielt. Oder er möchte, daß sich die Teilnehmer ihre Rollen selbst aussuchen. Manchmal verspürt ein Teilnehmer eine besondere Beziehung zu einem bestimmten Planeten im Geburtsbild des Regisseurs, oder er möchte sich in einer bestimmten Rolle erfahren.

3. Das Thema festlegen
Nachdem die Planeten verteilt worden sind, ist der nächste Schritt, einen Kristallisationspunkt oder ein Ziel für das Drama zu finden. Ein guter Ansatz ist, sich

Geburtsbild
13.8.1948, 02:30 GMT, Chicago/Illinois (Felder Koch)

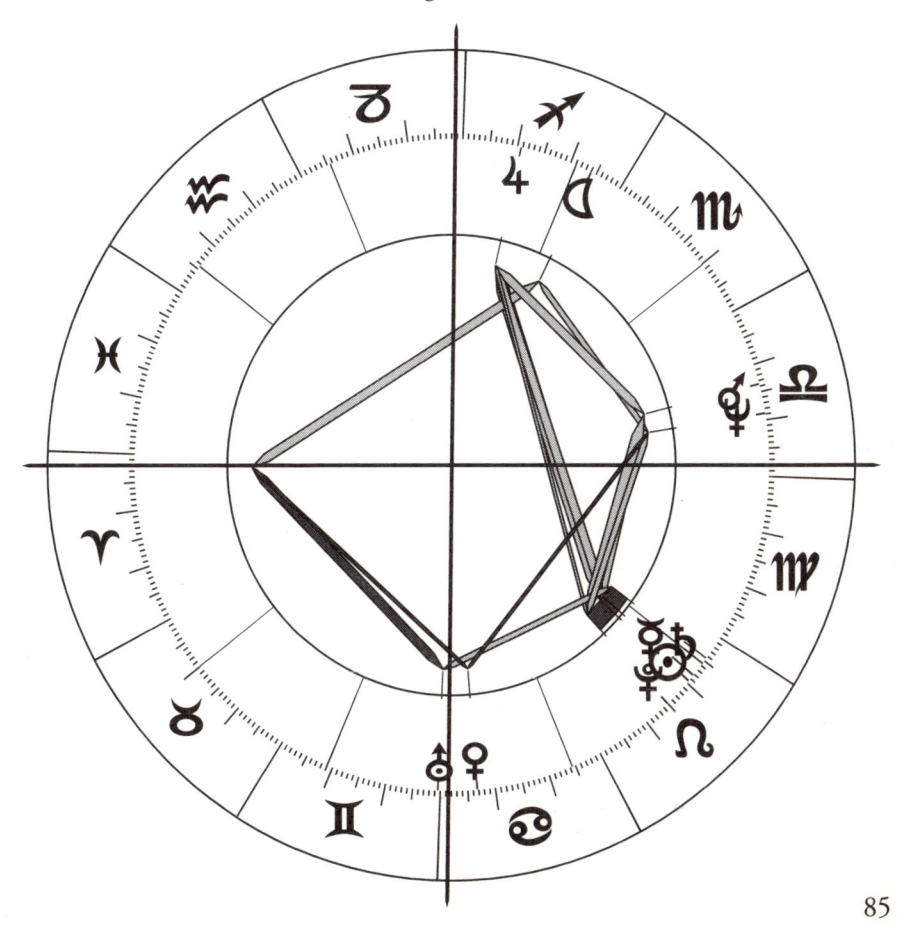

auf ein spezielles Aspektmuster oder Thema im Geburtsbild zu konzentrieren. Möchte der Regisseur sein großes Quadrat, seine Liebesbeziehung, seine Eltern in den Mittelpunkt stellen? (Eine Astrodrama-Anfängergruppe braucht ein derartiges Ziel für ihre Energie. Ansonsten kann das Drama mühsam werden. Wenn eine Gruppe Erfahrungen gesammelt hat, wird sie feststellen, daß eine Struktur immer weniger notwendig ist. Gruppen, die besonders gut aufeinander eingestimmt sind, können wunderschöne meditative und spontane Arbeit hervorbringen.)

Als Beispiel dafür, wie der ganze Prozeß abläuft, nehmen wir an, unser Regisseur ist eine Frau, die ihre Beziehung zu Männern besser verstehen möchte. Die Abbildung zeigt das Geburtsbild unserer Regisseurin, die am 12. August 1948 geboren wurde.

Sie war noch nie verheiratet, wünscht sich sehr eine feste Beziehung, und ihr Leben scheint nach einem Muster zu verlaufen, in dem auf eine gute Beziehung immer wieder eine süchtige und abhängige folgt. (In zwei Fällen bestanden diese süchtigen Beziehungen mit alkoholabhängigen Männern.) Die Gruppe, die ihr Geburtsbild darstellt, wird sich vielleicht auf ihre Beziehungsaspekte und -zeichen konzentrieren: auf ihre Sonne, Mars, Venus, Saturn, ihr fünftes, siebtes und achtes Haus und auf alles, was für ein solches Verständnis von Bedeutung ist. Wie schätzen die Teilnehmer ihre speziellen Beziehungsanstrengungen ein? An welchen Punkten findet eine konstruktive Freisetzung statt?

4. Die Reihenfolge im Rollenspiel

Während die kurze Diskussion im Gang ist, sollte der Spielleiter beginnen, eine logische Reihenfolge zu entwerfen (und für alle sichtbar zu machen), in der die Aspekte dieses speziellen Geburtsbildes dargestellt werden können. In diesem Fall scheint es beispielsweise logisch, mit dem Kampf der Regisseurin mit ihrer machtvollen und beherrschenden Sonne/Merkur/Saturn-Konjunktion zu beginnen, dann zu ihrer passiv-aggressiven Mars/Neptun-Konjunktion im Quadrat zu ihrer idealistischen, abhängigen Venus überzugehen und mit den Punkten konstruktiver Lösungen in dieser Konfiguration zu enden: dem unterstützenden Mond im Sextil zu Mars/Neptun und im Trigon zu Pluto, den positiv stimulierenden Wirkungen von Merkur/Saturn im Sextil zu Uranus und den idealisierenden Auswirkungen ihres Trigons zu Jupiter und schließlich dem Sextil von Mars/Neptun zu Pluto.

5. Die Vorbereitung des Rollenspiels

Nachdem sich die Gruppe über die Reihenfolge geeinigt hat, sollten sich die Planeten in 'Aspekt-Gruppen' einteilen und kurz darüber beraten, wie sie den Aspekt darstellen könnten. (Hierdurch soll die Idee für einen Sketch oder ein Gefühl für die Richtung entstehen, die sich dann im Drama spontan entfaltet.)

Obwohl Anfängergruppen oder besonders komplexe Strukturen einen höheren Zeitaufwand erfordern, halten Sie diese Phase so kurz wie möglich, weil die Handlung aus der Situation fließen soll. (Darstellungen, die zu sorgfältig geplant wurden, erscheinen oft gestelzt.) Geben Sie Ihrer Gruppe etwas mehr Zeit, falls Sie Kostüme und Requisiten verwenden.

Farbenprächtige Kostüme und raffinierte Requisiten bringen ein anregendes optisches Element hinzu; also, wenn Sie welche haben, benutzen Sie sie auf jeden Fall. Wenn Sie in einer vollgestopften Kostümkiste herumwühlen und einen roten Satinumhang, einen Helm und ein Schwert finden, geraten Sie unweigerlich in Mars-Stimmung. Wie wäre es mit einer punkigen Perücke und einer gelben sternförmigen glitzernden Sonnenbrille, um die Venus im Wassermann darzustellen? Eine Kette mit einer Kugel wäre optimal für Saturn. Fast alles, was glitzert und grell ist, paßt zu Uranus. Requisten können auch der Ausgangspunkt für die Entwicklung einer Rolle sein. Ich erinnere mich an eine Schauspielerin, die zum ersten Mal spürte, was es mit Neptun wirklich auf sich hatte, als sie in einem Kostüm aus hauchdünnen Halstüchern im Kreis herumwirbelte. Eine andere stellte Mond in der Jungfrau als eine pedantische Mutter dar, die gerade damit beschäftigt war, ihr kleines Töchterchen anzukleiden.

6. Aufbau der Bühne

Wenn jeder Teilnehmer ein allgemeines Gefühl dafür entwickelt hat, wie er seinen Planeten darstellen will, können Sie die 'Bühne aufbauen'. Stellen Sie die Planeten des Geburtsbilds im Kreis um die Regisseurin. Die Regisseurin soll in der Mitte ihres Geburtsbilds stehen, das Gesicht auf ihre Himmelsmitte gerichtet (Spitze des zehnten Hauses). Links von ihr sollten sich alle Planeten in der Reihenfolge des Tierkreises aufstellen, die in ihrem zwölften, ersten und zweiten Haus sind, hinter ihrem Rücken stehen alle Planeten des dritten, vierten und fünften Hauses, rechts alle Planeten des sechsten, siebten, achten Hauses usw.

7. Das Drama spielen

a) Einführung der Planeten

Nun, da jeder seinen Platz eingenommen hat, können Sie mit der Aktion beginnen. (Vielleicht geben Sie den Planeten eine Minute, um sich in ihrer planetaren Energie zu 'zentrieren'.) Beginnen Sie mit dem Aszendenten, und gehen Sie gegen den Uhrzeigersinn von einem Haus zum nächsten, indem Sie die Planeten sich kurz vorstellen lassen. "Ich bin dein Merkur im Löwen. Ich bin dramatisch, gebe mich nicht mit Kleinigkeiten ab und bin in meine Gedanken verliebt. Ich helfe dir, immer wieder etwas Neues hervorzubringen! Die anderen behaupten, ich sei zu egoistisch, aber ich habe das Gefühl, wenn ich mich amüsiere, tun alle anderen es auch." Lassen Sie jeden im Kreis sich so 10 bis 20 Sekunden lang vorstellen, bis alle zehn gespochen haben.

b) Das Rollenspiel, Interventionen
Jetzt lassen Sie das Drama sich entwickeln, in der vereinbarten Reihenfolge. In unserem Beispiel werden Sonne/Merkur/Saturn im Löwen als Erste hervortreten, sprechen und aufeinander reagieren. Wenn Sie fertig sind, treten Mars/Neptun in der Waage in den Mittelpunkt des Geschehens, gefolgt von Venus im Krebs. Dies sind die Aspekte, die, zusammengenommen, der Regisseurin Probleme bereiten. Dann begeben Sie sich in die Lösungsphase des Dramas – Mond Sextil Mars/Neptun und Trigon Pluto, Merkur/Saturn Sextil Uranus, Merkur/Saturn Trigon Jupiter, Mars/Neptun Sextil Pluto.

Bei der Aufführung des obigen Dramas stellte sich heraus, daß die betreffende Frau Männer idealisierte. Sie hatte das Gefühl unterdrückt, daß ihr Vater, ein Manager, zu viel zu tun hatte und zu sehr mit sich selbst beschäftigt war, um ihr Liebe zu geben. Ihr Bedürfnis nach einem Seelengefährten machte sie blind für den Mann, der dann tatsächlich vor ihr stand. Sie verwirrte die Männer mit ihrem anfangs herausfordernden, dann abhängigen und angepaßten Verhalten. Die Punkte ihres Geburtsbilds für konstruktive Lösungen zeigten, daß sie ein Gleichgewicht finden mußte zwischen ihrem Verlangen, sich in eine Beziehung zu stürzen (impulsives Feuer), und der Notwendigkeit, sich für das Erkennen ihrer Projektionen Zeit zu lassen. Als sie versuchte, ins Gleichgewicht zu kommen und sowohl ihrer abhängigen Krebsnatur als auch dem kontrollierenden, fordernden Löwen gerecht zu werden, wurde die verzweifelte Komponente in ihrer Sehnsucht nach einer Beziehung geringer.

In Ihrer eigenen Drama-Inszenierung kann sich, ebenso wie bei der gerade beschriebenen, die Abfolge mit der Entwicklung des Dramas verändern. Das Wechselspiel der Planeten gibt der Aufführung ihren eigenen Rhythmus. Falls Ihnen eine geänderte Reihenfolge passender erscheint, nehmen Sie sich die Freiheit zur Veränderung. Es könnte beispielsweise ein Planet spontan ins Geschehen eingreifen, weil er intuitiv weiß, was zu tun oder zu sagen ist. Der Spielleiter oder der Regisseur möchten vielleicht eingreifen, um einen speziellen Aspekt stärker hervorzuheben. Vielleicht möchte der Regisseur auch selbst die Rolle eines Planeten übernehmen. Es geht darum, ein gewisses Gespür für die Struktur zu haben und Freiraum für das spontane 'Tanzen' des Geburtsbilds im Verlauf des Dramas zuzulassen.

Es gibt viele Möglichkeiten, das Grundschema zu variieren und ein besseres Astrodrama zu entwickeln. Wenn eine Gruppe Ihr Geburtsbild spielt, wollen Sie vielleicht Ihre Planeten nur passiv beobachten, um herauszufinden, was zehn andere Wesen Ihnen anzubieten haben, oder vielleicht wollen Sie auch mit dem einen oder anderen direkt sprechen. Sie könnten die Rolle Ihrer Venus im Stier selbst übernehmen. Wie fühlt sie sich an? Wie reagiert Ihre Venus auf das Quadrat zu Uranus im Löwen? Nach kurzer Zeit wollen Sie vielleicht die Rollen tauschen und Ihren Uranus im Löwen spielen. Während Sie Ihre Erfahrungen mit dem Astrodrama machen, bleibt es Ihnen überlassen, herauszufinden, wie Sie die besten Ergebnisse erzielen können. Sie sollten sich auch auf Ihren Spielleiter stützen können, um eine flexible Wahl zu treffen. Ein guter Spielleiter behält den Überblick über das Drama, überwacht die Planeten und den Regisseur und greift ein, wenn dies hilfreich erscheint, um die Aktion zu dirigieren. Spielleiter sollten ihrer Intuition vertrauen und gleichzeitig den Erfahrungshintergrund des Regissseurs respektieren. (Das Eingreifen durch den Spielleiter wird im Anhang besprochen: Die Leitung von Gruppen – Tips und Techniken.)

8. Der Abschluß des Dramas

Ein lebendiges Horoskop kann für jeden Beteiligten eine fesselnde Erfahrung sein. Es ist von großer Bedeutung, daß man sich Zeit nimmt, wieder 'herunterzukommen', sich vom Drama zu lösen und einen Abschluß zu finden. An diesem Punkt wird der Regisseur sicher emotional aufgewühlt sein, die Energie des Geburtsbilds 'liegt in der Luft', und die Darsteller der Planeten sind noch im Rollenspiel verhaftet. Als Gruppe sollten Sie nach Wegen suchen, das Astrodrama zu einem Punkt der psychologischen Entspannung zu bringen, den wir hier Abschluß nennen. Wie kann die Gruppe das Erlebte resümieren, dem Regisseur weitere Lösungen anbieten und ihn unterstützen? Dies könnte durch eine starke, affirmative Schlußrede eines der Schlüssel-Planeten geschehen, durch eine spontane Versammlung aller Planeten, die den Regisseur in ihrer Mitte zart berühren, durch einen Augenblick des Schweigens oder durch aufbrausenden Jubel. Es könnte auch das sanfte 'Wiegen' des Regisseurs in den Armen der Gruppenmitglieder sein oder ein weiches Singen seines Namens. Nutzen Sie Ihre Kreativität, um zu gewährleisten, daß der Abschluß nicht vernachlässigt wird.

9. Feedback

Unter Feedback verstehen wir die reflektive Phase des Astrodramas, in der alle Beteiligten ihre Beobachtungen und Erkenntnisse austauschen, die die Lehren aus dem Erlebten verstärken. Dies kann manchmal ebenso erhellend sein wie das Drama selbst. Die Teilnehmer, die noch ganz unter dem Eindruck des Dramas stehen, machen Bemerkungen, die durch ihre Unmittelbarkeit und Direktheit eine durchschlagende Wirkung haben. Lassen Sie zuerst den Regisseur seine Gefühle schildern. Was hat ihn am meisten bewegt? Welche neuen Erkenntnisse über sein Geburtsbild hat er gewonnen? Haben irgendwelche Planeten mit ihrer Darstellung 'den Nagel auf den Kopf getroffen'? Gehen Sie dann über zu Erkenntnissen und interessanten Erfahrungen, die die Planeten zu erzählen haben: "Mein Instinkt hat mir gesagt, daß du mit meiner planetaren Energie große Probleme hast, aber es nicht zugeben willst." Oder: "Als ich mich auf Merkur stürzte, um ihn zu konfrontieren, hatte ich das Gefühl, daß du so etwas niemals tun würdest, aber gerne in der Lage wärst, es zu tun. Stimmt's?" Und: "Als wir zum Schluß deinen Namen gesungen haben, hatte ich Tränen in den Augen. Was wir aus deinem Geburtsbild gemacht haben, ist mir wirklich sehr ans Herz gegangen."

Der Spielleiter kann auch seine Beobachtungen zum eigentlichen Hergang mitteilen: "Mir ist die dominante Rolle des Saturn besonders aufgefallen. Sobald er zur Ruhe kam, floß die Energie des gesamten Geburtsbilds harmonischer. Was glaubst du, würde in deinem Alltag geschehen, wenn du deinem kontrollsüchtigen Saturn nicht mehr nachgeben würdest?" Oder: "Das Drama war lethargisch und ohne Inspiration, bis Mars reagierte, indem er alle anderen Planeten um sich sammelte und sie zum Handeln anstachelte. Ist dir schon einmal dein Mars-Einfluß aufgefallen, nachdem du eine Phase der Lethargie erlebt hast? Wie macht er das normalerweise?" Ein anderes Beispiel: "Was mich am meisten beeindruckt hat, ist, wieviel Unterstützung dir dein Mond tatsächlich gibt." Und noch ein Beispiel: "Das war ein mächtiges Stück Arbeit. Ich vermute, daß wir jetzt alle zutiefst bewegt sind. Empfindet jemand das ebenso? Vielleicht sollten wir eine Pause mit den Dramen machen und uns mit dem beschäftigen, was im Augenblick vor sich geht."

Ich schlage vor, mit dieser grundlegenden Form des Astrodramas zu beginnen. Wenn Sie und Ihre Gruppe mehr Erfahrung gesammelt haben, haben Sie vielleicht Lust, einige der unten vorgeschlagenen Varianten auszuprobieren oder Ihre eigenen zu erfinden.

Variationen

Meditatives Astrodrama

Eine Gruppe, die bereits einige Erfahrungen mit Astrodrama hat, ist vielleicht daran interessiert, mit der meditativen Form zu arbeiten. Das geht so: Die Gruppenmitglieder setzen sich in einen Kreis in der Reihenfolge, wie sie im Geburtsbild des Regisseurs auftreten. Lassen Sie jeden Planeten das Geburtsbild des Regisseurs studieren und dabei besonders auf seine Kontakte mit anderen Planeten achten. Denken Sie darüber nach, wie diese Kontakte Ihren Planeten beeinflussen. Als Gruppenleiter bitten Sie die Teilnehmer, die Augen zu schließen und sich auf ihren Atem zu konzentrieren. Während sie tief atmen, fordern Sie sie auf, sich auf den Planeten, den sie darstellen, einzustimmen. Geleiten Sie sie in ihrer Vorstellungskraft durch das All bis hin zu dem Ort, wo sich ihr Planet im Sonnensystem dreht. Was fällt ihnen beim Näherkommen an ihrem Planeten auf? Bitten Sie sie, sich vorzustellen, daß der Gott ihres Planeten hervorgetreten ist, um sie zu empfangen. Wie sieht dieses Wesen aus? Welche Gefühle oder Schwingungen gehen von diesem Planeten-Gott aus? Bitten Sie sie, sich diesem Gott gegenüberzusetzen und ihre Eindrücke wahrzunehmen. Was hat der Planet selbst zu sagen? Was könnte der Planet dem Regisseur sagen wollen? Was würden wohl die anderen Planeten, zu denen ein Aspekt besteht, dem Gott ihres Planeten sagen? Lassen Sie Ihre Gruppe eine Viertel- bis halbe Stunde mit ihren Planeten kommunizieren und zu diesen Fragen meditieren. Führen Sie dann die Gruppe langsam in den Raum zurück. Wenn sie bereit sind, ihre Augen zu öffnen, bitten Sie sie, ihre Erfahrungen auszutauschen. Erkenntnisse, die aus solch einer tiefen Erfahrung kommen, können ungemein scharfsinnig sein und den Regisseur an genau der richtigen Stelle berühren. Sie können die Planeten auch bitten, aufzustehen und zu spielen, was ihnen der Gott des Planeten gesagt hat. Oder lassen Sie die Gruppe das Drama in den Rollen der Planetengötter darstellen.

Kunst-Astrodrama

Nachdem die Gruppe über das Geburtsbild meditiert hat, können Sie es mit einem Kunst-Astrodrama probieren. Legen Sie große Papierbögen im Geburtsbild rundum an den Platz eines jeden Planeten. Bitten Sie die Teilnehmer zu malen, was ihrem Gefühl nach ihre meditative Erfahrung ausdrückt. Bei einer Konjunktion malen beide Planeten auf dasselbe Blatt. Dann bitten Sie die Planeten, zu allen anderen Planeten zu gehen, zu denen sie einen Aspekt-Kontakt haben, und auf deren Blättern die gegenseitige Beziehung auszudrücken. Achten Sie darauf, daß Sie genügend Hilfsmittel zur Verfügung haben: Marker, Farbstifte, Farben, usw. Als ich dieses Kunst-Astrodrama zum ersten Mal ausprobierte, war die Regisseurin zufälligerweise eine Kunstlehrerin. Sie war überwältigt von den Ergebnissen und glücklich, daß sie ihre 'Astro-Kunst' mit nach Hause nehmen konnte.

Non-verbales Astrodrama

Das non-verbale Astrodrama bietet sich für ein äußerst verbales oder 'luftiges' Geburtsbild an. Da diese Menschen immer über ihre Aspekte reden, können sie großen Nutzen aus einer völlig non-verbalen Kommunikation ziehen. Sie könnten sie sogar bitten, aufzustehen und einen wichtigen Planeten ihres Geburtsbilds non-verbal darzustellen.

Astrodrama und Jungs Modell der Psyche

Ein besonderer Reiz im Astrodrama-Prozeß bestand für mich darin, einen Weg zu finden, Astrodrama in Verbindung mit der Jungschen Psychologie einzusetzen. Seit dem Herbst 1988 arbeite ich mit einer Gruppe in Chicago daran, diese Gedanken weiterzuentwickeln. Eine vollständige Beschreibung würde den Rahmen dieses Buches sprengen, aber ich möchte hier einen kurzen Eindruck von der grundlegenden Richtung, in die wir uns bewegen, vermitteln.

Ich benutze heute mehrere verschiedene Formen, die auf dem Jungschen Modell der Psyche basieren. Anstatt bloß mit dem Kreis als Symbol für das Geburtsbild zu arbeiten, nehme ich Jungs Gedanken hinzu. Eine Form unterteilt das Geburtsbild in drei konzentrische Kreise, die die drei Ebenen der Psyche repräsentieren – das Bewußtsein, das persönliche Unbewußte und das kollektive Unbewußte.

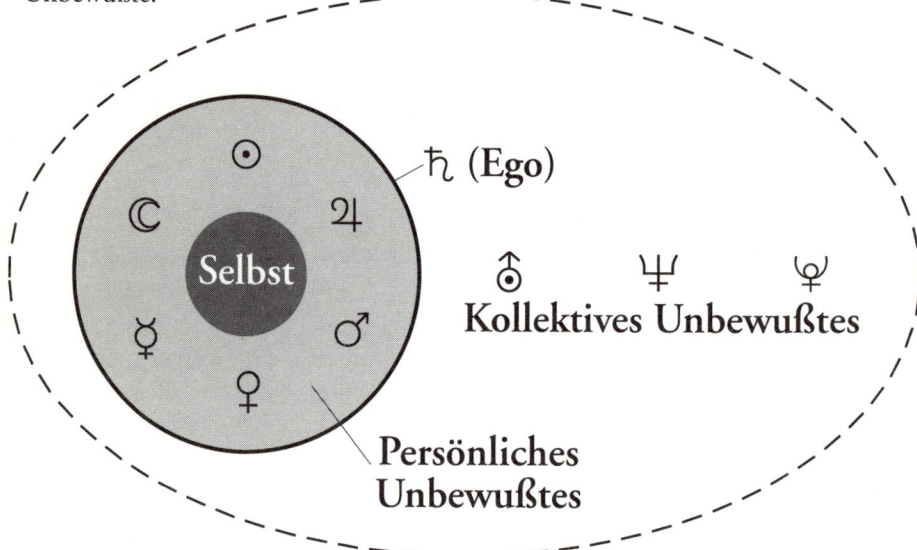

Der innere Kreis steht für das Zentrum des Selbst und für alles, dessen wir uns bewußt sind; der zweite Kreis steht für das persönliche Unbewußte und die Planeten Sonne, Mond, Merkur, Venus, Mars und Jupiter. Saturn repräsentiert das Ego und fungiert als Brücke zwischen dem zweiten und dem äußeren Kreis. Der dritte Kreis, dessen äußere Begrenzung undefiniert bleibt, versinnbildlicht das unbegrenzte kollektive Unbewußte und die planetaren Reiche von Uranus, Neptun und Pluto. Innerhalb des kollektiven Unbewußten lassen sich weitere Archetypen Jungs aufnehmen – Persona, Anima, Animus und Schatten – indem man Prozesse einbezieht, die festlegen, wie sich diese in ihrer astrologischen Form manifestieren. Die Möglichkeiten dieses neuen Modells scheinen unendlich, und die Mitglieder der Gruppe in Chicago haben bereits reichhaltige Erfahrungen als Pioniere auf diesem neuen Gebiet gesammelt.

Ich hoffe, daß Sie aus all dem Vorangegangenen erkennen können, was die verschiedenen Formen des Astrodramas Ihnen zu bieten haben. Ein einziger Tag mit Ihrem 'lebendigen Horoskop' kann Sie informieren, anregen und sogar den

Samen der Transformation pflanzen. Regelmäßig Zeit und Mühe mit der gleichen Gruppe zu investieren, ist noch lohnenswerter. Als Gruppenmitglied können Sie verborgene Teile Ihrer Psyche aktivieren, Sie können erleben, wie beeindruckend es ist, ein intimer Bestandteil des kosmischen Dramas einer anderen Person zu sein, und Sie können dazu kommen, Ihr eigenes Geburtsbild mit all seinem Reichtum und seiner Komplexität zu erleben. Versuchen Sie es!

6

Die Intuition schulen

"Kaninchen ist klug", bemerkte Pu nachdenklich.
"Ja", stimmte Ferkel zu, "Kaninchen ist klug".
"Und hat Verstand".
"Ja", wiederholte Ferkel, "Verstand hat es auch".
Dann sprachen beide lange nichts.
Schließlich brach Pu das Schweigen: "Wahrscheinlich ist das der Grund,
warum Kaninchen einen nie versteht.
Pu der Bär

Wenn Sie ein Astrologe sind, der sich hauptsächlich auf sein intellektuelles Verstehen verläßt, dann sollten Sie einmal über die Beispiele von Albert Einstein, C.G. Jung und Friedrich von Kekulé nachdenken.

Albert Einstein behauptete von sich, niemals in Worten zu denken, sondern in Bildern. In seinem berühmten Brief an Jacques Hadamard beschreibt er die wichtige Rolle von Bildern in seinem eigenen abstrakten Denken: "Die Worte oder die Sprache, so wie sie geschrieben oder gesprochen werden, scheinen in meinen Denkprozessen keine Rolle zu spielen. Die psychischen Einheiten, die beim Denken als Elemente zu fungieren scheinen, sind gewisse Zeichen und mehr oder weniger klare Bilder, die willkürlich reproduziert und verbunden werden können."[1] Also kam der Mann, der uns die Realität am Rande von Raum und Zeit zeigte, dort an, indem er diese Realität zuerst vor seinem geistigen Auge *sah*.

C.G. Jung berichtet von einem Traum, in dem er sich im obersten Stockwerk eines seltsamen Hauses befand. Die Zimmer waren freundlich, doch er verspürte den Drang, nach unten zu gehen. Hier waren die Möbel weitaus älter, und er nahm an, daß sie aus dem Mittelalter stammten. Er ging von einem Zimmer zum nächsten in der Absicht, das gesamte Haus zu erkunden, und fand eine Treppe aus Stein, die in einen noch tiefer gelegenen Teil des Hauses führte. Er stieg weiter hinunter und fand einen alten, sehr schönen Raum mit hohem Gewölbe vor. Er schaute aufmerksam auf den Steinboden und entdeckte einen Ring, der an einer Bodenplatte befestigt war. Er zog an dem Ring, und die Platte gab nach. Darunter befand sich eine weitere Treppe, an deren unterem Ende eine dunkle, in Stein

Die Wasser sammeln sich

gehauene Höhle sichtbar wurde. Eine dicke Staubschicht überzog den Boden, auf dem Knochen und Töpfe verstreut umherlagen wie die Überreste einer primitiven Zivilisation. Kurz bevor er aufwachte, entdeckte Jung zwei uralte, halb zerfallene menschliche Schädel. In *Erinnerungen, Träume, Gedanken* bezeichnet Jung diesen Traum als den Ursprung seiner Theorie über die Struktur der Psyche.[2]

Der Chemiker Friedrich von Kekulé saß vor dem Feuer und sann über die spezifischen Eigenschaften von Benzol nach. Während er vor sich hindöste, hatte er folgenden Traum: "Die Atome tanzten vor meinen Augen. Mein geistiges Auge konnte nun größere Strukturen sehen, die sich in schlangenförmigen Bewegungen ineinanderwanden und -drehten. Doch plötzlich: eine der Schlangen hatte ihren eigenen Schwanz gepackt, und die Form wirbelte spöttisch vor meinen Augen herum. Wie vom Blitz getroffen, wachte ich auf."[3] Hieraus resultierte die unschätzbare Entdeckung der Struktur des Benzolringes.

Durch den Zugang zu ihren intuitiven, phantasiegelenkten und symbolischen Prozessen haben diese kreativen Denker Entdeckungen gemacht, die einen enormen Einfluß auf uns alle haben. Die meisten von uns erleben nur ein gelegentliches 'Aufblitzen' ihrer Intuition oder kurze Momente der Klarheit über das tiefere Wesen der Realität. Wenn wir in unserer linken Gehirnhälfte, der rationalen und analytischen Seite, stark verankert sind, werden wir uns der Prozesse in der rechten Hälfte wahrscheinlich kaum bewußt sein und sie nur wenig akzeptieren. Ebenso können wir versponnen und kreativ sein, aber unfähig, mit Hilfe der rechten Gehirnhälfte zwischen wilden Phantasien und Lösungen, die in der Realität funktionieren könnten, zu unterscheiden. Wenn wir von einer der beiden Hälften abgeschnitten sind, nutzen wir nicht unsere vollen natürlichen Fähigkeiten. Um unsere eigene tiefe Intuition nutzen zu können, müssen wir diese tiefere Art des Wissens kultivieren und lernen, auf ihre Botschaften zu hören.

Der Bereich der Intuition läßt sich mit einem tiefen, im Innern unserer Mutter Erde fließenden Fluß vergleichen. Seine lebenserhaltende Nährkraft steht jedem zur Verfügung, der ihn anzapft. Stellen Sie sich vor, daß Ihre Verbindung zu diesem Reich wie eine Pumpe funktioniert. Um das Wasser zum Fließen zu bringen, müssen Sie tagtäglich mit Hilfe einer bestimmten Technik bohren. Beim ersten Anzapfen wird das aus der Tiefe geschöpfte Wasser sehr rostig und voller Schlamm sein. Je länger Sie aber pumpen, desto klarer wird das Wasser, desto genauer die Wahrnehmungen.

Intuition verlangt Übung

Es gibt viele sinnvolle Techniken zur Vertiefung der Intuition, von denen ich Ihnen hier einige zum eigenen Ausprobieren vorstellen möchte. Astrologen wissen auch, daß wir zu bestimmten Zeiten offener sind und einen leichteren Zugang zu unseren intuitiven Quellen haben. Im Anschluß an die Techniken finden Sie eine Liste von Transiten, die Ihnen helfen wird, diese Zeiten zu erkennen.

Als praktizierender Astrologe haben Sie eine tägliche Quelle, die Ihnen beim Entfalten Ihrer Intuition hilft: Ihre Klienten. Versuchen Sie einmal folgendes:

Bevor Sie einen Klienten zum ersten Mal sehen, machen Sie sich ein Bild davon, wie er aussehen könnte. Suchen Sie sich einen ruhigen Ort, an dem Sie niemand stört, und legen Sie sein Geburtsbild vor sich hin. Lassen Sie es auf sich wirken, und beachten Sie alles, was die physische Erscheinung symbolisiert – den Aszendenten (wenn die Geburtszeit exakt ist), die Sonne und die sie aspektierenden Planeten, alle Planeten in der Nähe des Aszendenten. Assoziieren Sie frei bei jedem dieser Symbole, welchen Körper- oder Gesichtstyp Sie sich dabei vorstellen.

Wird bei starker Widderbetonung das Gesicht des Klienten kraftvoll aussehen? Wird er/sie einen direkten Blick haben? Wenn eine starke Krebsbetonung vorliegt, wird das Gesicht oder der Körper fleischig sein mit einem dicken Hals und warmen Augen? Wird er/sie bei vorherrschender Waage groß und anmutig sein, feine Gesichtszüge haben und eine würdevolle Körperhaltung?

Versuchen Sie sich vorzustellen, wie sich dieser Mensch verhalten wird. Erwarten Sie bei einem starken Mars ein schroffes Benehmen oder einen aggressiven Händedruck? Wenn Venus am Aszendenten in den Fischen steht, glauben Sie, daß diese Person von sinnlicher Attraktivität ist und einen sanften Händedruck hat? Oder wird jemand mit Skorpion-Aszendent einfach hereinkommen, sich hinsetzen, die Arme vor der Brust verschränken, mit Ihnen diskutieren und immer wieder sagen: "Beweisen Sie mir das"? Wenn Sie bewußter darauf achten, wie eine Person aussehen könnte oder sich am Anfang verhalten wird, wird sich mit der Zeit Ihre bildliche Vorstellung, Ihre intuitive Fähigkeit vertiefen. Lassen Sie Ihrer Vorstellungskraft freien Lauf. Machen Sie sich ein geistiges Bild von der Person, und vergleichen Sie dieses mit dem Menschen, den Sie sehen, wenn Sie die Tür bei der ersten Verabredung öffnen. Mit ein bißchen Übung werden Sie feststellen, daß Ihre Eindrücke bemerkenswert genau sind.

Versuchen Sie, sich ganz einfach hinzusetzen und über ein Geburtsbild zu meditieren. Konzentrieren Sie sich auf den zentralen Punkt des Geburtsbilds (Bindu), den Schnittpunkt der Aszendent/Deszendent- und MC/IC-Meridiane. Stellen Sie sich vor, in diesen Punkt immer tiefer einzudringen. Während Sie Ihre Konzentration ruhig im Zentrum halten, öffnen Sie Ihren Blick für den Archetyp an der Peripherie, der Ihre Aufmerksamkeit auf sich zieht. Gehen Sie nun ganz natürlich von einem Bild zum nächsten, von Planet zu Planet, zu Zeichen und Haus. Beachten Sie, wie sich ein Bild spontan verändert und vom nächsten Aspekt, Zeichen oder einer Verbindung beeinflußt wird, die in Ihr Blickfeld kommt. Erlauben Sie den Bildern, unzensiert, ungezwungen und eins nach dem anderen zu kommen. Lenken Sie Ihre Konzentration in regelmäßigen Abständen wieder auf das Zentrum des Geburtsbilds. Wenn Sie das tiefe Erlebnis dieser freien Assoziation von Symbolen fortsetzen, beginnt möglicherweise das Geburtsbild vor Ihren Augen, sich zu bewegen wie eine Collage tanzender planetarer Bilder. Dieses Phänomen ist mehr als einem Teilnehmer meiner Gruppen bei Versuchen mit der freien Assoziation aufgefallen.

Partner-Übung: ins linke Auge blicken

Eine der heikelsten Fähigkeiten innerhalb der Astrologie ist die Horoskopsynthese und -interpretation. Viele Teilnehmer meiner Gruppen sagen, daß sie Angst haben, Geburtsbilder zu interpretieren, daß sie nicht genug wissen oder Schwierigkeiten haben, die Schlüsselthemen eines Horoskops zu begreifen. Die Horoskopsynthese ist deshalb so heikel, weil wir die beiden Mittel zum Verständnis eines Geburtsbilds weder entwickelt noch wirksam integriert haben.

Dennoch wissen wir mehr, als wir denken. Um dies zu demonstrieren, benötigen Sie mindestens vier Leute, optimal ist eine Zahl zwischen acht und 20 Teilnehmern. Die Teilnehmer schließen sich in Paaren mit einem ihnen unbekannten Partner zusammen. Einer der beiden ist Partner A, der andere B. Geben Sie den Paaren einige Minuten, um es sich bequem zu machen. Sie sollen sich gegenübersitzen und mit den Knien berühren, entweder im Schneidersitz oder auf Stühlen. Nachdem sie einige Male tief durchgeatmet haben, geben Sie A die Rolle des aktiven Kommunikators und B die des passiven, rezeptiven Zuhörers. Bitten Sie die Paare dann, sich gegenseitig mit sanftem Blick ins *linke Auge* zu schauen. (Die Yogis bezeichnen dieses Auge als das Fenster zur Seele.) Lassen Sie die Paare einige Minuten schauen, tief atmen und dabei langsam immer tiefer in das Auge ihres Partners eindringen. Bitten Sie den passiven Partner, sich zu öffnen, zu entspannen und so empfänglich wie möglich zu sein.

Partner A, der aktive Kommunikator, beginnt in Gedanken zu fragen: "Wer bist du?" Bilder und Gefühle werden sich jetzt einstellen. Wenn das geschieht, teilt A laut mit, was ihm über die andere Person bewußt wird. (Ich sehe dein Gesicht eingehüllt in Purpur, und ich frage mich, ob das deine Lieblingsfarbe ist. Irgendwie fühlst du dich so griechisch an. Du bist eine Nachteule, die am besten morgens um vier Uhr arbeiten kann. Irgend etwas mit Geld beunruhigt dich im Moment...) Partner A sollte sich die Freiheit nehmen, ohne Kontrolle oder Bewertung alles zu sagen, was ihm in den Sinn kommt. Partner B, der passive Zuhörer, lauscht, ohne zu reagieren. Beenden Sie diesen Vorgang nach etwa fünf Minuten. Jetzt gibt Partner B A ein Feedback über die Richtigkeit.

Dann werden die Rollen getauscht. A wird der passive und rezeptive Partner, B teilt seine Eindrücke mit. Geben Sie wiederum nach fünf Minuten A die Gelegenheit, B ein Feedback zu geben. Wenn insgesamt 20 Minuten verstrichen sind, lassen Sie die Paare ihre Erfahrungen innerhalb der Gruppe austauschen. Die meisten werden verblüfft sein, denn viele ihrer spontanen Bilder und Eindrücke sind zutreffend! Wenn wir uns richtig einstimmen, können wir *tatsächlich* einen ständigen Fluß von Informationen über den jeweils anderen empfangen.

Ich habe diese Übung mit vielen verschiedenen Gruppen durchgeführt, und die Ergebnisse waren immer faszinierend. In einer meiner letzten Gruppen war eine Frau erstaunt, weil sie ihr Gegenüber "in der Umgebung einer Universität an der Westküste der USA – einem Ort mit efeubewachsenen Wänden" gesehen hatte. Tatsächlich hatte die betreffende Frau kurz zuvor ihren Sohn zu einer der Universitäten der "Ivy League" an der Ostküste der USA gebracht. (Wörtl.: "Efeu-Liga"; "*Ivy League*" schools zählen zu den Elite-Universitäten in den Vereinigten Staaten – d.Ü.) Eine andere Teilnehmerin sah "einen großen, niedrigen Tisch voller Bücher und ein Gefühl der Erregung und Freude". Ihre Partnerin erkannte darin ihren mit Büchern überladenen Astrologie-Arbeitstisch und ihre kürzlich wiedergekehrte Begeisterung für die Astrologie, mit der sie sich 14 Jahre lang nicht mehr beschäftigt hatte. Ein anderes Paar hatte sich besonders auf die Gefühle des anderen eingestimmt und teilte sich Charakterbeschreibungen und Verhaltensweisen mit, die für beide zutreffend waren. Bei einem Paar hatte eine Frau Probleme, überhaupt irgendwelche Informationen über die andere Person zu empfangen. Dazu befragt, sagte die Partnerin, daß sie die Übung unangenehm und zudringlich empfand, und fügte dann hinzu: "Aber selbst meine besten Freunde sagen, daß es schwer ist, mich kennenzulernen, und daß ich niemanden so leicht an mich heranlasse." Im weiteren Verlauf des Gesprächs stellte sich dann heraus, daß diese Frau sechs Planeten in fixen Zeichen hatte, darunter auch ihren Mond! In dieser Gruppe sowie in anderen, die diese Übung versucht haben, empfand beinahe jedes Paar, daß es möglich war, sich erfolgreich auf den anderen einzustimmen und bedeutende intuitive Informationen wahrzunehmen.

Bilder senden

Dies ist eine recht einfache Übung für kleine Gruppen. Bitten Sie die Teilnehmer, sich mit jemandem, den sie nicht kennen, in Paaren zusammenzuschließen. Einer von beiden übernimmt die Rolle des 'Senders', der andere die des 'Empfängers'. Die Sender wählen irgendeinen sehr einfachen Gegenstand, den sie Ihren Partnern im Geiste schicken wollen, wie z.B. das Bild einer brennenden Kerze, eines Pfeils oder einer Rose. Dann schließt das Paar die Augen, und der Sender konzentriert sich darauf, das gewählte Bild von einem Punkt zwischen seinen Augenbrauen auf einen Punkt zwischen den Augenbrauen des Partners zu projizieren. Diese Übung sollte etwa fünf Minuten dauern. Dann öffnen beide die Augen, und der Empfänger teilt mit, was er gesehen hat.

Hier sind einige Ergebnisse aus einer meiner letzten Gruppen: Ein Sender schickte eine Teetasse. Die Empfängerin empfing zwar keine Teetasse, zeigte aber ihrem Partner ein kunstvolles Gekritzel, das sie eine halbe Stunde zuvor gemalt hatte – es war eine Teetasse! Eine andere Senderin hatte sofort beschlossen, eine rote Rose zu schicken. Als ich eine Rose als Beispiel erwähnte, änderte sie ihren Entschluß und schickte einen Bleistift. Der Empfänger sah deutlich eine rote Rose.

In die Ferne senden

Wenn sie jemanden haben, der mit Ihnen zusammenarbeiten möchte, könnten Sie sich absprechen, gemeinsam eine Distanz-Übung zu machen. Wie vorher übernimmt einer von Ihnen die Rolle des 'Senders', der andere die des 'Empfängers'. Einigen Sie sich auf einen Zeitraum von 15 Minuten, an dem Sie beide eine Woche lang täglich für diese Übung zur 'Verfügung' stehen. Machen Sie es sich jeden Tag ein paar Minuten vor der vereinbarten Zeit bequem, indem Sie sich hinsetzen oder -legen. Atmen Sie ein paarmal tief durch, lassen Sie Ihren inneren Monolog verstummen, und konzentrieren Sie sich auf die Übung. Wenn Sie der Sender sind, lassen Sie sich einen einfachen, eindeutig definierten Gegenstand einfallen – einen Apfel, eine blaues Sektglas oder einen gelben Stuhl – und senden Sie die ganze Woche lang den gleichen Gegenstand. Wenn Sie schon Erfahrung mit dem Senden und Empfangen haben, wollen Sie vielleicht auch jeden Tag etwas anderes senden. Bemühen Sie sich, den Gegenstand so deutlich wie möglich vor Ihrem geistigen Auge zu sehen. Konzentrieren Sie sich ausschließlich auf Ihren Gegenstand, stellen Sie sich vor, daß er sich durch den Äther direkt in den Kopf Ihres Freundes bewegt. Beherzigen Sie dabei die Formel: Intensität x Dauer = Kraft. Die Intensität Ihrer Bemühungen, multipliziert mit der Dauer der Übung, ergibt die Kraft, die Ihre Anstrengungen haben werden.

Als 'Empfänger' sollten Sie möglichst wenig Ablenkung haben und sich entspannen. Erlauben Sie Ihrem Geist, eine Empfangsstation zu sein. Lassen Sie Ihrer Vorstellungskraft freien Lauf, und schauen Sie, ob ein klares Bild Ihre Aufmerksamkeit auf sich lenkt. Sollte ein Bild verschwommen sein, konzentrieren Sie sich darauf, und versuchen Sie, es klarer zu sehen. Schreiben Sie nach zehn Minuten alle Eindrücke auf, die Ihnen stark erschienen sind. Machen Sie dies mit Ihrem Partner eine Woche lang, und tauschen Sie dann Ihre Erfahrungen aus. Nach einer Woche tauschen Sie die Rollen – der Sender wird Empfänger und umgekehrt. Hier sind einige Ergebnisse einer Gruppe, die die Übung zweimal wöchentlich machte: Jemand schickte eine brennende Kerze, die auf einen blauen Teppich schien. Der Partner empfing ein weißes Licht, das sich in blaues Licht verwandelte. Ein anderer schickte einen Becher mit Wasser. Beim Senden stellte er fest, daß er vom Ticken seiner Uhr abgelenkt wurde. Also stellte er sich vor, daß Wasser aus dem Becher tropfte, ein Tropfen nach dem anderen. Die Empfängerin hörte das rhythmische Schlagen einer Trommel. Sie kam dann durcheinander und sendete am nächsten Abend selbst, anstatt zu empfangen. Zur nächsten Gruppensitzung brachte sie mit, was sie gesendet hatte: es war ein Wasserglas!

Sie werden vielleicht feststellen, daß Ihnen entweder das Senden oder das Empfangen mehr liegt. Als ich das zum ersten Mal machte, war es für mich weitaus leichter, Eindrücke zu empfangen als zu senden. Ich habe dann mehr das Konzentrieren auf Bilder und das Senden geübt, so daß ich mich nun auf beiden Gebieten gleich stark fühle. Tatsächlich ist das eine Übung, von der linken Gehirnhälfte einer Person an die rechte Gehirnhälfte der anderen Person zu senden. Wenn Sie Ihre Fähigkeit zu senden und zu empfangen verbessern, entwickeln Sie eine größere Integration der Hemisphären Ihres Gehirns.

Traum-Kontrolle

Eine weitere wichtige Dimension beim Öffnen der intuitiven Kanäle ist Bewußtheit im Traumzustand. Wenn Sie mit Techniken umgehen können, die Ihren Traum- und Wachzustand intensiv miteinander verbinden, wird sich Ihnen ganz von selbst ein fließender Zugang zu intuitiver Information eröffnen. Diese Techniken entwickeln natürlich ihre erkennbar deutlichste Wirkung, wenn sie über einen längeren Zeitraum praktiziert werden. Hier sind zwei Techniken, die Ihnen den Einstieg erleichtern können:

Der Zweck dieser Übung ist das Aufweichen der Grenze zwischen Wach- und Traumzustand des Bewußtseins, zwischen der femininen Nachtseite unserer Existenz und der maskulinen Tagseite. Wenn Sie etwas Erfahrung mit den Methoden gemacht haben, werden Sie feststellen, wie sich diese Grenzen aufzulösen beginnen und die Inhalte beider Zustände für den jeweils anderen leichter verfügbar werden.

Beginnen Sie damit, daß Sie die Übergänge zwischen Schlafen und Wachen so weit wie möglich abstufen. Sorgen Sie dafür, daß Sie früh ins Bett kommen. (Für einige wird dies bedeuten, ihre Gewohnheiten wie erschöpft ins Bett zu fallen, beim Klingeln des Weckers aufzuschrecken oder sich von frühaufstehenden Kindern wecken zu lassen, zu ändern.) Wenn es Ihnen gelingt, diese Gewohnheiten wenigstens vorübergehend zu ändern, werden Sie reichlich belohnt werden. Nehmen Sie ein warmes Bad vor dem Schlafengehen. Im Bett sollten Sie die Ablenkungen des Tages abschütteln, tief atmen und sich dabei auf Ihren Atem konzentrieren. Achten Sie bewußt auf alle Bilder, die Sie vor dem Einschlafen sehen. Versuchen Sie, jede Nacht Ihre bewußte Wahrnehmung etwas auszudehnen, während Sie langsam einschlafen. Beim Üben schicken Sie Ihr Bewußtsein und Ihre Kontrolle immer weiter ins Reich der Träume hinein. Versuchen Sie, sich beim Aufwachen bewußter an Ihre Träume zu erinnern. Führen Sie ein Traum-Tagebuch neben Ihrem Bett, und schreiben Sie Ihre Träume auf, sobald Sie bei klarem Bewußtsein sind. Gehen Sie so schnell wie möglich von Ihrem Traum zum Tagebuch, und schreiben Sie unzensiert. Wenn Sie daran arbeiten, den Beginn und das Ende Ihrer Traumphase bewußter zu erleben, werden Sie anfangen, Ihr Bewußtsein in den Traumzustand hinein zu erweitern.

Die eigenen Hände ansehen

Diese letzte Methode erhielt Carlos Castaneda von Don Juan, einem Schamanen der Yaqui-Indianer. In *Reise nach Ixtlan* berichtet Castaneda, wie Don Juan beginnt, ihn das *Sehen* zu lehren. Nachdem Don Juan ihm erklärt hat, daß das Sehen eine genaue und pragmatische Kontrolle über die allgemeinen Bedingungen des Traums mit einschließt, sagt er zu Carlos: "Heute nacht mußt du im Traum deine Hände ansehen." Carlos fragt Don Juan nach ein paar Hinweisen. "Was sollen Hinweise? Jeder von uns ist anders. Was du Hinweis nennst, kann nur das sein, was ich selbst tat, als ich lernte. (...) Es wäre einfacher für dich, wenn du einfach anfingst, deine Hände anzuschauen."[4] Ich habe Don Juans Anweisungen befolgt und mit viel Geduld gute Ergebnisse erzielt. Wenn Sie mit einer dieser Techniken Erfolg haben wollen, müssen Sie Ihre Anstrengungen einer gewissen Disziplin unterwerfen. Je mehr Sie eine von ihnen beherrschen, desto tiefer wird Ihre bewußte Kontrolle reichen und um so mehr können Sie den Fluß intuitiver Informationen erweitern.

Intuition und Transite

Als Astrologen wissen wir, daß es bestimmte Zeiten gibt, in denen sich leichter besondere Ergebnisse erzielen lassen. Es gibt Zeiten, da sind wir persönlich offener und haben einen leichteren Zugang zu unserer inneren Intuition. Dies sind die Zeiten, die wir nutzen sollten. Alle guten Mondaspekte – besonders ein progressiver Mond im vierten, achten oder zwölften Haus und in positivem Aspekt zu einem Radix-Planeten – sind klassische Beispiele für gesteigerte Intuition. Ein positiver Aspekt des progressiven Mondes wird vier Wochen vor bis zwei Wochen nach dem Eintreten des exakten Aspektes wirksam sein, wobei die Woche vor dem exakten Aspekt die größte Kraft für gute Ergebnisse hat.

Auch andere Transite erleichtern Ihre Empfänglichkeit und Offenheit. Positiv sind, auf langfristiger Ebene, Transite von Neptun im Trigon zum Radix-Mond (gesteigerte Sensibilität / Vorstellungskraft), Neptun Trigon Radix-Merkur (Gefühle und Intellekt arbeiten zusammen, und angeborene psychische Fähigkeiten treten hervor) oder Neptun Trigon Radix-Mars (konzentrierte Anstrengungen führen zu Ergebnissen). Pluto Trigon Mond (tiefgreifende Aktivierung des Unbewußten) ist besonders wirkungsvoll, wenn sich beide Planeten in einem Wasserzeichen befinden. Da Pluto zur Zeit im Skorpion steht, werden die nächsten Jahre für Personen mit Mond in den mittleren bis letzten Graden von Krebs oder Fischen eine goldene Gelegenheit sein, ihre tiefsten Strömungen intuitiver Weisheit zu entwickeln und anzuzapfen. Pluto Trigon Merkur (zielbewußtes Streben in die Tiefen) ist auch sehr machtvoll, wiederum besonders in den Wasserzeichen.

Nicht ganz so stark wirkt Jupiter im Trigon zu Uranus (plötzliche Erkenntnisse, die Fähigkeit, Beschränkungen zu überwinden und Neues zu erfahren). Zweimal im Jahr etwa fünf Tage lang steht der Transit-Merkur im Trigon zu Ihrem Radix-Neptun, im Trigon zu Ihrem Pluto und im Trigon zu Ihrem Radix-Mond. Mars bildet zweimal innerhalb von zwei Jahren zehn Tage lang ein Trigon zu Ihrem

Neptun. Vielleicht wollen Sie während der zwei Tage, an denen der Neumond im Trigon zu Ihrem Radix-Neptun, -Mond oder -Merkur steht, mit psychologischen Techniken arbeiten. Wenn ein Vollmond, besonders in einem Wasserzeichen, im Trigon zu Ihrem Radix-Neptun, -Mond oder -Merkur steht, sollten Sie die Woche vor dem exakten Vollmond nutzen.

Auf monatlicher Basis bildet der Transit-Mond zweimal ein Trigon zu Ihrem Radix-Neptun und durchläuft Ihr viertes, achtes und zwölftes Haus jeweils für einige Tage. Sollten Sie einen Kurs planen, in dem intuitive Techniken erlernt und eingeübt werden sollen, so sind alle obengenannten Transite der richtige Zeitpunkt dafür.

So wie es Zeiten gibt, die günstig für die Entwicklung der Intuition sind, gibt es auch Zeiten, in denen man die psychischen Schleusen mit Vorsicht öffnen sollte. Ich würde besonders vorsichtig sein bei Transit-Pluto im Quadrat zum Radix-Mond (Aufwühlen von Verdrängtem, schwer zu kontrollierende psychische Energien, möglicherweise irrationale Intuitionen von drohendem Unheil). Achten Sie aber auch auf Neptun im Quadrat zu Mond (Vorahnungen können verhängnisvoll in die Irre leiten) oder Neptun im Quadrat zu Merkur (imaginäre Ängste, Phantasien, Phobien) und auf so seltene Transite wie Neptun Quadrat Radix-Pluto (unterdrückte zwanghafte Phantasien, Besessenheit), Neptun Quadrat Radix-Uranus (neue Ebenen tun sich unvermittelt auf, verwirrende Entdeckungen), sowie das häufigere Quadrat von Saturn und Radix-Neptun (Ungewißheit, Angstzustände, negative Geisteshaltung).

Bei schwierigen Neptun-Transiten sollten Sie niemals willentlich das Reich der Intuition betreten. Aus Yogi-Sicht ist die Aura in solchen Zeiten bereits verschwommen, geschwächt und für das Eindringen äußerer Kräfte anfällig. Anders gesagt, Ihre Energie ist geneigt, alles, was in ihre Nähe kommt, wie ein trockener Schwamm aufzusaugen. Das Ego ist möglicherweise zu geschwächt, um negative Einflüsse abzuwehren, und die Durchlässigkeit der Aura zu dieser Zeit geht einher mit einer erhöhten Anfälligkeit für sonderbare, zwanghafte Erlebnisse. Achten Sie vor allen Dingen in diesen Zeiten bewußt auf Ihren Drogen- und Alkoholkonsum, ganz besonders auf den Gebrauch von psychedelischen Drogen, mit denen eine Bewußtseinserweiterung erzwungen werden soll. Das kann zu unbeabsichtigten Konsequenzen führen.

Sich für das Reich der Intuition zu öffnen, kann das Leben enorm bereichern und zu größerer Ganzheit führen. Nun, da unsere Kultur anfängt, das Weiblich-Intuitive zu würdigen, werden auch die Zweifel verschwinden, die unserer Intuition ihre Kraft rauben, und sie wird bei der Führung unseres Lebens den Platz einnehmen, der ihr gebührt.

7
Mit Bildern heilen

> *Was anderen als ein Nichts mag erscheinen*
> *Erfüllt mich mit Lachen und Weinen;*
> *Denn doppelte Schau meine Augen sehn,*
> *Um alles doppelt zu verstehn.*
> *Dem inneren Aug' ist's ein Greis in Grau*
> *Was das äußere sieht als Distel genau.*
> *William Blake*

Im Bereich des Heilens wurde die Vorstellungskraft benutzt, seit die ersten Schamanen in den frühen Stammesgesellschaften auftauchten. Ihr rituelles Wirken hatte einen direkten Einfluß auf die Patienten; denn es verursachte für die Selbstheilung förderliche Veränderungen des Bewußtseinszustands. Tatsächlich liefert die gesamte Geschichte der westlichen Medizin eine Fülle von Beispielen für den Einsatz von Bildern als Heilmittel. (In den frühen Medizinschulen wurde der "Heilfaktor Vorstellungskraft" weitaus höher geachtet als die Chirurgie oder die Pharmazie.) Aristoteles, Galenus und Hippokrates, die Väter der westlichen Medizin, benutzten Vorstellungstechniken sowohl für die Diagnose als auch für die Therapie.[1] Eine Priesterin der Traum-Inkubations-Tempel des Äskulap verschrieb mit viel Erfolg ihren Patienten Heilmittel, nachdem sie sich ihre Träume hatte schildern lassen. Hunderte solcher Heiltempel entstanden im Wissen, daß Visionen und Träume das Saatkorn des Wissens um emotionale, psychische und körperliche Gesundheit in sich tragen. Der antike Einsatz der Vorstellungskraft beim Heilen wird nun allmählich in der Medizin, der Psychotherapie und der Kunst wiederentdeckt. Parallel dazu sind Vorstellungstechniken in der Astrologie als machtvolles Medium zum Heilen und zum Lehren aufgetaucht.

Bilder bei der Arbeit mit Klienten

Während einer Beratung mit einer Klientin in der letzten Woche bemerkte ich, wie ein ganz bestimmtes Bild im Verlauf der Sitzung immer wieder in meinem Kopf auftauchte. Das Bild enthielt zwei Figuren: die eine war ein verwahrlostes, verletzbar erscheinendes Mädchen im Alter von etwa vier Jahren, die andere ein furchteinflößender, halbnackter Krieger. Keine der beiden Figuren schien die Existenz der anderen zu beachten. Als ich meiner Klientin diese beiden Individuen beschrieb, erkannte sie, daß die beiden ganz genau zwei Aspekte ihres Wesens darstellten, die sie bis dahin nie mit dieser Deutlichkeit gesehen hatte. Im nachhinein war es leicht zu erkennen, daß die beiden Bilder in ihrem Geburtsbild vorgezeichnet waren. Ihr Fische-Mond und ihr Krebs-Aszendent standen unter ständiger Bedrohung von vier Planeten im Widder: Sonne, Uranus, Mars und Merkur im zehnten Haus. Ich schlug ihr vor, Möglichkeiten zu suchen, wie die beiden Bilder miteinander kommunizieren könnten. Wie könnte sich das innere kleine Mädchen im Angesicht des Kriegers zuversichtlicher und berechtigter fühlen? Wie könnte der innere Krieger die Existenz der schüchternen Kleinen anerkennen? Wie könnte er lernen, sich geduldig, sanft und sorgsam ihr gegenüber zu verhalten? Ich schlug ihr auch vor, in den nächsten sechs Monaten eine Reihe von Bildern der beiden Figuren zu malen, um deren Wesen und gegenseitige Beziehung zu verstehen. Ergebnisse hierüber liegen noch nicht vor, aber ich glaube, daß die Klientin sehr viel aus diesem Experiment lernen wird.

Vor kurzem hatte ich einen männlichen Klienten zur Beratung. Transit-Pluto im Skorpion lief über seine Sonne/Merkur-Konjunktion, Transit-Uranus im Schützen stand in Opposition zu seinem Saturn in den Zwillingen und im Trigon zu seinem Jupiter im Löwen. Wir besprachen sein derzeitiges Problem: die bewußte Haß-Liebe zu seinem Vater, für den er auch arbeitete, die sich jetzt als ein intensives Tauziehen (Saturn/Uranus-Opposition) um die Verbesserungsvorschläge des Sohnes äußerte, die sein Vater einfach ignorierte. Der jüngere Mann kämpfte mit dieser ausweglosen Situation, verstand aber gleichzeitig seinen Vater aus einer eher philosophischen Perspektive (Uranus/Jupiter-Trigon). Diese Geschichte und ein Blick auf das Geburtsbild des Klienten riefen in mir das Bild eines Delphins hervor, der in einer starken, turbulenten Strömung schwimmt, während über dem Wasser ein Gewitter tobt. Wir sprachen ausgiebig über dieses Symbol für seinen inneren Zustand. Beim Nachdenken erkannte er, daß er als Delphin (Skorpion) in seinem natürlichen Element (Wasser) war und ohne Probleme durch die Strudel schwimmen konnte. Und obwohl die Blitze ihn erschreckten und einige unvorhersehbare 'Adrenalinstöße' auslösten, konnte er unter- und auftauchen, wann er wollte, und behielt somit die Oberhand. Er war sehr erleichtert, als er meine Praxis verließ.

Einige von Ihnen, die ihre Gedankenprozesse bei der Arbeit mit Klienten untersucht haben, werden feststellen, daß Bilder wie dieses auch zu Ihnen gekommen sind. Aber vielleicht haben Sie noch nicht den etwas schwierigeren Schritt gemacht zu erkennen, wie wertvoll sie sein können, wenn man sie mit den Klienten bespricht. Als ich im Jahre 1974 mit meinen Beratungen anfing, sah ich zwar Bilder, aber ich lehnte es ab, sie den Klienten mitzuteilen, und verwarf sie als bloße Ablenkung. Als ich dann zum ersten Mal darüber sprach, waren mein Klient und ich gleichermaßen überwältigt von der Fülle an Bedeutung, die da hervortrat. Seither mache ich ausgiebig Gebrauch von meinen geistigen Bildern.

Der Entschluß, Bilder in meinen Beratungen zu benutzen, hatte eine merkwürdige Auswirkung. Bis dahin war ich sehr stark auf meine rationale, linke Gehirnhälfte fixiert (Sonne/Uranus-Konjunktion in den Zwillingen) und kümmerte mich nicht um irgendwelche Bilder. Astrologie verlief für mich in den üblichen Mustern: Lesen, Denken, Reden, Reden, Reden und gelegentlich mal ein spontanes Bild, als besondere Würze. Im Jahre 1979 fühlte ich mich zusehends unwohler bei meiner Arbeit und erkannte, daß mein Vorgehen trocken, inspirationslos und rein mechanisch geworden war. Die Astrologie konnte mich nicht mehr erfüllen, was um so schmerzhafter war, weil ich mich ihr vor einigen Jahren mit so großer Begeisterung gewidmet hatte. Jetzt fühlte ich mich gelangweilt und desillusioniert.

Während ich mich anstrengte, den Grund für meine Apathie und Frustration zu finden, berechnete ich ein Jahr lang keine Horoskope mehr. Ich wandte mich anderen Dingen zu und nahm am Gruppenleiter-Ausbildungsseminar am Oasis-Centre in Chicago teil. Ich erwarb Kenntnisse in Gruppenprozessen, Encounter, Gestalt und Psychodrama und verbrachte ein Jahr in intensiver Auseinandersetzung mit zwölf anderen Suchenden, nicht in meiner Rolle als Astrologin, sondern einfach als Mensch. Nicht ein einziges Mal erkundigte ich mich nach dem Geburtsdatum einer anderen Person! Diese Erfahrung war für mich von unschätzbarem Wert. Ich wurde mir tiefer Gefühle, meiner Sensibilität und meiner Fähigkeiten bewußt. Mir gelang es, meine weibliche, intuitive, phantasievolle Seite, von deren Existenz ich bis dahin kaum eine Ahnung hatte, zu erleben und zu regenerieren. Ich lernte auch viel über die Macht der Erfahrung und des Bildes im Gegensatz zum Wort.

Als kleine Kinder sind wir natürliche visuelle Denker und haben Zugang zum Reich der Imagination und der Symbole. Aber diese Fähigkeiten werden früh unterdrückt. Albert Einstein, ein anerkannter visueller Denker, war in der Grundschule sitzengeblieben. Sein 'Sitzenbleiben' hatte wohl mehr mit den Erwartungen seiner Lehrer als mit seiner eigenen Unfähigkeit zu tun. Über Prozesse in der rechten Gehirnhälfte, der Quelle des visuellen Denkens, schreibt G. Prince:

> Weil wir in einer so folgerichtig erscheinenden Welt leben und weil das logische Denken der linken Hemisphäre in unserer Kultur so verehrt wird, sind wir dabei, den Beitrag unserer rechten Gehirnhälfte immer mehr einzudämmen, zu entwerten und zu mißachten. Es ist nicht so, daß wir gänzlich aufhören, uns ihrer zu bedienen; sie wird bloß infolge eingefahrener Strukturen immer weniger verfügbar für uns.[2]

Astrologen sollten beachten, welche Rolle das Bild bei der Stimulierung der rechten Gehirnhälfte spielt, und sie sollten wissen, daß mindestens ein Gehirnforscher die rechte Gehirnhälfte mit einigen Aspekten des Unbewußten gleichsetzt, das von

Tiefenpsychologen beschrieben wird.[3] Ein sorgfältig ausgewähltes Bild verstärkt die Arbeit mit unseren Klienten. Besonders hilfreich ist es für die Vermittlung der Bedeutung der äußeren Planeten.

Bilder für eine Saturn-Rückkehr

Nehmen wir einmal an, Sie haben einen Klienten, der kurz davorsteht, seine Saturn-Rückkehr zu erleben. Wie würden Sie ihm diesen Prozeß erklären? Sie könnten sagen, daß es eine Zeit der Prüfung und wichtiger Umstrukturierung, der Einschränkung und des Wegfalls alter Muster und Beziehungen ist. Aber wieviel anschaulicher wäre es, mit der Metapher eines winzigen Kükens in seiner Eierschale zu beginnen? Sagen Sie Ihrem Klienten: "Während das Küken wächst, beginnt es gegen die Schale zu drücken. Was einmal Schutz bedeutete, wird zur Beschränkung. Was einmal seine behagliche kleine Sicherheitshülle war, wird nun zum Gefängnis. Während es gegen die Schale drückt und sich gegen die Einschränkung zur Wehr setzt, befreit es sich. Schließlich pickt es mit seinem kleinen Schnabel durch die Hülle und beginnt, den Raum jenseits seiner Welt, die größere Welt, wahrzunehmen. Es kämpft sich durch die Schale, schafft sich immer mehr Raum, bis es zum Schluß in ein ganz neues Leben eintritt." Vermitteln Sie Ihrem Klienten, daß der Kampf des kleinen Kükens mit seiner Eierschale ebenso anstrengend ist wie der Prozeß der Transformation in unserem eigenen Leben und daß es danach nötig sein wird, sich zu entspannen, Luft zu holen und die neue Umgebung zu überblicken, bevor man weitergeht. Solch ein lebendiges Bild kann wohl kein Klient mißverstehen.

Um den Prozeß voranzutreiben, fragen Sie den Klienten nach seinen Gefühlen zu dem, was das Bild ausdrückt. Schreiben Sie diese Gefühle auf, und entlocken Sie ihm Reaktionen. Welches Gefühl ist im Moment am problematischsten? Welche Ressourcen können mobilisiert werden? Wie läßt sich die Situation ändern? Vielleicht kommen Sie sogar zu der Übereinkunft, daß der Klient bestimmte Dinge unternehmen wird, um die Situation zu verbessern. Gemeinsam gelangen Sie zu einem tieferen Verständnis von dem, was zu tun ist.

Ein weiteres Bild für einen Klienten mit Saturn-Rückkehr könnte das Niederreißen eines alten Fundaments und der Aufbau eines neuen sein. Betonen Sie die Bedeutung der Demontage alter, überkommener Vorstellungen, damit Ihr Klient sich für die kommenden 30 Jahre ein stärkeres Fundament aufbauen kann. Ebenso wie ein neues Fundament noch weich und formbar ist, sind es auch die neuen Strukturen, die er aufbaut. Im Schrank meines Büros halte ich einen 25-Pfund-Klumpen Lehm bereit, und manchmal, wenn ich diese Transformation erkläre, gebe ich dem Klienten eine weiche Lehmkugel in die Hand als greifbares Symbol für diesen Lebensabschnitt. Durch den physischen Kontakt mit dem Lehm bekommt der Klient ein sicheres Gefühl für die Möglichkeiten, die diese Zeit der Unsicherheit mit sich bringt.

Einen Vorschlag möchte ich noch als abschließende Illustration der Saturn-Rückkehr machen. Stellen Sie sich eine große Maschine mit surrenden und knirschenden Zahnrädern vor. Die Wiederkehr, besonders bei rückläufigem Saturn, der seinen Übergang wiederholt, bringt die betreffende Person zwischen die Räder, hält sie gefangen zwischen zwei immensen Kräften, noch nicht von dem einen Rad befreit und den zermalmenden Übergang vor Augen, um das nächste zu erreichen. Sie paßt nicht mehr in ihr altes Leben, ist aber für das neue noch nicht genügend gewappnet. So werden Sie Ihren Klienten das Gefühl verdeutlichen, 'in der Mühle festzuhängen', bis der Übergang vollzogen ist.

Bilder für Saturn

Wenn jemand mit dem Einfluß des stationären Saturn auf sein Geburtsbild zu Ihnen kommt, versuchen Sie, die Situation damit zu vergleichen, daß ein heißes Bügeleisen auf einer teuren Hose stehengelassen wurde. Oder benutzen Sie bei rückläufigem Transit-Saturn die bekannte 'Küchen'-Metapher, sich wie auf Sparflamme zu fühlen. Wenn der Transit dann direktional wird und sich auf einen Aspekt zubewegt, wird das Gas aufgedreht, und man kocht auf der großen, vollen Flamme. Sie könnten auch vorschlagen, daß Saturn-Aspekte sich anfühlen wie der Versuch, ein Boot bei Ebbe an Land zu rudern. Je näher man der Küste kommt, desto mühsamer wird das Rudern. Die Ruder bleiben in dem nassen Sandboden hängen und machen das Vorwärtskommen zusehends schwieriger. Eventuell bleibt das Boot im Sand stecken, und man muß einen anderen Weg finden, um das Problem zu lösen. Aus der Situation auszusteigen und neue Methoden auszuprobieren, könnte die Lösung sein.

Eine Metapher für Saturn-Transite, die mir besonders gut gefällt, ist die Doppelnatur des Elements Kohlenstoff. Unter normalen Umständen kennen wir ihn als ein Stück Kohle. Wo er aber unter hohem Druck Abertausende von Jahren gelegen hat, wird er zu einem edlen Diamanten, härter und wertvoller als jeder andere Edelstein. Der Buddhismus benutzt diese Metapher, um das 'diamantgleiche Selbst' zu beschreiben, das man nach vielen Leben des spirituellen Wachstums erlangt.

Auch Anekdoten können als Bilder, erweiterte Metaphern oder als die kürzeste Form der Kurzgeschichte angesehen werden. Einem ungeduldigen, feurigen Klienten mit Saturn könnten Sie eine Anekdote erzählen, die die Botschaft der Geduld vermittelt. Erzählen Sie die Geschichte von dem kleinen Jungen, der ein Samenkorn bekommt, um es einzupflanzen. Er geht hinaus, gräbt ein Loch in die Erde, legt den Samen hinein, begießt die Stelle und setzt sich davor, um der Pflanze beim Wachsen zuzuschauen. Nachdem ein ganzer Tag ergebnislos verstrichen ist, geht er abends hin und gräbt das Samenkorn wieder aus. Wütend und enttäuscht beklagt er sich, daß der Samen tot sei und daß all seine Mühe umsonst war. Dann kommt sein alter, weiser Großvater und erklärt ihm, daß das Wachstum seine Zeit braucht. Wenn ein Kind mit einem schwierigen Saturn-Transit zu tun hat, könnten Sie diese Geschichte in die Tat umsetzen und ihm ein Samenkorn zum Einpflanzen und Aufziehen mitgeben. Das Kind wird dann bald verstehen, daß Geduld belohnt wird.

Um als Astrologe immer besser zu werden, stellen Sie sich Ihren eigenen Katalog passender Geschichten zusammen. Achten Sie ganz besonders auf Ihre persönlichen Erfahrungen bei Transiten. Parabeln und Märchen können aufschlußreich sein, aber nichts kommt der Unmittelbarkeit des persönlichen Erlebnisses gleich. Wenn Sie einen Klienten mit einem ähnlichen Transit haben, benutzen Sie Ihre persönliche Erfahrung, um ihn zu erklären. Das ist Heilen; denn es erzeugt das Gefühl von gemeinsamer Erfahrung! Es wird die Klienten ermutigen, daß jemand anderes versteht, was sie im Moment fühlen, und ihnen deshalb brauchbare Ratschläge geben kann.

Bilder für Uranus

Uranus ruft sehr unterschiedliche Bilder hervor. Das offensichtlichste ist ein Blitzschlag aus heiterem Himmel, der mit alles erschütternder Vehemenz einschlägt. Immer wenn ein Klient mit einem Uranus-Transit zu mir kommt, zeichne ich viele Blitze, die einen menschlichen Kopf umgeben. (Wenn wir davon ausgehen, daß wir alle eine Reihe von visuellen Denkern unter unseren Klienten haben, werden Sie erkennen, daß es äußerst hilfreich ist, bei den Sitzungen neben dem Geburtsbild auch einen Zeichenblock parat zu haben. Benutzen Sie das Papier zum 'Kritzeln', während Sie einen bestimmten Punkt besprechen, und ziehen Sie die Aufmerksamkeit der Person auf die bildliche Darstellung ihrer Erfahrung. Für visuelle Denker ist diese Skizze wirkungsvoller als bloße Worte.)

Die Geschichte von Hans und der Bohnenranke (englisches Märchen) ist gut geeignet für jeden, der mit beschränkenden, eingefahrenen Saturn-Mustern kämpft angesichts der unruhigen Dringlichkeit von Uranus-Transiten. Hans bekam eine Handvoll magischer Samen von unbekanntem Wert für seine kostbare Kuh angeboten. Indem er die Bohnensamen akzeptierte, ging er ein Risiko ein, begab sich ins Unbekannte und bekam am Ende das Huhn, das goldene Eier legte. Dieses Märchen kann Ihnen helfen, jemandem die möglichen positiven Auswirkungen eines Risikos zu vermitteln, der an längst überkommenen Strukturen festhält, wie z.B. eine unbefriedigende Arbeit fortzusetzen oder aus Angst vor dem Neuen zu lange bei den Eltern zu wohnen. Die Kraft des Uranus kann benutzt werden, um gesunde neue Alternativen hervorzubringen.

Meine Lieblingsanekdote für Uranus ist eine wahre Geschichte. Vor einigen Jahren gastierte der Zirkus 'Ringling Brothers, Barnum and Baily' in Chicago. Channel Twenty, eine örtliche Fernsehstation, wollte den Dompteur des Zirkus interviewen. An einem Sonntagnachmittag kam der Dompteur zusammen mit seinem gezähmten Bären an einer Leine zum Sendegebäude. Das Studio von Channel Twenty befindet sich mitten in der City von Chicago in der obersten Etage eines bekannten Bürogebäudes. Also bestiegen der Dompteur und sein Bär den Aufzug und fuhren ins oberste Stockwerk. Als der Dompteur aus dem Aufzug trat, erschreckte sich der Bär, sprang wieder in den Lift zurück und zerriß dabei die Leine, gerade in dem Augenblick, als sich die Aufzugstür wieder schloß. Automatisch fuhr der Bär alleine ins Erdgeschoß zurück, wo viele Menschen in der Eingangshalle warteten. Sie möchten wissen, wie sich ein Uranus-Transit anfühlt? Diejenigen, die auf den Aufzug warteten, als sich die Tür öffnete, können es Ihnen sagen! Und jeder Klient, der die Geschichte hört, versteht, worum es geht!

Frischen Sie mit Ihrem Klienten die Kindheitserinnerungen an den Nervenkitzel im 'Halloween Fun House' (eine Art Geisterbahn – d.Ü.) auf. Sie wollen nicht den Flur entlanggehen, weil Sie wissen, daß irgendwo eine Überraschung lauert. Wenn Sie bloß wüßten wann, wäre die Angst nicht so groß. Kommt es hinter der nächsten Ecke? Nein, vielleicht schon an dieser Ecke? Nein, jetzt, Iiihhh! Ihr Herz schlägt, die Hände sind feucht. *Das* ist Uranus! Oder fahren Sie im Geiste mit Ihrem Klienten zum ersten Mal auf einer supermodernen Achterbahn. Keiner weiß, wann das Gefälle, die scharfen Kurven oder die Loopings kommen. Die ganze erste Fahrt ist wie ein Uranus-Transit. Wenn Ihre Klienten jetzt noch nicht erkennen, worum es geht, beenden Sie Ihre Phantasiereise mit einem großen Feuerwerk. Man weiß nie, wohin man als nächstes schauen soll. Man steht voller Erwartung und wird von den farbigen Explosionen überwältigt. Die Kreativität und die Durchbrüche, die bei Uranus-Transiten möglich sind, können ebenso spektakulär sein.

Bilder für Neptun

Bei Neptun kommen uns ganz andere Arten von Bildern in den Sinn. Unter Neptun-Einfluß scheint uns nie ganz klar zu sein, was eigentlich gerade geschieht. Das Bild ist verschwommen und verwirrend, wie beim Tiefseetauchen in einem trüben Meer. Wenn man nervös wird, macht man alles noch schlimmer, denn durch panisches Atmen beschlägt das Glas der Tauchermaske. Sie müssen Ihren Weg erfühlen und sich auf das konzentrieren, was unmittelbar vor Ihnen ist, damit Sie sich nicht in den felsigen Höhlen verirren. Sie könnten diese Analogie mit Ihrem Klienten fortführen und die Notwendigkeit betonen, sich auf das zu konzentrieren, was unmittelbar bevorsteht. Er sollte sich jeden Tag aufs Neue an erreichbare Vorhaben heranmachen, anstatt in blindem Eifer Gefahr zu laufen, für immer verschollen zu bleiben.

Versuchen Sie es mit diesem Bild in Ihren Beratungen: Neptun ist wie ein Spaziergang auf dem Lande bei Einbruch der Dämmerung. Während Sie dem ansteigenden Weg folgen, ist noch kein Nebel vorhanden, die Sicht ist klar. Als es dann abwärts geht, tauchen Sie in den Nebel ein. Je tiefer Sie kommen, desto dichter wird er. Die Umgebung ist Ihnen hier nur vage vertraut. Manchmal, wenn Sie hinunterschauen, können Sie nicht einmal Ihre Füße sehen, geschweige denn den Weg. So fühlt sich ein Neptun-Transit auf seinem Höhepunkt an. Danach steigen Sie langsam, Schritt für Schritt, wieder bergauf und erheben sich über den Nebel in die sternenklare Nacht.

Sie können Neptun auch mit dem Tragen einer Brille mit den falschen Gläsern vergleichen. Es ist schwierig, Ihren Blick darauf einzustellen und die verschwommenen Bilder, die Sie vor sich sehen, zu enträtseln. Oder vergleichen Sie Neptun mit einem Flur voller Spiegel. Ich erinnere mich an eine Damentoilette, bei der sämtliche Wände des Vorraums aus Spiegeln bestanden. Ich suchte die Türe zur Toilette, drückte hier und dort gegen die Spiegel, allerdings ohne Erfolg. Dann fuhr ich mit meinen Händen an den Spalten zwischen den einzelnen Spiegeln entlang. Zuerst war ich amüsiert, dann verlegen, schließlich ganz desorientiert und ein bißchen in Panik. Endlich trat eine Frau aus der versteckten Tür. Ich hatte dieses Wechselbad der Gefühle bei einem einfachen Toilettenbesuch nicht erwartet.

Wenn wir im Auto auf der Autobahn fahren und die Spur wechseln wollen, schauen wir zunächst in den Rückspiegel und dann in den Außenspiegel. Aber wir beugen uns auch ein wenig vor, um zu sehen, ob ein anderes Fahrzeug gerade in unserem toten Winkel fährt. Erzählen Sie Ihrem Klienten, daß Neptun wie dieser tote Winkel ist. Damit wir sicher weiterkommen, müssen wir immer davon ausgehen, daß wir so einen toten Winkel haben, und ihn prüfen, bevor wir uns zum nächsten Schritt entschließen.

Neptun ist wie Ins-Kino-Gehen. Wir treten für zwei Stunden in eine Phantasiewelt ein und lassen uns von den Bildern, die vor unseren Augen vorbeiziehen, davontragen. Wir wissen, daß das eine fiktive Welt ist, lassen uns aber dennoch so sehr darauf ein, daß sie für den Augenblick zu unserer Realität wird. Der Vergleich einer Neptun-Erfahrung mit einem Film kann Ihrem Klienten helfen, bewußter auf das Gleichgewicht zwischen Realität und Illusion zu achten.

Bilder für Pluto

Als Planet mit dem langfristigsten, tiefgreifendsten und reinigendsten Einfluß ruft Pluto sehr starke Bilder hervor. Klienten mit Pluto-Transiten können sich stark mit diesen Bildern identifizieren und sie einsetzen, um mit diesen komplexen und tiefschürfenden Prozessen zurechtzukommen, sie zu verstehen und zu transformieren.

In meinem Beratungszimmer habe ich jederzeit zwei Pluto-Bilder griffbereit. Das eine ist das Foto eines ausbrechenden Vulkans, aus nächster Nähe aufgenommen. Die aus dem Vulkantrichter heraussprühende rotglühende Lava nimmt fast das gesamte Bild ein. Was den meisten meiner Klienten zunächst entgeht, ist in der rechten unteren Ecke des Bildes am Rand des Vulkans ein Mann in einem Asbestanzug mit Schutzbrille und -helm, der seine Arme hoch in die Luft wirft. Noch nie sonst habe ich die Pluto-Erfahrung so genau und prägnant dargestellt gesehen. Wenn die Klienten in der Lage sind, das ganze Bild zu erfassen, zeigen sie spontan auf den Mann und sagen: "Das bin ich! Genauso fühle ich mich zur Zeit!" Diese Erkenntnis führt schnell zu anderen Gefühlen, die sie zur Zeit erleben. Ich erinnere sie daran, daß der Ursprung der Explosion weit unter der Oberfläche liegt, mehrere Kilometer tief. Die Lava ist wahrscheinlich jahrelang unterdrückt worden, wodurch die ungeheure Explosionskraft des Vulkans entstanden ist. Wenn wir dann die Wurzeln der Unterdrückung zurückverfolgen, entdecken wir oft schmerzhafte Erfahrungen aus der frühen Kindheit.

Als nächsten Schritt mit diesem Klienten würde ich dann ein zweites Bild des Vulkans hervorholen, dieses Mal jedoch aus größerem Abstand aufgenommen. Das Zentrum der Eruption hat sich etwas beruhigt. Die Lava sprüht schwächer, es ist immer noch eine offene Wunde, aber weniger zerstörerisch. Sie fließt in großen, langsamen Kreisen, verbrennt und verändert die Erde unter sich. Wir setzen unsere Analogie fort mit einem Gespräch über die Art der Veränderung, die in den ersten Wochen nach dem Ausbruch stattfindet. Die Erde, durch die fruchtbare Lava und Asche revitalisiert, erwacht zu neuem, wucherndem Leben. Vielleicht erzähle ich meinem Klienten die Geschichte eines Freundes, der in der Nähe des *Mount St. Helens* vor und nach seinem Ausbruch lebte. Kurz danach wuchs in seinem Garten alles größer und schneller, und er hatte das köstlichste Obst und Gemüse, das er jemals geerntet hatte! Die Explosion hatte dem Boden eine enorme Lebenskraft zurückgegeben.

Eine andere meiner Lieblingsgeschichten handelt von einem Mann, der in einer zerfallenen Hütte wohnte. Er lebte mehr schlecht als recht von der Gemüsezucht auf seinem Grundstück. Eines Tages kam ein Fremder (vielleicht der leibhaftige Pluto) an seiner bescheidenen Behausung vorbei. "Sie wohnen gar nicht in einer Bruchbude, sondern in einem herrlichen, prächtigen Schloß", behauptete der Fremde. Natürlich schüttelte der Mann ungläubig den Kopf. Jeder, der Augen im Kopf hat, kann sehen, daß dies das Haus eines armen Mannes ist. Dann aber, mit Hilfe des Fremden und viel harter Arbeit, begann er Teile seines Hauses zu entdecken, die er vergessen hatte. Zuerst fand er einen verborgenen Raum, dann noch einen und noch einen, bis ein großes, schönes Heim vor ihm stand. Der

Mann wurde zum Besitzer eines 1000-Zimmer-Palastes, der gleichen Behausung, die er irrtümlich für eine Hütte gehalten hatte.

Die transformierende Kraft von Pluto wird auch in der abgedroschenen, aber dennoch sinnvollen Metapher von der Raupe beschrieben, die sich in einen Schmetterling verwandelt. Aus dem dunklen, umschließenden Kokon beginnt der häßliche Wurm seine Metamorphose und verwandelt sich in ein wunderschönes, geflügeltes Geschöpf. Die Klienten werden bei diesem Beispiel sicher die Botschaft verstehen, daß ein Mensch seine Verfassung vollständig verändern kann, indem er dunkle und häßliche Erinnerungen, Gefühle und Lebensumstände in ein Leben von großer Schönheit und hohem Wert transformiert.

Ein weiteres hilfreiches Bild beschreibt das Unbewußte als einen dunklen und vernachlässigten Keller. Wenn Sie die Tür öffnen und die morsche Treppe hinunterspähen, ist es dunkel, voller Spinnweben, unheimlicher Krabbeltiere, und, weiß Gott, noch Schlimmerem! Der Schrecken aller Schrecken wohnt dort unten! Sie wollen natürlich nicht hinuntersteigen, aber Sie wissen, es bleibt Ihnen nichts anderes übrig. Also gehen Sie. Auf der Treppe begegnen Ihnen Spinnen, und Spinnweben verfangen sich in Ihren Haaren. Aber je mehr Sie Ihre Fassung wiederfinden und Ihre Augen sich an die Dunkelheit gewöhnt haben, merken Sie, daß es nicht so furchtbar ist, wie Sie dachten. Vielleicht müssen Sie mit einem Dämon ringen, aber wenn Sie stark bleiben und das Unaussprechliche beseitigen, sehen Sie plötzlich, daß die Angst etwas versteckte – etwas sehr Wertvolles. Die ganze Zeit befand sich ein verborgener Schatz in Ihrem unerforschten Keller.

Vergleichen Sie den Pluto-Prozeß mit der Metapher des Unter-den-Teppich-Kehrens. Diese Metapher ist gut geeignet für Waage-Typen, die sich gern auf ihr Ideal konzentrieren, während sie etwas schwierigere Probleme unter den Teppich kehren und ignorieren. Der Teppich ist ein Symbol für alles, was Sie beiseite geschoben, vernachlässigt und nicht aufrichtig bearbeitet haben. Für Waage-Typen gilt das besonders im Hinblick auf ihr Beziehungsmuster. Wenn sich ein Pluto-Transit ankündigt, stellen sie fest, daß sie einen 'klumpigen' Teppich haben. Soll ihr Wohnzimmer dann wirklich sauber werden, müssen sie den Teppich hochheben und den versteckten Schmutz hervorholen.

Auch dieses konventionelle Bild läßt sich gut verwenden: Pluto ist der Phönix, der aus der Asche der Zerstörung aufsteigt. Hier können Sie zwischen den vier klassischen plutonischen Symbolen unterscheiden – Skorpion, Adler, Phönix und Taube. Oder beschreiben Sie Pluto als ein zweiteiliges Schauspiel – Tod und Wiedergeburt. Die meisten Menschen konzentrieren sich so sehr auf das, was sie im Leben verlieren, was schmerzt und was stirbt, daß sie nicht darüber hinausschauen können. Pluto hat aber einen zweiten Akt, die Phase der Wiedergeburt. Deshalb erinnern Sie Ihre Klienten daran, wie wichtig es ist, Erfahrungen nicht zu bewerten, bevor sie nicht beide Akte des Dramas gesehen haben.

Ein Bild für Pluto finde ich besonders überzeugend. Ein schwieriger Pluto-Transit ist wie in einem Orkan zu stehen und nur zwei Möglichkeiten zu haben: sich von den überwältigenden Kräften fortreißen zu lassen oder zu lernen, wie man sich dem Sturm entgegenstellt. Für mich ist es ein besonderes Beispiel, weil es eine persönliche Erfahrung widerspiegelt, die ich manchmal Klienten mitteile. Im Jahr 1982 starb mein Vater innerhalb kurzer Zeit an Kehlkopfkrebs. Während der fünf Tage seines Sterbens durchlebte ich jede nur denkbare menschliche Gefühlsregung: Angst, Frustration, Hochstimmung, Verwirrung, tiefe innere Ruhe, verzehrende Wut, Traurigkeit, Freude und Staunen. Wenn ich über diese schmerzhaften Tage nachdenke, fällt mir ein, daß ich mich genau wie in einem emotionalen Wirbelsturm fühlte. Die Intensität meines Erlebens wurde noch verschärft, weil am selben Abend, als mein Vater starb, zwei weitere wichtige Beziehungen zu Männern auseinanderbrachen – die eine mit einem Lehrer, die andere mit meinem Freund (Transit-Saturn/Pluto in der Waage im neunten Haus im Quadrat zur progressiven Sonne im siebten Haus). Ich hatte mich auch in der Zeit vor dieser Nacht so sehr zurückgezogen, daß ich kaum genügend emotionalen Halt hatte, um die Sache zu überstehen. Immer wenn der Schmerz so stark wurde, daß er mir unerträglich erschien, kam jemand vorbei und gab mir gerade so viel Unterstützung, daß ich wieder auf die Beine kam. Dies ging so mehrere Wochen lang. Es war zwar zermürbend, aber ich lernte in diesem Prozeß, psychisch zu überleben. Und so schwierig und schmerzhaft diese Monate auch waren, zur rechten Zeit habe ich den verborgenen Schatz gefunden. Allerdings brauchte ich einen intensiven psychischen Sturm, um ihn freizulegen.

Sie haben wie ich Geschichten zu erzählen, voller Bilder, die durch die Linse Ihrer eigenen Erfahrung scheinen. Der Mensch ist das einzige Geschöpf, das Geschichten erzählt. Aber Männer und Frauen sind auch die einzigen Geschöpfe, die Bilder malen, und so definiert das vermittelbare Bild uns als Menschen ebenso wie das Wort. Teilen Sie Ihre Geschichten mit! Vermitteln Sie Ihre Bilder und Ihre Menschlichkeit!

8
Das Ausgleichen schwieriger Transite

Abergläubische Ehrfurcht vor der Astrologie macht einen zum Roboter, der sklavisch abhängig ist von mechanischer Führung. Der weise Mensch besiegt seine Planeten – das heißt, seine Vergangenheit – indem er seine Ergebenheit von der Schöpfung auf den Schöpfer überträgt.
Swami Sri Yukteswar

Hell – dunkel, heiß – kalt, aktiv – passiv, *Yin – Yang*, gut – böse, all dies sind Beispiele für fundamentale Gegensatzpaare, in die sich sämtliche Erfahrung einordnen läßt. Im hinduistischen Denken bezieht sich der Sanskrit-Begriff *Dvanda* auf diese Realität einschließlich der Vorstellung, daß das Universum selbst durch diese Teilung entsteht. Diese Gedanken hatten einen großen Einfluß auf C.G. Jung, als er seine Theorie des Geistes entwickelte: "Wie alle Energie aus dem Gegensatz hervorgeht, so besitzt auch die Seele ihre innere Polarität als unabdingbare Voraussetzung ihrer Lebendigkeit. (...) Daß ein Ich überhaupt möglich war, scheint davon herzurühren, daß alle Gegensätze sich auszugleichen streben."[1] Über die Bedeutung dieser Tatsache sagt Jung einfach: "Nichts steigert mehr die Bewußtwerdung als diese innere Gegensatzkonfrontation."[2] Obwohl ihre Quellen und Methoden gewiß recht verschieden sind, beabsichtigen sowohl Jung als auch verschiedene östliche Geistesdisziplinen, die Spannungen zwischen den Gegensätzen aufzulösen und eine ausgeglichene Einheit des Bewußtseins zu erreichen.

Die Astrologen wissen, daß eine der wichtigsten Quellen der Unausgeglichenheit das unendliche Wechselspiel der Planeten und Zeichen im Horoskop ist. Als Reaktion darauf kann das Gefühl entstehen, die Kontrolle zu verlieren, völlig überwältigt zu sein und außerstande zu begreifen, wie man dieser Instabilität entgegentreten kann. Da unsere Quadrate und Oppositionen – und einige Konjunktionen – das symbolisieren, was wir noch nicht gemeistert und integriert haben, sind das die Aspekte, die die größte Unausgeglichenheit in uns hervorrufen, wenn sie durch Progressionen oder Transite aktiviert werden. Für die meisten von uns sind Quadrate, Oppositionen und Konjunktionen von Mars, Saturn und

Jupiter die psychischen Auslöser, die am leichtesten zu erkennen sind; die tiefgehendsten und langfristigsten sind die Transite von Uranus, Neptun und Pluto.

Dieses Kapitel möchte Ihnen, Ihren Freunden oder Klienten praktikable Möglichkeiten aufzeigen, die Ihnen helfen, diese schwierigen Lernphasen durchzustehen. Viele dieser Methoden kommen von einer praktischen Anwendung von Prinzipien, die der astrologischen Symbolik selbst entstammen, andere wurden aus einem speziellen Zweig östlicher Weisheit, dem Kriya-Yoga abgeleitet, der astrologische Konzepte mit einschließt. *Alle* diese Methoden haben meiner persönlichen Überprüfung und Erfahrung standgehalten. Sie funktionieren!

Kriya-Yoga und Astrologie

Es ist natürlich unmöglich, in einem kurzen Kapitel die Tiefe und Fülle einer Tradition wie Kriya-Yoga zu vermitteln. Die ersten Hinweise auf Yoga als System spiritueller Übung reichen zurück bis etwa 2000 Jahre vor unsere Zeitrechnung.[3] 'Klassischer' Yoga, wie er in Patanjalis *Yoga-Sutras* überliefert ist, ist die gebräuchlichste Form, obwohl bereits seit 1000 vor Christus wenigstens 80 verschiedene Formen bekannt sind.[4] Im engeren Sinne ist Kriya-Yoga ein System von Atemtechniken, die es "dem Atem erlauben, ruhig zu werden, und dadurch Geist, Intellekt und Ego auflösen, um den egolosen Zustand des reinen Bewußtseins zu erreichen."[5] Im weiteren Sinne ist Kriya-Yoga ein spiritueller Weg, der philosophische Unterweisungen und zusätzliche Yoga-Praktiken mit einschließen kann. Paramahansa Yogananda, der als Schüler von Lahiri Mahasaya den Kriya-Yoga in den Westen brachte, stellt fest: "Kriya ist eine uralte Wissenschaft, die Lahiri Mahasaya von seinem großen Guru Babaji empfing. Dieser hatte die im frühen Mittelalter verlorengegangene Technik wiederentdeckt und neu formuliert."[6] Die im folgenden beschriebenen Yoga-Techniken entstammen dem Kriya-Yoga, wie er durch die Linie Yogananda – Shellyji – Goswami Kriyananda aus Chicago an viele Studenten, mich selbst eingeschlossen, weitergegeben wurde. (Näheres über Kriya-Yoga siehe: *Autobiographie eines Yogi* von Paramahansa Yogananda und *Lahiry Mahasay: The Father of Kriya Yoga* von Swami Satyeswarananda.)

Laut Yogananda lernt "der *Kriya-Yogi* (...), seine Lebensenergie geistig in einem Bogen auf- und abwärts um die sechs Rückenmarkszentren kreisen zu lassen, (...) die den zwölf astralen Tierkreiszeichen, dem symbolischen Kosmischen Menschen entsprechen."[7] Und weiter: "Das astrale Nervensystem des Menschen mit seinen sechs (durch die Polarität zwölf) inneren Konstellationen, die um die Sonne des allwissenden geistigen Auges kreisen, steht in Wechselwirkung zur physischen Sonne und den zwölf Tierkreiszeichen."[8] Diese Zentren der Wirbelsäule sind die *Chakren*, im Sanskrit wörtlich: "Räder", die man sich als Energiewirbel oder Kraftfelder vorstellt, welche aus verschiedenen Wellenlängen, Vibrationsfrequenzen oder Farben zusammengesetzt sind und bei entsprechender Stimulierung unterschiedliche Bewußtseinszustände hervorrufen.

Der Kriya-Yoga setzt die Chakren mit den Energien der Tierkreiszeichen und der Planeten gleich; das Muster ihrer Anordnung entspricht dem Geburtsbild, und es heißt, daß sie durch planetare Transite beeinflußt werden. Die folgende Abbildung stellt die Chakren mit den entsprechenden Planeten und Zeichen dar.

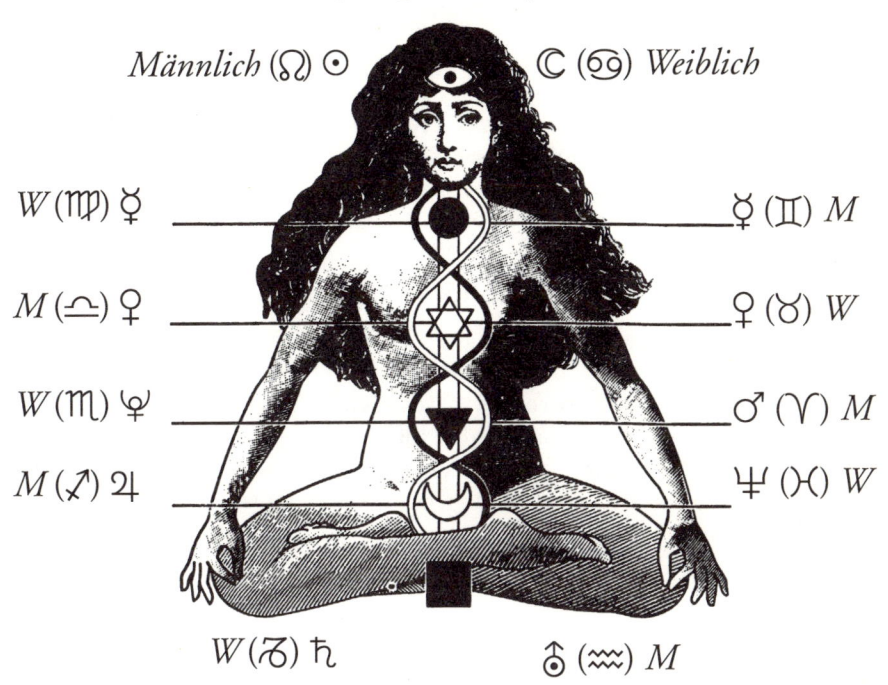

Kriya-Yoga-Chakrensystem

Männlich (♌) ☉   ☽ (♋) *Weiblich*

W (♍) ☿ _____   _____ ☿ (♊) M

M (♎) ♀ _____   _____ ♀ (♉) W

W (♏) ♇ _____   _____ ♂ (♈) M

M (♐) ♃ _____   _____ ♆ (♓) W

W (♑) ♄   ↑ (♒) M

Beachten Sie, daß die Planeten von der Basis der Wirbelsäule (Saturn-Chakra) aus angeordnet sind bis hin zum Sonne- und Mond-Zentrum im Kopf und daß in den unteren Chakren Uranus mit Saturn, Neptun mit Jupiter und Pluto mit Mars jeweils einen Platz gemeinsam einnehmen. (Letzteres ist natürlich eine Überarbeitung des alten Systems; denn Astrologie und auch Kriya befinden sich in einem ständigen Wachstumsprozeß!) Die Tierkreiszeichen entsprechen dieser Plazierung, indem sie in dieser Reihenfolge um die Wirbelsäule herum auftreten. Behalten Sie dieses 'Modell' im Kopf, wenn Sie sich mit den yogischen Ausgleichstechniken beschäftigen, die im folgenden beschrieben werden.

Aus meinem zwölfjährigen Studium des Kriya-Yoga habe ich diese drei grundlegenden Methoden zum Ausgleich von astrologischen Einflüssen, wie sie sich in den Chakren manifestieren, herausgefiltert (mögliche Interpretationsfehler sind mir selbst anzulasten):

1. Wir können versuchen, ihnen ein *Gegengewicht* zu geben, indem wir uns bemühen, die Energien eines höheren (oder anderweitig passenden) Chakras zu aktivieren, unmittelbar oder mit Hilfe eines Rituals, und dadurch den Auswirkungen der niedrigeren Chakra-Aktivität entgegenzuwirken.
2. Wir können uns entschließen, die Einflüsse zu *erleben*. Dieses Erleben kann größtenteils bewußt sein, wenn wir uns mit einem höheren Chakra identifizieren und von dieser Warte aus das Problem als einen Teil des Lebens *akzeptieren* – oder das Erleben kann bis ins Unbewußte reichen, die Energien des Chakras intensivieren, zu emotionaler Befreiung und zu Verstehen führen.
3. Wir können uns entscheiden, das Problem zu *transformieren*, indem wir spirituelle Techniken benutzen, um einen grundlegenden Wandel herbeizuführen und das gesamte Chakren-System für eine ganzheitliche Lösung zu aktivieren.

Ausgleichstechniken

Da die Transite der äußeren Planeten besonders schwierig und langanhaltend sind, wird der verbleibende Teil dieses Kapitels Techniken zu ihrer Beherrschung vorstellen. Direkte Ausgleichsverfahren sind leicht zugänglich und werden in großer Fülle angeboten. Ausgleichen mit Hilfe eines *Rituals* folgt in Kapitel Neun. Erfahrungsmethoden werden sehr ausführlich in den Kapiteln Drei und Fünf besprochen, so daß sie hier nur kurz angerissen werden. Obwohl die Transformationstechniken in gewisser Weise die interessantesten sind, kann ich sie oft nur am Rande streifen, denn, wie Yogananda sagt: "Aufgrund bestimmter seit Alters bestehender Yoga-Vorschriften kann ich den Kriya-Yoga in diesem für eine weite Leserschaft bestimmten Buch nicht in allen Einzelheiten erklären."[9]

Wie man Saturn mit Jupiter ausgleicht

Fangen wir mit Saturn an! In einem schwierigen Aspekt neigt Saturn dazu, einen Bewußtseinszustand hervorzurufen, der uns einschränkt und aussaugt, unserer Bewegung und unserem Wachstum Grenzen setzt. Das ist der Bewußtseinszustand des 'Ich-kann-nicht', der die schlimmsten, negativsten und zweifelhaftesten Aspekte des Lebens sieht. Da Saturn eine repressive Energie heraufbeschwört, kann er einen chronischen Zustand der Passivität, Lethargie und Depression herbeiführen. Um Saturn auszugleichen, muß man im allgemeinen ein Chakra höhergehen, zu Jupiter. Leben und handeln Sie aus einer jupiterhaften Lebenseinstellung! Machen Sie sich die Jupiter-Energien zum Geschenk. Erkennen Sie das *Positive* in Ihrem Leben. Was verläuft harmonisch und gibt Ihnen Grund zu Zuversicht und

Zufriedenheit? Womit sind Sie gesegnet? Schauen Sie in einen Spiegel, und bejahen Sie das Positive an sich, an Ihrem Leben.

Benutzen Sie die Affirmation "Von Tag zu Tag geht es mir in jeder Hinsicht besser und besser" als Mantra. (Sie hat im 19. Jahrhundert bei Anton Mesmer und seinen Anhängern funktioniert – warum nicht heute auch für uns?) Schreiben Sie sie auf ein Stück Papier, und stecken Sie es an Ihren Badezimmerspiegel. Schauen Sie hin! Sagen Sie es! Sagen Sie es den ganzen Tag über immer wieder. Lenken Sie den Geist wieder in die richtige Bahn!

Schauen Sie sich um, und entdecken Sie die Quellen der Jupiter-Energie in Ihrer Umgebung. Nutzen Sie sie! Verbringen Sie Ihre Zeit mit optimistischen und unterstützenden Freunden. Halten Sie sich fern von chronisch negativen Menschen. Sie können die Sorgen von anderen zur Zeit nicht gebrauchen. Fragen Sie sich, wer in Ihrer Umgebung Ihnen gut tut. Wenn Ihnen gleich mehrere Saturn-Transite bevorstehen, beginnen Sie rechtzeitig, Ihre Beziehungen zu Freunden zu stärken. Sie werden Ihnen helfen, schwierige und einsame Zeiten zu überstehen.

Bei Saturn spüren Sie vielleicht manchmal Zweifel oder einen Mangel an Vertrauen. Wenn sich diese Gefühle festsetzen wollen, suchen Sie Jupiter-Musik in Ihrer Musiksammlung, und spielen Sie sie laut, bis Ihnen wieder eingefallen ist, wie sich umfassendes Selbstvertrauen anfühlt. Meine persönliche Lieblingsmusik, um diese Stimmungsänderung zu erreichen, ist eine Reihe schmetternder Trompeten-Fanfaren. Manchmal schließe ich meinen 'Walkman' an, gehe im Haus oder in der Nachbarschaft umher und sauge diese blechernen Melodien in mich ein.

Saturn sehnt sich nach einer Portion Jupiter-Humor. Hören Sie auf, sich selbst und Ihr Problem so ernst zu nehmen! Erzählen Sie einen Witz! Lesen Sie ein lustiges Buch! Nehmen Sie an einem Kurs über Humor teil! Schauen Sie sich einen fröhlichen Film an – *Blazing Saddles, Radio Days* oder *Outrageous Fortune* können Ihr Zwerchfell kitzeln und Ihnen helfen, den (Saturn-)'Blues' wegzulachen.

Saturn schreit: "Ich! Ich! Ich!" Unter seinem Einfluß sind Sie mit sich selbst beschäftigt, sogar egozentrisch. Sie ergehen sich in Ihren Problemen, Mißerfolgen, Enttäuschungen: "*Mea culpa, mea maxima culpa.*" Unter Jupiter-Einfluß hätten Sie es leicht gefunden, aufgeschlossen, aufmerksam und großzügig zu sein; jetzt aber ist die Zeit, wo Ihnen genau das fehlt! Vertreiben Sie die Isolation von Saturn, indem Sie sich bewußt und mit voller Absicht nach außen wenden, um einem anderen Menschen etwas Gutes zu tun. Bemühen Sie sich, zu helfen. Wenn Sie aus sich herausgehen, können Sie die starke 'Ich'-Zentrierung aufbrechen.

Wie versprochen, hier nun eine Yoga-Technik zum Ausgleichen von Saturn: das Mantra OM NAMA SHIVAYA. (Aussprache: 'O' = langes offenes O wie in 'oben', 'A' ist ebenfalls lang, 'I' ist kurz). *Shiva* symbolisiert das göttliche Prinzip des Todes, das alle innere Unausgewogenheit und Negativität auflöst und zerstört. Das Mantra läßt sich etwa folgendermaßen übersetzen: "Oh, du glückverheißender Gott, vor dir verbeuge ich mich." Es wird in lebendiger, energischer und fröhlicher Form als Wiederholungsgesang gesungen, wobei die Melodie am Ende des Mantras abwechselnd nach oben geht und beim nächsten Mal gesenkt wird. Probieren Sie dieses Mantra! Wenn Sie sich von der jahrtausendealten Geschichte des Mantras und meiner eigenen Erfahrung ermutigen lassen, werden Sie sich durch seinen Gebrauch aus den saturnischen Tiefen herausgehoben fühlen.

Wie man Saturn mit Mars ausgleicht

Der saturnische Bewußtseinszustand ist kein Unbekannter in dieser Zeit des sitzenden Lebensstils. Es gibt Zeiten, wo wir uns alle deprimiert, inspirationslos und schwerfällig fühlen. Aber ist Ihnen nicht auch aufgefallen, wie anders Sie sich fühlen, wenn Sie es geschafft haben, sich von zu Hause loszureißen zum Joggen, Spazierengehen oder Rollschuhlaufen? Sie kommen zurück voller Energie, haben Ihren Kreislauf und Ihren Stoffwechsel in Schwung gebracht, und Sie sind nicht mehr annähernd so niedergeschlagen. Sie fühlen sich besser, weil Sie im wahrsten Sinne des Wortes Ihre chronische 'Wehe-mir'-Bewußtseinshaltung durchbrochen, sich auf Mars zubewegt und dessen Chakra mit dem entsprechenden Seinszustand mobilisiert haben. Saturn nagelt Sie am Boden fest; Mars reißt Sie los und schiebt Sie aus dem Haus. Also: bewegen Sie sich! Handeln Sie! Treiben Sie Sport! Setzen Sie Ihren Körper ein, und Saturn wird sich zurückziehen. Sie können die Mars-Energie auch weniger direkt nutzen: essen Sie scharf gewürzte Gerichte wie z.B. indisches Curry, italienische und mexikanische Peperonigerichte, japanischen Wasabi-Senf, scharfe thailändische oder szechuan-chinesische Speisen. Sie regen Ihr Körpersystem an und verlagern, im Sinne unseres Yoga-Modells, die Energie von der Basis Ihrer Wirbelsäule hinauf zum Solarplexus.

Benutzen Sie Mars, um sich Ihres Mutes bewußt zu werden anstatt der Angst, die Saturn hervorruft. Musik, diesmal mit martialischem Klang, ist eine Hilfe. Wer kann noch Angst haben, wenn er zu Wagners "Ritt der Walküren" tanzt? Zuhören hilft schon, aber Bewegung vervielfacht die Wirkung.

Saturn kann Mars nachgeben, aber auch der Venus und anderen Planeten. Die Einzelheiten solcher Ansätze überlasse ich Ihrer Erfindungsgabe. Vergessen Sie auch nicht, daß ein Ausgleich durch ein Ritual vervollständigt werden kann. Diese Methoden verdienen besondere Aufmerksamkeit und werden in Kapitel Neun behandelt.

Saturn erleben und transformieren

Wie ich oben ausgeführt habe, kann das 'Erleben' im Zusammenhang dieses Kapitels größtenteils bewußt vonstatten gehen oder aber relativ unbewußt bleiben. Im ersten Fall ist es erforderlich, die *Perspektive* von einem niedrigeren Chakra zu einem höheren zu verschieben, damit sich das Ich entsprechend verhalten kann. Nehmen Sie zum Beispiel Mahatma Gandhis Bewußtseinszustand und sein Handeln, als er zu Beginn seines Kampfes für die Gleichstellung der Rassen in Süd-Afrika weit entfernt von Pretoria aus dem Zug geworfen wurde: "Ich hatte keine Ahnung, wo mein Gepäck war, und wagte nicht, mich danach zu erkundigen, weil ich nicht wieder beleidigt oder angegriffen werden wollte. Schlafen kam nicht in Frage. Zweifel überkamen mich. Tief in der Nacht gelangte ich zu der Einsicht, daß es feige wäre, nach Indien zurückzukehren. Ich mußte zu Ende führen, was ich mir vorgenommen hatte. Ich mußte Pretoria erreichen, ohne mich um Beleidigungen oder gar Angriffe zu scheren. Pretoria hieß mein Ziel."[10] Diese 'Veredlung' des Problems, dem man gegenübersteht, indem man es im Lichte des höheren Guten betrachtet, führt zu bewußtem Erleben. Für Gandhi sollte diese Form der Prüfung seines Charakters und seiner Selbstachtung alltäglich werden, und sie führte ihn zum Prinzip des "Satyagraha... der Kraft, die aus der Wahrheit und Gewaltlosigkeit geboren wird."[11]

Wenn uns Saturn zu Leibe rückt, können wir uns etwas Erleichterung verschaffen, indem wir realisieren (manche sagen vielleicht: rationalisieren), daß es ohne seine immerwährende Herausforderung keinen Antrieb für unseren Charakter oder unsere Talente gäbe. Versuchen Sie also beim nächsten Mal, wenn Sie sich mitten im Kampf befinden, den Weg der edlen Akzeptanz zu gehen. Erlauben Sie sich, Saturn zu erleben, und halten Sie inne, um über sein Geschenk nachzudenken.

Sowohl das Ausgleichen als auch das Erleben, wie wir es hier bisher kennengelernt haben, sind abhängig von der Willenskraft des Ich, entweder seine Umgebung oder seine bewußte Reaktion darauf zu verändern. Wenn wir uns aber statt dessen voll und ganz dem Erleben des Augenblicks unterwerfen, seine Intensität verstärken und Gefühlen und unbewußten Elementen erlauben, hervorzukommen, betreten wir eine neue Erlebnisebene. Im einen Extrem bringt uns diese Vorgehensweise nicht mehr als ein erleichterndes Weinen, auf das Annahme folgt; im anderen Extrem ist die Veränderung so tiefgreifend, daß man sich den 'transformierenden' spirituellen Techniken nähert. Hier ist ein persönliches Beispiel, Saturn zu erleben: Als mein Vater krank war – seine letzte Krankheit, wie sich später herausstellen sollte – verließ ich einmal das Krankenhaus für einige Stunden, um mit einer Freundin auszugehen. Wir wollten uns einen Film ansehen, und als wir gerade an einem Kino vorbeifuhren, wurde genau davor ein Parkplatz frei. Ich fuhr hinein und dachte: "Das muß Schicksal sein!" Es stellte sich heraus, daß der Film, der dort gezeigt wurde, "Sophies Entscheidung" war, beladen mit einer großen Portion von Saturns Tod und Verzweiflung. Meine Freundin und ich schluchzten den ganzen Film hindurch. Aber als wir dann das Kino verließen, fühlte ich mich unendlich erleichtert. Ich war in den Schmerz, den ich vorher vermieden hatte, hineingegangen, hatte ein paar jämmerliche Stunden verbracht, in denen er mich im Griff hatte, und hatte schließlich alles herausgeweint. Wenn Sie etwas derartiges tun wollen, nehmen Sie auf jeden Fall einen guten Freund mit!

Erfahrungstechniken habe ich Ihnen bereits an anderer Stelle in diesem Buch vorgestellt, deshalb will ich sie nicht wiederholen. Blättern Sie zurück, besonders zu Kapitel Drei, Vier und Fünf, aber auch zu dem Abschnitt des Arbeitsbuchs über Saturn/Steinbock. Saturn-Aspekte können Sie veranlassen, eine Führung zu suchen für Erfahrungen, die in die Tiefe gehen, besonders wenn man bedenkt, daß Saturn ungelöste Probleme mit unserem Vater oder anderen Autoritätsfiguren aus der Vergangenheit hervorholen kann. Psychotherapie oder intensive Gruppenerfahrung können durchaus in Ordnung sein, aber solche drastischen Maßnahmen sind nicht immer erforderlich. Man kann auch anders mit Saturn umgehen, während man ihn erlebt: man 'brennt ihn einfach aus', indem man besonders hart arbeitet oder indem man sich durch seinen Ruf nach Struktur dazu herausfordern läßt, Dinge in Ordnung zu bringen. Vieles läßt sich unter einem schwierigen Saturn vollbringen, obwohl Sie feststellen werden, daß es weder leichte noch schnelle Arbeit ist. Haben Sie Geduld, und lassen Sie nicht nach in Ihren Bemühungen. Die Belohnung wird später kommen.

Wie man Uranus mit Saturn ausgleicht

Saturn bringt Ordnung, Uranus ist im Chaos zu Hause. Saturn genießt die Struktur, Uranus liebt die Formlosigkeit. Saturn ist der Herr von Zwang, Kontrolle und Unterdrückung. Uranus ist der Hohepriester des Impulses, der Unvorhersehbarkeit und somit der Möglichkeit der Freiheit. Diese beiden sind als polare Gegensätze untrennbar miteinander verkettet, und sie werden im Chakra-Modell auch dementsprechend gemeinsam auf der Basisebene dargestellt. Wenn sie in der menschlichen Seele im Gleichgewicht sind, sind sie wie ein harmonischer Akkord, der dem melodischen Fluß des Lebens zugrunde liegt. Wenn sie aber nach der einen Seite aus der Balance geraten, intonieren sie die morbiden Klänge eines Grabgesangs und nach der anderen Seite eine wahnsinnige Kakophonie. Indem wir sie aufeinander beziehen, können wir jene Harmonie erreichen. Konzentrieren wir uns zunächst darauf, wie sich Uranus durch Saturn ausgleichen läßt.

Sollten Sie dem Einfluß eines Uranus-Transits ausgesetzt sein, so bemühen Sie sich bewußt, Saturns Selbstkontrolle zu üben. Lassen Sie sich Zeit, wenn Sie einen radikalen Schritt in Erwägung ziehen. Impulsive Entscheidungen können die Strukturen des Lebens auseinanderreißen, deshalb gehen Sie vorsichtig und mit Methode zu Werk. Bedenken Sie den alten Spruch: "Zähle bis 10 – oder besser bis 10.000 – bevor du einen voreiligen Schritt tust." Und bleiben Sie geerdet! Benutzen Sie eine der weiter unten vorgeschlagenen Erdungstechniken zum Ausgleich von Neptun. Wenn Sie sich 'erden', werden Sie einen Großteil Ihrer unberechenbaren, stürmischen und zerstreuten Energie binden und größere Kontrolle und Seelenfrieden erlangen. Nutzen Sie die Zeit auch, um Ordnung in Ihre Umgebung zu bringen. Denken Sie an einen Frühjahrsputz, ganz gleich welche

Jahreszeit gerade ist. Organisieren Sie Ihr Büro oder Arbeitsfeld neu; denn wenn Sie in Ihrer äußeren Umgebung für Ordnung sorgen, wird es Ihnen helfen, Ihre innere Ordnung wiederherzustellen.

Ohne Uranus gibt es keinen Impuls für Veränderung. Ohne Saturn führt Veränderung eher zu Auflösung als zu Wachstum. Je länger und intensiver Saturn gelebt wurde, desto explosiver kann eine uranische Veränderung werden. Eine ausgewogene Anwendung von Saturn zusammen mit Uranus erfordert *Planung*. Betrachten Sie daher im voraus Ihre anstehenden Uranus-Transite, und planen Sie, wie Sie ihren Einfluß in Ihr Leben integrieren wollen, bevor sie eintreffen. Stellen Sie mit Methode eine Liste zusammen, was Sie in letzter Zeit einzuschränken scheint. Definieren Sie Ziele für Veränderung Ihrer Muster und Ihres Alltags, und handeln Sie zielstrebig und direkt. Ihre uranischen, stürmischen und unberechenbaren Freunde werden Ihnen bei diesem Prozeß keine Hilfe sein; sie werden Sie nur von Ihrer Aufgabe abhalten. Konzentrieren Sie sich statt dessen mehr auf Ihre saturnischen, beruhigenden und verantwortungsbewußten Freunde. Planen Sie jetzt, feiern Sie später!

Andere Möglichkeiten, Uranus auszugleichen

Eine Vorausplanung für Uranus-Transite kann auch beinhalten, einen Ausgleich durch die Stimulierung anderer Chakren oder durch erfahrungsorientierte oder transformierende Methoden vorzubereiten. Sie könnten zum Beispiel die Entstehung von allzu großem Druck verhindern, indem Sie sich vor dem Höhepunkt des Transits entschließen, durch ein Trainingsprogramm Ihren Mars zu aktivieren. Aber hüten Sie sich vor Extremen; denn Uranus kann zurückschlagen und Verletzungen durch Unfälle verursachen.

Das Wesen von Uranus kann sich aber auch durch ein Gefühl der Entfremdung äußern. Da im Innern ein Gewitter tobt, können uns unerwartete und umwerfende Gefühle sowie rasche Stimmungswechsel von den Menschen entfernen, deren Leben in den gewohnten Bahnen zu verlaufen scheint. Das Gegenmittel? Versetzen Sie sich in das Bewußtsein des Jupiter-Chakras. Besuchen Sie eine Gruppe, einen Workshop oder eine Organisation, die auf Selbsthilfe, Wachstum und persönliche Veränderung ausgerichtet ist, um regelmäßigen Kontakt zu anderen zu haben. Oder rufen Sie Freunde und Familienmitglieder an, zu denen Sie den Kontakt verloren haben.

Manche Ideen passen besonders gut zu Uranus. Nutzen Sie die Schirmherrschaft des Merkur-Chakras, um Aktivitäten mit uranischem Inhalt aufzunehmen. Lernen Sie spezifische neue Techniken und Fertigkeiten, z.B. Computerprogrammieren. Oder nehmen Sie jetzt ein besonders komplexes Astrologie-Thema in Angriff. Erforschen Sie Systeme, die für Sie neu sind, wie z.B. Harmonische oder Uranische Astrologie.

Uranus erleben und transformieren

Es gibt natürlich auch einen Platz im Leben, wo wir Uranus erlauben können, seine volle Kraft auszuleben. Ich möchte Ihnen einen merkwürdigen, aber sinnvollen Ratschlag geben, der, wie ich glaube, auf den Sänger Willie Nelson zurückgeht: "You've gotta get crazy to be sane!" ("Du mußt verrückt werden, um (geistig) gesund zu sein".) Chaotisches Tanzen (mit Armen und Beinen planlos umherwirbeln) zu eigenartigen Rhythmen oder disharmonischer Musik (manche Arten von Jazz oder Rock, auch die meiste Punk- oder New-Wave-Musik) ist ein gutes Ventil für dieses uranische 'High-Sein'. Eine *Dynamische Meditation* mit einer speziellen chaotischen Phase wurde von Rajneesh und seinen Anhängern gelehrt; Musik für diese Übung gibt es in spirituellen Buchhandlungen oder Sannyas-Zentren. Falls Sie an einem spirituellen Programm teilnehmen, das Meditation als Mittel zur persönlichen Transformation einschließt, ist Ihnen vielleicht schon aufgefallen, daß die Meditation während eines Uranus-Transits immer wieder unterbrochen werden kann, aber Beharrlichkeit führt zum Ziel.

Wie man Neptun ausgleicht

Saturn macht die Realität bekannt und sicher. Uranus zerstört die beruhigende Illusion der Vorhersehbarkeit. Neptun stellt die Realität an sich in Frage und bietet die beunruhigende Vorstellung, daß die Realität selbst eine Illusion ist. Neptun hat eine bedeutende Wirkung auf der Ebene der Wahrnehmung. Ein ungünstiger Neptun vertreibt die Klarheit, und wir bleiben zurück mit einer Art 'verschwommenem Blick', der es fast unmöglich macht, zwischen Wichtigem und bloßer Faszination zu unterscheiden. Natürlich lockt uns Neptun, aber viel zu oft auf dunkle Pfade und in Sackgassen. Wie Jupiter, mit dem er im Chakren-System ein Paar bildet, erweitert Neptun das Bewußtsein, aber während bei Jupiter diese Erweiterung zur Integration in ein größeres Ganzes führt, ist sie bei Neptun grenzenlos und endet in Auflösung.

Wir wollen natürlich nicht auf Neptuns Geschenk der erhabenen Träume und Ideale verzichten, aber um den Traum davor zu schützen, eine Täuschung zu werden, müssen wir in der normalen Realität geerdet sein. Beherzigen Sie Merkurs Ratschlag, und denken Sie: Ist diese Vorstellung realistisch? Oder mache ich mir etwas vor? Sehe ich die Wahrheit, oder lasse ich mich von einer großen Illusion verführen? Unter Neptuns Einfluß sollten Sie sich nicht ausschließlich auf Ihre eigene Meinung verlassen. Diskutieren Sie Ihre Angelegenheiten mit einem klar denkenden Freund. Gerade wichtige Entscheidungen sind zu dieser Zeit anfällig für Verwirrung. Wenn möglich, verschieben Sie sie, oder gehen Sie nur kurzfristige Verpflichtungen ein, und halten Sie sich einen Notausgang offen. Dann haben Sie immer noch Möglichkeiten zu wählen, wenn die Klarheit zurückkehrt.

Neptun in schwierigem Aspekt zu Venus oder Mars kann besonders in Ihrem Liebesleben Schwierigkeiten bringen, weil Sie zu Überidealisierung neigen und in jedem dahergelaufenen Schlingel einen Seelengefährten sehen. Lassen Sie eine neue Beziehung, die jetzt in Ihr Leben tritt, sich erst bewähren, bevor Sie den Saal mieten und die Blumen bestellen. Gehen Sie davon aus, daß es etwas gibt, das Sie zur Zeit nicht sehen!

Bei Neptun ist ein Planen im voraus äußerst schwierig. Es ist, als ob man auf einer dunklen, einsamen Straße fährt, die im dichten Nebel kaum zu erkennen ist. Um durchzukommen, müssen Sie Ihren Blick auf der weißen Linie halten und ihr bis nach Hause folgen. Um Neptun zu begegnen, müssen Sie sich um naheliegende Dinge kümmern. Konzentrieren Sie sich darauf, Ihre alltäglichen Gewohnheiten aufrechtzuerhalten. Immer nur für diesen einen Tag. Setzen Sie sich kleine Ziele, die realistisch sind und zu denen Sie ein positives Gefühl haben. So nutzen Sie Saturn zu Ihrem besten Vorteil.

Beachten Sie, daß die meditierende Person in unserem Chakra-Diagramm durch die Lotus-Position auf einer soliden Basis sitzt und mit der Erde fest verbunden ist. Kontakt zum Boden, Erdung, ist besonders wichtig, um die Wirkungen von Neptun auszugleichen. Hier ist eine Liste einfacher Methoden, sich zu erden:

1. Stehen und gehen Sie barfuß auf der Erde.
2. Nehmen Sie eine Dusche (besonders gut, wenn Sie vorher mit der gestörten psychischen Energie einer anderen Person gearbeitet haben).
3. Essen Sie erdende Lebensmittel – insbesondere dunkle Fleischsorten und Körner.
4. Halten Sie sich fern von allen Drogen und ausgeflippten, verwirrten Menschen.
5. Wenn Sie barfuß auf dem Boden stehen, stellen Sie sich vor, ein Baumstamm zu sein mit Wurzeln tief in der Erde. Stellen Sie sich vor, wie sich die dicken Wurzeln tiefer und tiefer verzweigen. Lassen Sie alles, was Sie verwirrt und unkonzentriert macht, durch die Wurzeln hinunterfließen, wo es schließlich von der Erde aufgesogen wird.
6. Verbringen Sie Zeit mit geerdeten Freunden.
7. Wenn Sie ein Fleckchen Land haben, ist Gartenarbeit eine ausgezeichnete und dauerhafte Methode der Erdung. Sollten Sie in der Stadt wohnen, widmen Sie sich den Pflanzen in Ihrer Wohnung.
8. Nehmen Sie sich in regelmäßigen Abständen frei, und fahren Sie aufs Land. Denken Sie an die Erde – schauen Sie sie an, laufen Sie auf ihr, legen Sie sich auf sie.

Neptun erleben und transformieren

Wenn Sie sich praktischen Dingen zuwenden und sich gleichzeitig etwas Zeit für Neptun nehmen, kann es eine wahre Freude sein, sich in seinen verträumten Mäandern treiben zu lassen. Ich erinnere mich an einen neptunischen Tag, den mein Mann und ich vom Morgengrauen bis spät in die sternenklare Nacht auf einer hohen Bergwiese saßen und zuschauten, wie der Tag vorüberging. Die Tagträume hatten die gleiche Basis wie die Naturschönheit um uns herum und erzeugten ein 'Rocky-Mountain-High', an das wir uns gerne erinnern. Wenn Sie wissen, daß Ihnen ein Neptun-Einfluß bevorsteht, suchen Sie nach Möglichkeiten, seine positiven Qualitäten zu erfahren. Beleben Sie Ihre vernachlässigten Meditationspraktiken neu. Strengen Sie sich besonders an, Ihre Träume zu entdecken. Erlauben Sie sich, durch inspirierendes Lesen in einem positiven Sinne dem Alltag zu entfliehen. Lama Govindas Dokumentation seiner Tibetreise, *Der Weg der weißen Wolken*, Peter Matthiessens *Auf der Spur des Schneeleoparden* oder John G. Neihardts Buch *Schwarzer Hirsch: Ich rufe mein Volk* wären hier eine gute Wahl.

Probleme, die bei zutiefst belastenden Neptun-Aspekten auftauchen, lassen sich möglicherweise nur in transformierenden Ansätzen auflösen. Ich bin überhaupt nicht mehr verwundert über Alkoholismus oder Drogenmißbrauch, Spielsucht, Eßsucht oder Beziehungssucht bei Geburtsbildern mit harten Neptun-Aspekten. "Nehmen Sie keine Drogen", ist ein guter Rat, aber ein Verbot kann in den seltensten Fällen einer einmal ausgebrochenen Sucht etwas anhaben. Für Alkoholismus und andere Süchte gibt es bisher nur einen Ansatz, der Millionen Menschen Heilung gebracht hat: die Anonymen Alkoholiker mit ihrem "Zwölf-Schritte"-Programm. Das muß so sein, weil AA ein vollständig spirituelles Programm ist, das nicht darauf abzielt, Symptome zu lindern, sondern die Energie umzuwandeln, die den Impuls zum Exzeß liefert, und das Leben des Leidenden auf physischer, geistiger, emotionaler und spiritueller Ebene zu verändern. Östliche spirituelle Systeme sind kein Ersatz für AA – wenn Sie AA brauchen, sollten Sie auf jeden Fall hingehen –, aber sie bieten uns diverse Mittel, um uns selbst zu ändern, die uns von Abhängigkeit, Zwanghaftigkeit und Leiden befreien können. Im Kriya-Yoga gibt es beispielsweise Meditationen, die den Atem von Chakra zu Chakra transportieren, ihre Energien integrieren und die Last des Karmas erleichtern. Ihr Ziel ist vollständige Befreiung und absolutes Wissen jenseits der Reichweite jedweder neptunischer Illusion.

Wie man Pluto ausgleicht

Form, Auflösung, Chaos, Neu-Ordnung: jede Substanz, jede Energie und jedes Wesen kreist in der unendlichen Kette von Tod und Wiedergeburt. Und die Hand von Pluto führt jede Umdrehung des Rades. Jedes Ego wird geboren und wird sterben, nur um wiedergeboren zu werden, sogar innerhalb der Grenzen eines einzigen Lebens. Der Pionier der LSD-Psychotherapie, Stanislav Grof, der sich auf unzählige Erfahrungen mit Patienten stützt, beschreibt die fundamentale Pluto-Erfahrung:

> Paradoxerweise hat die betreffende Person, obwohl nur ein kleiner Schritt sie von einer großen Befreiung trennt, das Gefühl, unmittelbar vor einer Katastrophe gewaltigen Ausmaßes zu stehen. Dies führt häufig zu einem verzweifelten und entschlossenen Kampf, den Prozeß an dieser Stelle zum Stillstand zu bringen. (...) Der Übergang (...) wird von einem Gefühl der totalen Vernichtung auf allen nur vorstellbaren Ebenen begleitet – von physischer Zerstörung, von emotionaler Auflösung, von intellektueller und philosophischer Niederlage, von tiefster moralischer Verirrung und von absoluter Verdammnis transzendentaler Ausmaße. Diese Erfahrung des 'Ich-Todes' scheint eine unmittelbare, schonungslose Zerstörung aller Bezugspunkte im früheren Leben des betreffenden Menschen nach sich zu ziehen.[12]

Gnädigerweise stürzt uns nicht jeder Pluto-Transit in solche Tiefen – aber das Potential ist immer vorhanden. Selbst bei weniger starker Intensität wühlt Pluto tiefe Gefühle auf. Er enthüllt alles, was man versteckt und im Unterbewußtsein verborgen hat, und verlangt, daß man sich mit seiner inneren Natur versöhnt. Pluto verdient Respekt, sogar Furcht, aber vergessen Sie nie, daß Pluto, ebenso wie Kali, die Hindu-Göttin der Zerstörung, immer nur vernichtet, um Neues zu erschaffen. Um einen schwierigen Pluto-Aspekt zu meistern, ist die Einsicht wesentlich, daß Sie eine fundamentale Veränderung brauchen. Deshalb sind Ausgleichstechniken nicht die endgültige Lösung. Aber da wir wahrscheinlich irgendeine Art von Erleichterung ersehnen, wenn uns Pluto im Griff hat, sollte ich Ihnen zumindest etwas anbieten, was sich als hilfreich erwiesen hat.

Die saturnischen Erdungstechniken, die ich oben für Neptun beschrieben habe, scheinen hilfreich zu sein, um Plutos überschüssige Energie abzuleiten. Probieren Sie sie aus! Da unser Körpersystem bei Pluto über alle Maßen aufgewühlt und erhitzt wird, sollten Sie auch versuchen, Ihren Saturn durch kühlende Lebensmittel zu stärken. Vermeiden Sie schweres Fleisch und Gewürze, die das Mars/Pluto-Chakra anregen, und denken Sie darüber nach zu fasten, denn Beruhigung Ihres Verdauungssystems bringt auch dem inneren Aufruhr eine gewisse Erleichterung.

Wenn uns Pluto besucht, sind wir selten eine angenehme Gesellschaft für andere. Unsere Gefühle sind so tief und intensiv, daß wir große Schwierigkeiten haben, sie zu vermitteln, und wir sind eher geneigt, einfach um uns zu schlagen, als um Verständnis zu bitten. Wenn wir also Hilfe am dringendsten benötigen, scheinen wir sie am wenigsten zu bekommen. Dies ist die Zeit, die innere Quelle der Liebe anzuzapfen: stimulieren Sie Ihr Venus-Chakra. Wenn Sie sich intensiv auf Liebe, Sanftmut und Mitgefühl für sich selbst und andere konzentrieren, können Sie Pluto einen Teil seiner Kraft nehmen. Lieben Sie sich selbst! Suchen

Sie nach Möglichkeiten, gut zu sich selbst zu sein, und verschaffen Sie sich Freude. Essen Sie Ihre Lieblingsmahlzeit! Entspannen Sie sich in einem heißen Bad! Wenn Sie einsam sind, rufen Sie die Menschen an, die Sie lieben, und sagen Sie ihnen, daß Sie sie gernhaben – Liebe ist das Geschenk, das immer zu dem Schenkenden zurückkommt. Würdigen Sie Ihr Bedürfnis nach Wärme und Berührung: hüllen Sie sich in eine Decke oder Ihren alten Pelzmantel ein, setzen Sie sich ans Feuer, oder lassen Sie sich von einem liebevollen Menschen einmal wöchentlich massieren.

Selbstliebe erfordert, sich selbst und anderen zu vergeben. Der Yoga bietet ein 'Vergebungs-Mantra', das ich schon oft benutzt habe, um die Last von Pluto zu erleichtern: HAI RAM, JAI RAM, JAI, JAI RAM. (HAI wird wie 'hey' gesprochen, JAI: J wie englisch 'John', AI wie in 'rein'.) Dies waren Gandhis letzte Worte, als er ermordet wurde. Er sagte damit im wesentlichen: "Ich vergebe diese Tat." Um sich selbst und anderen zu vergeben, singen Sie das Mantra mit gleichbleibender Monotonie, und lassen Sie den Klang in sich eindringen. Singen Sie das Mantra eine Stunde oder länger, wenn nötig; Ihr Gefühl wird Sie leiten. An besonders angespannten Tagen können Sie den Gesang stumm den ganzen Tag hindurch fortsetzen und so fortwährend Ihren Ärger und Ihre Frustration loslassen und sich für den Frieden und die Liebe von Venus öffnen. Ich kenne keine bessere Methode, Pluto auszugleichen.

Pluto erleben und transformieren

Pluto dringt in jede Ebene des Geistes ein, verschiebt verkalkte Schichten des Bewußtsein und bricht sie auf. Daher zeigen Pluto-Aspekte optimale Zeiten für die Arbeit an der eigenen Transformation an. Ganz besonders profitieren werden Sie von metaphysischen Studien oder spirituellen Übungen, wie z.B. Yoga, Tantra, Selbsthypnose, Meditation, Rückführung in vergangene Leben und von psychologischer Arbeit wie etwa der Jungschen Traumanalyse, Psychodrama, befreiender Körperarbeit nach Reich oder Bioenergetik, Rolfing oder anderen Geist-Körper-Therapien.

Mit einer qualifizierten Begleitung könnten Sie diese einfache aber wirkungsvolle Methode ausprobieren: Setzen Sie sich bequem hin; richten Sie Ihre Aufmerksamkeit nach innen. Beginnen Sie, tief zu atmen, und sagen Sie sich bei jedem Atemzug: "Ich habe Angst" (oder "Ich bin wütend", wenn das Ihrer Stimmung besser entspricht). Während Sie weiter atmen und den Satz ständig wiederholen, werden Sie wahrscheinlich merken, daß Gefühle hochkommen, vielleicht verbunden mit Bildern oder Erinnerungen aus der Vergangenheit. Zensieren Sie sie nicht, sondern erlauben Sie ihnen, zum Ausdruck zu kommen: rollen Sie sich zu einer Kugel zusammen, schlagen Sie auf ein Kissen, oder weinen Sie. Ich möchte Sie aber warnen: versuchen Sie diese Übung nicht allein, es sei denn, Sie sind sich Ihrer Fähigkeit, starke Gefühle ertragen zu können, ganz sicher.

Methoden, die dem aufsteigenden Pluto-Archetyp eine äußere Form verleihen, können auch sinnvoll sein. Vielleicht haben Sie das Bedürfnis, eine Maske Ihrer 'dunklen Seite' herzustellen. Versuchen Sie, alle Ihre inneren Dämonen auf der Maske darzustellen, legen Sie sie dann auf Ihren Altar mit Blumen und Kerzen, und meditieren Sie darüber. (Eine vollständigere Beschreibung eines derartigen Rituals finden Sie in Kapitel Neun). Würdigen Sie die Macht Ihrer inneren dunklen Seite. Es wird interessant sein, zu sehen, wie Sie die Maske wahrnehmen und wie Sie auf ihre Symbolik reagieren. Ihr inneres Leben in so konkreter Form vor sich zu sehen, gibt manchen Menschen schon ein Gefühl von Kontrolle. Pluto wird dann etwas persönlicher und weniger bedrohlich.

Wenn Pluto in Ihr Geburtsbild hineinfeuert, werden Sie sehr stark von Ihrem Verlangen angetrieben, und Sie werden sich wahrscheinlich mit viel zu vielen Aktivitäten überladen. Dies legt drei Lösungen nahe: Vereinfachen, Vereinfachen, Vereinfachen. Lassen Sie sich durch den Zurück-auf-den-Boden-Einfluß von Saturn zu einem praktikableren Vorgehen leiten. Schieben Sie einige komplizierte Probleme beiseite, und konzentrieren Sie sich nur auf die dringlichsten. Richten Sie Ihre Aufmerksamkeit auf die nächste anstehende Aufgabe, und Sie werden mehr erreichen und sich weniger anstrengen müssen. Falls Sie das Gefühl haben, sich nicht einmal mehr an die Vorteile der Einfachheit erinnern zu können, nehmen Sie eine Lektion aus dem Kinderbuch *Pu der Bär*.[13] Vor einiger Zeit, als mich ein besonders häßlicher Pluto-Transit ins Schleudern brachte, kaufte mir mein Mann die vollständige Ausgabe der Bücher über den bezaubernden Teddybären. Liebevoll schrieb er als Widmung in die Bücher: "Um deine Bildung zu vervollständigen." Und genau das taten sie auch! Pu begegnet den komischen Komplikationen seines Lebens mit Kaninchen, Tiger, Känga und Ruh mit so viel Einfachheit und Staunen, daß ich nicht umhin konnte zu verstehen, wie ich das auch auf mein Leben anwenden könnte. Nehmen Sie sich einen Nachmittag frei von Ihrer nächsten Pluto-Episode, und lesen Sie *Pu der Bär*. Auch Sie können lernen, ein 'Bär mit wenig Verstand' zu sein.

9
Ein persönliches Ritual mit dem Horoskop gestalten

Das größte Bedürfnis des Menschen ist, die Strukturen seines Wesens symbolisch zu erfüllen. Wenn er das nicht tut, folgt die Katastrophe.
Shellyji, direkter Schüler von Yogananda, Kriya-Yoga-Linie

Unter den Ureinwohnern Amerikas war die Skidi-Gruppe der Pawnee-Indianer am meisten auf die Bewegungen und Bedeutungen der Himmelskörper eingestimmt.[1] Im Jahre 1904 gab Pawnee-Häuptling Letakots-Lesa folgende Erklärung ab:

> Am Anfang aller Dinge waren Weisheit und Wissen bei den Tieren; denn Tirawa, der Erhabene, sprach nicht direkt zu den Menschen. Er schickte gewisse Tiere, um den Menschen mitzuteilen, daß er sich durch Tiere offenbarte und daß die Menschen von ihnen, von den Sternen und von Sonne und Mond lernen sollten. (...) Wenn ein Mensch das Wissen suchte, wie er leben sollte, begab er sich in die Einsamkeit und schrie so lange, bis ihm in einer Vision ein Tier Weisheit brachte. In Wahrheit war es Tirawa, der ihm seine Botschaft durch das Tier übermittelte.[2]

Die Aktionen des Suchenden, sich alleine aufzumachen und eine Reihe von Schritten zu unternehmen, um ein bestimmtes Ziel – in diesem Falle Weisheit – zu erreichen, bilden ein Ritual. Und weil dieser Pawnee-Brauch ein persönliches, individuelles Streben ist, das letzlich den Himmel um Inspiration anruft, ist er im Geiste verwandt mit den *persönlichen astrologischen Ritualen,* von denen in diesem Kapitel die Rede sein wird. Wie Sie die Ziele und die Auswirkungen dieser Rituale verstehen wollen, bleibt Ihrer Entscheidung überlassen. Für einige sind die darin enthaltenen Transformationen *psychologisch,* so wie sie es für Jung wären (aber dafür nicht weniger tiefgehend), für andere sind sie *magisch* und hängen mit realen übernatürlichen Kräften zusammen.

In der westlichen Geschichte waren Ritual und Astrologie immer eng miteinander verbunden. Die Babylonier hatten ein kompliziertes System ritualisierter Verehrung planetarer Gottheiten.[3] Viel später waren auch die Riten der orientalischen Mysterien-Religionen voll von astrologischer Symbolik[4], und hauptsächlich durch Texte wie den *Corpus Hermeticum* wurde die Verbindung von Astrologie und Magie weitergegeben, um dann während der Renaissance mit neuem Leben erfüllt zu werden.[5] Eine besondere Blüte der astrologischen Magie bildete in der Renaissance die Entwicklung der klassischen 'Gedächtniskunst' (Mnemotechnik). Bereits zur Zeit des Metrodorus (1. Jahrhundert v. Chr.) basierten die hochentwickelten Erinnerungssysteme, die als Hilfe zur Rhetorik dienten, auf astrologischer Symbolik.[6] In der Renaissance beherrschte die Magie in zunehmendem Maße die Themen der Erinnerungssysteme, insbesondere seit der Errichtung von Giulio Camillos 'Gedächtnistheater'[7] im Jahre 1532. Dieses bemerkenswerte, niemals vollständig verwirklichte System umfaßte Gemälde und Skulpturen, die eine geheime Philosophie darstellten und dazu bestimmt waren, die gesamte Spannweite der Schöpfung ins Gedächtnis zu rufen.

Die magische Gedächtniskunst fand ihren Höhepunkt in den 80er Jahren des 16. Jahrhunderts in Giordano Brunos Versuch, das gesamte astrologisch symbolisierte Geheimwissen in einem großen System zusammenzufassen. Frances Yates führt dazu aus: "Deshalb konnten die Dekanbilder des Zodiaks, die Planetenbilder, die Bilder der Mondstellungen in Verbindung mit den Bildern der Häuser immer neue Kombinationen bilden und umbilden. Sollte in einem Gedächtnis, das diese sich ständig verändernden Kombinationen der Astralbilder verwendete, eine Art Alchemie der Vorstellungskraft, ein innerseelischer Stein der Weisen gebildet werden, mit dessen Hilfe jede mögliche Anordnung und Kombination der Objekte in der unteren Welt – Pflanzen, Tiere, Steine – verstanden und in Erinnerung behalten werden konnte?"[8] (Mehr Information über die bemerkenswerte, auf dem Tierkreis beruhende Gedächtniskunst der Renaissance finden Sie in Frances Yates' *Gedächtnis und Erinnern*.)

In der Renaissance waren Alchemie und Astrologie 'verbündete Wissenschaften'. Als Vorläufer der modernen Chemie waren die Alchemisten bemüht, Blei in Gold zu verwandeln. In der Realität waren ihre Praktiken aber weitaus mehr auf einen inneren, spirituellen Prozeß gerichtet, in dessen Verlauf die dichten und gröberen Bewußtseinszustände in höhere, feinere und erhabenere spirituelle Zustände überführt wurden. Was die Alchemisten anstrebten, ist im wesentlichen 'die Kunst, das Bewußtsein mit dem Willen zu verändern'. Beachten Sie, daß vom Yogi-Standpunkt, der in Kapitel Acht beschrieben wird, die 'Verwandlung von Blei in Gold' gleichbedeutend ist mit der Transformation von Saturn-(Blei-)Energie in ein rein solares (Gold-)Bewußtsein. Dieses Prinzip leitet die astrologischen Rituale, die im folgenden vorgeschlagen werden.

Rituelle Magie, Alchemie und Astrologie beruhen auf dem gleichen Prinzip: Der Mensch ist der Mikrokosmos des Universums in seiner Gesamtheit. Daher ist für Bruno "der Mensch das (...) 'große Wunder'", und sein Geist ist "göttlich und wesensgleich mit den Sternen-Herrschern des Universums"[9]. Diese Aussage, die gewöhnlich mit "wie oben, so unten" ausgedrückt und von den meisten Astrologen anerkannt wird, spiegelt die Auffassung wider, daß hinter allen äußerlichen

Phänomenen eine Gesamtheit steht – ein miteinander verbundenes und ineinandergreifendes Ganzes, das die Bewegungen seiner einzelnen Bestandteile sensibel aufnimmt und auf sie reagiert. Wir erkennen, daß die Welt ein Symbol ist und ihre Ordnung nur insofern bedeutungsvoll, als sie einen tieferen, profunderen Aspekt unseres Bewußtseins darstellt. Das sichtbare Universum ist, zumindest bis zu einem gewissen Grad, eine Projektion der menschlichen Psyche, von der es wahrgenommen wird. Wir können die inneren Kräfte erkennen, und sie können wachgerufen werden.

Das eigene Ritual entwerfen

Für den Astrologen entsteht die Verbindung zwischen Kosmos und Individuum mit Hilfe des Horoskops. Rituelle Magie erfordert für den Astrologen die Pflege dieser natürlichen Beziehung in dem Bewußtsein, daß das Horoskop eine symbolische Struktur liefert, die Informationen *vom* Kosmos weitergibt, aber auch gestattet, *auf* diese größere Welt einzuwirken. Persönliche astrologische Rituale können in beide Richtungen weisen, zur Transformation des inneren Lebens durch den Einsatz astrologischer Symbole oder zum Erreichen von Ergebnissen in der äußeren Welt unter Anleitung des Horoskops. Solche Rituale verlangen Ernsthaftigkeit, sorgfältige Vorbereitung, gebündelte Konzentration auf die richtigen Schritte und Symbole und die Wahl des astrologisch günstigen Zeitpunkts. Meine eigene Erfahrung hat bewiesen, daß sie, bei richtigem Einsatz, 'die Dinge in Bewegung bringen' können. Die Rituale, die ich Ihnen hier vorstelle, entstammen meiner Yoga-Praxis, der weiteren Erforschung von Magie und Astrologie und besonders dem, was sich in meinem Leben als wirkungsvoll erwiesen hat.

Der hauptsächliche Zweck des Rituals in Verbindung mit dem astrologischen Horoskop ist, die Wirkung positiver Transite zu stärken oder die Einflüsse schwieriger Transite zu mildern, zu neutralisieren oder auszuschalten. Benutzen Sie das Ritual zum Beispiel während eines Saturn-Transits im Trigon zu Ihrem Mond, um die Mond-Eigenschaften zu stärken – um die Beziehungen zu Ihrer Familie, Ihrer Mutter und Ihren Freundinnen auszubauen oder um Ihre eigene weibliche Seite zu stärken und zu unterstützen. Oder setzen Sie das Ritual zur Milderung, Neutralisierung oder Ausschaltung weniger günstiger Aspekte ein: um zum Beispiel einem schwierigen Mars-Einfluß entgegenzuwirken, konzentrieren Sie sich auf Venus, oder wenn Sie mit einem kritischen Saturn-Transit ringen, lenken Sie Ihre Aufmerksamkeit auf Jupiter.

Stellen Sie zunächst geeignete Zeiten im Jahresverlauf fest, damit die Rituale die beste Wirkung haben. Ich habe es mir zur Gewohnheit gemacht, jedes Jahr am Silvestertag anhand meines Geburtsbilds und der Ephemeriden geeignete Zeiten für Rituale zu suchen. Aber Vorsicht: wenn Pluto, Uranus und Neptun gemeinsam schwierige Transite über Ihr Geburtsbild haben oder insbesondere wenn die

Herrscher des achten und neunten Hauses von Transiten heimgesucht werden, sollten Sie Ihr Vorhaben verschieben. Das sind Energien, die selbst einem Meister der Magie Schwierigkeiten bereiten können. Vorausgesetzt, Sie sind von diesen schwierigen Transiten der äußeren Planeten verschont, so stellen Sie fest, wann der progressive Mond Ihr viertes, achtes und zwölftes Haus durchläuft, und zwar in positiver Beziehung zu anderen Planeten, wann der Transit-Jupiter ein Trigon zu Uranus mit positiven Aspekten zu den Herrschern des achten und neunten Hauses bildet oder ganz allgemein wann Saturn und Jupiter positive Transite über Ihr Geburtsbild haben.

Achten Sie auf Zeiten, wenn mehrere positive Aspekte zugleich aktiv sind wie zum Beispiel Transit-Jupiter in Konjunktion zu Mars im Stier und Transit-Saturn/-Uranus im Steinbock im Trigon zu Mars; die Kombination von beiden wäre eine gute Zeit für ein Ritual in Bezug auf Mars und Mars-Themen in Ihrem Leben. Schreiben Sie die Daten für jeden Transit auf. Beginnen Sie dann die engere Auswahl, indem Sie die Position des Neu-/Vollmondzyklus zu diesen Terminen feststellen. Befindet sich der Neu- oder Vollmond in guter Beziehung zu Ihren Planeten, besonders zu dem Planeten, der Gegenstand Ihres Rituals sein soll? Darüber hinaus weisen auch positive tägliche Mond-Transite über diese Positionen auf einen günstigen Zeitpunkt hin. Anhand einer Ephemeride können Sie durch Interpolation der täglichen Mondbewegung den genauen Zeitpunkt bestimmen, an dem Ihr Ritual die beste Wirkung haben wird.

Die Tradition des Yoga betrachtet als günstigste Zeiten für Rituale den Frühling und den Sommer, wenn, so glaubt man, die richtigen 'Tattvischen Strömungen' fließen (im Hinduismus die Kräfte, die unser Universum bilden)[10]. Auch die Mondzyklen sind wichtig, wobei im allgemeinen der zunehmende Mond günstiger ist. Bei Mondfinsternissen lassen sich die Auswirkungen nicht voraussagen, manchmal sind sie unterstützend, manchmal stören sie unsere Absichten.

Der Neumond ist günstig für geistige Heilung, wenn er in einem Luftzeichen steht, für praktische, körperliche Angelegenheiten in den Erdzeichen, für emotionale Heilung in den Wasserzeichen und für spirituelle, philosophische Absichten in den Feuerzeichen. Anders gesagt, es gibt vier verschiedene Arten von Magie: Feuer-, Luft-, Erd- und Wassermagie. Vielleicht wollen Sie diese Tatsache bei Ihren Ritualen anhand der Gewichtung der Elemente in Ihrem Geburtsbild berücksichtigen. Wenn bei Ihnen die Erde vorherrscht, so werden Sie mehr auf die erdigen, praktischen Rituale eingestimmt sein, oder wenn Sie nur über wenig Feuer verfügen, könnten Sie zum Ausgleich mehr Feuer-Rituale durchführen und dadurch das Feuer bewußter in Ihr Leben integrieren.

Versuchen Sie zu Beginn, die Wirkung eines positiven Transits zu verstärken. Später, wenn Sie etwas Erfahrung gesammelt haben, konzentrieren Sie sich auf einen schwierigen Transit, dem auch ein positiver Transit entgegenwirkt, wie zum Beispiel Jupiter in Konjunktion zu Ihrem Radix-Mond, oder wenn sich der

Transit-Saturn in Opposition zu Ihrer Sonne befindet, während Jupiter im Sextil zu ihr steht.

Beispiel eines persönlichen Rituals

Stellen Sie sich folgendes vor: Sie blättern in den Ephemeriden und bemerken den Neumond im August. Zu dieser Zeit haben Sie den Transit-Saturn (im Schützen) im zwölften Haus in Opposition zu Ihrer Sonne (in den Zwillingen) im sechsten Haus, während Jupiter (im Widder) im dritten Haus ein Sextil dazu bildet. Der Neumond im Löwen steht gleichzeitig im Trigon zu Transit-Saturn und -Jupiter und im Sextil zu Ihrer Sonne. Dieser exakte Neumond eignet sich besonders gut für ein Ritual mit der Absicht, sich auf das Jupiter-Sextil zu konzentrieren, seine Kräfte hervorzurufen, um die starke Saturn-Opposition auszugleichen und zu neutralisieren. Ihr Ziel ist, Ihren inneren Jupiter mit dem kosmischen Jupiter zu verbinden, um einen 'Energiestrom' zu erzeugen, den Sie in Anspruch nehmen können. Dieser Strom braucht eine geeignete Leitung, durch die er fließen kann. Das Ritual schafft eine wirkungsvolle Leitung, wenn es perfekt ist. Nun, da Sie Ihre Absicht, den Zeitpunkt und den Ort kennen, werden Sie darangehen wollen, Ihr Ritual zu entwerfen und zu planen.

Der psychologische Nutzen des Rituals besteht darin, daß all seine Bestandteile sorgfältig ausgewählt wurden und es Objekte und Handlungen beinhaltet, die voller persönlicher Assoziationen zur symbolischen Bedeutung der Zeremonie sind. Form, Klang, Geruch und Farbe werden zusammengebracht, um das Unterbewußtsein anzuregen. Man wählt also sorgfältig das passende Bild, die passende Farbe, Räucherstäbchen, Duft, Kräuter, Mantras, Talismane, kabbalistische Symbole, Kerzen oder Musik. Mit 'sorgfältig' meine ich, daß es zum Beispiel so etwas wie aktive und passive Räucherstäbchen gibt. Es läßt sich keine Atmosphäre für Jupiter mit Räucherstäbchen erzeugen, die Saturn anregen, oder ein Feuer-Ritual mit Räucherstäbchen für Wasser. Welche Räucherstäbchen oder sonstigen rituellen Elemente jeweils angemessen sind, können Sie in einer Tabelle planetarer Entsprechungen in einem guten esoterischen Text nachschlagen.

Nachdem Sie entschieden haben, welche Gegenstände Sie für Ihr Ritual zusammenstellen wollen, planen Sie Ihre Handlungen, die Sie während des Rituals ausführen wollen. Lassen Sie dabei jeden einzelnen Schritt sanft in den nächsten übergehen, so daß Sie Ihre Konzentration und Ihren meditativen Zustand ständig vertiefen können. Halten Sie Ihr Ritual so einfach wie möglich – es kann so sparsam sein, daß man lediglich eine blaue Kerze anzündet und ein Jupiter-Mantra singt. Nicht das ausgefeilte Ritual garantiert den Erfolg, sondern die Kraft Ihrer Konzentration und eine richtige Einstellung.

Wenn diese Vorbereitungen abgeschlossen sind, können Sie das Ritual wirklich beginnen (obwohl die Tradition sagt, daß das Ritual eigentlich schon in dem

Augenblick beginnt, in dem der Gedanke zu seiner Durchführung geboren wird). Erklären Sie zunächst die Zeit und den Ort als heilig. Stellen Sie das Telefon ab, und sagen Sie anderen, daß Sie nicht gestört werden möchten. Baden Sie, kleiden Sie sich Ihrem Vorhaben entsprechend, und bereiten Sie den Raum vor. Räumen Sie die Möbel weg, damit Sie eine große freie Fläche haben. Bestimmen Sie die Himmelsrichtungen (wenn nötig mit Kompaß), indem Sie die vier Kardinalpunkte feststellen und sie mit einem passenden Symbol auf dem Boden markieren: im Osten, dem symbolischen Widder-Punkt, stellen Sie ein geeignetes Symbol für Feuer auf (eine Kerze bietet sich hier an); an den Punkt des Steinbocks, den MC, stellen Sie ein Symbol für die Erde (einen Stein oder ein Gefäß mit Erde); in den Westen, den Waage-Punkt, könnten Sie eine Vogelfeder legen und am Krebs-Punkt eine Schale mit geweihtem Wasser aufstellen.

Legen Sie als nächstes ein schweres Baumwollseil im Kreis um die vier Kardinalpunkte, und markieren Sie Ihren heiligen Kreis. Stellen Sie sich dann auf die *Häuserpositionen* ein, an denen die Planeten in Ihrem persönlichen Geburtsbild erscheinen. Anders ausgedrückt, wenn Sie die Sonne im Stier im zehnten Haus haben, stellen Sie sich vor, daß sie am MC dieses Kreises steht. Oder Ihre Venus in den Zwillingen ist in Ihrem siebten Haus, dann denken Sie sie sich in der Nähe des Deszendenten im Westen. Bei unserem Beispiel, in dem es um ein Jupiter-Ritual geht, errichten Sie einen Altar an der Stelle des Transit-Jupiters (in diesem Fall in Ihrem dritten Haus) am Außenrand des Kreises. Der Altar wird Ihnen einen Brennpunkt für Ihre Aufmerksamkeit bieten. Breiten Sie Ihre ausgewählten Symbole, die Sie benutzen wollen, darauf aus.

Beginnen Sie Ihr Ritual eine Stunde vor dem exakten Neumond. Folgendes können Sie tun:

Setzen Sie sich zunächst in die Mitte Ihres Geburtsbildes mit dem Gesicht zu Ihrem MC. Machen Sie sich die vier Himmelsrichtungen bewußt, und würdigen Sie die Anwesenheit der einzelnen Elemente. Wenden Sie sich dann Ihrem dritten Haus zu, der Position in Ihrem Geburtsbild, an der sich der Transit-Jupiter im Widder und Ihr Jupiter-Altar befinden.

Sie haben Ihren Jupiter-Altar mit einem Tuch aus blauem Satin bedeckt und darauf die Gegenstände plaziert, die Sie mit Jupiter verbinden: ein Bild des griechischen Gottes Zeus, eine blaue Kerze, ein Sandelholz-Räucherstäbchen, einen Amethyst, ein Stückchen Zinn, Ihre Jupiter-Bildertafel mit einem emporfliegenden Adler, mit Bergen und weiten, offenen Landschaften, mit dem Pfeil des Schützen, einer Annonce für ein Trekking durch Nepal, einem großen, fröhlichen Stehaufmännchen, mit lächelnden Menschen, glücklichen Menschen, einem Yogi in meditativer Versunkenheit und den Worten 'Überfluß', 'Vertrauen', 'Wohlbehagen' und 'Ausdehnung'.

In der Mitte des Altars steht eine Maske, blau angemalt mit goldenen und silbernen Monden und Sternen darauf. Dies ist die Maske, die Sie Monate zuvor als Verkörperung Ihrer inneren Jupiter-Kraft hergestellt haben. Sie haben sie seitdem immer wieder benutzt, um tiefer in die Bedeutung und die Kraft von Jupiter einzudringen.

Beginnen Sie Ihr Ritual, indem Sie Ihren Blick aufmerksam auf jeden einzelnen Gegenstand Ihres Altars mit seinen Jupiter-Symbolen richten. Während Sie über die Symbolik nachdenken, sprechen Sie ein Dankgebet für die Wohltaten, die sie bewirken. Sie schreiben die Namen der Menschen und Dinge auf, die Sie als Segen in Ihrem Leben empfinden. Sie legen freudige Beethoven-Musik auf, zu der Sie sich zunächst hin- und herwiegen, dann erheben Sie sich und tanzen innerhalb Ihres Horoskopkreises. Sie drehen sich in weit ausladenden Bewegungen und konzentrieren sich darauf, sich auszudehnen und das körperliche Empfinden der Enge abzustreifen, das Sie seit der Saturn-Opposition zu Ihrer Sonne haben. Stärken Sie sich mit dem Jupiter-Gefühl!

Setzen Sie sich vor Ihren Jupiter-Altar, um in den tiefsten Teil Ihres Rituals einzutauchen. Sie zünden die blaue Kerze und das Sandelholzstäbchen an und bündeln Ihre Aufmerksamkeit erneut. Durch intensive Konzentration und Imagination stellen Sie den Kontakt zu dem Archetyp her. Sie schließen die Augen, konzentrieren sich und sehen das Bild des Zeus vor sich. Falls es Ihnen schwerfällt, das Bild des Zeus vor Ihrem geistigen Auge erscheinen zu lassen, konzentrieren Sie sich auf ein einfacheres Bild: das astrologische Jupiter-Zeichen, das in tiefem Blau auf Ihr Sonnenzentrum (den Punkt zwischen Ihren Augenbrauen) gemalt ist. Verfolgen Sie mit geschlossenen Augen immer wieder die blauen Linien. Dann beziehen Sie Ihren Atem mit in Ihr Bewußtsein ein. Bei jedem Atemzug nehmen Sie das heilende, beruhigende, kühle Blau von Jupiter in Ihre Lungen auf. Mit jedem Atemzug dringen Sie tiefer in Jupiters Reich ein. Sie öffnen sich ganz, um die positive Seite dieses Archetyps zu begreifen und in sich aufzunehmen. Sie machen sich seine Kraft zu eigen. Während der ganzen Zeit benutzen sie Ihren Geist wie einen Laserstrahl, der das Jupiter-Symbol in Ihr Bewußtsein einbrennt. Wenn der exakte Zeitpunkt des Neumonds im Löwen näherkommt, nutzen Sie die integrative Kraft des Augenblicks! Rufen Sie Ihren Jupiter an, Ihnen zu helfen, Fülle angesichts von Mangel zu empfinden, Vertrauen zu verspüren, wenn Sie in Selbstzweifeln stecken, Harmonie zu verströmen in Situationen des Kampfes, bei Widerstand und Hindernissen. Sie bitten Jupiter, in Ihrem Innern aufzugehen, mit Ihnen zu verschmelzen und sich den Mächten der Saturn-Opposition entgegenzustellen.

Ihr Ritual ist beendet. Seine Wirksamkeit läßt sich zum Teil daran messen, wie Sie sich jetzt fühlen. Sind Sie von Gefühlen des Wohlbehagens, der Freude, des Friedens durchflutet? Ist das Gefühl auch noch nach einer Stunde, einem Tag, einer Woche da? Bedenken Sie dabei, daß Ideen, die um den Neumond gesät wurden, häufig beim nächsten Vollmond Früchte tragen, deshalb beobachten Sie die Stimmung und die Art der Ereignisse in den beiden kommenden Wochen.

Manchmal scheinen Rituale keine greifbaren Ergebnisse hervorzubringen. Die Erfahrung lehrt jedoch, daß jedes Ritual funktioniert, wenn auch nicht immer sofort oder auf die Weise, wie Sie es sich vorgestellt haben.

Der richtige Zeitpunkt für ein Ritual: ein Beispiel

Sollten Sie jetzt noch Fragen zur Wahl des richtigen Zeitpunkts für ein Ritual haben, so schauen Sie sich noch folgendes Beispiel an: Es ist das Geburtsbild einer meiner Klientinnen, die aktiv Rituale praktiziert. (Siehe Diagramm)

Sandi ist eine Karriere-Frau, geschieden und lebt allein. Ihr Ziel für 1988 war es, "bis zum Ende des Jahres glücklich verheiratet zu sein". Was in ihrem Horoskop sofort auffällt, sind die Transite von Pluto und Neptun in positivem Aspekt zu

Sandi
16.10.1948, 12:30 GMT, Tulsa/Oklahoma (Felder Koch)

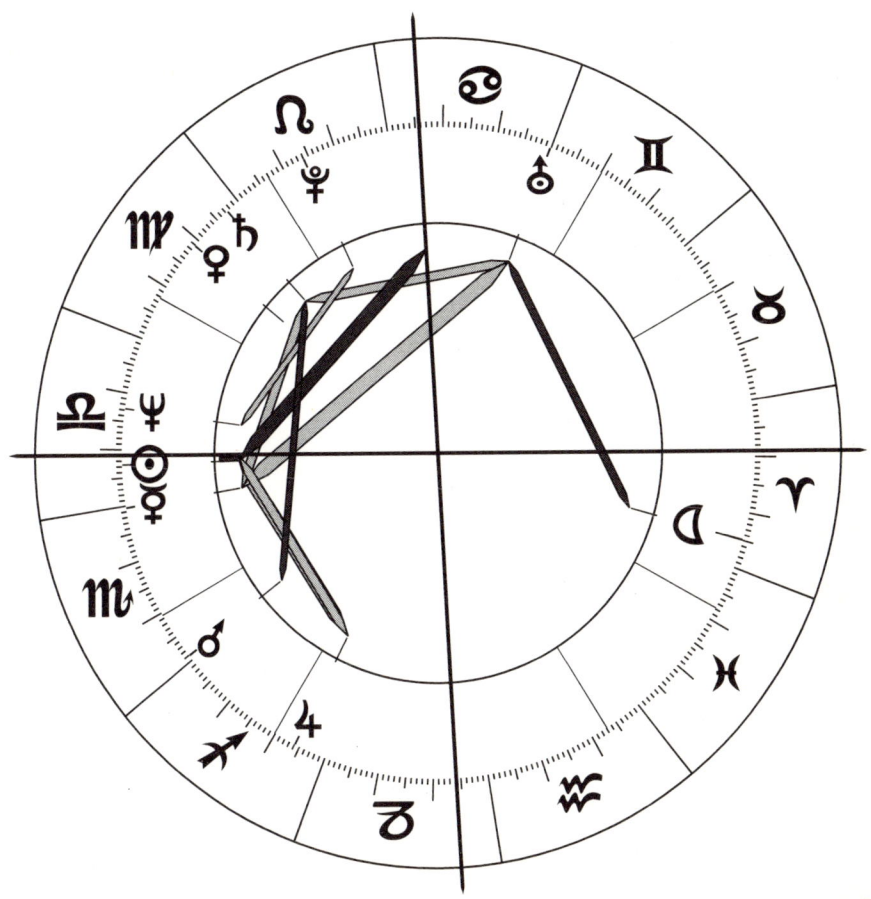

ihrer Radix-Venus. Ihr Heiratswunsch entstand beim ersten Transit von Pluto im Sextil zu ihrer Venus.

Im Frühjahr 1988, während ich dieses Buch schreibe, gibt es zwei Phasen von jeweils zwei Wochen im Jahr, die sich deutlich für ein Ritual mit Venus/Sonne/Jupiter-Themen anbieten, und zwar vom Neumond am 16. April 1988 bis zum Vollmond am 1. Mai sowie vom Neumond am 10. Oktober 1988 bis zum Vollmond am 25. Oktober. Betrachten wir Sandis Transite zu diesen Zeiten: Der Neumond Ende Widder steht in ihrem siebten Haus in Opposition zu ihrer Sonne im ersten Haus in der Waage und im Trigon zu ihrem Radix-Jupiter. Der Vollmond steht in Konjunktion zu Transit-Pluto im Sextil zu ihrer Venus; Pluto (retrograd) steht im Sextil zu Venus; Transit-Jupiter bildet am 28. April ein Trigon zu ihrer Venus; Transit-Venus steht am 17. April im Trigon zu ihrem Neptun, bei Vollmond im Trigon zu ihrer Sonne und am gleichen Tag innerhalb des für Oppositionen geltenden Orbis auch zu ihrem Radix-Jupiter.

Im Oktober-Mondzyklus (der dem oben beschriebenen Mondzyklus vom April genau gegenüberliegt) hat Sandi folgende Transite: Der Neumond in der Waage steht in Konjunktion zu ihrem Aszendenten und ihrer Sonne im Sextil zu Jupiter und im Sextil zu Pluto im Löwen; Pluto überschreitet zum letzten Mal das Sextil zur Venus genau am 8. Oktober; Jupiter (retrograd) bildet am 14. ein Sextil zum Mond; und am 13. findet eine Venus/Venus-Konjunktion statt. Sandis Geburtstag ist am 16. Oktober. Alle erwähnten Daten während dieser Zwei-Wochen-Phase bieten gute Gelegenheiten, die Macht von Venus zu stärken. Ich überlasse es Ihnen, herauszufinden, zu welchen Zeiten während dieser beiden Wochen der Transit-Mond ihre Venus, Sonne oder ihren Jupiter stimuliert. Auch dies wären gute Zeitpunkte für ein Ritual.

Folgende Symbole werden gewöhnlich bei Venus-Ritualen eingesetzt: die Farben Grün oder Rosa, Rosenquarz, Jade, Smaragd, Kupfer, rosa oder grüne Kerzen, Altardecke und Kleidung, rotes Sandelholz, Rosenparfüm, rosa Rosen, die Venus-Bildertafel und als weitere Bilder vielleicht Aphrodite oder die Tarotkarte der Venus (= die Herrscherin). Vielleicht nehmen Sie sich einmal die Zeit und die Muße, darüber nachzudenken, wie Sie ein Ritual zu Sandis Absichten und ihrem Horoskop planen würden.

Nachtrag: Sandi und die Ergebnisse ihres Rituals

Sandi begann im Frühjahr 1988, regelmäßig ein Venus-Ritual durchzuführen. Im April stellte sie schockiert fest, daß sie schwanger war. Eine qualvolle Suche nach der richtigen Entscheidung folgte. Weder sie noch der Mann, von dem sie das Kind erwartete, konnten sich eine Heirat oder gemeinsame Elternschaft vorstellen, und das Kind außerehelich zur Welt zu bringen, schien am Ende auch nicht in Frage zu kommen. Sandi traf die schwierige Entscheidung, die Schwangerschaft abzubrechen. Nach dem großen Kummer über dieses Ereignis kam Sandi zu einer neuen Erkenntnis: sie hatte zum ersten Mal in ihrem Leben ihren eigenen Bedürfnissen den Vorrang vor den Bedürfnissen anderer gegeben, wodurch sie zu einem neuen Selbstwertgefühl und einer tiefen Liebe zu sich selbst gelangte.

Im Mai 1988 kam ein Mann, mit dem Sandi zusammen arbeitete, auf sie zu, und eröffnete ihr schließlich, daß er bereits seit Januar in sie verliebt war! Jetzt, vier Monate später, sind die beiden heftig ineinander verliebt und reden von Heirat. Sandi spricht mit Erstaunen über die tiefe emotionale und spirituelle Verbindung zwischen ihnen.

Ist das alles ein Ergebnis des Rituals? Niemand kann das mit Sicherheit sagen. Fällen Sie Ihr eigenes Urteil!

Schlußbemerkung

Der Geist, die Magie, das innere und das äußere Universum – das alles ist gewaltig und übersteigt unser Fassungsvermögen. Das persönliche astrologische Ritual kann ein kleines Fenster zu diesen Reichen öffnen, was jedoch niemals ohne angemessene Sorgfalt geschehen sollte. Ich schlage daher vor, daß Sie ganz langsam mit Ritualen beginnen, um zunächst ein Gefühl für Ihre innere Landschaft zu bekommen. Seien Sie bewußt, und tun Sie nur, was sich *richtig anfühlt*. Wenn eine Praxis oder Methode Sie eher beunruhigt als beruhigt oder erleuchtet, so lassen Sie sie fallen, oder versuchen Sie etwas anderes. Die wichtigste Funktion eines astrologischen Rituals ist, den Dingen, die Sie einsetzen, Bedeutung zu geben. Wenn das, was Sie tun, Sinn macht, kann es nicht falsch sein.

Buch II
Arbeitsbuch

Einführung

Kurz gesagt, beantwortet die Astrologie folgende Fragen:
WER bin ich? – Die Planeten: die inneren Energien, Mächte und psychischen Kraftfelder.
WIE bin ich? – Die Zeichen: wie sich diese Energien entfalten und ausdrükken.
WO manifestieren sich diese Energien? – Die Häuser: die Schauplätze im Leben, an denen die Energien auftreten.
WANN manifestieren sich diese Energien? – Transite und Progressionen: der Zeitraum, in dem mit einer bestimmten geistigen, emotionalen, physischen oder spirituellen Erfahrung zu rechnen ist.
Dieses Arbeitsbuch enthält eine Reihe von Übungen und inszenierten Erlebnissen, durch die die astrologischen Prinzipien für Sie erfahrbar werden können. Es gibt natürlich eine Fülle von Literatur, in der die Grundzüge der Astrologie beschrieben werden, und jedes gute Buch, das die Planeten, Zeichen, Häuser und Aspekte erklärt, eignet sich als Zusatzmaterial zu diesem Arbeitsbuch. Sie sollten für die meisten Übungen eine gewisse Kenntnis der 39 grundlegenden Symbole haben – der 10 Planeten, 12 Zeichen und Häuser sowie fünf Hauptaspekte (Konjunktion, Opposition, Quadrat, Trigon und Sextil).

Die Übungen kommen aus vielen unterschiedlichen Quellen, und die meisten habe ich in Astrologie-Gruppen und Workshops eingesetzt. Andere habe ich mir bei Gruppenleitern ausgeliehen, deren Arbeit ich schätze. Einige sind recht bekannt und werden innerhalb der Humanistischen Psychologie angewendet.

Für die meisten Gruppenübungen sind mindestens vier Teilnehmer erforderlich, 10 bis 12 Personen ist aber die optimale Gruppenstärke. Gruppen mit geringer Teilnehmerzahl können zu schnell leerlaufen. Eine zu große Gruppe wiederum ist möglicherweise schwer zu überschauen, und ihre Energie kann sich zu sehr verstreuen.

Ob Sie die Übungen alleine durchführen, privat mit zwei oder drei Freunden, bei regelmäßigen Gruppentreffen oder während einer Therapie-Sitzung, es ist immer sinnvoll, sie öfter zu wiederholen, um Ihr astrologisches Wissen und Verständnis weiter zu vertiefen.

Das Arbeitsbuch ist in 14 Abschnitte unterteilt: die Elemente, Eisbrecher- und Aufwärmübungen sowie Übungen, die den Geist der Planeten und Zeichen verdeutlichen. Jedem Abschnitt über die einzelnen Planeten ist eine kurze Einführung vorangestellt. Es folgt ein typisches Schlüsselerlebnis, dann weitere Übungen und Variationen, eine Liste bekannter Filme, die die Stimmung des Planeten verdeutlichen, ein Planetenspaziergang und eine Meditation sowie eine Liste zeitgenössischer und klassischer Musik, die die Energie des Planeten hervorruft.

Die Verbindung von Musik und erfahrbarer Astrologie fügt unserem Erlebnis der Archetypen eine bedeutende Dimension hinzu. Pythagoras lehrte, daß gewisse Akkorde oder Melodien beim Zuhörer bestimmte Reaktionen hervorrufen, Musik kann zu einem Gefühl von Mut, Melancholie, Verzückung oder beruhigendem Frieden führen. Der englische Komponist Gustav Holst, selbst mit Astrologie befaßt, erkannte, daß jeder Planet in Zusammenhang mit einem bestimmten Gefühl steht.[1] In seiner symphonischen Suite *The Planets* fängt er die Bedeutungen der Planeten in sieben Sätzen ein: "Mars, der den Krieg bringt", "Venus, die den Frieden bringt", "Merkur, der geflügelte Bote", "Jupiter, der Fröhlichkeit bringt", "Saturn, der das Alter bringt", "Uranus, der Zauberer" und "Neptun, der Mystiker".

Die Musik, die ich vorschlage, wird Ihr Gefühl für den betreffenden Planeten ansprechen. Sie können der Musik ganz einfach zuhören, sie mit geführten Phantasiereisen oder bei aktiveren Formen der erfahrbaren Astrologie einsetzen.

Der letzte Abschnitt des Arbeitsbuchs, "Pluto und Skorpion", endet mit der Geschichte einer wahren Meisterin der Erzählkunst, Marcie Telander aus Boulder, Colorado. Sie haucht unserem Verständnis des Pluto-Prozesses Leben ein und ermutigt uns, durch ihre originelle Interpretation der Geschichte von Tamlaine unsere innere Heldin zu entdecken.

Die Elemente

Einer alten Überzeugung zufolge bilden die vier Elemente die Grundsteine von Natur und Schöpfung. Die zahllosen Kombinationen der Elemente Erde (Empfinden), Luft (Denken), Wasser (Gefühl) und Feuer (Intuition) definieren tatsächlich die Eigenschaften der Materie und formen symbolisch unsere Seele. Wir alle haben in unserem Innern eine unterschiedliche Verteilung dieser vier Elemente und haben gewöhnlich einen stärkeren Zugang zu einem oder zwei dieser Elemente. Wir sind alle für ein Ungleichgewicht der Elemente anfällig. Betrachten wir also jedes einzelne Element und einige Übungen, um sie auszugleichen.

Feuer

Feuer wurde immer auch als 'Lebensspender' verehrt. Die Existenz des Feuers hat unsere Überlebensfähigkeit ungeheuer gesteigert, weil es uns Wärme gibt und Schutz bietet. Das Feuer inspiriert uns und bringt uns zur Erkenntnis der spirituellen Qualität des Lebens – es führt uns zur Erfahrung unserer Erhabenheit. Es symbolisiert Ideale, Leidenschaft, Geist, reine Energie, Inspiration, Reinigung, die

Farbe Rot und als Kardinal-Feuer den Widder, die Energie des Frühlings und der Frühjahrs-Tagundnachtgleiche.

Menschen mit zu viel Feuer haben die Neigung, sich über die Maßen zu verausgaben, was zu Erschöpfung führen kann. Wer Feuer im Übermaß hat, muß lernen, sich zu entspannen und zu atmen. Nehmen Sie sich jeden Tag 10 Minuten Zeit, tief und langsam durchzuatmen.

Ehe Sie sich in Ihrer Begeisterung entladen, sollten Sie kurz innehalten und überlegen: "Ist das, was ich vorhabe, realistisch? Habe ich eine Grundlage, von der ich ausgehen kann? Habe ich einen speziellen Plan, um es zu erreichen?" Benutzen Sie Ihre Erde, um Ihr Vorhaben auf eine solide Basis zu stellen! Denken Sie praktisch! Ordnen Sie Ihr Vorhaben! Lassen Sie es zuerst in Ihren Gedanken entstehen, und verwirklichen Sie es danach.

Menschen mit zu wenig Feuer können lethargisch sein, wenig inspiriert, antriebslos oder ein mangelndes Bewußtsein für spirituelle Bereiche haben. Wenn man sich häufig mit Feuer umgibt, kann dies dazu beitragen, der eigenen Persönlichkeit etwas mehr Feuer zu geben. Man könnte über der Flamme einer Kerze meditieren oder in die Flammen eines lodernden Lagerfeuers schauen. Man könnte auch über den Unterschied zwischen einem kontrollierten Feuer in einem offenen Kamin und den Auswirkungen des unkontrollierten Feuers (Begeisterung) bei einem Waldbrand nachsinnen.

Körperliche Betätigung ist eine weitere Möglichkeit, das Feuer innerhalb unseres Systems anzuregen. Sollten Sie sich apathisch fühlen und in einem psychischen Tief (Saturn) stecken, gehen Sie hinaus, und treiben Sie Sport! Benutzen Sie das Feuer (Mars), um den Zustand der Depression (Saturn) aufzubrechen.

In der traditionellen Magie wird Feuer als die Kraft zur Reinigung benutzt. Wenn Sie sich von einem Gedanken, einer Gewohnheit, einem anderen Menschen, einem Problem oder psychischen Block befreien wollen, nehmen Sie ein Symbol für das Problem, und denken Sie sich Ihr persönliches Befreiungsritual aus. Überlegen Sie, wovon Sie befreit werden möchten, konzentrieren Sie sich dann intensiv auf das Problem, und schreiben oder malen Sie es auf. Nachdem Sie Ihren Geist und das Symbol mit Ihrer Energie 'aufgeladen' haben, werfen Sie das Blatt Papier ins Feuer. Das Symbol wird vernichtet, und die Macht, die das Problem ausgeübt hat, wird symbolisch zum Raub der Flammen.

Luft

Ohne Luft könnte kaum ein Mensch länger als zwei Minuten überleben. Weil Luft aber unsichtbar ist, sind viele von uns sich dieser Tatsache nicht besonders bewußt, außer wenn uns der Wind durchs Haar fährt oder ins Gesicht bläst. Dennoch sind Luft und die Kraft zu atmen (Prana) die wesentliche Grundlage unserer Existenz und stehen in untrennbarem Zusammenhang mit unserer Fähigkeit, zu denken und zwischen unseren Sinneswahrnehmungen zu unterscheiden. Darüber hinaus erlauben sie uns, unsere Erfahrung derart zu ordnen, daß wir sie verstehen können. Luft steht für Gedanken, Logik, Atem, Beziehung, Geselligkeit, die Farbe Gelb. Kardinal-Luft ist die Waage mit der Herbst-Tagundnachtgleiche.

Die Yogis haben schon immer gewußt, daß der Atem das wichtigste Instrument zum Wahrnehmen und Erreichen höherer Bewußtseinszustände ist. In jedem Atemzug liegt das 'Prana', die ursprüngliche Lebenskraft, die auf Körper und Geist wirkt und uns das feinere spirituelle Wesen unseres Daseins bewußt macht. Wir alle haben bereits erlebt, wie bei durcheinandergeratenen Gedanken oder Gefühlen ein kurzes Innehalten und ein tiefer Atemzug das Gleichgewicht wiederherstellen können.

Wer zu viel Luft hat, kann übertrieben analytisch sein und sich das Denken so sehr zur Gewohnheit machen, daß der Kontakt zu Gefühlen und Emotionen verlorengeht. Wer zu wenig Luft hat, kann sich in gesellschaftlichen Situationen unwohl fühlen oder seinen eigenen Gedanken und seiner Verständigungsfähigkeit wenig Vertrauen schenken.

Die *Art und Weise*, wie wir atmen, hat einen unmittelbaren Einfluß auf unsere Gedanken und Gefühle, und um dies zu verdeutlichen, möchte ich einige einfache aber dennoch äußerst wirksame yogische Nervenreinigungstechniken beschreiben. Indem Sie die Luft in einer besonderen Weise atmen, werden Sie feststellen, wie sehr Sie zur Ruhe kommen und wie Ihre Gedanken- und Gefühlsfunktionen ins Gleichgewicht gebracht werden.

Diese Technik ist als 'abwechselndes Atmen' bekannt. Tragen Sie Kleidung, die Sie nicht einengt. Setzen Sie sich zunächst in bequemer Haltung aufrecht hin. Bilden Sie mit der Spitze des Daumens Ihrer linken Hand und der Spitze des Zeigefingers einen Kreis. Diese Stellung wird als Shiva-Mudra, die 'Weisheits'-Geste, bezeichnet. Legen Sie die linke Hand auf Ihr Knie und Ihren rechten Daumen über das rechte Nasenloch, Ring- und kleinen Finger über das linke Nasenloch. Zeige- und Mittelfinger der rechten Hand werden in die Handfläche gelegt. Entleeren Sie danach Ihre Lunge vollständig. Dann schließen Sie das linke (lunare) Nasenloch und atmen langsam und gleichmäßig durch das rechte (solare) Nasenloch ein. Wenn Ihre Lungen gefüllt sind, schließen Sie das rechte Nasenloch und atmen Sie, ohne die Luft anzuhalten, durch das linke wieder langsam und gleichmäßig aus. Halten Sie das rechte (solare) Loch weiterhin geschlossen und atmen Sie langsam und gleichmäßig durch das linke (lunare) Nasenloch ein. Dann schließen Sie es wieder und atmen, ohne die Luft anzuhalten, durch das rechte langsam und gleichmäßig wieder aus. Damit haben Sie einen Durchgang vollendet. Es ist wichtig, daß Sie einen gleichmäßigen Fluß zwischen Einatmen und Ausatmen erreichen. Machen Sie die Übung anfänglich in sieben Durchgängen pro Tag. Selbst wenn Sie nur wenige Minuten täglich abwechselnd atmen, werden

Sie ein Gefühl von innerem Frieden und sanfter 'Betäubung' feststellen, das Ihre Gedanken beruhigen und Ihre Gefühle ausgleichen wird. Traditionellerweise wird es bei den Tagundnachtgleichen im Frühling und im Herbst praktiziert, denn es kann einen tiefen Einklang mit dem harmonischen Gleichgewicht der kosmischen solaren und lunaren Kräfte während dieser Zeit erzeugen.

Erde

Am vertrautesten ist uns das Erdelement, weil die Erde unsere physische Heimat ist. Wir lernen die Erde durch unsere Wahrnehmungsfunktion kennen. Durch Sehen, Schmecken, Riechen, Berühren und Hören ordnen wir die willkürlich auf uns wirkenden Einflüsse und bestimmen die 'Wirklichkeit' der konkreten Form. Sie steht nicht nur als Symbol für unsere physische Erde, sondern für alles, was dauerhaft, solide und zuverlässig ist, für die Farbe Grün und als Kardinal-Erde für das Zeichen des Steinbocks und die Wintersonnenwende.

Menschen mit wenig Erde wird es schwerfallen, sich auf das Physische einzulassen. Manche von ihnen erscheinen weltfremd und unpraktisch. Sie halten den Kopf in die Luft und schweben mit den Füßen über dem Boden. Wer hingegen über eine starke Erdbetonung verfügt, kann zu sehr auf der Erde verharren und ist möglicherweise für feinere Zustände unempfänglich oder sträubt sich sogar dagegen. Diese Menschen sind wahrscheinlich sehr stark auf materiellen Erfolg ausgerichtet, auf Besitz und darauf, 'ein gutes Leben' zu führen. Für alle, die das Element Erde und die Funktionsweise der Sinne selbst erfahren möchten, beschreibe ich nun einige Übungen zum Ausprobieren.

Wenn Sie mit einer Gruppe das Element Erde erfahren möchten, bitten Sie die Teilnehmer, sich im Kreis auf den Boden zu setzen und die Augen zu schließen. Geben Sie jeder Person ein Säckchen mit Erde. Lassen Sie die Teilnehmer sich ihrer Sinne bewußt werden, indem sie die Erde fühlen und riechen, auf ihren Armen, Gesichtern und Füßen spüren. Zur Erweiterung der Übung können Sie verschiedene Stoff-, Samt- oder Jutesäckchen mit diversen Kräutern umhergehen lassen. (Salbei, Rosmarin, Basilikum, Lorbeerblätter und Fenchelsamen sind dazu gut geeignet.) Die Gruppe sollte sich so tief wie möglich auf ihre Sinne konzentrieren. Stellen Sie nach der Übung fest, wie sie die Erfahrung erlebt haben. Welche Empfindungen gefielen den Teilnehmern am besten, welche am wenigsten?

Für Menschen, die einen stärkeren Kontakt zur Erde brauchen, gibt es eine große Anzahl von 'Erdungsübungen', die aus dem Yoga, der Psychologie oder der Körperarbeit stammen. In Kapitel Acht habe ich eine Reihe von individuellen Erdungsmöglichkeiten aufgezählt, die besonders bei schwierigen Neptun-Transiten hilfreich sind. Eine weitere, dort nicht erwähnte Möglichkeit ist das Erdbett. Wenn Sie sich schlecht fühlen oder ein schmerzhaftes Gefühl nicht abschütteln können, suchen Sie sich eine Stelle mit reiner Erde ohne Blätter oder Pflanzen.

Setzen oder legen Sie sich auf die Erde. Stellen Sie sich vor, wie Ihre Krankheit oder Ihre schwierigen Gefühle in die Erde versinken. Fühlen Sie, wie das Problem oder der Schmerz von der Erde unter Ihnen aufgesogen wird. Spüren Sie den Rhythmus der Erde. Stellen Sie Ihren Körper auf ihre feine Heilenergie ein, und lassen Sie ihre kühle, tiefe und solide Energie aus dem Boden in sich hineinströmen. Falls Sie ans Bett gebunden sind oder dies aus anderen Gründen nicht durchführen können, stellen Sie eine Schüssel mit frischer Erde neben sich, damit Sie sie wenigstens fühlen können.

Wasser

Wasser hat für unser Leben beinahe die gleiche Bedeutung wie Luft. Das Wasser bewahrt und nährt und spendet Leben. Aus dem Wasser ist alles geboren. Wasser ist das häufigste Symbol für unbewußte Tiefen: der tiefe Fluß der weiblichen, nährenden, heilenden Quellen, der in der Erde und in unserem emotionalen Leben fließt. Ebensowenig wie wir auf den Grund eines tiefen Sees schauen können, sind wir in der Lage, in die Tiefen unseres Unbewußtes hinunterzublicken, häufig können wir nur indirekte Schlußfolgerungen ziehen. (Die großen Göttinnen und Götter mit Wissen um die Zukunft sind allesamt Wasser- Gottheiten: Proteus, Nereus, Thetis.) Wasser ist das Symbol für die Psyche, für Emotionen, Fließendes, Veränderung, Versunkenheit, Entfaltung, die Farbe Blau und als Kardinal-Wasser für den Krebs und die Sommer-Sonnenwende.

Oft, wenn uns Probleme plagen, fühlen wir uns zum Wasser hingezogen, ans Meer oder einen See. Für Klienten mit starkem, aspektbetontem Neptun empfehle ich häufige Ausflüge zu Seen und Meeren. Diese Menschen kennen in der Regel das beruhigende Gefühl, das sie in der Nähe von Wasser durchströmt.

Praktische Wasserübungen verlangen Reflexion und die Bereitschaft, sich nach innen zu wenden. Sie könnten dazu das Licht dämpfen und sich bequem hinlegen, 'Umwelt-Musik' auflegen – Meeresrauschen, das Plätschern eines Baches oder Gewittergeräusche – und über den Unterschied zwischen frei und unkontrolliert fließendem Wasser und dem Wasser in einem Glasbehälter meditieren oder auch über die Unermeßlichkeit des Wassers der Ozeane im Vergleich zum Wasser in einem See nachdenken.

Eine der ältesten Methoden der Reflexion besteht darin, Wasser zu betrachten. Hierzu eignet sich ein stiller Teich genauso wie ein Bach, ein brausender Ozean, eine Pfütze, ein Springbrunnen, ja sogar ein Schwimmbecken. Suchen Sie sich einen bequemen Platz, setzen Sie sich hin, lockern Sie einengende Kleidungsstücke, und entspannen Sie Ihren Geist. Blicken Sie mit entspannten, aber nicht ganz geschlossenen Augenlidern ins Wasser, lassen Sie Ihre Gedanken los. Bleiben Sie ruhig sitzen, und warten Sie auf Gefühle oder Bilder, die von selbst in Ihrem

Geiste entstehen. Mit etwas Übung werden Sie beginnen, die Kanäle zu Ihren inneren intuitiven Kräften freizulegen.

Wenn Sie ein Problem lösen wollen oder die Antwort auf eine ganz spezielle Frage suchen, entspannen Sie sich, und schauen Sie sanft ins Wasser. Dies ist keine mentale, sondern eher eine psychische Übung. Stellen Sie sich die betreffende Frage in Ihrem Geist, entspannen Sie sich, und lassen Sie ein Bild als Antwort auf Ihre Frage entstehen. Zwingen Sie sich zu nichts! Haben Sie Geduld, und warten Sie ab.

Wenn Sie Wasser unmittelbar erleben wollen, lassen Sie sich ein Bad einlaufen, bis Ihr gesamter Körper außer Ihrem Gesicht vom Wasser vollständig bedeckt ist und Sie noch bequem atmen können. Beruhigen Sie dann Ihre Gedanken, und konzentrieren Sie sich auf den Rhythmus Ihres Atems, wobei Sie darauf achten, wie das Wasser mit dem Rhythmus Ihres Atems Ihren Körper umhüllt.

Wenn Sie in der Nähe einer großen Stadt leben, machen Sie einmal die Erfahrung, eine Stunde lang in einem 'Isolationstank' (Samadhi-Tank) zu treiben. Dies ist die von John Lilly entwickelte Methode zur Neutralisierung der Sinne. Im Dunkeln auf dem Salzwasser zu schweben, ist wie eine Rückkehr in den Mutterleib. Zuerst werden Sie noch erleben, wie Ihr Geist Sie mit seiner unaufhörlichen Gedankenflut nicht loslassen will (Denken/Luft). Je mehr aber dann Ihr Denken nachläßt, desto mehr werden Sie sich Ihrer Gefühle bewußt. Manche Menschen finden es äußerst schwierig, sich so sehr fallenzulassen, andere hingegen fühlen sich nach einem solchen Erlebnis geistig und emotional erfrischt und entspannt.

Lebendige Aspekte

Die folgende Methode hat sich als sehr hilfreich für das Erklären von Aspekten herausgestellt, denn sie zeigt einfach und deutlich das Wesen der gegenseitigen Beziehungen zwischen den Planeten. Malen Sie einen imaginären Kreis auf den Boden. Erklären Sie als erstes eine Konjunktion. Bitten Sie einen Freiwilligen, sich unmittelbar neben Sie zu stellen, er hat jetzt die Stellung bei 0° inne. Gehen Sie nun zwei Schritte am Kreisrand entlang und zeigen Sie die Sextil-Beziehung (60°). Jeder Schritt steht für ein Zeichen oder 30°. Gehen Sie dann beide auf das Zentrum des Kreises zu, und die zuschauende Gruppe achtet auf die neue, harmonische, 'weiche' Beziehung. Was passiert, wenn beide einen Schritt weitergehen und dann gleichzeitig ins Zentrum gelangen? Besprechen Sie mit Ihrer Gruppe, was geschieht, wenn zwei Kräfte im rechten Winkel, der Quadratposition (90°), aufeinandertreffen. Beachten Sie, wie sich die Kräfte in dieser Beziehung gegenseitig behindern. Als nächstes kommt das Trigon (120°) an die Reihe. Gehen Sie wieder ins Zentrum und sprechen Sie über den fließenden und hilfreichen Kontakt. Dann gehen Sie weiter zur Opposition (180°), wobei Sie sich genau gegenüberstehen. Begeben Sie sich ins Zentrum, geben Sie sich die Hände, und veranschaulichen

Sie die Opposition durch heftiges Ziehen und Zerren an den Händen des Gegenübers. Von dort aus gehen Sie dann weiter in Ihrem Kreis herum und zeigen die absteigenden Aspekte des Trigons, Quadrats und Sextils, bis Sie wieder an Ihrem Ausgangspunkt von 0° angekommen sind.

Eisbrecher/Aufwärmer

Die ersten zehn Minuten einer Begegnung, ob bei Einzelsitzungen oder Gruppentreffen, sind die entscheidendsten, denn sie legen die Stimmung fest. Bei Gruppenarbeit sind anregende und lustige Anfangsübungen unbedingt erforderlich. Diese 'Aufwärmer' sollen einen ersten Kontakt zwischen den verschiedenen Individuen herstellen, Hemmungen und Schüchternheit überwinden helfen sowie zögerliches Verhalten und anfängliche Spannungen abbauen. Für die richtige Wahl der Aufwärmer ist die Größe der Gruppe und die Frage, ob sich die Teilnehmer bereits kennen, von Bedeutung.

Dehnung und Bewegung

Das Dehnen des Körpers ist eine leichte und behutsame Übung für den Anfang, da sie auch sogleich die Vorstellung vermittelt, daß der Körper als Instrument der Erfahrung eingesetzt werden soll. Die Gruppe breitet sich auf dem Boden im Raum aus, und die Teilnehmer dehnen und lockern dann die Bereiche ihres Körpers, die ihnen besonders angespannt oder verkrampft erscheinen. Bitten Sie die Teilnehmer, sich auf ihren Körper zu konzentrieren und sich so zu bewegen, wie es ihnen ihr Körper sagt. Bitten Sie sie, ihre Dehnungen zu übertreiben, und ermutigen Sie sie, sich der Bereiche ihres Körpers bewußt zu werden, die sie längst vergessen haben: Stirn, Zunge, Backen, Fingerspitzen, Handflächen, Füße, Zehen.

Eine Variante ist die klassische Hatha-Yoga-Entspannungstechnik, bei der die Aufmerksamkeit gebündelt wird und Kopf, Nacken, Schultern und der Rest des Körpers bis hinunter zu den Füßen entspannt werden. Legen Sie sich aber dabei nur auf den Boden, wenn Sie dies als eine abschließende Übung machen wollen, denn Sie möchten ja schließlich, daß die Gruppe aufwacht und nicht etwa, daß sie einschlummert.

Wenn sich die Gruppe ausreichend gedehnt hat, legen Sie lebendige Tanzmusik auf, und bitten Sie sie, sich allmählich zu den Rhythmen zu bewegen. Ermutigen Sie dann Ihre Teilnehmer zur Steigerung ihres Körpereinsatzes und dazu, den ganzen Raum auszunutzen. Hierbei können Sie dann die Begeisterung, das Engagement und den Widerstand Ihrer Gruppe beobachten und die Intensivierung der Bewegungsvorgänge danach ausrichten. Lassen Sie jede Person einen Partner zum Tanzen suchen. Nachdem die Paare eine Weile getanzt haben, bitten Sie sie, als Team zu tanzen, wobei sie den Bewegungen des anderen folgen bzw. ihn führen. Dann lassen Sie die Partner wechseln, dann Gruppen von jeweils drei

Tänzern bilden, dann sollen sie versuchen, als Spiegelbilder ihrer Partner zu tanzen, usw. Sie können die Gruppen so lange vergrößern, bis alle Teilnehmer gemeinsam tanzen.

Sollten Sie einen gewissen Widerstand spüren, so gehen Sie langsamer an die Übung heran. Die Bereitschaft oder das Zögern einer Gruppe wird Ihnen Aufschluß darüber geben, ob Sie mehr Zeit für die 'Aufwärmphase' benötigen. Schieben Sie, wenn nötig, weitere Aufwärmer nach, um dadurch die Gruppe langsam aber sicher zu größerer Entspannung, Offenheit und gegenseitigem Vertrauen zu führen. Manchmal hat man es mit Gruppen zu tun, die von vornherein bereit sind, sich zu bewegen, zu tanzen und sich aufeinander einzulassen. Ich habe schon Gruppen erlebt, die so sehr 'eingestiegen' sind, daß am Ende alle nach Luft rangen und im wahrsten Sinne des Wortes in Schweiß gebadet waren! Eine Gruppe, die direkt so intensiv einsteigt, wird sehr tiefe Erfahrungen machen können.

Kontakt-Tanzen

Wenn sich die Teilnehmer einer Gruppe bereits kennen, können Sie einmal versuchen, sie in Paaren tanzen zu lassen, wobei ein Teil ihres Körpers ständig den Körper des Partners berührt und in Kontakt mit diesem steht. Experimentieren Sie mit Kontakt durch den Kopf, die kleinen Finger, Schultern, Rücken, Hüften, Füße usw. Bei neuen Gruppen mag dies zunächst als zu intim empfunden werden, wenn sich aber die Mitglieder gut kennen oder sogar Freunde sind, ist diese Übung sehr empfehlenswert.

Stellen Sie einen Gegenstand dar!

Diese Übung macht großen Spaß. Lassen Sie jeden Teilnehmer an einen leblosen aber beweglichen Gegenstand denken, den sie/er für die anderen in der Gruppe darstellen will. So könnten Sie zum Beispiel einen Klappstuhl, einen Ballon, aus dem die Luft entweicht, eine tröpfelnde Kaffeemaschine, eine spülende Toilette, eine Lampe, die ein- oder ausgeschaltet wird, oder ein Laufrad für Hamster vorführen. Nachdem sich jeder einen Gegenstand hat einfallen lassen, werden die Gegenstände als Pantomime reihum dargestellt. (Passende Geräusche dürfen und sollen dabei gemacht werden!)

Tiergruppen

Zur Intensivierung der Körpererfahrung bringen Sie die Gruppe dazu, darzustellen, wie es sich anfühlt, die folgenden Tiergruppen zu sein: eine große Affenfamilie, eine Herde Flußpferde, eine schnatternde Gänseschar, Delphine in einem Aquarium, ein Wurf junger Hunde usw. Sie können die Teilnehmer auch bitten, sich ein Tier auszusuchen und sich so zu verhalten, wie sie es auf Noahs Arche tun würden.

Percussion-Band

Verteilen Sie eine Reihe von Schlaginstrumenten. Wenn sich jede Person ein Instrument ausgesucht hat, fangen alle gleichzeitig an zu klappern, rasseln, trommeln usw. Sie können auch ausschließlich Kazoos verteilen und haben dann ein Kazoo-Orchester, vielleicht mit einigen Solisten. (Ein Kazoo ist eine einfache Metall-'Flöte' mit einer Wachspapierscheibe über dem Luftloch. Wenn Sie ins Kazoo hineinsprechen, -singen oder -summen, wird ein Klang erzeugt. Kazoos eignen sich besonders gut, weil man keinerlei musikalische Kenntnisse braucht, um sie zu spielen.)

Papiertüten-Band

Diese Übung habe ich dem Clown Wavy Gravy bei der Astrologietagung des *New Center of the Moon* in Santa Fe im Jahr 1983 abgeschaut. Sie ist besonders gut geeignet für das Kind in uns. Die Gruppe sitzt im Kreis, und jeder erhält eine Papiertüte, die so groß ist, daß sie sich bequem über den Kopf stülpen läßt. Alle Mitglieder ziehen jetzt die Tüte über den Kopf und experimentieren mit dem Hervorbringen von Geräuschen unter der Tüte. Sie werden sich köstlich darüber amüsieren, wie töricht Sie sich fühlen und wie dumm die Gruppe wohl unter ihren Tüten aussehen mag. Versuchen Sie dann, sich über Geräusche miteinander zu verständigen. Bemühen Sie sich, einzelne Personen anhand ihrer Geräusche zu erkennen. Dann versuchen Sie, die Gruppe so anzuleiten, daß sie eine Papiertüten-Band bildet. Die Übung reißt die persönliche Fassade ein und wird gleichzeitig urkomisch!

Die verwickelte Gruppe

Die Gruppe stellt sich im Kreis auf. Dann soll jeder die Hände zweier Personen halten, die nicht unmittelbar neben ihm stehen. Jetzt versucht die Gruppe, das Knäuel zu entwirren, ohne dabei die Hände loszulassen. Es wird zu einigen Verrenkungen kommen bei dem Versuch, die Gruppe wieder in ihre Startposition zurückzuversetzen. (Wer hat eine gute Beobachtungsgabe, wer versucht, die Führung zu übernehmen, wer tritt rechthaberisch auf usw.? Wie gut kooperiert die Gruppe insgesamt?)

Seilpartnerschaften

Schneiden Sie sich halb so viele Stricke von gleicher Länge und Farbe zurecht, wie sie Teilnehmer haben. Halten Sie das Bündel in einer Hand, und lassen Sie die Enden der Stricke nach unten baumeln, so daß niemand erkennen kann, welche

Enden zusammengehören. Jeder eilnehmer nimmt ein Ende und ist dann mit einem anderen Teilnehmer 'verknüpft'. Die so miteinander verbundenen Partner setzen sich für eine festgelegte Zeitspanne gemeinsam hin mit dem Ziel, sich gegenseitig kennenzulernen. Mögliche Gesprächsthemen: Welches ist mein herausragendster Aspekt? Welcher Aspekt bereitet mir die größten Schwierigkeiten? Welche Aspekte kann ich kaum verstehen? Welches sind zur Zeit mein bester und mein schwierigster Transit? Wie erlebe ich meinen Mond?

Sich-Vorstellen

Die Teilnehmer stellen sich vor, indem sie ihren Namen auf ein Blatt Papier schreiben und ein Bild von sich selbst malen. Danach hängen Sie alle Bilder an eine Wand. Der Reihe nach stellt sich dann jedes Gruppenmitglied mit Hilfe seines Bildes vor. Für eine Gruppe, die sich nicht kennt, kann dies ein wenig einschüchternd sein. Die Methode funktioniert aber gut, wenn sich einige der Teilnehmer bereits kennen.

Fertigen Sie von sich selbst eine Collage aus Bildern und/oder Wörtern an, die Sie aus Illustrierten ausschneiden und die Ihre Persönlichkeit ausdrücken. Die einzelnen Mitglieder können dann frei über ihre eigenen Collagen sprechen. Eine Variante bei Gruppen, deren Mitglieder sich bereits kennen, ist, die Bilder ohne Namen an die Wand zu hängen und die Gruppe raten zu lassen, welcher Künstler jeweils dahintersteckt.

Ein anderer lustiger Eisbrecher besteht darin, die Mitglieder sich wortlos vorstellen zu lassen, indem sie ihre nach eigenem Dafürhalten hervorstechendsten Eigenschaften pantomimisch darstellen. Oder lassen Sie die Teilnehmer Bilder von sich selbst malen, auf denen sie sich anhand charakteristischer Eigenschaften darstellen: ein Zwilling, der eine Tonne Bücher schleppt, ein Krebs, der von seinen Katzen umgeben ist, ein Fisch, der schläft, weil er gerne träumt, ein gestreßter Jungfrau-Geschäftsmann, der auf seine Uhr schaut, usw. Zeigen Sie der Gruppe die Zeichnungen einzeln, nacheinander. Beobachten Sie die Gruppe, während sie sich mit den einzelnen Bildern beschäftigt, und teilen Sie Ihre intuitiven Erkenntnisse über jede Zeichnung mit. Fragen Sie die Gruppe: "Welche Hobbys mag diese Person haben? Welche Art von Ferien würde ihr am besten liegen?" Erzählen Sie eine Geschichte über die Person auf dem Bild.

Hier noch eine ganz simple Vorstellungsmethode: Die Gruppe teilt sich in Paare auf, die fünf Minuten Zeit haben, sich gegenseitig kennenzulernen. Die Partner stellen sich danach gegenseitig der Gruppe vor.

Gruppengeschichte

Die Gruppe sitzt im Kreis und erfindet eine Geschichte. Ein Teilnehmer beginnt, indem er den Ort und den Zeitpunkt der Handlung beschreibt. Die Person, die daneben sitzt, übernimmt dann und führt die Geschichte fort, bis jeder seinen Teil dazu beigetragen hat.

Gruppen-Imagination
Die Gruppe liegt im Kreis, die Köpfe einander zugewandt, auf dem Boden, der möglichst mit Teppichboden ausgelegt sein sollte. Einer der Teilnehmer beginnt und sagt laut ein Wort, das ein Erlebnis ausdrückt oder eine bestimmte Reaktion oder Erinnerung hervorruft: ein junger Hund, der Ihr Gesicht leckt, Zuckerwatte, die an der Nase kleben bleibt, der erste Kuß, die erste eigene Fahrt auf einem Motorrad, eine rasante Skiabfahrt, warme flauschige Hausschuhe, Eisbecher mit heißen Himbeeren usw. Eine Gruppe, die solche Erinnerungen miteinander teilt, wächst näher zusammen.

Gruppen-Puzzle
Besorgen Sie ein Puzzle, das die ganze Gruppe gemeinsam zusammensetzen kann, und wählen Sie es so aus, daß es nach etwa zwanzig Minuten fertig sein wird. Stellen Sie dabei fest, wie die Gruppe zusammenarbeitet.

Anzeigengeschichte
Die Gruppe sucht eine Anzeige aus einer Zeitung aus, in deren Text eine Reihe von Eigenschaftswörtern vorkommt. Benutzen Sie diese, um eine Geschichte zu erfinden.

Erster Eindruck
Jeder Teilnehmer zieht einen Zettel mit dem Namen eines der Gruppenmitglieder. Schreiben Sie hinter den Namen drei erste Eindrücke, die Sie von dieser Person hatten. Sammeln Sie sie wieder ein, mischen Sie sie, und lesen Sie sie innerhalb der Gruppe laut vor. Unterhalten Sie sich über die aufgezählten Eigenschaften. Sind alle Teilnehmer damit einverstanden? Als Variation könnte auch die jeweils beschriebene Person versuchen, den Verfasser zu erraten. (Dies funktioniert aber nur, wenn die Gruppe sich bereits etwas kennt und vertraut.)

Vertrauen
Unter der Voraussetzung, daß Sie bereits einige lockernde Übungen vorausgeschickt haben, ist dies eine der schnellsten Möglichkeiten, eine Beziehung zwischen den einzelnen Mitgliedern einer Gruppe herzustellen. Sie ermöglicht darüber hinaus eine gute Einschätzung des Widerstands innerhalb der Gruppe und baut den wesentlichsten Bestandteil eines jeden Gruppenprozesses auf: Vertrauen.

Sie brauchen für diese Übung mindestens acht Teilnehmer, die sich im Kreis zusammen aufstellen. Hierbei sollten die kräftigeren Mitglieder immer abwechselnd stehen. Einer der Teilnehmer zieht Schuhe und Socken aus, legt den Schmuck ab und stellt sich dann in den Mittelpunkt des Kreises. Alle anderen Gruppenmitglieder stehen in gleichem Abstand um ihn herum. Die Person in der Mitte nimmt sich nun etwas Zeit, ihre Aufmerksamkeit nach innen zu wenden und sich zu 'zentrieren', sie schließt die Augen und atmet ein paarmal tief durch. Dann verschränkt sie die Arme vor der Brust. (Für Frauen soll dies auch zum Schutz des Busens dienen.) Nachdem unser Teilnehmer zentriert ist, läßt er sich rückwärts in die Arme der Gruppe fallen, wobei die Füße fest im Kreiszentrum stehenbleiben.

Langsam beginnt die Gruppe, die Person im Kreis herumzureichen, wodurch es der Person ermöglicht wird, Vertrauen zu fassen und Körperkontakt zu spüren. Es ist ganz wichtig, langsam anzufangen. Wenn jedem einzelnen die Stärke der Gruppe bewußt ist und die Person in der Mitte entspannt ist, können schnelleres Herumreichen und gelegentliche Richtungswechsel die Wirkung der Übung noch steigern. Sollte das Mitglied im Zentrum beginnen, sich zu fürchten, so verlangsamen Sie die Übung oder brechen Sie sie ab. Manche mögen es, schnell herumgereicht zu werden, andere sind eher unsicher. Lassen Sie die Gruppe sich sensibel auf jedes Individuum einschwingen.

Als Gruppenleiter/in sollten Sie besonders auf die nackten Füße des Teilnehmers im Zentrum achten. Seine Fähigkeit, sich auf die Übung einzulassen, spiegelt sich in seinem Verhalten und in seinem Körper wider, wobei die Füße den besten Aufschluß geben. Sind die Zehen angespannt, um bei jedem Herumreichen die Bewegungen besser kontrollieren zu können? Sind sie entspannt? Sind sie möglicherweise zu sehr entspannt und vermitteln dadurch den Eindruck, daß sie ein zu großes Vertrauen oder keine 'Grenzen' haben? (Dies werden Sie häufig bei Menschen mit starker Neptunbetonung feststellen können.) Wenn jeder, der *möchte*, in der Mitte gewesen ist, werden Sie sich ein recht gutes Bild davon machen können, wer von den Teilnehmern ausgeprägte Vertrauensthemen hat, entweder im Geburtsbild oder im Transit.

Je nachdem, wie einzelne bereit sind, sich einzulassen, kann es Ihnen deutliche Hinweise für die Richtung geben, in die Sie später mit ihnen arbeiten können. Erwarten Sie auf keinen Fall, daß jedes Ihrer Mitglieder bereit sein wird, sich in die Mitte des Kreises zu stellen. Merken Sie sich unbedingt, wer es nicht tut, wer bis zum Schluß wartet oder zögert. Diese Teilnehmer brauchen später eventuell besondere Aufmerksamkeit. Achten Sie auch darauf, wer beim Herumreichen besonders behutsam ist oder wer besonders forsch und engagiert ist. Durch diese Beobachtungen bekommen Sie einen ersten Eindruck vom Vertrauen innerhalb der Gruppe insgesamt. Es ist auch hilfreich, eine Feedback-Sitzung anzuschließen.

Sie können die Übung aber auch als Aufwärmer benutzen, bevor Sie an die Arbeit mit den Horoskopen der einzelnen Mitglieder herangehen.

Auf frischer Tat ertappt

Dies ist eine Übung mit skorpionischen Untertönen. Sie entstammt dem Buch *New Games – Die neuen Spiele* (Fleugelmann) und heißt "Wie heimlich kannst du sein?!" Alle Teilnehmer bilden einen Kreis, und einer wird als *Es* ausgesucht und stellt sich in die Mitte. Während *Es* mit geschlossenen Augen dasteht, reichen die anderen Teilnehmer einen kleinen Gegenstand wie z.B. ein Steinchen oder eine Murmel von einer Person zur nächsten. (Die verstohlenste Art, den Gegenstand umherzureichen, ist, ihn in einer nach unten gerichteten Faust zu halten und ihn in die nach oben gehaltene Handfläche der nächsten Person fallen zu lassen.) *Es* gibt Bescheid, bevor er seine Augen öffnet. Wer von all diesen unschuldig dreinschauenden Menschen hat denn nun den Gegenstand? Sollte *Es* einen verdächtigen Blick bemerken, tippt er der betreffenden Person auf die Schulter. Falls diese Person dann aber mit leeren Händen dasteht, schaut *Es* sich im Kreise weiter um. In der Zwischenzeit gibt die Gruppe den Gegenstand unter der Nase von *Es* weiter. (Irreführende Blicke von Teilnehmern, die den Gegenstand in diesem Moment nicht in der Hand haben, sind ein integraler Bestandteil des Spiels.) Wenn Sie den Gegenstand haben, und *Es* entdeckt Sie, werden Sie das neue *Es*.

Menschen-Rolle

Hierbei handelt es sich um ein Spiel, das auf einer Wiese im Freien gespielt wird. Alle Teilnehmer legen sich nebeneinander auf den Bauch. Achten Sie darauf, daß sie ganz dicht beieinander liegen. Die Person am Anfang der Reihe rollt sich dann auf ihren Nachbarn und rollt sich über die gesamte Reihe von Körpern bis hin zum Ende der Reihe, wo sie sich dann wieder dicht an die Reihe gedrängt auf den Bauch hinlegt. Dann beginnt die nächste Person, über die Reihe der Körper zu rollen. Wenn das Spiel an Fahrt gewinnt, bewegt sich die menschliche Körperreihe mit hoher Geschwindigkeit und wird den Teilnehmern viel Freude bereiten!

Nachlaufen und Umarmen

Bei dieser Variation des klassischen Nachlaufens kann ein Teilnehmer nur dann nicht abgeschlagen werden, wenn er einen anderen Teilnehmer umarmt. Wenn Sie dies eine Weile auf diese Art gespielt haben, läßt sich das Spiel noch geselliger gestalten, indem Sie festlegen, daß man nur dann nicht abgeschlagen werden kann, wenn man sich zu *dritt* umarmt.

Die Planeten und die Zeichen

Sonne und Löwe

Die Sonne symbolisiert das aktive und energiespendende Prinzip. Sie ist der 'Scheinwerfer' oder die wahre Quelle des Lichts, durch die planetare Energien entstehen und verschmelzen – sie ist das, was Jung mit dem Begriff des 'Selbst' bezeichnet. Sie steht für den inneren Drang, unsere gesamte Identität auszudrücken und zu dem heranzuwachsen, was wir potentiell sind.

Sonne/Löwe steht in Verbindung mit Bewußtsein, Licht, Tag, Vaterschaft und Wille. Sie verkörpert das mythologische Prinzip des Helden, dessen Reise sich in den Symbolen und den damit verbundenen Bildern des Geburtshoroskops ausdrückt.

Menschen mit starker Sonne/Löwe-Energie in ihrem Horoskop (nach Zeichen, Aspekten und Häusern) können kraftvoll, dramatisch und voller Lebenskraft sein. Die Energie kann sich aber auch darin äußern, daß die Sonne/Löwe-Persönlichkeit immerzu fordert, im Zentrum des Interesses zu stehen und von anderen ständig bewundert zu werden. Wer wenig Sonne/Löwe-Energie hat, mag wenig risikobereit sein oder zögern, sich anderen zu zeigen.

Die folgenden Übungen können widersprüchliche Gefühle ans Tageslicht bringen bei Menschen, die in ihrem Geburtsbild sowohl starke extrovertierte wie auch introvertierte Anteile haben.

Die Sonne – eine Erfahrung des Selbst (die Reise des Helden)

Der Mythos des Helden kann uns ein klares Bild vom Prinzip und Prozeß der Sonnen-Energie in unserer Psyche vermitteln. Die Reise läßt sich aktiv oder passiv gestalten. Bei der eher aktiven Form des Dramas lassen Sie die Teilnehmer die verschiedenen Rollen auf der Reise des Helden übernehmen und spielen. (Sie können dabei die Grundzüge der Geschichte vortragen, während die Gruppe sie ausschmückt und improvisiert.) Jedes einzelne Mitglied der Gruppe könnte aber auch die Rolle des Helden übernehmen, während die Geschichte erzählt wird.

Versuchen Sie auch einmal eine weniger aktive Form der Reise des Helden, indem Sie die Geschichte als Phantasiereise erzählen und dadurch der Gruppe die Möglichkeit geben, während der verschiedenen Phasen der Geschichte ihre Eindrücke aufzumalen. (Halten Sie Papier und Stifte für die Teilnehmer bereit!)

Gehen Sie folgendermaßen vor: Bitten Sie Ihre Gruppe, sich hinzulegen und es sich bequem zu machen. Dämpfen Sie das Licht, und lenken Sie die Aufmerksamkeit der Gruppenmitglieder auf ihren Atem. Helfen Sie ihnen, tiefer und langsamer zu atmen. Ist die Gruppe entspannt, beginnen Sie die Geschichte von der Reise des Helden zu erzählen. Sie werden feststellen, daß es verschiedene Schlüsselphasen während der Reise des Helden gibt. Halten Sie an diesen Punkten jeweils inne, und lassen Sie die Teilnehmer die Gefühle und Bilder, die sie gerade erleben, aufmalen. Was hat die Reise des Helden mit ihrem gegenwärtigen Leben zu tun? (Dieser Prozeß wird jede Menge Gesprächsstoff bieten.)

Die Geschichte von der Reise des Helden

Das Buch *Der Heros in tausend Gestalten* von Joseph Campbell bietet eine große Hilfe, um den Mythos des Helden wirklich zu verstehen. Die folgende Zusammenfassung ist nur eine grobe Darstellung der wichtigsten Themen der Geschichte.

Der Held hatte zwei Sehnsüchte: erstens, die Einzelheiten seiner Geburt herauszufinden, um seine Wahre Bestimmung zu erkennen, und zweitens, seine Geliebte (seine andere Hälfte) zu finden, um ganz zu werden. Diese beiden Bedürfnisse riefen ihn ins Abenteuer. Dieser Ruf führt zum 'Erwachen des Selbst', das den über dem Geheimnis liegenden Schleier lüftet, in einem Augenblick des spirituellen Übergangs, in dem das alte Leben überwunden und abgelegt wird. Aus Unzufriedenheit mit den alten Idealen, Werten oder Gefühlen fühlt sich der Held gezwungen, die erste Schwelle zu überschreiten. Vom Schicksal geführt, betritt er eine Machtzone, an deren Schwelle ein Hüter steht. Diese Schwelle ist das Symbol für die Grenzen seines gegenwärtigen Lebens, für das, was ihn zurückhält und einschränkt. Jenseits der Schwelle liegt Dunkelheit und das Unbekannte. (Die Regionen des Unbekannten enthalten sämtliche Projektionen seines Unbewußten.)

Das Überschreiten der magischen Schwelle vollzieht sich nicht durch das Besiegen des Hüters, sondern dadurch, daß der Held in das Unbekannte aufgesogen wird und gestorben zu sein scheint. Nachdem der Held die Schwelle überschritten hat, betritt er eine helle Landschaft, in der er eine Reihe von Prüfungen und Versuchungen überstehen muß. Hierbei wird er gewöhnlich von Helfern unterstützt, die er bereits vor der Überquerung der Schwelle kannte, oder aber es wird ihm klar, daß eine ihm wohlgesonnene Macht am Werke ist. Die Prüfung des Helden markiert den Anfang eines langen Weges voller Kämpfe und initiatischer Siege mit Augenblicken gesteigerter Selbsterkenntnis. Immer wieder muß er es mit Drachen aufnehmen und sie töten. Sein Leben ist ständig in Gefahr, aber es gibt auch Siege zu erringen.

Die Vision vom Paradies

Nachdem er die furchterregenden Prüfungen hinter sich gelassen hat (alle Hindernisse und Dämonen überwunden sind), trifft der Held auf seine Geliebte, Gebieterin, Braut, Mutter, Schwester. Sie ist das Versprechen auf Vollkommenheit, die Wonne, getröstet und genährt zu werden, kurz: die archtetypische 'Gute Mutter'. Das Bild der Geliebten ist aber nicht nur angenehm, denn es enthält auch die 'Böse Mutter', die unerreichbare, ferne Mutter, die hindernde, bedrohliche Mutter, die ersehnte aber verbotene Mutter und die festhaltende, erwürgende Mutter.

Auf dieser Etappe der Reise erhält der Held Zuversicht durch das hilfreiche Weibliche, dessen magische Kraft ihn bei der nächsten Prüfung unterstützt: den ego-vernichtenden Initiationen mit dem Vater. Der Vater ist derjenige, durch den die jungen Menschen in die größere Welt geführt werden. Ebenso wie die Mutter das Gute und das Böse symbolisierte, gilt dies nun für den Vater. Hier kommt allerdings als weiteres Element die Rivalität hinzu.

Nachdem der Held alle Prüfungen durch die weiblichen und die männlichen Aspekte gemeistert hat, wird er schließlich gesegnet. Obwohl er viele Hindernisse überwinden mußte, war er siegreich und wird zu einem 'Erhabenen Menschen', der seine ursprünglichen Sehnsüchte verwirklicht hat. Indem er eine Schwelle nach der anderen überschritt und seine Drachen besiegte, konnte er seinen begrenzten Horizont hinter sich lassen, in höhere Ebenen des Bewußtseins eintreten und seine spirituellen Erkenntnisse ständig erweitern, bis er schließlich die Sphäre des Kosmos durchbricht und Realisation erlangt jenseits aller Erfahrung von Form.

Der Held hat seine Suche vollendet. Nun muß er noch die letzte Etappe seiner Reise abschließen: Er muß zu seinem Volk und seiner Gemeinschaft, zu den Menschen zurückkehren. Jetzt muß er ihnen das Geschenk bringen, das Resultat seiner Segnung durch Gott und Göttin: das heilbringende und kraftspendende Lebenselexier. Dies ist das zentrale Problem der Rückkehr des Helden. Wie kann er auch nur einen Hauch dessen, was er herausgefunden hat, vermitteln? Wie kann er die Geheimnisse des Dunklen, des Unbekannten, des Unbewußten mitteilen? Wie soll er zu den Menschen sprechen, die nur ihren fünf Sinnen trauen?

Was ist aber nun das endgültige Resultat der wundersamen Reise und der Rückkehr des Helden? Er oder sie, denn die Geschichte hat nur aufgrund der Konvention einen männlichen Protagonisten, ist nun ein ganzes Selbst und hat die Erkenntnis gewonnen, daß die Reise ins Unbekannte nicht zerstört, sondern erleuchtet. Auf diese Weise läßt uns der Mythos des Helden das Sonnenprinzip in uns selbst direkt erleben.

Was magst du an dir?

Die Gruppe teilt sich in Paare. Einer der Partner beginnt als Fragesteller, der andere antwortet. Der Fragesteller fragt: "Was magst du an dir?" Die befragte Person macht sich daraufhin ein Kompliment. Der Fragesteller spricht nicht, darf aber zustimmend nicken. Dann fragt er wieder: "Und was magst du sonst noch an dir?" Dies wird so lange fortgesetzt, bis der befragten Person keine Komplimente mehr einfallen. Danach werden die Rollen getauscht. Besprechen Sie anschließend folgende Fragen: War die Übung leicht oder schwer für dich? Konntest du dir leicht Komplimente machen? Steht deine Sonne oder dein Löwe in einem herausfordernden Aspekt, oder werden sie im Augenblick durch schwierige Transite beeinflußt?

Gedichte rezitieren

Merken Sie sich Ihr Lieblingsgedicht, einen Witz oder eine lustige Geschichte. Nacheinander stellt sich jeder vor die Gruppe und trägt das von ihm Gewählte vor. Achten Sie darauf, wie Sie sich fühlen, während Ihr Beitrag näherrückt. Sind Sie nervös, peinlich berührt, zuversichtlich, gelöst, besorgt? Beschreiben Sie mit einem Wort, wie Sie sich fühlen, unmittelbar bevor Sie an der Reihe sind. Tun Sie das gleiche nach Ihrem 'Vortrag'. Sind Sie erleichtert, angeregt, aufgekratzt usw.? Dann denken Sie an das Gefühl, das Sie beim Vortragen hatten. Vergleichen Sie diese drei Wörter miteinander. Beschreiben diese Wörter einen typischen Prozeß, den Sie durchleben, wenn Sie sich anderen gegenüber ausdrücken oder im Mittelpunkt der Aufmerksamkeit stehen? Steht diese Erfahrung im Zusammenhang mit Ihrer Sonne oder Ihrem Löwen im Geburtsbild? Gruppendiskussion!

Namensgesang

Unser Name steht in enger Verbindung mit dem Bild unseres Selbst und der Qualität unseres Ausdrucks. Ein besonders beeindruckendes Erlebnis ist der Namensgesang. Jedes Mitglied der Gruppe sitzt einmal im Mittelpunkt des Kreises. (Die Gruppe bildet hier das Symbol der Sonne, und die Person in der Mitte wird zum zentralen "Bindu-Punkt".) Schließen Sie die Augen, und atmen Sie ein paarmal tief durch. Jetzt beginnt die Gruppe, langsam den Vornamen der Person, die in der Mitte sitzt, zu singen. Lassen Sie die Stimmen allmählich anschwellen. Den eigenen Namen aus dem Kreis, dessen Mittelpunkt man ist, derart schwingen zu hören, klingt sehr ätherisch, fast als ob man von Engeln gerufen würde. (Diese Übung kann der Abschluß eines persönlichen Astrodramas sein aber auch mit besonders weichen und liebevollen Klängen für Menschen mit einem Sonne/Saturn-Transit eingesetzt werden.)

Erzählen Sie ein Löwe-Erlebnis

Erzählen Sie der Gruppe ein persönliches Löwe-Erlebnis (die Hauptrolle in einem Stück, eine Präsentation auf der Arbeit, ein Auftritt im Fernsehen, als Leiter einer Gruppe oder Klasse usw.). Wie war es, im Mittelpunkt der Aufmerksamkeit zu stehen? Welches Feedback haben Sie bekommen? Wie stehen Sie selbst zu dieser Erfahrung?

Geschichten erzählen

Erzählen Sie der Gruppe eine lustige Begebenheit aus Ihrer Vergangenheit.

Erzählen Sie der Gruppe ein demütigendes Erlebnis aus Ihrer Vergangenheit. (Dies kann dem Löwe-/Supermann-Anteil in manchem von uns sehr gut tun.)

Erzählen oder lesen Sie in der Gruppe nacheinander Märchen vor.

Stehen Sie auf, und reden Sie drei Minuten lang über sich selbst.

Ganz gleich, für welche Variante Sie sich entscheiden, Sie sollten hinterher Ihre Erfahrung beurteilen. Ist es Ihnen leicht gefallen, die Geschichte zu erzählen? Fühlen Sie sich besser mit einem Manuskript oder wenn Sie spontan erzählen? Haben Sie zu irgendeinem Zeitpunkt einen Adrenalinstoß festgestellt? Ist diese Erfahrung typisch für Sie, wenn Sie vor eine Gruppe treten?

Bestätigung

Schreiben Sie auf ein Blatt Papier: "Jeden Tag wachse ich in jeder Hinsicht an Lebenskraft und Selbstbewußtsein!" Kleben Sie den Spruch an Ihren Badezimmerspiegel, damit Sie ihn jeden Morgen sehen und aufsagen. Diese Methode wird Ihnen helfen, Ihre z.B. durch äußere (Transit-)Planeten angegriffene Sonnen-Energie zu stärken.

Warmer Flausch

Bei dieser Übung aus der Transaktionsanalyse sitzt die Gruppe im Kreis. Ein Teilnehmer, der einen kleinen, weichen Gegenstand (ein Stofftierchen, einen kleinen Schaumstoffball usw.) in den Händen hält, beginnt, indem er sich im Kreis umschaut und sich jemanden aussucht, dem er ein Kompliment machen möchte. Er sagt den Namen der Person, wirft ihr den 'warmen Flausch' zu und macht ihr ein Kompliment, das so aufrichtig wie nur möglich ist und aus vollem Herzen kommt. (Durch das Aussprechen des Namens wird das Kompliment eine größere Wirkung haben.) Die angesprochene Person versucht, das Kompliment wirklich anzunehmen, und ist dann an der Reihe, ein anderes Mitglied zu suchen, dem sie wiederum ein Kompliment machen möchte. Setzen Sie diese Übung so lange fort, bis jeder in der Gruppe zwei oder drei Komplimente erhalten hat. In Abänderung dieser Version kann man auch die Person umarmen, anstatt ihr den 'warmen Flausch' zuzuwerfen.

Wie leicht war es, ein Kompliment auszusprechen? War es leichter als selbst eines anzunehmen? Fühlten Sie sich von einem Mitglied nicht genug beachtet oder gar ignoriert? Welches Gefühl entstand dabei?

Eine weitere Variation des 'warmen Flauschs' besteht darin, einen Kreis zu bilden und abwechselnd in dessen Zentrum zu stehen. Dann kann entweder die

Gruppe der Person in der Mitte Komplimente machen, oder diese Person kann drei oder vier Komplimente an Teilnehmer im Kreis aussprechen. Seien Sie so stolz, so sehr Löwe wie möglich!

Menschen mit zu wenig Sonne/Löwe-Energie haben möglicherweise größere Schwierigkeiten bei dieser Übung oder fühlen sich nicht besonders wohl dabei. Sollten Sie dies feststellen, so können Sie dem Einzelnen eine Aufgabe stellen. Bitten Sie ihn, darauf *zu achten*, wann immer ihm jemand ein besonderes Kompliment macht, und dieses dann in ein spezielles Heft einzutragen. Diese Methode kann ihn für Komplimente und seine Reaktion darauf sensibilisieren. Möglicherweise lernt er dadurch, besser zu verstehen, weshalb er so und nicht anders auf Komplimente reagiert. Für Menschen mit herausfordernden Sonne/Saturn-Aspekten im Geburtsbild kann dies eine sehr gute Anregung sein.

König oder Königin

In der Gruppe spielen die Teilnehmer abwechselnd die Rolle eines Königs oder einer Königin. (Wir alle mit Pluto im Löwen sollten damit keine Probleme haben.) Alle anderen sind die Untertanen. Halten Sie Gericht. Hören Sie sich die Fälle an, die Ihre Untertanen vorbringen, und treffen Sie Entscheidungen.

Hat es Ihnen gefallen, König oder Königin zu sein? Glauben Sie, daß Sie gerecht zu Ihren Untertanen waren? Haben Sie vermittelt? Waren Sie herrisch? Ein freundlicher Herrscher?

Sonnenbaden

Bei schwierigen Sonnen-Transiten, besonders von Saturn, sollten Sie einige Zeit in der Sonne liegen. Stellen Sie sich vor, wie die Gesundheit und die Lebenskraft der Sonne in und durch Ihren Körper und Ihre Psyche strömt. Lassen Sie sich von der Sonne heilen und revitalisieren.

Geburtstags-Ritual

Weil in jedem Jahr zu Ihrem Geburtstag die Sonne zu Ihrer Geburtsposition zurückkehrt, ist dies ein besonders wichtiger Zyklus. Lassen Sie sich ein Solarhoroskop ausrechnen, damit Sie den genauen Zeitpunkt kennen, an dem die Sonne auf ihre Natalposition zurückkehrt. Nehmen Sie sich den Tag frei, und konzentrieren Sie sich darauf, das letzte Jahr Revue passieren zu lassen und zu bewerten. Denken Sie insbesondere an das, was Sie erreicht haben oder worüber Sie sich freuen. Verbringen Sie den Tag mit Malen, Schreiben, oder tun Sie genau das, wonach Sie sich fühlen. Wenn die exakte Zeit der Sonnenrückkehr näherrückt, legen Sie Ihr Horoskop auf einen Altar, und meditieren Sie über Ihr Sonnenzeichen, wie Sie Ihren Selbstausdruck verstärken, welche positiven Kontakte Ihre Sonne zu anderen Planeten hat. Atmen Sie als Ihre Sonne, hauchen Sie sich neues

Leben, neue Kraft, neue Hoffnung ein! Oder benutzen Sie eine Meditationstechnik, die sich besonders auf das Sonnenzentrum, das *Ajna-Chakra,* den Punkt zwischen den Augenbrauen, konzentriert. Oder konzentrieren Sie sich auf Ihren Atem, und denken Sie daran, daß Sie auf den Zeitpunkt Ihres ersten Atemzugs zugehen. Atmen Sie, als wäre jeder Zug Ihr erster. Oder zünden Sie eine Kerze als Symbol für Ihre Sonne an, und meditieren/reflektieren Sie darüber. Singen Sie den Namensgesang, und wiederholen Sie mit weicher Stimme den Klang Ihres eigenen Namens.

Ein schönes Geburtstagsritual für einen Freund ist es, wenn sich eine Gruppe zusammenschließt und den Namensgesang für ihn singt, oder wenn jeder einzelne nacheinander sagt, was er an seinem Freund besonders liebt. Oder zünden Sie eine einzige Kerze vor der gesamten Gruppe an, und alle meditieren dann über das Geburtstagskind und sein Leben, senden ihm Wohlstand, Glück und Frieden für das neue Lebensjahr. Sie können das Geburtstagsritual abschließen, indem Sie jeder Person eine Kerze in die Hand geben, und derjenige, dessen Geburtstag gefeiert wird, geht im Kreis umher und zündet alle Kerzen nacheinander an. Die Kerzen dienen als Symbol für die Verbindung des Lichts der Anwesenden mit dem des Geburtstagskindes.

Ein bewegendes Erlebnis für eine große Gruppe, z.B. bei Konferenzen, ist es, wenn eine Kerze angezündet wird, die den kollektiven Geist, die Inspiration und das Ziel des Zusammentreffens symbolisiert. Diese eine Flamme wird dann weitergereicht, und die Teilnehmer entzünden daran ihre eigene Kerze, bis jeder eine brennende Kerze in der Hand hält.

Sonne/Löwe-Filme

Gehen Sie ins Kino, oder leihen Sie sich einen Film mit einem Sonne/Löwe-Thema aus. Beispiele: *Ist das Leben nicht schön? Die Farbe Lila, Alexis Sorbas, Vier irre Typen – wir schaffen alles, uns schafft keiner.*

Sonne/Löwe-Planetenspaziergang

Stellen Sie sich vor, Sie seien König oder Königin der Welt. Konzentrieren Sie sich darauf, Ihre Brust auszudehnen. Blasen Sie Ihren ganzen Körper auf. Stellen Sie sich vor, wie prächtig und schön er ist. Voller Selbstvertrauen vergrößern Sie ihre Schritte und schreiten in würdevoller Haltung. Diese Art zu gehen wird Sie mit dem Sonne/Löwe-Anteil Ihrer Psyche in Kontakt bringen.

Sonnen-Meditation – der Lichtball

Schließen Sie die Augen. Atmen Sie ein paarmal tief durch, und atmen Sie alle Spannungen und störende Gedanken oder Energie aus. Dann lenken Sie Ihr Bewußtsein *langsam* auf den Punkt zwischen Ihren Augenbrauen. Wir nennen diesen Punkt das Sonnenzentrum, das Ajna-Chakra oder auch das Dritte Auge. Dieser Punkt repräsentiert im Körper die Sonne des Geburtsbildes. Es ist das Licht, durch das jedes andere Licht seinen Ausdruck findet. Konzentrieren Sie sich auf einen Lichtpunkt von der Größe einer Bleistiftspitze zwischen Ihren Augenbrauen. Verstärken Sie das Licht langsam, und lassen Sie es größer und intensiver werden. Lenken Sie ihre gesamte Aufmerksamkeit auf dieses Licht Ihrer Existenz. Lassen Sie es noch stärker, noch intensiver werden! Lassen Sie es zum Lichtball werden, der Ihren ganzen Kopf ausfüllt wie eine riesige Glühbirne. Dann lassen Sie es langsam durch Ihren ganzen Körper fließen, wobei es Hals, Brust, Arme, Hüften, Becken, Beine und Füße durchdringt. Lassen Sie Ihren ganzen Körper zum Lichtball werden, der in der Vollkommenheit dessen, was Sie sind, erstrahlt.

Lichtball-Gruppenmeditation

Sie sitzen alle im Kreis und stellen sich einen Lichtball in Ihrem Kopf vor. Dann konzentrieren Sie die Energie Ihres Lichtballs auf die Mitte des Kreises. Verbinden Sie sich mit dem Licht der anderen Personen, wobei Sie immer auf den Mittelpunkt des Kreises konzentriert bleiben. Verstärken Sie den Lichball. Weiten Sie ihn so weit aus, daß er die Körper der Teilnehmer durchdringt und erst hinter Ihrem Rücken aufhört. Dehnen Sie das Licht langsam so weit aus, daß es die Körper aller Menschen berührt, die Sie lieben. Entfernung spielt hier keine Rolle. Nehmen Sie sich ein wenig Zeit, und stellen Sie sich diese Menschen im Lichtball vor. Nehmen Sie sich die Zeit, es zu fühlen. Dann ziehen Sie langsam den Lichtball wieder zurück, bis sein Rand wieder hinter dem Rücken der Gruppe erscheint. Verstärken Sie das Licht, bringen Sie es langsam ins Zentrum des Kreises zurück und dann wieder in Ihren Kopf hinein. Lassen Sie es langsam abklingen, bis es wieder auf einen Lichtpunkt von der Größe einer Bleistiftspitze reduziert ist. Gönnen Sie sich einige Augenblicke der ruhigen Reflexion, und orientieren Sie sich wieder im Raum.

Musik-Tips

The Pretenders: Brass in Pocket (The Pretenders), Sly and the Family Stone: Hot Fun in the Summertime (Sly and the Family Stone Greatest Hits), The Beatles: Good Day Sunshine (Revolver), The Beatles: Here Comes the Sun (Abbey Road), Rossini: Ouvertüre zu Wilhelm Tell, Stravinsky: Feuervogel, Supermann (Film-Musik), Lully: Symphonies for the King's Bed Chamber / Fanfares for the Royal Tournament / Soldier's Air (The Baroque Trumpet), Händel: Der Messias.

Mond und Krebs

Mond symbolisiert die passive, rezeptive, nährende, weibliche Kraft der Psyche, unsere Erinnerung an Eindrücke oder emotional geladene Ereignisse aus der Vergangenheit, die unsere konditionierten, gefühlsmäßigen Verhaltensmuster erzeugt. Mond/Krebs verbindet uns mit den Gezeiten, der Mutterschaft, der Geburt, der Familie, der Intuition, Bildern und fließenden Zuständen sowie mit dem kulturellen und sozialen Archetyp des Weiblichen. Lange war das Weibliche verleugnet worden, doch viele Menschen fühlen sich hingezogen, diese Energie wieder stärker in unsere Kultur und unser Alltagsleben zu integrieren.

Menschen mit starker Mond/Krebs-Energie können sehr sorgend und mitfühlend sein. Ist die Mond-Energie überbetont, sind sie sehr leicht beeinflußbar, wankelmütig oder selbstmitleidig und ergehen sich in emotionalen Tragödien. Menschen mit wenig Mond/Krebs-Energie haben möglicherweise Probleme, ihre Gefühle wirklich zu erleben, und neigen zu Gefühlskälte. Wer ein stark polarisiertes Geburtsbild hat, z.B. mit Sonne/Mond-Opposition, kann widersprüchliche Gefühle erleben, besonders bei Vollmond und bei Sonnen- oder Mond-Finsternissen.

Die derzeitige Flut von Frauenliteratur bietet einen guten Einblick in den Aspekt des Weiblichen in unserer Psyche und die Rolle, die sich in unserer Kultur für das Weibliche ergibt. Wenn Sie das Weibliche besser verstehen wollen, sollten Sie einmal eines der folgenden Bücher lesen: *Die Rückkehr der Göttin* von Edward C. Whitmont, *Der Weg zur Göttin der Tiefe* von Sylvia Brinton Perera, *Der Mann/Die Frau* von Robert A. Johnson und *Frauen-Mysterien* von Ester Harding.

Da es bei Mond um den Prozeß der Reflexion geht, sind die meisten Übungen aus Kapitel 4, *Do It Yourself*, als Mond-Übungen geeignet, und weil der Mond das Unbewußte, Instinktive symbolisiert, ist auch die Traumarbeit eine passende Technik, um ihn besser verstehen zu lernen. Kreatives Visualisieren und Phantasiereisen tragen darüber hinaus zum Wissen über die Funktion des Mondes bei. Das Buch *Stell dir vor* von Shakti Gawain erklärt diesen Prozeß auf einfache Art und bietet hilfreiche Anleitungen.

Noch ein Tip: Machen Sie Mond-Erfahrungen kurz vor Vollmond. Die Ergebnisse werden eine größere Wirkung haben. Die besten Gelegenheiten zur Reflexion und zur inneren Suche bieten sich, wenn der Mond in einem Wasserzeichen oder in Ihrem vierten Haus steht oder wenn er durch die Wasserhäuser (vier, acht oder zwölf) läuft. Wenn Sie sich auf eine intensivere Suche begeben möchten, warten Sie, bis der progressive Mond in einem Wasserzeichen steht oder die Wasserhäuser durchläuft. Die besten Zeiten für eine emotionale Heilung Ihrer Kindheit oder der Beziehung zu Ihrer Mutter sind, wenn der Mond im Wasser steht, im Transit oder auch für eine längere Zeit in der Progression.

Der Niagara vor den Wasserfällen

Eine weitere hervorragende Erfahrung mit dem Mond ist in Jean Houstons Buch *Der mögliche Mensch* [1], in dem sie eine 2 1/2- bis 3 1/2-stündige Sequenz mit dem Titel 'Übungen zum Evolutionsgedächtnis' beschreibt. Diese ermöglicht uns, die evolutionäre Entwicklung des Lebens auf unserem Planeten, vom Fisch zum Reptil bis hin zum modernen Menschen und zum 'wahren Menschen', zu erleben. Ich habe die Übung in einem von Jeans Workshops selbst mitgemacht und kann bestätigen, daß diese Erfahrung ein tiefes körperliches Wissen weckt, denn unser Gehirn und unser Körper sind für die Seinsformen empfänglich, die unserer menschlichen Evolution vorangingen. Ein weiteres interessantes Monderlebnis findet sich ebenfalls in Jean Houstons Buch: 'Das Kind in sich entdecken'[2].

Mond-Erlebnis – Mond-Grotte

Dem folgenden, sehr schönen Vollmond-Erlebnis für eine Gruppe von Frauen liegt eine Anregung von Diane Mariechild aus ihrem Buch *Traumkraft* zugrunde.

Entspannen und konzentrieren Sie sich. Fühlen Sie sich sicher. Stellen Sie sich vor, Sie gingen durch lange Korridore und Labyrinthe; der Weg windet sich immer weiter abwärts, bis Sie an ein dunkles Wasser gelangen. Dort ist ein Boot festgemacht. Besteigen Sie das Boot. Jetzt treiben Sie in dem Boot durch weitere Kanäle, und gelangen weiter abwärts. Spüren Sie das sanfte Schaukeln des Bootes und das beruhigende Plätschern des Wassers an der Bootswand. So lassen Sie sich treiben, bis Sie in eine große Grotte hineinfahren. Ihr Boot bleibt dort am Ufer liegen, und während Sie aufschauen, bemerken Sie, daß der gesamte Raum vom Mond beschienen wird. Das Mondlicht ergießt sich in die Grotte durch eine schmale, nadelöhrartige Öffnung, die sich hoch oben über Ihnen befindet. Sie wissen, daß dieser Ort heilig ist.

Hier, an diesem heiligen Ort der Magie, treffen Sie Sophia, die Spenderin der Weisheit. Sie kommt bei Vollmond und teilt ihr Wissen mit den Frauen, die den Weg hierher finden. In diesem Augenblick erscheint sie. Halten Sie fünf bis zehn Minuten inne. Dann verlassen Sie die Grotte wieder und kehren zu Ihrem Ausgangspunkt zurück. Denken Sie an das, was Sie erlebt haben, und tragen Sie dieses Wissen in sich. Kehren Sie allmählich wieder in Ihre Umgebung zurück, und fühlen Sie sich erfrischt und entspannt.

Der Mond oder: wie nähre ich mich selbst?

Es ist sehr heilsam, sich eine Pause von der Welt zu gönnen und sich etwas Gutes zu tun. Ich treffe mich mit einigen meiner Freundinnen regelmäßig zum Gruppen-Fußbad. Jede von uns bringt ein Handtuch und einen kleinen Küchentopf für die Füße mit. Wir kochen dann etwa zwanzig Minuten lang ein Gebräu aus verschieden beruhigenden Kräutern – Kamille, Lavendel, Salbei, Baldrian, Calendula und Rosenblätter. Wir mischen dann den heißen Sud mit kühlem Wasser, bis er eine angenehme Temperatur hat, baden unsere Füße darin und entspannen uns.

Dabei könnte man über den Mond meditieren. Wie gut können Sie sich Zeit nehmen, um sich selbst zu pflegen? Sich massieren zu lassen? In einem Kräuterbad zu entspannen? Oder eine Maniküre machen zu lassen? Wie gut können Sie nehmen? Wie gut können Sie anderen gestatten, Ihnen etwas zu geben? Wie leicht fällt es Ihnen, anderen etwas Gutes zu tun?

Da Mond ein Symbol für das Wasser und das Pflegen ist, könnten Sie als Gruppe eine Thermalquelle oder ein Bad besuchen. Ein Abend der Entspannung und der Pflege müder Muskeln ist eher 'Sein' als 'Tun'. Sie helfen sich dabei gegenseitig, Ihre rezeptive, weibliche Seite zu erfahren.

Kindheit-Foto

Bringen Sie Kindheit-Fotos mit in die Gruppe. Die Gruppe teilt sich in Paare, die sich über die Zeit, aus der das Foto stammt, austauschen. Unter welchen Umständen ist das Foto entstanden? Versuchen Sie, sich an die Zeit zu erinnern. Waren

Sie glücklich, oder war es eine schwierige Zeit? Bringen die Erinnerungen alte Gefühle zum Vorschein? Wenn Sie genügend Zeit haben, dehnen Sie diese Forschungsreise auf die gesamte Kindheit aus. Geben Sie dem Prozeß ausreichend Zeit, denn es kann ein sehr intimes und verbindendes Erlebnis für beide Partner sein.

Wenn Sie alleine sind, holen Sie Ihre Baby-Fotos hervor, und denken Sie darüber nach, was für ein Baby Sie waren. Können Sie in Ihrer Vorstellung und in Ihrem Körper das Baby wieder spüren? Vielleicht versuchen Sie, sich in Embryoposition zusammenzurollen oder auf allen Vieren zu krabbeln.

Mutter

Variation: Bringen Sie ein Bild Ihrer Mutter mit. Wie war sie? Was sind Ihre frühesten Erinnerungen an sie? War Sie Ihnen eine gute Mutter? Wie gut sind Sie selbst als Mutter? Sehen Sie eine Beziehung zwischen dem Verhalten Ihrer Mutter und Ihrem eigenen Verhalten als Mutter? Denken Sie über Ihren Mond im Geburtsbild und seine Aspekte nach.

Können Sie sich an bestimmte Erfahrungen erinnern, die diesen Aspekten entsprechen? Wenn Ihr Mond beispielsweise in Opposition zu Jupiter steht, erinnern Sie sich daran, daß Ihre Mutter immer darauf geachtet hat, daß Sie gegessen haben, und hat Sie Ihnen immer etwas Süßes oder einen Nachtisch gegeben? Oder bei Mond/Saturn-Opposition, haben Sie erlebt, daß Ihre Mutter Sie gezwungen hat, am Tisch sitzen zu bleiben, bis Sie vollständig fertig mit Essen waren, Ihnen die Nachspeise vorenthalten hat, oder war sie womöglich gar nicht zu Hause, um Ihnen Essen zu machen? Diese Überlegungen können Ihnen dazu verhelfen, Ihre Mond-Beziehungen zu verstehen.

Wiegen

Wiegen kann eine sehr gefühlvolle Gruppenübung sein, wenn es richtig gemacht wird. Eine Person legt sich bäuchlings auf den Boden. Die Mitglieder der Gruppe suchen sich jeweils einen Körperteil aus, ein Bein, den Kopf, den Oberkörper usw., legen ihre Hände darunter und heben die Person langsam bis auf Hüfthöhe an. Dann wiegen Sie den Körper langsam hin und her, auf und nieder. Wichtig ist, daß genügend Teilnehmer da sind, um diese Übung bequem durchführen zu können. (Es funktioniert am besten, wenn eine Person den Kopf nimmt, zwei Teilnehmer die Schultern.) Vergewissern Sie sich, daß der Kopf bequem abgestützt und der übrige Körper in einer Linie gehalten wird. Dann lassen Sie nach einigen Minuten die Person wieder sanft auf den Boden hinunter, bis sie bequem liegt. Schweigen Sie.

Dies ist auch eine gute Übung zum Abschluß eines vollständigen Astrodramas eines Teilnehmers, ein Mittel zur Bestätigung und Integration. Sie kann starke

Gefühle erzeugen. Ich habe beobachtet, daß es bei jedem funktioniert, der es versucht. Beginnen Sie keine neue Gruppe mit dieser Übung, sondern warten Sie, bis sich ein gewisses Maß an Vertrauen innerhalb der Gruppe eingestellt hat.

Variation: Wenn Sie einen Garten mit Bäumen haben, hängen Sie dort eine Hängematte auf. Fast jeden Tag im Sommer mache ich eine Pause und wiege mich selbst in der Hängematte.

Das Haus der Kindheit

Beschreiben Sie Ihr Zuhause in der Kindheit. Wenn es verschiedene Wohnungen oder Häuser gab, in denen Sie aufgewachsen sind, beschreiben Sie dasjenige, welches Ihnen am besten gefiel. Erweitern Sie diese Übung dann, und sprechen Sie über Ihre Nachbarschaft, Ihre liebsten Spielorte usw.

Wo sind Sie aufgewachsen?

In der Gruppe beschreiben nacheinander alle Teilnehmer, wo sie aufgewachsen sind. Erweitern Sie dies dann, indem Sie zum Beispiel fragen: "Wo waren Sie im Sommer des Jahres 1968?" Es ist interessant, festzustellen, wo sich die einzelnen Mitglieder einer Gruppe zu exakt dem gleichen Zeitpunkt aufgehalten haben. Gibt es Parallelen zwischen den Lebenserfahrungen der Teilnehmer aus dieser Zeit?

Zuhause

Denken Sie über Ihr derzeitiges Zuhause nach. Sind Sie dort glücklich? Was gefällt Ihnen daran besonders? An welcher Stelle halten Sie sich am liebsten auf? Wenn Sie dort nicht zufrieden sind, welche Art von Heim würden Sie sich wünschen? Die Energie positiver Mond-Transite eignet sich hervorragend, um eine neue Wohnung zu suchen oder umzuziehen.

Kindheits-Spielzeug

Bringen Sie ein Spielzeug aus Ihrer Kindheit mit. Tun Sie sich in Paaren zusammen, und teilen Sie Ihrem Partner Ihre Erinnerungen mit. Wissen Sie noch, von wem Sie es bekommen haben? Erinnern Sie sich daran, als Sie es zum ersten Male gesehen haben? Welche Erfahrungen mit anderen sind mit diesem Spielzeug verknüpft? Fällt Ihnen eine besondere Situation ein, in der es Ihnen Trost gegeben hat?

Variation: Welches war Ihr Lieblingsspielzeug? Beschreiben Sie es im Detail. Sie erhalten möglicherweise noch mehr 'Geistesnahrung', wenn Sie die Gruppe nach speziellen Spielsachen einteilen, z.B. schließen sich all diejenigen zusammen, deren Lieblingsspielzeug ein Teddybär war oder ein Hund, ein Frosch usw. Haben diese Tiere eine besondere Eigenschaft, die in der Persönlichkeit dieser Teilnehmer zum Ausdruck kommt?

Das ist Ihr Leben!

Planen Sie als Geburtstagsgeschenk für ein Mitglied einer laufenden Gruppe einen Abend mit dem Spiel 'Das ist Ihr Leben!' Besorgen Sie Fotos und Kindheitserinnerungen von der Mutter, den Geschwistern und Freunden.

Variation: Geben Sie einem Freund als Geburtstagsgeschenk eine Gruppenmassage, eine Gesichtsmassage, ein Kräuterbad usw.

Weibliche Themen

Eine Gruppendiskussion über weibliche Themen kann die emotionalen Muster und Gefühle der einzelnen Mitglieder einer Gruppe offenlegen. Wenn Sie beabsichtigen, als Teil des Gruppenprozesses Gefühle aufzuwühlen, nehmen Sie sich emotional besetzte Themen vor, wie zum Beispiel Abtreibung, die Rechte von Frauen am Arbeitsplatz, sexuelle Belästigung am Arbeitsplatz usw. Falls es Ihre Absicht ist, die Gruppe näher zusammenzubringen, dann sollten die Mitglieder ihre erfreulichen, lustigen Kindheitserinnerungen miteinander teilen.

Geburt

Da Mond auch die Geburt und das Nähren von Kindern symbolisiert, könnte ein weiteres Diskussionsthema das Für und Wider des Kinderkriegens sein. Auch könnten Frauen sich ihre eigenen Erfahrungen bei der Geburt ihrer Kinder erzählen. In diesem Zusammenhang könnte man einen Film über die Geburt eines Kindes anschauen und sich gegenseitig die dabei entstehenden Gefühle mitteilen.

Eine mögliche Erweiterung dieses Themenbereichs wäre es, die Gruppe durch eine Phantasiereise zu dem Augenblick der eigenen Geburt zurückzuführen. Wenn Sie ein sehr ausgeprägtes Monderlebnis anstreben, könnten Sie auch einen Rebirthing-Experten hinzuholen. (Rebirthing ist eine therapeutische Methode, die eigene Geburt nachzuerleben.)

Wenn Sie an Wiedergeburt glauben, ist die Erinnerung an die entfernte Vergangenheit auch eine lunare Angelegenheit. Sie könnten sich an einen Rückführungsspezialisten wenden.

Frauen-Themen

Sprechen Sie in einer Gruppe, die ausschließlich aus Frauen besteht, einige typische Frauenthemen an. Nachdem jede ihre Gefühle zu einem speziellen Thema mitgeteilt hat, schauen Sie sich die Geburtsbilder der Teilnehmerinnen an. Wo steht ihr Mond (Zeichen, Haus, Aspekte, Transit)? Sagt uns dies etwas über die Art der Gefühle und darüber, wie sie ausgedrückt wurden?

Lebens-Linie

Das Erstellen einer Lebens-Linien-Graphik ist ein Langzeitprojekt für Gruppen, die sich regelmäßig treffen und mehr über den Mond erfahren möchten. Auf Karton oder in einem Heft wird eine Linie gezogen, die Sie in Jahre und Monate unterteilen. Beginnen Sie im Jahr Ihrer Geburt, und führen Sie die Linie bis zur Gegenwart fort. Lassen Sie auch genügend Platz für die Zukunft. (Lassen Sie mehr Platz als Ihnen zunächst notwendig erscheint.) Dann nehmen Sie sich Zeit, Erinnerungen stichwortartig in Ihre Graphik einzutragen. Tragen Sie zum Beispiel 'Zum erstenmal Fahrrad gefahren' unter dem Monat ein, in dem es sich ereignet hat. Sie werden überrascht sein, wie sehr Ihnen diese Methode helfen wird, Erinnerungen hervorzuholen.

Eine Erinnerung wird Sie zur nächsten führen – bis Sie schließlich anfangen, Ihre Stichworte noch irgendwo hineinzuquetschen. Nehmen Sie Ihre Lebens-Linien-Graphik mit in die Gruppe, und teilen Sie Ihre Erinnerungen mit. Schauen Sie sich in der Gruppe gemeinsam die Transite wichtiger Kindheitsereignisse an. (Wenn sich die Gruppe im Haus eines Computerbesitzers trifft, können Sie die Transite im Handumdrehen ausrechnen.) Diese Betrachtung vergangener Transite kann sehr aufschlußreich sein und führt häufig zu einem vollständigeren Verständnis eines speziellen Erlebnisses. Zum Beispiel: "Oh, ich habe Radfahren gelernt, als Jupiter in Konjunktion zu meinem Mars im Schützen stand!" Oder: "Saturn stand im Quadrat zu meiner Sonne, als mich mein Lehrer im vierten Schuljahr in die Sommerschule schickte!"

Autobiographie

Eine Erweiterung dieser Lebenslinie ist das Schreiben einer Autobiographie. Dies ist eine wahrhaft lunare Erfahrung, die Ihnen helfen wird, sich Ihrer Vergangenheit wieder bewußt zu werden. Leider verbringen nur die wenigsten von uns ihre Zeit damit, persönliche Erfahrungen zu verdauen und zu reflektieren. Das Verfassen einer Autobiographie kann eine therapeutische und integrative Erfahrung sein.

Pfeifenreiniger-Lebenslinie

Kaufen Sie eine Packung langer Pfeifenreiniger (im Tabakgeschäft oder im Hobbyladen), und verteilen Sie jeweils einen Pfeifenreiniger an die Mitglieder der Gruppe. Nehmen Sie den Pfeifenreiniger als Symbol für Ihr Leben. Drehen und biegen Sie ihn, um die Entwicklung Ihres Lebens bis zum heutigen Tag darzustellen. Stellen Sie die Höhen und Tiefen Ihres Lebens, wichtige Ereignisse usw. dar. Wenn alle Teilnehmer ihre Pfeifenreiniger zurechtgebogen haben, erzählen Sie sich gegenseitig, was Ihr Lebenssymbol bedeutet.

Sandspiel
Eine aus der Jungschen Therapie enstandene Technik ist das Sandspiel. Bei dieser Therapie wecken die Teilnehmer Gefühle und Erinnerungen aus der frühen Kindheit, indem sie wieder mit Spielzeug im Sandkasten spielen.

'Motherpeace'-Tarotkarten
Dies ist ein wunderschönes Hilfsmittel von Vicky Noble und Karen Vogel zur inneren Heilung des Weiblichen. Durch die Betonung von Liebe und Mitgefühl, Kreisformen und kraftspendenden Bildern sind diese Karten ideal, um sich kontinuierlich auf die Mond-Energie einzustimmen.

Mond/Krebs-Filme
Fanny und Alexander, Eine ganz gewöhnliche Familie, On The Golden Pond, A Trip To Bountiful, Let It Be.

Krebs-Planetenspaziergang
Stellen Sie sich vor, ein kleines Kind zu sein, das gerade laufen gelernt hat. Spüren Sie das zögernde, unsichere Gefühl im Innern. Setzen Sie sich langsam in Bewegung, und entdecken Sie Ihre Umgebung. Reagieren Sie auf die Dinge, die Ihnen begegnen, als wäre es das erste Mal. Rollen Sie sich, gehen Sie, krabbeln Sie, stolpern Sie auch, und werden Sie sich der wechselnden inneren Stimmungen von Freude, Angst oder Überraschung bewußt. Diese Übung wird Ihnen helfen, mit dem lunaren/Krebs-Anteil Ihrer Psyche in Verbindung zu treten.

Mond-Meditation – die Gezeiten
(Diese Übung ist besonders wirkungsvoll bei Vollmond in einem Wasserzeichen.)
   Legen Sie eine Kassette ein, auf der nur Meeresgeräusche zu hören sind, und stellen Sie Ihren Rekorder neben sich hin. Dann schließen Sie die Augen und atmen einige Male tief durch. Schalten Sie die Aufnahme ein, und stellen Sie sich vor, daß Sie an Ihrem Lieblingsplatz am Strand liegen. *Spüren* Sie den Sand unter Ihrem Körper, unter Ihren Füßen, Waden, Oberschenkeln, Becken, Rücken, Schultern, Armen, Händen, Kopf. Atmen Sie tief ein, und lassen Sie sich treiben. Geben Sie sich diesem Prozeß und Ihren Gefühlen hin, ganz gleich, wie sie sich entwickeln. Wenn die Musik vorbei ist, nehmen Sie sich einige Augenblicke zur ruhigen Reflexion und Rückorientierung.

Spiegeltanz
Legen Sie fließende und leicht tanzbare Musik auf. Lockern Sie Ihre Körper. In dieser Partnerübung übernimmt eine Person die Führung: sie ist die Sonne. Der

andere Tänzer ist der Mond und macht es der Sonne so genau wie möglich nach. Er folgt der Sonne mit Füßen, Beinen, Armen, Gesichtsausdruck. Spüren Sie, was die Sonne tut. Nach einer Weile tauschen Sie die Rollen. Wie fühlt es sich an zu führen? Wie fühlt es sich an zu folgen? War es einfach, als 'Schatten' der Sonne zu fungieren?

Eine Variation ist es, wenn einer der Partner so tut, als sei er ein Spiegel, in den der andere hineinschaut. Fügen Sie noch eine dramatische Komponente hinzu. Sie verstecken sich in einem Zimmer und dürfen nicht entdeckt werden. Jemand, der Sie sucht, betritt das Zimmer. Er steht unmittelbar vor Ihnen. Sie müssen sein Spiegelbild darstellen, um nicht bemerkt zu werden. Dramatische Ausschmückungen können die Sache spannender, konzentrierter und lustiger machen.

Musik-Tips

Beach Boys: Feel Flows (Surf's Up), Otis Redding: Dock of the Bay (Best of Otis Redding), Pretenders: Hymn to Her (Get Close), John Lennon: Woman (Double Fantasy), Chopin: Walzer und Nocturnes, Debussy: Clair de Lune, Beethoven: Violinkonzert, Händel: Wassermusik, Strauss: An der schönen blauen Donau, Nat King Cole: Stardust, Blondie: The Tide is High (Autoamerican), Eurythmics: Here Comes the Rain Again (Touch).

Just walking in the rain

Merkur, Zwillinge und Jungfrau

Merkur ist die denkende, analysierende Funktion der menschlichen Psyche. Er verkörpert, wie wir Erfahrungen aufnehmen und verarbeiten, indem wir unterscheiden und zuordnen. Er hilft uns, Verbindungen herzustellen, grundlegende Zusammenhänge zu erkennen und mit anderen Menschen Gedanken auszutauschen. Merkur erfüllt die Doppelfunktion der inneren Kommunikation und der Kommunikation mit unserer Umwelt.

In dieser Hinsicht vertritt Jungfrau den introvertierten, analytischen inneren Aspekt merkurialen Denkens, während Zwillinge für den extrovertierten, nach außen gewandten Aspekt der Kommunikation steht. (Merkur ist der Herrscher von Jungfrau und Zwillingen, also für zwei Zeichen zuständig).

Merkur steht in Verbindung mit dem griechischen Hermes, einem Zwitterwesen, das die Schlüssel des Wissens besitzt und Botschaften zwischen den Göttern und der Menschheit überbringt. Merkur hat mit dem Ursprung der Sprache, mit Worten, der Literatur und allen Arten und Mitteln der Kommunikation und der Erziehung durch Wissen zu tun.

Die Konferenz mit dem Engel Raphael

Menschen mit starker Merkur/Zwillinge-Energie in ihrem Horoskop haben oft ein großes Bedürfnis nach Wissen und geistiger Wendigkeit. Diese Energie macht aber auch beeinflußbar, und manche benützen ihre lockere Geselligkeit als Schutz vor Nähe. Wer zu wenig Merkur/Zwillinge-Energie hat, dem kann es an Umgänglichkeit mangeln.

Menschen mit starker Merkur/Jungfrau-Energie können über ausgezeichnete analytische Fähigkeiten verfügen und sind bereit, für Perfektion hart zu arbeiten. Wird diese Energie negativ beeinflußt, kann es zu unablässiger Kritik an sich selbst und anderen kommen. Den Menschen mit weniger Merkur/Jungfrau-Energie fehlt möglicherweise die Fähigkeit, sich zu konzentrieren und sich mit Einzelheiten auseinanderzusetzen, oder sie fühlen sich in gewissen Lebensbereichen gehemmt und untauglich.

Merkur/Zwillinge-Erfahrung

Merkur symbolisiert die individuellen Fähigkeiten und Fertigkeiten, die wir uns im Laufe unseres Lebens aneignen. Demnach ist ein Erlebnis, bei dem Fähigkeiten verfeinert und verbessert werden, ein gutes Beispiel für Merkur-Energie. Ideal hierfür ist die geführte Phantasiereise mit dem Titel "Einstudieren des Könnens mit einem Meister" in Jean Houstons Buch *Der mögliche Mensch*[1]. Diese Übung führt zu intensiverem Lernen, hilft Ihnen, die motorische Verbindung zwischen Gehirn und Körper zu verbessern und Ihre Fähigkeiten geschickter einzusetzen. Dauer: 45 Minuten. Die Anweisungen können vorher auf Band gesprochen werden oder vom Gruppenleiter direkt gegeben werden.

Suchen Sie sich eine Fähigkeit aus, die Sie weiterentwickeln möchten, und üben Sie dort, wo Sie gerade sind, die dazugehörigen körperlichen Bewegungsabläufe so detailliert wie möglich. Natürlich bietet sich hier eher eine bestimmte Ausholbewegung beim Tennis an als ein Schlag beim Schmetterlingsschwimmen. Wenn Sie Ihre Bewegung geübt haben, halten Sie inne, und stellen Sie sich nun im Geiste vor, wie Sie diese Bewegung ausführen. Versuchen Sie mit aller Kraft, die Reaktion Ihres Körpers zu spüren. Dann wechseln Sie immer wieder ab, zuerst üben Sie die Bewegung aktiv und dann im Geist. Laufen Sie danach herum wie ein dreijähriges Kind, springen Sie, hüpfen Sie, tollen Sie auf dem Boden herum, bis Sie erschöpft sind. Legen Sie sich dann auf den Boden, und hören Sie folgenden Anleitungen zu:

Sie liegen alleine auf dem Boden eines kleinen Ruderbootes, das von sanften Wellen auf das Meer hinausgetragen wird. Sie sind entspannt, während Sie immer weiter aufs offene Meer hinaustreiben. Das Boot wird wie durch einen Strudel immer tiefer zum Grund des Meeres hinuntergesogen. Jedoch schließt sich das Wasser über Ihnen nicht, sondern es bildet eine Art Tunnel, in den Sie immer tiefer eindringen. Schließlich erreichen Sie den Grund des Meeres. Dort entdecken Sie einen Türgriff, den Sie herunterdrücken. Die Türe öffnet sich, und Sie steigen eine steinerne Treppe hinab, die in ein Reich unterhalb des Meeresbodens führt.

Sie steigen hinunter, immer tiefer und noch tiefer. Schließlich, am Ende der Treppe, befinden Sie sich in einer großen Höhle voller hängender und stehender Tropfsteine. Sie entdecken einen Gang aus Steinen, dem Sie folgen. Dann gelangen Sie an eine Eichentüre, über der 'Der Raum der Fähigkeit' geschrieben steht. Sie betreten den Raum und bemerken, daß er von der Gegenwart und dem Geist Ihrer Fähigkeit völlig durchdrungen ist. Hier befindet sich der Meister dieser Fähigkeit. Dieses Wesen ist Ihr Lehrmeister und wird Ihnen in der Folgezeit mit viel Geduld umfassende Anleitungen zur Verbesserung Ihrer Fähigkeiten geben.

Der Lehrmeister benutzt entweder Worte, Gefühle oder Ihr Muskelempfinden, um Sie zu unterrichten. Der Lernprozeß wird wirkungsvoll und tiefgreifend sein und Ihnen mehr Selbstvertrauen geben. Während Sie intensiv üben und lernen, kann sich der begabte Mensch in Ihnen entfalten, und Sie können Hindernisse und psychische Barrieren überwinden. (Nehmen Sie sich fünf Minuten Zeit! Mehr bedarf es nicht für diese fruchtbare Lektion mit Ihrem Lehrmeister.)

Jetzt ist die Zeit gekommen, sich von Ihrem Lehrmeister zu verabschieden. Danken Sie ihm in dem Bewußtsein, daß Sie jederzeit, wenn Sie es möchten, an diesen Ort zurückkehren können. Bevor Sie sich auf den Weg machen, sehen Sie ein außergewöhnliches Licht, das von der Decke herunterstrahlt. Stellen Sie sich in den Lichtstrahl. Es ist das Licht der Bestätigung Ihrer Fähigkeit. Fühlen Sie, wie die Stärkung und Bestätigung Ihrer Fähigkeit Ihren Geist und Ihren Körper durchströmt und zum natürlichen Bestandteil Ihres Wesens wird. Hier erfahren Sie die Bekräftigung Ihres Könnens. (Geben Sie sich 30 – 40 Sekunden dafür.) Schließlich verlassen Sie den Raum und schließen sorgfältig die Türe hinter sich. Gehen Sie rasch durch den Gang bis zur Höhle zurück, wo Sie wieder Ihr Boot besteigen. Sie spüren, wie die Fähigkeit in Ihnen wächst. Der Sog der Wassersäule zieht Sie nun nach oben, immer höher hinauf, bis Sie die Oberfläche des Meeres erreichen. Immer noch spüren Sie, wie Ihre Fähigkeit weiterwächst, Ihr gesamtes Wesen durchdringt und sich in all Ihren Nerven, Nervensträngen, Zellen und Synapsen festsetzt.

Während Ihr Boot sich der Küste nähert, sind Sie aufgeregt und wollen aussteigen und Ihre Fähigkeit ausprobieren. An der Küste angekommen, sind Sie hellwach und von Ihrer Fähigkeit völlig erfüllt. So schnell wie möglich stehen Sie auf und probieren sie aus. Üben Sie Ihre Fähigkeit. Dann halten Sie inne und wiederholen Ihr Können im Geist und im Körper. Sehen Sie vor Ihrem geistigen Auge, wie Sie Ihre Aktivität perfekt ausführen. Dann wechseln Sie ständig hin und her zwischen tatsächlicher Ausführung und dem geistigen Bild davon. Üben Sie so lange, bis Sie fühlen, daß beides miteinander verschmilzt.

Stellen Sie sich zum Abschluß diese Fragen:
Was fällt Ihnen an der Verbesserung Ihrer Fähigkeit auf?
Welche Erinnerung haben Sie an Ihren Lehrmeister?

Ich habe an dieser Übung in einem von Jeans Workshops teilgenommen. Bevor wir auf die Reise zu unserem Lehrmeister gingen, bat Jean eine Freiwillige aus der Gruppe, Ihre Fähigkeit vor und nach der Visualisierung zu demonstrieren. Eine Frau, die besser Klavier spielen wollte, meldete sich. Sie war äußerst befangen, spielte zögernd und machte eine Reihe von Fehlern. Nach der Visualisierung setzte sie sich mit einem Ausdruck der Freude im Gesicht ans Klavier und spielte das gleiche Stück fließend und fehlerfrei.

Merkur-Bewegung

Merkur handelt schnell, wechselhaft und schelmisch. Legen Sie merkuriale Musik auf, wie z.B. Talking Heads. Bewegen Sie Ihren Körper, und drücken Sie mit Ihren Händen den gesprächigen Rhythmus der Musik aus.

Dialog mit einem Planeten

Eine wichtige Interaktionsform, die viele von uns nicht in Betracht ziehen, ist, durch unsere Planeten mit unserem Unbewußten zu sprechen. Die Planeten sind keine abstrakten Symbole, sondern lebendige Energie in unserem Inneren. Setzen Sie sich mit Ihrem Geburtsbild hin, und tauschen Sie sich mit einem Planeten aus, der Ihnen Schwierigkeiten macht. Stellen Sie sich eine dieser Fragen: Welche Planeten-Energien beeinflussen mein Leben immer wieder? (Untersuchen Sie Ihr Geburtsbild, und machen Sie sich eine Liste der Planeten in der entsprechenden Reihenfolge.) Welche Planeten-Energien betreffen mich zur Zeit am stärksten? (Untersuchen Sie Ihre Transite. Welche starken harmonischen/konfliktgeladenen Aspekte sind zur Zeit besonders aktiv?)

Diese Übung kann als Meditation durchgeführt werden. Atmen Sie einige Male tief durch, und konzentrieren Sie sich auf den Planeten, von dem Sie Antworten auf Ihre Fragen erhalten wollen. Stellen Sie sich vor, den Planeten in lebendiger Form oder als Archetyp vor sich zu haben. (Sie können sich Merkur als Hermes vorstellen, Venus als Aphrodite, Mars als einen Krieger, Uranus als die Tarotkarte des Narren, oder Mond als die Hohepriesterin.)

Stellen Sie sich vor, wie dieses Bild Ihnen gegenübersteht, und laden Sie es ein, Platz zu nehmen und mit Ihnen zu sprechen. Vertiefen Sie ständig Ihre Konzentration, indem Sie sich von dem Gefühl dieser Ihnen gegenübersitzenden Planeten-Energie durchdringen lassen. Stellen Sie nacheinander folgende Fragen:

Falls Ihnen der Planet Probleme macht: "Warum machst du mir das Leben so schwer?"

Falls Ihnen der Planet eindeutig hilft, bedanken Sie sich und fragen Sie: "Was kannst du mir sonst noch geben?"

Fragen Sie dann: "Was brauchst du von mir?"

Schweigen Sie eine Weile nach jeder Frage, damit sich die Antwort formulieren kann. Weil Sie sich Zeit für den Austausch mit Ihrem Unbewußten nehmen, werden neue Einsichten und Antworten unausweichlich kommen.

Memory-Spiele

Weil Merkur mit dem Ordnen von Daten zu tun hat, läßt er sich durch das folgende Spiel anregen, das unsere Erinnerungskraft stärkt. Nehmen Sie ein vollständiges Kartenspiel zur Hand, und verteilen Sie die Karten mit der Rückseite nach oben auf einem Tisch. Nehmen Sie dann eine Karte, und drehen Sie sie um. Danach suchen Sie eine zweite Karte aus. Wenn beide Karten den gleichen Wert haben, legen Sie sie zur Seite und fahren dann mit dem Spiel fort. Wenn Sie einen unterschiedlichen Wert haben, legen Sie sie wieder mit der Rückseite nach oben auf ihren vorherigen Platz zurück und versuchen sich zu merken, welche Karte wo liegt. Achten Sie darauf, wie lange Sie benötigen, sich die Karten einzuprägen und alle Paare zu finden. Wenn Sie diese Übung regelmäßig durchführen, können Sie Ihr Erinnerungsvermögen verbessern.

Als Variante kann man das Spiel auch zu zweit mit einem Kartenspiel spielen und bekommt für jede richtige Karte einen Punkt. In einer Gruppe kann man sich in Paaren zusammenschließen, um zu sehen, welches Paar alle Kartenpaare in der kürzesten Zeit findet.

Um das Spiel mit einer Gruppe zu spielen, besorgen Sie sich eine Reihe kleiner Gegenstände (etwa 25 Stück), die Sie auf ein Regal stellen und verdecken, so daß keiner der Teilnehmer sie sehen kann. Dann nehmen Sie die Abdeckung fort und zeigen der Gruppe ganze 10 Sekunden lang die Gegenstände. Verdecken Sie die Gegenstände wieder, und bitten Sie die Teilnehmer, alle Gegenstände aufzuschreiben, an die sich erinnern können.

Stille Post

Dieses bekannte Kinderspiel ist eine gute Zwillinge-Übung, die uns zeigt, wie genau und gut wir zuhören und kommunizieren. Bilden Sie einen Kreis. Einer der Teilnehmer beginnt, indem er der neben ihm sitzenden Person einen recht langen und komplizierten Satz, der auch für Erwachsene schwierig zu behalten ist, ins Ohr flüstert. Der Satz wird dann im Kreis 'herumgereicht'. Die letzte Person im Kreis spricht den Satz, den sie gehört hat, laut aus.

Machen Sie sich ein Bild vom Himmel

Obwohl der Zodiak und die Planeten Bestandteil des konzeptuellen Modells eines jeden Astrologen sind, achten nur wenige von uns darauf, wo sich die Planeten jeden Tag befinden. Schauen Sie nach! Auf welchem Grad befindet sich die Sonne zur Zeit, und wo ist sie gerade jetzt in Bezug zu Ihrem Geburtsbild? Wo befindet sich der Mond? In welcher Phase seines Zyklus steht er im Moment – erstes Viertel, Vollmond usw.? Wo steht Merkur? Mars? Venus? Ist sie Morgenstern oder Abendstern? Wo sind all die anderen Planeten?

Gehen Sie nachts nach draußen, und suchen Sie die Sternzeichen am Himmel, und versuchen Sie, die sichtbaren Planeten zu identifizieren. Welche gehen gerade auf oder unter? Welche Planeten sind auf der anderen Seite der Erde? Wenn Sie sich täglich die Planetenbewegungen geistig oder visuell vergegenwärtigen, bleiben Sie in engerem Kontakt.

Einige von uns haben weder eine besonders ausgeprägte geistige Vorstellung des astronomischen Modells, das wir benutzen, noch ein klares Verständnis der Bewegungen der Himmelskörper. Was sind Himmelsäquator, Deklination, Rektaszension, Azimut, Planetenknoten? Wenn Sie diese Fragen nicht beantworten können, sollten Sie sich ein Astronomiebuch für Astrologen kaufen. Auch werden häufig Astronomie-Workshops bei Kongressen angeboten – nutzen Sie diese Chance! Oder besuchen Sie Veranstaltungen in einem Planetarium in Ihrer Nähe.

Ereignis-Tagebuch für eine Woche

Machen Sie schriftliche Aufzeichnungen von astrologischen Beobachtungen über Ereignisse in Ihrer Umgebung. Wenn Sie einen Fußgänger beobachten, der einem Autofahrer wütend droht, schreiben Sie die astrologische Entsprechung (Merkur/Mars) auf. Oder Sie sehen einen dicken Mann, der in einer Bäckerei Sahnegebäck kauft (Sonne/Jupiter/Venus/Neptun), oder ein Kind, das seinen Teddybär liebkost (Mond/Venus), oder einen Trauerzug, der Ihnen auf der Autobahn begegnet (Saturn/Merkur). Schreiben Sie die astrologischen Entsprechungen der Dinge, die Sie beobachten, auf. So lernen Sie, Astrologie schneller in Bezug zu Ihrer alltäglichen Umgebung zu setzen.

'Cocktail-Party'

Halten Sie mit Ihrer Gruppe eine 10-minütige 'Cocktail-Party' ab, wobei jeder Teilnehmer einmal der Gastgeber ist. Ihr Ziel ist, einen sozialen/verbalen Kontakt zu allen Anwesenden herzustellen. Fühlten Sie sich unwohl dabei? Fühlten Sie sich wohl in einer sehr geselligen, kommunikativen Umgebung?

Pantomime

Tun Sie sich mit einem Partner zusammen, und machen Sie abwechselnd alle Bewegungen Ihres Gegenübers nach. Beobachten Sie mit großer Sorgfalt, und imitieren Sie alles, was Sie sehen, so perfekt wie möglich. Achten Sie besonders auf Augen, Hände, Gesichtsausdruck usw.

Als Abwandlung kann jedes Paar vor der Gruppe etwas darstellen wie z.B. ein Paar junger Hunde oder auch Gegenstände, die zu zweit zusammengehören

(Mörser und Stößel, Haken und Öse, zwei sich drehende Fahrradpedale usw.). Die Gruppe versucht zu erraten, was die beiden Personen darstellen.

Starke Merkur-Persönlichkeiten neigen zu exzessiver Verbalität. Daher sind non-verbale Übungen zum Selbstausdruck sehr hilfreich. Erzählen Sie Ihrem Partner alles, was Sie seit dem Aufwachen getan haben. Anstatt die Aussagen zu wiederholen, benutzt Ihr Partner die Hände, um das Gesagte schweigend auszudrücken. Später tauschen Sie die Rollen.

Folgen Sie dem Vorbild

Die Gruppe stellt sich in einem großen Raum an einer Wand auf. Legen Sie gute Tanzmusik auf. Jeder Teilnehmer wird (mindestens) einmal zum Vorbild und tanzt eine Bewegung vor, die alle Teilnehmer so exakt wie möglich nachmachen, während sie sich zur anderen Seite des Raumes bewegen.

Zuhören lernen

Zuhören können schärft die Kommunikationsfähigkeit des Individuums. Setzen Sie sich mit einem Ihnen unbekannten Partner zusammen, und erzählen Sie sich gegenseitig etwas über sich selbst. Achten Sie darauf, was Ihr Partner sagt und wie er es sagt. Dann präsentieren Sie ihn der Gruppe, indem Sie ihn möglichst genau so vorstellen, wie er es Ihnen gegenüber getan hat.

Entspannung

Haupt-Werkzeug von Zwillinge und Jungfrau ist die Denkfunktion. Sie haben die starke Neigung, im Kopf zu leben, wobei sie in ihre Gedankenprozesse versunken sind, ohne mit ihren Gefühlen und ihrem Körper in Kontakt zu sein.

Für merkuriale Menschen bietet sich jede Entspannungstechnik an. Sie sollten lernen, ihren 'Geist herunterzuschrauben', tief durchzuatmen und ihr Bewußtsein wieder auf den Körper zu lenken. Es ist gut für merkuriale Menschen, wenn sie lernen, einfach zu 'sein'.

Meine Traumreise

Merkur und Zwillinge stehen in Verbindung mit Reisen. Verbringen Sie zehn Minuten, um sich in Ihrer Phantasie Ihre Traumreise auszumalen. Wohin würden Sie fahren? Wie würden Sie dorthin kommen? Wie lange würden Sie dort bleiben? Was würden Sie dort tun?

Varianten: Bei einer Gruppe nimmt ein Teilnehmer die anderen auf eine geführte Reise mit, indem er seine persönliche Lieblingsreise nacherlebt.

Schauen Sie sich gemeinsam mit der Gruppe Dias und Fotos einer exotischen Reise an, die einer Ihrer Teilnehmer vor kurzem unternommen hat. Lassen Sie diese Person anschaulich und detailliert ihre Erfahrung beschreiben, und bitten

Sie dann Ihre Teilnehmer, sich so vollständig wie möglich die Ansichten und Geräusche der Reise vorzustellen.

Sprache
Der Prozeß des Erlernens einer neuen Sprache ist eine Merkur-Erfahrung. Besuchen Sie einen Sprachschule, oder nehmen Sie an einem Fernkurs teil.

Silbenrätsel
Für die Erfahrung von Kommunikation ohne zu sprechen ist dies ein klassisches Spiel.

Kauderwelsch
Unterhalten Sie sich fünf Minuten lang mit einem Partner, ohne dabei irgendeine bekannte Sprache zu benützen. Der Anfang kann etwas schwierig sein, aber wenn Sie einmal in Fluß kommen, läßt sich richtig kommunizieren. Das ist verrückt und lustig!

Geschwister
Treffen Sie sich mit Ihren Geschwistern, und bitten Sie jeden, drei Absätze über Ihre gemeinsame Familie zu schreiben. Beschreiben Sie zuerst Ihren Vater, dann Ihre Mutter und zum Schluß Ihre frühen Erinnerungen an das Leben zu Hause. Vergleichen Sie das Aufgeschriebene. Sieht es jeder von ihnen unterschiedlich? Können Sie in den Geburtsbildern Ihrer Geschwister Anhaltspunkte für deren spezielle Reaktion finden?

Lexikon-Spiel
Dies ist ein klassisches Spiel um Worte, Wortbeherrschung und Betrügereien, alles Anteile der Merkur-Energie. Verteilen Sie in einer Gruppe Papier und Stifte. Geben Sie jedem Teilnehmer die Gelegenheit, die anderen zu überlisten, indem er ein unbekanntes oder skuriles Wort aus einem Lexikon heraussucht. Gegenstand des Spiels ist es, für dieses Wort eine falsche aber logisch klingende Definition zu erfinden und aufzuschreiben. Derjenige, der das Wort ausgewählt hat, schreibt die richtige Definition auf. Dann werden alle Zettel eingesammelt und laut vorgelesen, worauf jeder Teilnehmer zu erraten versucht, welche Definition aus dem Wörterbuch stammt. Die einzelnen Teilnehmer bekommen einen Punkt für jede korrekte Antwort oder wenn ein anderer Mitspieler seine Fälschung für die richtige Version hält. Sollte keiner die richtige Version erraten, so erhält der Mitspieler, der das Wort ausgesucht hat, einen Punkt von jedem anderen Teilnehmer. In diesem Spiel lernen Sie neue Wörter kennen, und Sie verfeinern Ihre Fähigkeit, Gedanken

zu organisieren. Besonders für eine Gruppe mit starker Zwillinge/Jungfrau-Energie kann dies eine geeignete Herausforderung sein.

'Trivial Pursuit'

Das Brettspiel 'Trivial Pursuit' ist ideal für Zwillinge/Jungfrau!

Gesundheitsprofil (Jungfrau)

Jungfrau wird häufig mit Gesundheit in Verbindung gebracht. Erstellen Sie ein Gesundheitsprofil Ihrer Vergangenheit, damit Sie einige Ihrer Krankheitsmuster klären können.

Vor einigen Monaten erhielt ich zufällig Einblick in die Aufzeichnungen meines Hausarztes. Jede Krankheit, jeder Unfall, jede Beschwerde und jede Impfung seit meiner Geburt waren dort verzeichnet. Ich schrieb jede Krankheit auf und verglich sie mit den Transiten zur jeweiligen Zeit, wodurch einige interessante Muster deutlich wurden. So hatte ich zum Beispiel drei Unfälle mit Autos, Motorrädern oder Pferden sowie zwei Unfälle mit Küchenmessern unter einem Mars/Uranus-Transit, eine wiederholte Nebenwirkung eines Medikaments, immer wenn Neptun einen Aspekt zum Herrscher meines sechsten Hauses bildete und in den letzten neun Jahren eine deutliche Gewichtszunahme, wenn Jupiter im Quadrat oder in Opposition zu meiner Radix-Venus stand. Diese Erkenntnisse werden mir helfen, mich bei derartigen Transiten in Zukunft besser vorzubereiten und zu schützen!

Ins Detail gehen (Jungfrau)

Beobachten Sie sich beim Erledigen einer Aufgabe, die Aufmerksamkeit fürs Detail erfordert. Dies kann eine handwerkliche Tätigkeit sein, Nähen, Stricken, Schnitzen oder auch das Aufräumen Ihrer Kramschublade. Wie fühlen Sie sich dabei? Haben Sie das Gefühl, es gut gemacht zu haben? Sind Sie mit dem Ergebnis zufrieden?

Arbeitsplatz-Analyse (Jungfrau)

Denken Sie über Ihre augenblickliche Arbeitssituation nach. Sind Sie zufrieden mit Ihrem Arbeitsplatz? Sind Sie zufrieden mit Ihrer Leistung? Was stört Sie zur Zeit? Was gefällt Ihnen? Mögen Sie Ihre Kollegen? Wen? Weshalb? Wenn Sie etwas an Ihrer Arbeit oder Ihren Kollegen stört, fällt Ihnen dann ein, was oder wer helfen könnte? Können Sie eine Strategie und einen Plan entwickeln, um erfolgreicher damit umzugehen?

Merkur-Filme
Die Sensationsreporterin, Die Unbestechlichen, Ein Höllentrip, Atemlos, Zimmer mit Aussicht, Haus der Spiele, Das Tagebuch der Anne Frank.

Merkur/Zwillinge-Planetenspaziergang
Sehen Sie sich als einen jungen, neugierigen Teenager. Spüren Sie die spritzige, frische Energie, die von Ihnen ausgeht. Passen Sie Ihren Gang der Situation an, so daß er leicht und feenhaft ist, beinahe so als würden Sie kaum die Erde berühren. Drücken Sie Ihre Neugierde für all die vielen Dinge aus, während Sie die Straße entlanggehen und Ihre Aufmerksamkeit von einer interessanten Sache zur nächsten wandert.

Merkur/Jungfrau-Planetenspaziergang
Beobachten Sie Ihren normalen Gang. Können Sie sich vorstellen, wie Sie Ihren Gang wirksamer gestalten könnten? Beobachten Sie den gesamten Verlauf Ihres Gangs so minutiös und präzise wie möglich, von kleinen motorischen Reaktionen bis zu Ihrer Fußstellung und Ihrer Gewichtsverlagerung. Welche Länge hat Ihr durchschnittlicher Schritt? Worauf richten Sie Ihre Augen beim Gehen? Gehen Sie dann im Zeitlupentempo. Fällt Ihnen noch etwas anderes an Ihrem Gang auf?

Merkur-Meditation
Geschichten erzählen ist eine merkuriale Form der Meditation, ob Sie nun die Geschichte selbst erzählen oder aber nur zuhören. Der Erzähler webt Wörter, um Geschichten zu erzeugen. Sie sind dazu da, uns zum Nachdenken und Zuhören anzuregen. Machen Sie es sich bequem, und lesen Sie eine gute Geschichte.

Musikvorschläge
Joni Mitchel: Koyote (Hejira), Talking Heads: Cross-eyed and Painless (Remain in Light) und Speaking in Tongues, Mose Allison: I Feel so Good, Songs von Bob Dylan, The Beatles: Sergeant Pepper's Lonely Hearts Club Band, Holst: Merkur, der geflügelte Bote (The Planets).

Venus, Stier und Waage
Venus ist die weibliche, ausgleichende und harmonisierende Funktion der Psyche. Venus hängt zusammen mit der griechischen Göttin Aphrodite, der Göttin der Liebe und Schönheit. Venus ist der Drang, Gegensätze zu vereinen, Ähnlichkeiten

Adam und Eva

zu suchen und Gleichgewicht herzustellen. Sie ist in magnetischer Polarität mit Mars verbunden, dem Kriegsgott, der das entgegengesetzte Prinzip von aggressivem Handeln und Gewalt ausdrückt, der Unterschiede offenlegt und Wellen erzeugt, die das Gleichgewicht erschüttern.

Venus steht in Verbindung mit allen Formen von Verhalten, die zu Solidarität, Zusammenhalt, Zuneigung und Frieden führen, mit allem, was wir als wertvoll betrachten, wie Geld, Besitz, Beziehungen, Vertrautheit, unserem Gefühl für Ästhetik und der Würdigung von Kunst und Schönheit.

Venus hat sinnliche und sanfte erotische Merkmale im Gegensatz zu Mars, der sexuell, roh und primitiv ist. Der Renaissance-Maler Tizian veranschaulichte diese Sinnlichkeit in seinem Gemälde *Venus*. Botticellis *Geburt der Venus* ist ein Gemälde, das nicht nur ihr sinnliches, vollständiges Wesen einfängt, sondern sie aus einer Muschel aufsteigend darstellt, aus dem Meer geboren. Dieser Mythos über Venus' Herkunft ist interessant, denn die höhere, verfeinerte Manifestation von Venus wird durch Neptun, den Herrscher des Meeres, symbolisiert.

Menschen mit starker Venus/Waage-Energie in ihrem Geburtsbild können liebenswürdig und hilfsbereit sein. Im Extremfall sind sie eventuell zu passiv und idealistisch und beschließen, sich mit den schwierigen Seiten ihrer Beziehungen nicht auseinanderzusetzen. Menschen mit wenig Waage-Energie können dazu neigen, sich nicht auf langfristige, verbindliche Beziehungen einzulassen.

Individuen mit starker Venus/Stier-Energie können zum Erfolg entschlossen sein und eine stabilisierende Wirkung auf andere haben. Sie können aber auch zu Habgier neigen, da ihr Sicherheitsbedürfnis oft unmittelbar auf Besitz, Geld oder sinnliches Vergnügen gerichtet ist. Menschen mit weniger Stier-Energie verspüren möglicherweise kaum den Drang, die Freuden der Welt zu genießen und sind eventuell nicht besonders sinnesorientiert.

Venus – eine Sinneserfahrung

Da der Venus-Einfluß, insbesondere im Stier, so sehr an den Sinnen orientiert ist, möchte ich im folgenden ein Gruppenerlebnis beschreiben, bei dem Sie das spüren können. Für ein Tasterlebnis sollten Sie eine Reihe von Gegenständen zusammentragen wie z.B. Ballons, Ton, Kreisel, Magnete, Tischtennisbälle, Büroklammern. Bitten Sie die Gruppe, sich in einen Kreis zu setzen, so nah beieinander, daß sie problemlos Gegenstände herumreichen können. Lassen Sie die Teilnehmer zur Entspannung einige Male tief durchatmen. Das Aneinanderreiben der Handflächen stimuliert die Durchblutung und den Tastsinn.

Weil wir es uns zur Gewohnheit gemacht haben, uns fast ausschließlich auf das Sehen zu verlassen, sollte man diese Übung am besten mit geschlossenen Augen durchführen, wodurch die Aufmerksamkeit stärker auf die übrigen Sinne gelenkt wird. Bitten Sie die Teilnehmer, während der Übung zu schweigen, da spontane Äußerungen die anderen ablenken können. Reichen Sie zunächst die Gegenstände nacheinander im Kreis umher.

Ermutigen Sie die Teilnehmer, mit dem Gegenstand zu experimentieren, indem sie ihn an ihren Wangen, Hals, Handgelenken, Beinen oder Füßen entlangreiben. Welche Vorstellung haben sie vom Aussehen des Gegenstands? Riechen Sie ihn! Schmecken Sie ihn! Hören Sie ihm zu! Erkennen Sie irgendein Geräusch, das er aussendet? Stellen Sie sich jeden dieser Gegenstände ganz speziell zu Ihnen gehörend vor! Welche Gefühle verbinden Sie mit jedem dieser Objekte?

Nachdem alle Gegenstände herumgereicht worden sind, legen Sie sie in die Mitte des Kreises. Wenn ein Teilnehmer alle Gegenstände gefühlt hat, öffnet er wieder die Augen und bleibt schweigend sitzen, bis alle anderen ebenfalls fertig sind. Es ist interessant, diesen Prozeß zu beobachten, da der Gesichtsausdruck eine Vielfalt von Gefühlen offenbart. Gewisse Gegenstände erzeugen ähnliche Reaktionen von Freude und Ablehnung. Viele Dinge bringen das 'innere Kind' zum Vorschein. Einige dieser Gegenstände werden sogar frühe Kindheitserinnerungen wachrufen, besonders Dinge wie Puppen, Kreisel, Kreide usw. (Wenn es Ihr Ziel ist, die Erinnerung anzuregen, läßt sich diese Übung auch als Mond-Erlebnis einsetzen.)

Falls Sie es einmal alleine versuchen möchten, stellen Sie Ihre Sinnes-Objekte vor sich hin, schließen Sie die Augen, mischen Sie die Gegenstände und vertiefen Sie sich ins Berühren, Riechen und Schmecken, während Sie einen nach dem anderen in die Hände nehmen. Zur Steigerung können Sie auch verschiedene Textilien nehmen: Seide, Taft, Samt, Pelz, Spitze, Borte usw.

Um den Geruchssinn zu erleben, sammeln Sie kleine Säckchen mit verschiedenen wohlriechenden Kräutern: Kamille, Lorbeerblätter, Basilikum, Dill usw. Eine Anzahl verschiedener Parfums eignet sich ebenfalls. Um Geruchs- und Tastsinn gemeinsam zu erfahren, sammeln Sie Lebensmittel verschiedener Gerüche und Struktur: Zitronen, Marshmallows, Trauben, gekochte Nudeln, Tabak usw. Oder probieren Sie verschiedene Arten Nüsse aus.

Orangen

Bringen Sie für jedes Mitglied Ihrer Gruppe eine frische Orange mit. Jeder Teilnehmer sucht sich eine Orange aus und hat fünf Minuten Zeit, sich einzuprägen, wie sie sich anfühlt, und sich spezielle Markierungen zu merken. Dann werden alle Orangen wieder eingesammelt, gemischt, in die Mitte gelegt, und jeder Teilnehmer versucht nun, seine Orange wiederzufinden.

Kontakt

Unser Tastsinn ist für unseren Kontakt zur Realität ebenso wichtig wie unser Sehvermögen. Seit Jahrhunderten sind wir in unserer Kultur der Welt hauptsächlich durch die Dominanz des Sehens begegnet. Für viele ist die Welt der Berührung ein völlig neues Gebiet. Im folgenden gebe ich einige Anregungen zur nonverbalen Kommunikation und zum Berühren.

Massage

Massage ist eine Heilkunst. Wenn sie unter Freunden und Liebenden praktiziert wird, kann sie ein sehr schönes Mittel sein, um sich gegenseitig Liebe und Zuneigung zu zeigen. Der Wert der Massage liegt in der Einzigartigkeit, mit der sie ohne Worte kommuniziert. Die meisten von uns haben keinen Kontakt zu ihrem Körper und achten nicht besonders auf die Spannungen, die in uns entstehen. Massage kann ein wunderbares Geschenk sein, um sich gegenseitig dabei zu helfen, den Kontakt zum eigenen Körper wiederherzustellen, Spannungen abzubauen, sich zu erholen und sich umsorgt zu fühlen. Wenn Sie mehr übers Massieren wissen möchten, empfehle ich das Buch *Massage und Meditation* von George Downing.

Kontaktspiele

Bei diesen Spielen kommen die Menschen durch Berührung in Kontakt miteinander. Vergessen Sie dabei nicht, daß jedes Erlebnis, das mit Berührung oder Körperkontakt zu tun hat, eine angemessene Zeit braucht. Für einige Mitspieler kann es peinlich sein, wenn bestimmte Themen aus ihrer Privatsphäre, ihrer Sexualität oder ihren Beziehungen angerührt werden. Hier müssen Sie feinfühlig sein.

Im allgemeinen werden Kontaktspiele am besten erst dann gespielt, wenn ein gewisses Maß an Vertrauen aufgebaut wurde.

Kontakt-Tanzen

(beschrieben unter 'Eisbrecher')

Nachlaufen und Umarmen

(beschrieben unter 'Eisbrecher')

Massage-Reihe

Alle Mitglieder der Gruppe drehen sich in die gleiche Richtung. Dann massieren die Teilnehmer fünf Minuten lang den Rücken, Nacken und Kopf der Person, die vor ihnen steht.

Löffel-Berührung

Einem Mitspieler werden die Augen verbunden. Er/sie nimmt in jede Hand einen Holzlöffel und stellt sich in die Mitte. Ein Teilnehmer begibt sich dann vor diese Person, und zwar in einer beliebigen Position, kniend, gebückt oder liegend. Der Spieler mit den verbundenen Augen versucht, durch Berührungen mit den Löffeln festzustellen, um welches Gruppenmitglied es sich handelt.

Lakenspiel
Jeder Mitspieler stülpt sich ein Laken über den Kopf. Ohne zu sprechen gehen alle im Zimmer umher und betasten sich durch das Laken. Woran erkennen Sie Leute? Vielleicht an besonderen körperlichen Merkmalen? Fragen Sie hinterher die Teilnehmer, wie sie sich dabei gefühlt haben, andere durch das Laken zu ertasten? Zögernd? Aggressiv? Peinlich berührt?

Mit anderen in Kontakt treten
Alle Teilnehmer schließen die Augen und gehen mit ausgestreckten Armen umher. Wenn sich zwei von ihnen berühren, stellen sie sich gegenüber und halten die Augen geschlossen. Lassen Sie die Arme sinken. Konzentrieren Sie sich auf Ihre Gefühle. Was empfinden Sie über diese Person? Nehmen Sie sich eine Minute Zeit zum Spüren. Dann gehen Sie weiter und stellen auf die gleiche Art und Weise einen Kontakt zu einem anderen Teilnehmer her. Nachdem Sie dies vier- oder fünfmal gemacht haben, setzen Sie sich hin, öffnen die Augen und machen eine Liste. Welche Wörter beschreiben den Kontakt zur ersten, zweiten, dritten Person usw.? (Vielleicht haben Sie ja auch die gleiche Person zweimal getroffen.) Können Sie Ihre Sinneserfahrung nun der bestimmten Person zuordnen?

Aufstehen
Dieses Gemeinschaftsspiel ist hervorragend geeignet, um eine Gruppe zusammenzubringen. Sie werden dabei eine begeisterte, zappelnde und kichernde Schar vor sich haben. Beginnen Sie mit zwei Teilnehmern, die sich Rücken an Rücken mit gebeugten Knien und ineinander verschränkten Ellbogen hinsetzen. Dann stehen die beiden gemeinsam auf. Mit ein wenig Übung und Zusammenarbeit wird es klappen. Jetzt kommt eine dritte Person hinzu und versucht gemeinsam mit den beiden anderen aufzustehen. Nach und nach kommen alle Teilnehmer hinzu, bis die gesamte Gruppe versucht, gemeinsam aufzustehen. (Der Trick bei einer großen Gruppe besteht darin, schnell und genau zum gleichen Zeitpunkt aufzustehen.) Wenn es mehr als vier Teilnehmer Ihrer Gruppe schaffen, haben sie eine großartige Leistung vollbracht!

Kissen
Da Stier das Gemütliche liebt, sammeln Sie einen riesigen Haufen Kissen. Werfen Sie sich abwechselnd, nacheinander in die Kissen, wälzen Sie sich darin, bedecken Sie sich damit, kuscheln Sie sich behaglich in sie hinein. Mit welchen Worten läßt sich dieses Erlebnis beschreiben? Haben Sie Planeten im Stier?

Eßsucht

Venus kann für süchtiges Essen stehen, insbesondere den Konsum von Zucker. Untersuchen Sie Ihre Eßgewohnheiten, besonders die von Zucker. Wie oft pro Woche essen Sie einen Nachtisch? Verspüren Sie ein heftiges Verlangen danach? Konsumieren Sie bestimmte Nahrungsmittel über die Maßen? Wann? Tun Sie dies als Kompensation von schmerzlichen Gefühlen? Wenn Sie eine Veränderung für wünschenswert halten, lesen Sie eins der vielen Bücher über Alkoholsucht, die jetzt überall zu haben sind. Die gleichen Strategien können auch bei Zuckersucht angewandt werden.

Gehen Sie als Gruppe gemeinsam aus essen. Dies könnte geschehen, um gemeinsam das Essen und die Gesellschaft zu genießen und zu teilen. Oder gehen Sie in ein Restaurant, und stellen Sie sich vor, daß Sie eine Gruppe von Restaurant-Kritikern sind, die das Essen, die Ausstattung und den Service bewerten sollen.

Verbringen Sie einen Abend damit, übers Essen zu sprechen. Was ist Ihr Lieblingsessen, Ihre Lieblingsküche, das Essen, an das Sie sich am liebsten erinnern, Ihr dekadentestes Essenserlebnis? Versuchen Sie, sich in der Gruppe zu einigen, welches das beste Restaurant in Ihrer Stadt für Milchmixgetränke, chinesisches Essen, Hamburger, Nachspeisen, Kaffee usw. ist.

Um die Verfeinerung des Geschmackssinns zu erleben, gehen Sie zu einer Weinprobe. In vielen großen Städten gibt es inzwischen auch eintägige Kurse zur Verkostung spezieller Weinsorten. (Wußten Sie, daß es über 80 verschiedene Kategorien zur Beschreibung des Geschmacks gibt, die von Weinkennern benutzt werden, um die feinen Unterschiede zu charakterisieren?)

Mit Aufmerksamkeit essen

Bei der ständig steigenden Zahl von Imbißbuden und Fast-Food-Restaurants und immer gehetzterem Essen neigen wir dazu, immer weniger über das nachzudenken, was wir zu uns nehmen. Wir stopfen irgend etwas in uns hinein und sind uns dieser Erfahrung gar nicht bewußt. Diese Übung kann Ihnen helfen, wieder den Sinn für Freude und Genuß, der mit Essen einhergehen kann, zu erleben. Nehmen Sie ein Stück Brot oder Käse, und fühlen Sie seine Beschaffenheit mit den Händen und Fingern. Beachten Sie das Aussehen und die Farbe. Riechen Sie es! Dann probieren Sie und spüren die Oberfläche auf Ihrer Zunge und wie die Geschmacksempfindungen in Ihrem Munde förmlich explodieren. Genießen Sie den Geschmack. Kauen Sie langsam, und spüren Sie, wie sich Geschmack und Beschaffenheit in Ihrem Mund verändern. Aber vor allem: nehmen Sie sich Zeit zum Essen!

Freuden

Machen Sie eine Liste dessen, was Sie erfreut und beglückt. Welche Dinge können Sie wahrhaft genießen? Windsurfen auf dem See? Den Besuch einer Eisdiele? In einer Hängematte am Strand von Mexiko schaukeln? Zur Saisonpremiere in die Oper gehen? Wenn Sie solche Erinnerungen wachrufen, können Sie Ihren Sinn für Freude steigern.

Nehmen Sie eine Erinnerung, die äußerst lebendig ist. Stellen Sie sich dieses Erlebnis so vor, als ob es gerade geschähe. Kehren Sie zu dem entsprechenden Moment zurück. Hören Sie ihn, riechen Sie ihn, lassen Sie Ihren gesamten Körper von dem Erlebnis erfaßt sein. Wenn es geht, greifen Sie danach. Oder bewegen Sie sich mit ihm. Stellen Sie diese Freude dar, und lassen Sie sie Ihr ganzes Wesen durchdringen. Vielleicht singen Sie sie heraus oder malen sie. Genießen Sie dieses Wieder-Erleben.

Was an mir am attraktivsten ist

Machen Sie eine Liste Ihrer attraktivsten körperlichen Merkmale. Ordnen Sie sie: Was gefällt Ihnen an sich selbst am meisten, was am wenigsten? (In einer Gruppe läßt sich das gemeinsam machen.) Bewerten Sie dann diese Erfahrung. War es leicht für Sie, diese Merkmale zusammenzustellen? War es schwierig? Wenn ja, weshalb? Falls es schwierig war, haben Sie vielleicht Saturn im Geburtsbild oder im Transit in einem herausfordernden Aspekt zu Venus? Spiegeln Ihre Gefühle einen Aspekt zu Ihrer Venus im Geburtsbild wieder?

Kleider-Check

Menschen mit Venus-Betonung im Geburtsbild können Kleidernarren sein. Nehmen Sie sich Zeit, Ihre Garderobe durchzusehen und zu beurteilen. Was gefällt Ihnen nicht? Was paßt nicht mehr? Was sind Ihre Lieblingsfarben? Welche Farben passen zu Ihrem Typ? Haben Sie 'Ihre persönlichen Farben' gefunden? Sind es Frühlings-, Sommer-, Winter- oder Herbstfarben? Welche Accessoires besitzen Sie? Welche Dinge benötigen Sie, um Ihre Garderobe vielseitiger zu gestalten?

Oder treffen Sie sich mit jemandem, der Ihnen hilft, Ihre Garderobe auszumisten. Jupiter im Trigon oder Sextil zu Venus ist ein wunderbarer Zeitraum, um sich für den Frühling einzukleiden. Wenn Sie vorhaben, Dinge, die Ihnen gefallen, einzukaufen, sollten Sie es zu dieser Zeit tun! Sie geben zwar vielleicht mehr Geld aus, als Sie vorhatten, aber Sie werden das, was Sie gekauft haben, lieben. Das ist die Zeit, sich zu verschönern und zu verwöhnen! Legen Sie sich eine neue Frisur und neue Kosmetika zu, lassen Sie sich massieren oder maniküren.

Partys

Venus/Jupiter-Transite sind günstig, um unvergeßliche Partys oder Feiern zu veranstalten. Versuchen Sie mal, eine Party zu geben, wenn Venus in einem günstigen Aspekt zu Jupiter steht, oder, was noch idealer ist, wenn Jupiter einen positiven Aspekt zu Ihrer Radix-Venus bildet. Das gute Essen, der Wein, die Gesellschaft und die angenehme Umgebung werden noch lange Gesprächsthema sein.

Finanzsituation

Venus/Stier und Geld hängen eng zusammen. Wie empfinden Sie Ihre finanzielle Situation? Teilen Sie Ihr Geld ein, oder haben Sie keine Ahnung, wo Ihr Geld bleibt? Wieviel Geld brauchen Sie oder hätten Sie gerne? Haben Sie schon einmal mit einem Finanzberater gesprochen? Wäre das zur Zeit für Sie angebracht? Nehmen Sie einen Zwanzig-, Fünfzig- oder Hundertmarkschein. Sprechen Sie mit Ihrem Geld! (Das klingt zwar albern, aber es kann Ihnen ein klareres Bild von Ihrer Beziehung zum Geld geben.) Oder, wenn Sie zu mehr Geld kommen wollen, richten Sie einen 'Geldmagneten' ein, indem Sie eine größere Summe, die Sie nicht ausgeben werden, auf die Seite legen. Sie soll als Anziehungspunkt für noch mehr Geld dienen. Heben Sie das Geld in einem Stoff-, Leder- oder Seidensäckchen auf, und bewahren Sie es an einem für Sie heiligen Ort. Betrachten Sie es als einen rituellen oder zeremoniellen Gegenstand. Warten Sie ab, was geschehen wird!

Jupiter/Venus-Aspekte sind exzellent für Rituale, besonders für Rituale zur Verstärkung von Liebe, Reichtum oder Heilfähigkeit. Dies ist eine äußerst günstige Zeit zur Heilung von sich selbst und anderen.

Erotika

Venus symbolisiert den sanften, subtilen, einladenden, sinnlichen und weiblichen Aspekt unserer Sexualität. Eine Menge erotischer Literatur (nicht Pornographie) ist im Ton venusisch. Erotika handeln von den Gefühlen in einer Liebesbeziehung, der Aufregung einer Romanze und dem ganzen Drumherum.

Vor Anais Nins *Kleine Vögel* und *Delta der Venus* gab es außer den von Männern verfaßten, viktorianischen Erotika wenig Auswahl für Frauen. Aus diesem Grund ermutigte Anais Nin vor etwa 14 Jahren die Frauen, Ihre eigenen Erotika zu schreiben. Daraufhin haben Erotika von Frauen in den letzten Jahren einen großen Aufschwung erlebt und werden heute auch von großen Verlagen und gängigen Buchklubs angeboten.

Für diejenigen, die venusische Erotika intensiver erleben möchten, hier noch einige gute Lesequellen: *Ladies Own Erotica* von The Kensington Ladies' Society, *...und mein Verlangen ist grenzenlos* oder *Welche Farbe hat die Lust?* von Lonnie Barbach. Dies sind sensible und gut geschriebene Bücher.

Beziehungen

Die meisten von uns erleben ihre erste bedeutende Beziehung mit den Eltern. Machen Sie eine Liste der Menschen, mit denen Sie Ihre wichtigsten Beziehungen eingegangen sind, von Ihrer Geburt bis heute. Schauen Sie sich die aufgeschriebenen Namen an, und rufen Sie sich einen nach dem anderen ins Gedächtnis: Welche Gefühlsqualität hat diese Beziehung? Was ist Ihre angenehmste Erinnerung an diesen Freund? Welche Eigenschaft lieben Sie am meisten an den jeweiligen Menschen? Was gefiel oder mißfiel Ihnen an Ihrem Zusammensein? Durch diese Nach-Bewertung erkennen Sie vielleicht gewisse Strukturen in Ihrer Art, sich auf andere zu beziehen.

Kunst

Kunst als schöpferisches Medium ist ein Ausdruck von Venus. Verbringen Sie einen Tag in einer nahegelegenen Kunstgalerie oder einer Ausstellung. Besuchen Sie einen Kurs, der Ihnen ein größeres Kunstverständnis vermittelt. Lesen Sie ein Buch über Kunstbetrachtung und -kritik. Oder denken Sie eine Weile über einen Ihrer Lieblingskünstler nach. Nehmen Sie an einem Kurs teil, bei dem Sie neue kreative Ausdrucksmöglichkeiten ausprobieren können, z.B. Töpfern, Stilleben, Fotografie, Tanz oder Musik.

Kunst-Materialkiste

Für jeden, der mit erfahrbarer Astrologie zu tun hat, ist diese unbedingt erforderlich. Je größer die Vielfalt an Hilfsmitteln, die Ihnen zur Verfügung stehen, desto größer werden Spontaneität und Inspiration. Besorgen Sie sich große Bastelbögen, Ton, farbiges Papier, Textmarker, Farbstifte, Zeichenkreide, Fingerfarben, Temperafarben, Wasserfarben, Glimmer, Federn, Pailletten, Gipsverband (für spontanes Masken-Erstellen) und Grundmaterialien wie z.B. Klebstoff, Schere, Klebeband usw. Halten Sie alle diese Sachen in einem großen Pappkarton bereit. Allein das Wissen, daß Sie alle diese Dinge haben, wird Sie dazu verleiten, sie auch einzusetzen.

'Der Zustand meines Herzens'

Malen Sie ein Bild von Ihrem Herzen, wie Sie es zur Zeit erleben. Benutzen Sie dazu Farben, Bilder, Wörter, alles, was sich richtig anfühlt. Betrachten Sie das Bild. Haben Sie irgendein negatives Gefühl in Ihrem Herzen? Hängt dieses Gefühl mit einer speziellen Person zusammen? Wenn Sie etwas daran ändern möchten, konzentrieren Sie sich auf die klaren, warmen und liebevollen Bereiche Ihres Herzens. Stellen Sie sich vor, wie diese Bereiche sich langsam in die negativeren Gegenden ausdehnen. Verstärken Sie das positive Bild und Gefühl. Lassen Sie Ihre Liebe die unausgeglichene Ernergie aufnehmen. Gibt es etwas, daß Sie jetzt gerne in Ihr Herz aufnehmen möchten? Stellen Sie sich vor, es stünde jetzt vor Ihnen. Wie ein Staubsauger saugt Ihr Herz es auf.

Luxusbad

Eine wahrhaftiges Venus-Erlebnis ist es, sich mit einem besonderen Bad zu verwöhnen. Versuchen Sie es mit einem Schaumbad oder einem Kräuterbad. Manche Kräuter werden zum Entspannen der Muskeln (Melisse, Beifuß, Klettenwurzel) oder zur Beruhigung des Körpers (Schwarzwurzel, Kamille), andere wiederum zur Anregung und Verjüngung (Lavendel, Pfefferminze, Nesseln) angewandt. Streuen Sie eine Handvoll Kräuter in einen Topf, lassen Sie sie aufkochen und zehn bis zwanzig Minuten köcheln, oder füllen Sie ein Teesieb oder Tee-Ei mit Kräutern, und nehmen Sie dieses mit in die Wanne.

Jeanne Rose's Herbal Body Book[1]

Dieses Buch hält eine reichhaltige Auswahl an Möglichkeiten der natürlichen Schönheitspflege für Männer und Frauen bereit. Es enthält eine Auflistung hilfreicher Kräuter für Gesundheit und Schönheit wie z.B. für Gesichtsdampfbäder, natürliche Lotionen, Shampoos, Make-ups, Gesichtspackungen, Kräuterhaarfärbemittel und Kräuterbäder. Treffen Sie sich mit ein paar Freunden, und verbringen Sie einen Nachmittag mit gegenseitiger Schönheitspflege.

Dessous

Durch nichts fühlt eine Frau sich weiblicher als durch die Dessous, die sie trägt. Allein das Bewußtsein, unter den Straßenkleidern feine Wäsche zu tragen, ist psychologisch erhebend. Sollten Sie einen Saturn/Venus-Aspekt haben, so kann Ihnen ein Besuch in einem Wäschegeschäft die psychologische Stärkung geben, die Sie benötigen.

Verehrung der Göttin

Wenn Venus einen positiven Aspekt zu Jupiter bildet, können Sie sich mit der weiblichen Energie der Göttin besonders gut stärken. Falls Sie einen Meditationsaltar haben oder einen geheiligten Ort, gestalten Sie ihn als Altar für die Göttin. Vielleicht besitzen Sie eine Statue von Kwan Yin oder stellen sich im Geiste Ishtar, Inanna, Psyche, Persephone oder Aphrodite vor und verkörpern diese. Bei einem Jupiter-Transit, der einen Monat lang dauert, können Sie die Zeit dazu nutzen, in der Energie Ihrer inneren Göttin zu schwelgen und sie in Ihr Bewußtsein zu holen. Gehen Sie in diesem Bewußtsein durch's Leben. Läuft der Transit-Pluto über Ihre Venus, nützen Sie diesen langen Zeitraum für eine tiefgreifende Katharsis und Heilung Ihres Herzens. Nutzen Sie diese Zeit, um die Wunden der Vergangenheit bis in die Tiefe ausheilen zu lassen.

Arbeiten Sie intensiv während dieser Zeit daran, den Kontakt zu Ihrem Herzen zu vertiefen, und benutzen Sie die Kraft dieser inneren Liebe, um Ihre Liebe zu den Menschen, die Sie kennen, auszusenden. Schicken Sie Ihre Liebesstrahlen in die Atmosphäre hinauf, und senden Sie sie um die ganze Welt.

Ein betont kathartisches Gruppenerlebnis, besonders bei großen Kongressen, ist es, jeden zu bitten, die Liebe in seinem Herzen zu verstärken. Schicken Sie Ihre Liebe bewußt all jenen, die sie berührt haben. Dann schicken Sie sie an jeden im Raum, mit dem Sie vielleicht Schwierigkeiten haben oder hatten. Lassen Sie die Kraft, die aus der Liebe dieser Gruppe entsteht, die Schwierigkeiten auflösen. Lassen Sie Schranken und Trennendes verschwinden. Bitten Sie die Gruppe, die Verbundenheit ihrer Herzen mit denen aller anderen zu spüren. Stellen Sie sich ein großes Gruppenherz vor, das sich mit jedem Atemzug, den Sie nehmen, ausdehnt und wieder zusammenzieht.

Venus-Filme
E.T., Der schwarze Hengst, Jenseits von Afrika, Casablanca, South Pacific, Emmanuelle, Splendor in the Grass.

Venus-Spaziergang
Venus spiegelt sich in fließenden, sinnlichen und weichen Bewegungen wider. Denken Sie an den Augenblick, in dem Ihnen zum ersten Mal klar wurde, daß Sie verliebt waren. Drücken Sie diese Freude noch einmal mit Ihrem Körper, Ihrem Gang und Ihrem Lächeln aus. Tragen Sie dabei Ihre schönsten Kleider.

Venus-Meditation
Legen Sie sich hin, und machen Sie es sich bequem, am besten auf einem Berg von Kissen. Legen Sie Venus-Musik auf. Atmen Sie einige Male tief durch. Konzentrieren Sie sich auf Ihr Herz. Dehnen Sie bei jedem Atemzug Ihr Herz aus, und füllen Sie es mit Liebe. Vergrößern Sie Ihr Herz und Ihre Liebe einige Minuten lang, bis das Herz schließlich ebenso groß wie Ihr Körper ist. Dann verwandeln Sie Ihr Herz in ein tanzendes Herz. Einige Minuten später lassen Sie es langsam wieder zur Ruhe kommen. Atmen Sie tief und langsam in Ihr Herz hinein. Dann singen Sie im Geiste folgenden Gesang, den Sie ständig wiederholen: "Alles, was in meinem Leben von Bedeutung ist, werde ich vergrößern und bewahren." Lassen Sie sich einige Minuten lang treiben, und spüren Sie Ihre Freude.

Eine sehr wirksame Variante besteht darin, sich während der Ausdehnung des Herzens zu fragen: "Wieviel Glückseligkeit kann ich aufnehmen?" Wenn Sie spüren, daß sich Ihr Herz dagegen wehrt und Grenzen setzt, atmen Sie in den Widerstand hinein, bis Sie fühlen, daß es weiterwächst. Stellen Sie sich unablässig die Frage, gehen Sie bis an die Grenzen, atmen Sie, und öffnen Sie sich. (Dies ist ein sehr schöner meditativer Prozeß für Rituale, besonders unter Venus/Jupiter/Pluto/Neptun-Transiten.)

Musikvorschläge

Ray Lynch: *Deep Breakfast*, Christopher Cross: *Sailing*, Aretha Franklin: *Natural Woman (The Best of Aretha Franklin)*, The Troggs: *Love is All Around (Greatest Hits)*, Captain and Tennille: *There is Love*, Barbara Streisand: *Evergreen*, Schubert: *Ave Maria*, J.S. Bach: *Jesu, meine Freude*, Liszt: *To a Wild Rose*, Iasos: *Angels of Comfort*, Mendelssohn: *On Wings of Song*, Pachelbel: *Kanon in D-Dur*).

Mars und Widder

Mars symbolisiert die erste Stufe im Individuationsprozeß, wie wir uns von den anderen unterscheiden und ablösen und unsere Art und Weise, diesen Prozeß einzuleiten. Er beschreibt, wie wir handeln, um Dinge zu erledigen. Ohne Mars wäre nur wenig zu erreichen. Mars ist die 'primitive' Wurzel unserer instinktiven und biologischen Triebe, besonders unserer sexuellen Natur. Mars sagt uns, wie wir wahrscheinlich im Bezug auf Sex empfinden, welche Art von Partnern wir anziehen, welche potentiellen Konflikte in Beziehungen auftreten und wie wir Konfrontationen begegnen.

Menschen mit starker Mars/Widder-Energie im Geburtsbild lieben die Aktion (Sport) und haben einen Pioniergeist, der unabhängig ist und die Initiative ergreifen kann. Im Extremfall kann die Energie sich in Aggression verwandeln und in schlechter Laune, Zerstörungsdrang, Egozentrik und Rücksichtslosigkeit ihren Ausdruck finden. Wer wenig Mars/Widder-Energie hat, dem kann es an Eigeninitiative, Motivation, Durchsetzungsvermögen und Selbstbehauptung mangeln, die für erfolgreiches Handeln notwendig ist.

Mars: NASA-Abenteuerspiel

Dies ist ein optimales Spiel zur Ergründung der Widder/Waage-Polarität, bei dem sich in einer Mars-Situation, nämlich der Überlebensfrage, der Prozeß einer gemeinsamen Entscheidungsfindung innerhalb einer Gruppe gut beobachten läßt.

Sie brauchen 1 1/2 bis 3 Stunden Zeit für dieses Spiel. Falls Sie eine große Gruppe haben, bilden Sie kleinere Gruppen von jeweils sechs bis acht Spielern. Alle Spieler brauchen Papier und Stift und erhalten folgende Anweisungen: Sie sind Mitglieder der Besatzung eines Raumschiffs, das sich mit dem Mutterschiff auf dem Mond treffen sollte. Aufgrund technischer Probleme mußte Ihr Raumschiff jedoch etwa 300 Kilometer entfernt vom vereinbarten Treffpunkt landen.

Der Höllenschlund

Ein Großteil Ihrer Ausrüstung ist während der Landung beschädigt worden. Da Sie nur überleben können, wenn Sie zum Mutterschiff gelangen, müssen Sie von der übriggebliebenen Ausrüstung die wichtigsten Dinge für den 300 Kilometer langen Marsch aussuchen. Im folgenden finden Sie eine Liste mit 15 Gegenständen, die nicht beschädigt worden sind. Ihre Aufgabe ist es nun, sie der Wichtigkeit für Ihren Fußmarsch entsprechend zu ordnen. Schreiben Sie eine "1" hinter den wichtigsten Gegenstand, eine "2" hinter den zweitwichtigsten usw.

Streichhölzer
Tube Nahrungsmittelkonzentrat
15 Meter Nylonseil
30 Meter Fallschirmstoff
Tragbare Heizung
Zwei Pistolen
Dose Milchpulver
2 Sauerstoffflaschen (je 40 l)
Sternenkarte
Schlauchboot, automatisch aufblasbar, mit CO_2-Flaschen
Kompaß
20 Liter Wasser
Leuchtraketen (auch im Vakuum einsetzbar)
Verbandskasten mit Spritzen
Telekommunikationsempfänger und -sender mit Solarbatterien

In dieser Übung zeigen wir unsere Fähigkeit, Entscheidungen unter Druck zu fällen, testen die vernünftigste Art, Entscheidungen zu treffen, und sehen, welche Schwierigkeiten innerhalb dieses Prozesses entstehen.

    Arbeiten Sie zunächst Ihre persönliche Lösung für das Problem aus. Dann schließen Sie sich in Ihrer Gruppe zusammen und versuchen einen Konsens zu erreichen. (Das heißt, daß sich die gesamte Gruppe auf eine fürs Überleben notwendige Reihenfolge einigen muß. Manchmal ist es unmöglich, einen hundertprozentigen Konsens zu finden. Man sollte aber versuchen, einen Plan zu entwerfen, dem jedes Mitglied zumindest teilweise zustimmen kann.) Wenn die Gruppe ihre Entscheidung getroffen hat, vergleichen Sie ihre Liste mit der folgenden, die von NASA-Experten erstellt wurde:

    Sauerstoffflaschen (notwendig fürs Atmen), Wasser (gleicht den durch Schwitzen erlittenen Flüssigkeitsverlust aus), Sternenkarte (eins der wichtigsten Hilfsmittel zur Orientierung), Nahrungsmittelkonzentrat (zur täglichen Nahrungsaufnahme), Telekommunikationsgerät (SOS-Sender für mögliche Kontaktaufnahme zum Mutterschiff), Nylonseil (um ein verletztes Mitglied auf den Rücken eines anderen zu binden oder zum Klettern), Verbandskasten (Tabletten oder injizierbare Medikamente sind wichtig), Fallschirm (zum Schutz gegen Sonnenstrahlen),

Schlauchboot (CO_2-Flasche als Rückstoßfluggerät zur Überwindung von Abgründen), Leuchtraketen (für Notsignal, falls in Sichtweite), Pistolen (möglicherweise zur Herstellung eines Rückstoßgeräts), Milchpulver (Nahrungsmittel, kann mit Trinkwasssser gemischt werden), Heizung (nur sinnvoll, wenn die Gruppe sich auf der dunklen Seite des Mondes befindet), Kompaß (wahrscheinlich keine magnetischen Pole, daher unbrauchbar), Streichhölzer (geringer oder gar kein Nutzen auf dem Mond).

An dieser Stelle sollte die Gruppe über ihre eigene Liste nachdenken und darüber, wie sowohl die individuellen Entscheidungen als auch jene innerhalb der Gruppe getroffen wurden. Wenn Sie ein starker Widder/Steinbock-Typ sind, waren Sie schnell entschlossen, oder haben Sie versucht, die Kontrolle zu übernehmen? Ab welchem Zeitpunkt? Haben Sie Ihre Meinung stark vertreten und der Gruppe Ihre Sicht aufgezwungen? Wenn Sie mehr ein Waage- oder Jungfrau-Typ sind, haben Sie auf die Kontrolle verzichtet, oder war es Ihnen einerlei, haben Sie sich zurückgezogen, oder ließen Sie sich leicht beeinflussen?

Wenn man zur Zeit herrschende Transite erkennt, kann dies zum Verständnis beitragen. Zum Beispiel bei Transit-Neptun im Quadrat zu Ihrem Mars: hatten Sie Probleme mit der Entscheidung? Wirkt sich dieser Einfluß auf Ihre normale Art, Verantwortung zu übernehmen, aus? Wie sehr war die Gruppe davon betroffen, und wie sehr berührt er bestimmte Bereiche in Ihrem Leben zur Zeit?

Wenn Sie der Gruppenleiter sind, denken Sie an den entstehenden Gruppenprozeß. Haben sich die Mitglieder objektiv verhalten? Emotional? Gab es Machtkämpfe? Wie wurde damit umgegangen? Wie hat sich die Gruppe während des Prozesses verstanden? Wer verhielt sich ruhig, wortreich, drängend oder streitlustig? Ihre Beobachtungen werden der Gruppe helfen, ihre Dynamik und Erfahrung tiefergehend zu verstehen.

Das NASA-Spiel bringt Erkenntnisse über Verhaltensmuster im Alltagsleben, und zwar für uns als Individuen wie auch als Mitglieder einer Gruppe.

Sport

Eine Möglichkeit, Mars-Energie zu spüren, ist natürlich der Sport. Jede körperliche Betätigung und jede Sportart, in der man sich selbst testet und nach größerer körperlicher Leistung strebt, wie z.B Gewichtheben oder Body-Building, gehören zu Mars.

Bei guten Mars-Transiten können Sie die Herausforderung eines langen und körperlich anstrengenden Ausflugs annehmen, z.B. eine 30-km-Rollschuh- oder eine 150-km-Fahrradtour. Auch Hindernislauf oder Survivaltraining sind gut geeignet.

Abenteuer!

Die meisten von uns wissen, daß wir jeden Augenblick vollständg und bewußt leben, wenn wir Risiken eingehen und uns Herausforderungen stellen. Wir werden dabei *lebendiger*! Nichts ist anregender als weite Reisen zu unternehmen und sich physisch, geistig und emotional an neuen Erfahrungen zu erproben. Gehen Sie auf eine Abenteuerreise! Wildwasserfloßfahrten, Sporttauchen oder eine Wanderung durch das Himalajagebirge sind geheime Wünsche, die viele von uns in sich tragen. Sehnen Sie sich nicht länger danach, sondern *tun* Sie es!

Sportliche Wettkämpfe

Mars-Menschen lieben es, sich mit anderen zu messen, besonders bei Sportarten, bei denen sie sich direkt mit dem Können einer anderen Person auseinandersetzen können: Ringen, Tennis, Golf, Abfahrtslauf. Beobachten Sie Ihr Konkurrenzgefühl, wenn Sie Sport treiben!

Profi-Football

Bei wenigen Sportarten kommt die reine, ungestüme, rohe Mars-Energie so sehr zum Tragen wie beim *American Football*. Versuchen Sie, so nah wie möglich an das Treiben heranzukommen. Gehen Sie nach einem Spiel in die Fan-Lokale, und spüren Sie die aufgeladene Atmosphäre.

Vergnügungsparks, Kirmes

Die Aufregung und Spannung eines Vergnügungsparks gehören auch zu Mars. Mit welchem Gefühl gehen Sie auf Ihre erste Fahrt? Welche Worte beschreiben Ihre Stimmung? Wie stellen Sie sich Risiken und Herausforderungen?

Notfälle

Waren Sie oder ein Mitglied der Gruppe jemals in einer Notsituation? Mußten Sie schon einmal jemanden aus einem brennenden Auto bergen oder Herzmassage und Mund-zu-Mund-Beatmung bei einem Herzinfarkt vornehmen? Sprechen Sie über dieses Erlebnis. Haben Sie kopflos oder überlegt gehandelt? Haben Sie Angst gehabt oder sich selbst in Gefahr gebracht? Haben Sie dabei irgendwelche körperlichen Empfindungen gehabt? Wie haben Sie sich hinterher gefühlt?

Widder/Waage-Drücken

Schließen Sie sich in Paaren von etwa gleicher körperlicher Stärke zusammen, und versuchen Sie, sich gegenseitig wegzudrücken. Dann tun Sie sich mit einem anderen Paar zusammen. Abwechselnd versucht dann jeder Teilnehmer, sich gegen die drei anderen zu behaupten. Achten Sie auf Ihre Gefühle bei dieser Übung.

Gefällt sie Ihnen? Empfinden Sie es als Herausforderung, gegen drei andere zu kämpfen, oder glauben Sie von vornherein, daß Sie keine Chance haben?

Als Widder/Waage-Variation übernimmt ein Partner die aggressive Rolle und der andere den Part desjenigen, der sich unterwirft. Welche Rolle ist Ihnen vertrauter? Welche Rolle gefällt Ihnen nicht? (Dies könnte etwas über Ihre männlich/weibliche Elementenverteilung oder über Ihre Waage/Widder-Kontaktachse zu anderen Planeten aussagen. Auch momentane Transite können sich darin widerspiegeln.)

Wut

Erinnern Sie sich daran, wie Sie zum letzten Male richtig wütend waren. Auf wen waren Sie wütend? Wie hat sich dieser Prozeß entwickelt? Wie haben Sie reagiert? Sind Sie in Gegenwart der betreffenden Person explodiert? Waren Sie kontrolliert aber direkt? Mußten Sie zuerst darüber nachdenken? Haben Sie Ihre Wut 'heruntergeschluckt'? Entsprachen Ihre Reaktionen den Mars-Aspekten Ihres Geburtsbildes? Oder gab es vielleicht ein feuriges Transit-Quadrat oder eine Transit-Opposition zur Zeit Ihres Streits?

Beobachten Sie die Wut anderer Menschen und wie sie sie ausdrücken. In welchem Zeichen glauben Sie, ist ihr Mars?

Den eigenen Mars beobachten

Beantworten Sie schriftlich folgende Fragen:
Was macht Sie wütend?
Wann und wie sind Sie zuletzt ein Risiko eingegangen?
Wann und wie haben Sie Mut gehabt?
Wofür würden Sie auf die Barrikaden gehen?
Wofür würden Sie sich physisch einsetzen?

Mars-Bilder im Fernsehen

Das Fernsehen steckt voller Beispiele von aggressiven, harten Macho-Typen. Schalten Sie irgendein Programm ein, und irgendwann werden Sie bestimmt eine aggressive Geschichte vom Kampf des Guten gegen den Bösen sehen.

Mars-Filme

Mad Max – Jenseits der Donnerkuppel, Wie ein wilder Stier, Pumping Iron, Rambo, Mona Lisa, Eine verhängnisvolle Affäre.

Mars-Planetenspaziergang

Bestimmt, aggressiv und direkt. Mußten Sie sich in der letzten Zeit Ihren Weg in die U-Bahn erkämpfen? Oder haben Sie sich in einer Schlange vorgedrängt? Wie haben Sie sich dabei gefühlt – gleichgültig, kindisch, peinlich, triumphierend? Verhalten Sie sich oft so? Selten? Untersuchen Sie Ihren Mars im Geburtsbild.

Mars-Meditation

Weil Mars sich auf Aktion und Handeln bezieht, bietet sich eine Bewegungsmeditation an. Um einen Waage-Mars zu erleben, sollten Sie einmal T'ai Chi probieren. T'ai Chi existiert seit über 600 Jahren als Meditationstechnik, Gesundheitsübung, Kampfkunst und ist im wesentlichen ein heiliger Tanz zur Erweckung der Lebenskraft. Die T'ai-Chi-Praxis besteht in einer Reihe von Bewegungsabläufen, die ohne übermäßige Muskelanstrengung oder -spannung im Zentrum der Schwerkraft ausgeführt werden sollen, so daß sich alle Teile des Körpers im Gleichgewicht befinden. Richtig durchgeführt, erzeugt es Lebenskraft im gesamten Körper und revitalisiert die Energie des Individuums.

Musikvorschläge

Holst: Mars (Die Planeten), John McLaughlin: Birds of Fire, Dynamische Meditation (Musik aus dem Shree Rajneesh Ashram), Flashdance (Film-Musik), Led Zeppelin: Immigrant Song (Led Zeppelin III), Wagner: Der Ritt der Walküren, Grace Jones: Pull up to the Bumper (Nightclubbing), Theodorakis: Musik für Busuki und Orchester, Tschaikowsky: Slawischer Marsch, David Fanshawe: African Sanctus, John Phillip Sousa: Märsche, Die Stunde des Siegers (Film-Musik), Das Imperium schlägt zurück (Film-Musik), Oklahoma (Film-Musik), The Eurythmics: Missionary Man (Revenge), The Eurythmics: I Need a Man (Savage), J.S. Bach: Tokkaten und Fugen in D.

Jupiter und Schütze

Mit Jupiter verlassen wir die Kräfte des persönlichen Bereichs, unsere sozialen Triebkräfte und Impulse, die wir durch Sonne, Mond, Merkur, Venus und Mars erfahren haben. Jupiter und Saturn sind die Wächter am Tor der persönlichen Sphäre, die uns aus den Grenzen des Egos hinaus in den Einflußbereich der äußeren Planeten, in das kollektive Unbewußte, bringen.

Jupiter symbolisiert die Kraft, die uns über unsere individuellen Interessen hinaustreibt, den Hunger nach umfassenderen Bewußtseinszuständen. Er steht für den Drang, das Chaos des Unbewußten ans Licht der größeren Perspektive, Erkenntnis und Bestätigung zu tragen. Hierdurch erkennen und verstehen wir die

Die himmlischen Heerscharen

Bedeutung der Lebenserfahrung von einem deutlich erweiterten Blickpunkt aus. Jupiter ist der geistige Anteil im Einzelnen und in der Gesellschaft, der Hoffnung und Sinn aufrechterhält. Seine Kraft entsteht aus seinem natürlichen Vertrauen in das 'Gute' im Menschen.

Jupiter ist verbunden mit unseren Philosophien, Glaubenssystemen, unserem Gerechtigkeitssinn und unseren Heilinstinkten. Er wird dem Archetyp des Vaters zugeordnet, der seine Kinder durch Wärme und Annahme inspiriert. Menschen mit starker Jupiter/Schütze-Energie sind philosophisch, großzügig und hilfsbereit. Ist Jupiter durch seine Stellung in Zeichen oder Haus oder durch Aspekte, besonders zu Sonne oder Mond, angespannt, kann es zu Überschätzung der eigenen Fähigkeiten kommen. Man wird zum unrealistischen 'Tausendsassa', neigt zu Selbstgerechtigkeit oder hält stur an Dogmen und falschen Auffassungen fest. Wer nur wenig Jupiter/Schütze-Energie im Geburtsbild hat, fühlt sich möglicherweise nicht genügend motiviert, die niedrigen Instinkte zu verfeinern oder über sein Leben nachzudenken.

Jupiter – sich selbst und andere anerkennen

Die größte menschliche Fähigkeit besteht in unserer Kraft, uns gegenseitig anzuerkennen. Unsere Gesellschaft ist so sehr damit beschäftigt, erfolgreich zu 'erscheinen', daß diese Erscheinungen das Aushungern unserer inneren Welt verbergen, in der der Sinn schwindet und das Wesentliche geleugnet wird. Gegenseitige Anerkennung bedeutet, besonders in Zeiten der Verwirrung und Entmutigung, daß man ein wenig Sonnenschein bekommt. Indem wir einem anderen ganz einfach sagen, daß wir ihn wahrnehmen, steigern wir seine Lebensenergie und helfen ihm, neue Hoffnung zu schöpfen.

Setzen Sie sich zu zweit für fünf Minuten zusammen. Was können Sie am anderen aufrichtig anerkennen? Eine Variation: Jedes Gruppenmitglied sitzt einmal in der Mitte und erhält Anerkennung von den anderen Teilnehmern. Dies kann sehr erhebend und heilsam sein.

Sich selbst anerkennen zu können, ist möglicherweise noch schwieriger. Wir sind in unserer Kultur durch die Medien und andere Einflüsse so sehr darauf konditioniert, sofort alles zu erkennen, was nicht funktioniert, uneffektiv, unzureichend und unpassend ist, daß wir gar nicht mehr sehen, wie sehr dieser durchdringende Saturn-Zustand in unser Alltagsleben Einzug gehalten hat. Würden wir in diesem Augenblick eine Liste unserer Qualitäten und Charakteristika erstellen, so könnte ich mir gut vorstellen, daß viele von uns ein oder zwei Fehler ganz oben aufzählen würden. Versuchen Sie, eine Jupiter-Liste zusammenzustellen. Zählen Sie nur positive Eigenschaften auf, die Sie bei sich selbst anerkennen. Dies ist eine schöne Übung zum Ausgleich von herausfordernden Saturn-Transiten in einer Zeit, in der man sich selbst bestätigen muß. Falls Sie jemanden kennen, der zur Zeit mit Saturn zu tun hat, geben Sie ihm jetzt Ihre Anerkennung. Denken Sie über die letzte Woche nach. Wer hat Ihnen geholfen, Ihr Leben angenehmer zu gestalten, sei es nun der Postbeamte, die Kassiererin im Supermarkt, Ihr Nachbar oder Ihr Partner. Haben Sie ihre Freundlichkeit anerkannt?

Glaube

Viele von uns werden wohl überrascht sein, wieviel unbewußten Glauben wir über uns und andere in uns tragen. Unsere Glaubenshaltungen können regelrechte Mauern sein, die ein klares Urteil verhindern und unsere Sicht vernebeln. Nehmen Sie sich ein wenig Zeit, um über Ihren Glauben über sich selbst, Ihr Leben und das Leben im allgemeinen nachzudenken. Mit welchen Ansichten fühlen Sie sich am wohlsten? An welche glauben Sie am stärksten? Haben Sie das Gefühl, daß einige Ihrer Ansichten Sie selbst einschränken? Falls Sie dies mit einer Gruppe machen, teilen Sie sich Ihre Gedanken gegenseitig mit.

Die Berge

Was könnte besser geeignet sein, die Jupiter-Expansion zu spüren, als auf einem guten Pferd im leichten Galopp durch die Berge zu reiten? Unternehmen Sie bei einem guten Jupiter-Aspekt einen Zweitagesritt. Unter Jupiter-Einfluß werden Sie inspirierter und motivierter zurückkehren und Ihr Leben aus einer 'höheren' Perspektive betrachten können.

Freunde

Manche von uns machen keinen Unterschied zwischen Bekannten und wahren Freunden. Was bedeutet Ihnen das Wort 'Freund' wirklich? Welche Eigenschaften schätzen Sie bei anderen am meisten? Wer in Ihrer Umgebung hat die Eigenschaften, die Sie bewundern?

Überraschungsreise!

Dies ist eine fantastische Art der Jupiter-Manifestation. Laden Sie eine Gruppe von engen Freunden in Paaren zu einer Party am Freitagnachmittag ein. Vor der Party sammeln Sie von jedem Paar 100 DM ein. Sagen Sie ihnen, daß Sie alles mitbringen sollen, was Sie für einen Wochenendausflug brauchen. Wenn die Party in Schwung kommt, verlosen Sie eine Überraschungsreise. Geben Sie dem Paar, das gewonnen hat, Flugtickets zu einem exotischen Ort, und schicken Sie sie los! Ob man nun gewinnt oder verliert, an solch einer Party teilzunehmen ist ein großer Jupiter-Spaß!

Motto-Party

Organisieren Sie unter einem bestimmten Motto eine Party für Ihre Freunde, vielleicht eine Schlummer-/Schmuse-Party oder ein 'Südstaaten-Dixie-Essen' mit Landschinken, Maispudding und Videos von Filmen wie 'Vom Winde verweht' oder 'Die Katze auf dem heißen Blechdach'. Bitten Sie Ihre Gäste, als Rhett Butler und Scarlett O'Hara zu kommen.

Übertreibung

In einer Gruppe oder auch mit zwei oder drei anderen Personen wählen Sie ein Ereignis, das Sie kürzlich erlebt haben und das Sie den anderen erzählen wollen. Anstatt aber dieses Erlebnis normal zu schildern, schmücken Sie Ihre Geschichte stark aus. Übertreiben Sie! Gehen Sie bis an die äußersten Grenzen! Wie toll ist die Geschichte, die Sie erfinden können?

Berühmte Persönlichkeiten

Stellen Sie sich vor, Sie geben eine tolle Party in einem wunderschönen großen Haus mit Überfluß, Eleganz und Stil. Welche zehn berühmten Persönlichkeiten würden Sie für einen aufregenden Abend einladen und warum?

Die Weltreligionen

Jupiter symbolisiert die geistige Grundlage, die Verhaltensregeln und Werte, die eine Gesellschaft annimmt, um das Gemeinwesen zusammenzuhalten. Dies sind die schöpferischen Kräfte, die verschmelzen, um die großen Weltreligionen zu bilden. Nehmen Sie sich Zeit, um eins der heiligen Bücher einer Weltreligion zu studieren: die Bibel, den Talmud, die Bhagavadgita, die Upanischaden. Studieren Sie ein Werk, das nicht aus Ihrem religiösen Hintergrund stammt.

Menschen anderer Kulturen

Gehen Sie, um Jupiter anzuregen, mit einem Ihrer ausländischen Freunde essen. Gehen Sie zu einer Universität. Oder verbringen Sie den Nachmittag in einer Kunstgalerie oder einem Museum. Schreiben Sie auf, wie viele verschiedene Nationalitäten von Menschen Sie sehen.

Ausländische Filme

Ausländische Filmfestivals können Ihnen das Flair von Jupiter vermitteln. Lesen Sie vorher Besprechungen der einzelnen Regisseure und Drehbuchautoren, damit Sie deren Stil und Methode besser würdigen können.

Reisen ins Ausland

Zusammen mit dem geistigen Verlangen nach Erfahrung des inneren Horizonts repräsentiert Jupiter auch das Bedürfnis nach einem reicheren Leben, der Erweiterung der Perspektive und den Wunsch, die Welt jenseits des Horizonts kennenzulernen. Das Reisen in fremde Länder und die Begegnung mit Religion und Philosophie anderer Kulturen gestattet uns, unsere eigene Welt aus einem erweiterten Blickwinkel zu verstehen.

Reiseberichte

Für viele von uns steht das Reisen in fremde Länder ganz oben auf der Wunschliste, aber Zeit- und Geldmangel machen es meist unmöglich. Die zweitbeste Möglichkeit besteht dann darin, einen Reisebericht aus zweiter Hand zu erfahren. Ich verbrachte kürzlich einen Abend voller Beschreibungen, Bilder und Geschichten der sechswöchigen Nepalreise meiner Freundin. Die Gruppe durchlöcherte sie mit Fragen. Als der Abend zu Ende ging, hatten wir alle ein Abenteuer im Himalaja quasi selbst erlebt.

Geschenke

Dies ist eine ur-amerikanische Tradition von reinstem Jupiter-Wesen. Am Jahresende laden Sie eine kleine Gruppe besonders guter Freunde ein. Jeder bringt einen Gegenstand mit, der ihm wichtig war und den er weitergeben möchte. Das kann ein kleiner Kristall sein, ein Buch, ein Glücksbringer usw. Die Geschenke werden auf einer Decke ausgebreitet, und dann erzählt jeder die Geschichte seines Geschenks und erklärt den anderen, warum es für ihn etwas Besonderes ist. Danach sucht sich jeder der Anwesenden ein Geschenk aus. Dieser Prozeß ist sehr interessant. Achten Sie auf sich selbst bei der Auswahl dessen, was Sie verschenken möchten. Wie groß ist Ihre Bereitschaft, sich von etwas zu trennen, das eine große Bedeutung für Sie hat? Wie bedeutungsvoll ist Ihr Geschenk? Spüren Sie ein zartes Band zu demjenigen, der Ihr Geschenk nimmt?

Stretching – Körperdehnen

Die meisten von uns verbringen viele Stunden auf Stühlen. Manchmal kann man förmlich spüren, wie die Rückenwirbel aufeinandergedrückt werden. Um diesen eingeengten Zustand aufzulösen, dehnen Sie Ihren Körper vollständig. Legen Sie sich hin, und stellen Sie sich vor, wie Ihr Körper immer länger wird. Beginnen Sie bei den Zehen. Dehnen Sie jeden Körperteil; lassen Sie dann Ihrem Körper die Freiheit, sich so zu bewegen, wie er es Ihnen sagt.

Fingerfarbe

Kein anderes Kunstmedium bietet so eine Jupiter-Erfahrung wie das Malen mit Fingerfarben. Besorgen Sie sich ein großes Stück glattes, glänzendes Papier und leuchtendblaue Fingerfarbe. Legen Sie das Papier auf eine Lage von Zeitschriften, um Ihren Boden zu schützen. Öffnen Sie den Farbbehälter, legen Sie Jupiter-Musik auf, und malen sie wirbelnde Kreise. Fühlen Sie die sinnliche Qualität der Kreisbewegungen Ihrer Hände auf dem Papier. Stellen Sie sich vor, daß jeder Kreis eine Situation aus Ihrem Leben repräsentiert, an die Sie sich gerne erinnern. Drücken Sie dieses Gefühl aus, und spüren Sie es.

Jupiter-Filme
Gandhi, Und Gerechtigkeit für alle, Tausend Clowns, Meine Lieder – meine Träume, Das Gewand, Die zehn Gebote, Onkel Remus' Wunderland, Stunde des Siegers, Schrei nach Freiheit.

Jupiter-Gang
Tragen Sie lockere Kleidung, die Ihnen gestattet, sich frei zu bewegen. Stellen Sie sich vor, daß Ihr Körper wächst, daß er sich aus jeder Pore heraus vergrößert. Spüren Sie Ihren Körper als gigantischen Luftballon. Sie können Ihre Füße kaum noch auf dem Boden halten. Versuchen Sie, die Straße entlang zu gehen. Sie dehnen sich aus, Ihre Schritte sind länger und leichter.

Jupiter-Meditation
Legen Sie sich hin, im Hintergrund läuft ätherische Musik. Dehnen und entspannen Sie sich. Atmen Sie einige Male tief durch, und beginnen Sie sich vorzustellen, wie sich Ihr Atem sichtbar nach außen ausdehnt. Nach innen atmen Sie immer mehr Raum ein. Fahren Sie so fort, bis Sie den Himmel einatmen. Dann stellen Sie sich vor, es sei Nacht geworden. Sie atmen die Planeten des Sonnensystems, die Sterne unserer Galaxis und alle Sterne des Universums ein. Atmen Sie diesen Jupiter-Bewußtseinszustand ein.

Überfluß: Heilmeditation
Eine hervorragende Affirmation zur Neutralisierung eines Saturn-Bewußtseinszustandes ist: "Jeden Tag werde ich in jeder Hinsicht leichter, zuversichtlicher, fähiger, inspirierter." Benutzen Sie sie täglich, wenn nötig sogar stündlich.

Musik-Vorschläge
Copeland: Fanfare for the Common Man, Holst: Jupiter (The Planets), Shadowfax: Shadowdance, John McLaughlin: Journey to the Center of the Earth, Christopher Cross: Sailing, The Doors: Tell All the People (The Soft Parade), Mendelssohn: 'Hochzeitsmarsch', Rodgers/Hammerstein: Climb Every Mountain, Händel: Halleluja-Chor (Der Messias), Beethoven: 5. Symphonie, Rodgers/Hammerstein: Sound of Music, Brahms: Klavierkonzert Nr. 1, Debussy: Vorspiel zum 'Nachmittag eines Fauns', Mozart: Symphonie Nr. 41 'Jupiter', Wanderlieder wie z.B. 'Im Frühtau zu Berge'.

Saturn und Steinbock

Saturn (Ego) ist der Hüter der Schwelle zwischen dem Bereich des Persönlichen und den kollektiven Bereichen der Psyche. Saturn symbolisiert die Grundform: die Struktur der Psyche oder des Körpers (Knochen), Grenzen, Verantwortlichkeiten, das Aufgeben alter Prinzipien (Tod) und das Prinzip der Einschränkung. Durch die Kraft der Einschränkung lernt man, innerhalb bestimmter Grenzen, gesellschaftlicher Wertvorstellungen, Verhaltensnormen und Regeln zu agieren, um eine stabile Grundlage für ein Leben in größerer Sicherheit, Selbsterkenntnis und Weisheit zu schaffen.

Saturn steht im Zusammenhang mit dem Vater/Gott Jahwe des alten Testaments, dessen unnahbares, kühles und schroff disziplinierendes Wesen völligen Gehorsam gegenüber seinen Geboten verlangt.

Menschen mit starker Saturn/Steinbock-Energie in ihrem Geburtsbild können Selbstbeherrschung, Beharrlichkeit und eine beständige und methodische Herangehensweise ans Leben zeigen. Im Extremfall kann man unnahbar, skeptisch oder sogar herzlos sein. Wer wenig Saturn/Steinbock-Energie hat, verfügt möglicherweise kaum über Ausdauer, läßt sich leicht entmutigen und von anderen Menschen kontrollieren; ihm fehlt das Gefühl für eine klare Richtung im Leben.

Saturn/Steinbock-Erfahrung

Da Saturn den Tod der Form symbolisiert, ist eine interessante Saturn-Erfahrung, sich vorzustellen, ein ausschlüpfendes Küken zu sein. Legen Sie eine zu körperlicher Anstrengung passende Musik auf, wie z.B. 'Saturn' aus *The Planets* (Gustav Holst). Entspannen Sie sich, alleine oder in der Gruppe, und versetzen Sie sich in die Musik. Stellen Sie sich vor, Sie sind ein Küken, das in der Geborgenheit seines bequemen und warmen Eies zusammengerollt liegt. Genießen Sie die Sicherheit Ihrer begrenzten und behüteten Umgebung. Dann stellen Sie sich vor, wie Sie Nahrung aufnehmen und langsam größer werden. Bei jedem Atemzug wachsen Sie ein wenig. Sie beginnen, die Schalen des Eies zu spüren, wachsen weiter, und das Ei um Sie herum wird enger und enger. Bei jedem Atemzug entsteht ein stärkeres Gefühl von Begrenzung. Achten Sie darauf, wie Sie sich in dem Augenblick fühlen, in dem Sie an die Grenzen stoßen. Erinnert Sie das an eine derzeitige Lebenssituation? Konzentrieren Sie sich auf diese Situation. Bleiben Sie in Verbindung mit Ihrem Atem, und spüren Sie, wie die Begrenzung durch die Schale (die Situation) unerträglich wird. Sie strengen sich an und stemmen sich gegen die Schale. Dann plötzlich schaffen Sie an einer Stelle den Durchbruch. Von jetzt an bewegen Sie Ihren ganzen Körper und versuchen, einen Fuß, ein Bein, Ihren Kopf nach draußen zu bekommen. Bleiben Sie bei Ihren Gefühlen, während Sie durch die Schale, die in viele einzelne Stücke zerbricht, nach draußen treten. Sie sind frei, aber erschöpft von der Anstrengung. Ruhen Sie sich aus! Nehmen Sie sich Zeit zum Nachdenken.

Haben Sie ein neues Gefühl oder eine neue Erkenntnis gewonnen? Hat dieses Erlebnis Ihnen geholfen, die Stelle, an der Sie 'festgefahren' waren, hinter sich zu lassen? Wenn Sie nachgedacht haben, schreiben Sie auf, was Sie empfunden haben, oder schließen Sie sich mit einem anderen Gruppenmitglied zusammen, und teilen Sie sich gegenseitig mit, was geschehen ist. Besprechen Sie diese Gefühle innerhalb der Gruppe.

Grenzen

Begrenzende und einschränkende Erlebnisse rufen ein Saturn-Gefühl hervor. Hat ein Gruppenmitglied zur Zeit einen Saturn-Transit oder eine schwierige Saturn-Stellung im Geburtsbild, die er/sie genauer erforschen möchte, so bitten Sie diesen Teilnehmer, sich in die Mitte der Gruppe zu stellen und die Arme locker an der Seite herunterhängen zu lassen. Geben Sie Ihm die Anweisung, langsam und tief einzuatmen und sich seines Körpers bewußt zu werden. Bitten Sie die Gruppe, sich *langsam* zur Mitte zu bewegen und den Teilnehmer einzukreisen. Während der Kreis enger wird, erinnern Sie Ihren Teilnehmer daran, weiter zu atmen und sich auf die Gefühle im Körper zu konzentrieren. Spürt er irgendwelche Einschränkungen? Stellen sich Ängste ein? Helfen Sie ihm, den Kontakt zu seinen entstehenden Gefühlen zu behalten. Lassen sie den Prozeß sich entwickeln, wie es nötig ist, und seien Sie wachsam und sensibel gegenüber den Reaktionen, die Sie beobachten. Fragen Sie: "Ist dies das gleiche Gefühl wie in einer bestimmten Situation in deinem Leben zur Zeit?" Halten Sie den 'Druck' durch die Gruppe aufrecht, solange der Betreffende es als angemessen empfindet. Fragen Sie: "Möchtest du mehr Druck?" Wenn es Ihnen gelingt, ihn weiterhin auf seinen Atem und seine Gefühle zu konzentrieren, können wichtige Erkenntnisse entstehen.

Eine Gruppe, mit der ich in Phoenix arbeitete, führte diese Übung für eine Frau durch, die ihren Radix-Saturn im siebten Haus besser verstehen wollte. In diesem speziellen Fall fügten wir ein zusätzliches Saturn-Element hinzu: ein Korsett, das Sie von den Hüften bis zum Kopf einengte. Die Arbeit brachte starke Erstickungsgefühle und frühe Kindheitserinnerungen von Wut und Traurigkeit an den Tag. Diese Erfahrung war ein Durchbruch zu neuen Erkenntnissen über ihren Saturn im siebten Haus. (Denken Sie daran, mit Sensibilität und Wachsamkeit für den Prozeß des Individuums an diese Übung heranzugehen. Dies ist das wichtigste Element dieser Erfahrung.)

Variante: Anstatt einen Kreis zu bilden, bitten Sie die betreffende Person, sich auf allen Vieren hinzuhocken. Ein Mitglied der Gruppe übt Druck aus, indem es sich auf ihren Rücken legt. Fragen Sie sie, ob sie das Gewicht einer zusätzlichen Person spüren möchte. Jedes neue Gewicht soll der Betreffende dann mit einem

Die Vision des Tals der Gebeine

speziellen Menschen oder einer Situation, die ihn einschränkt, assoziieren. Verarbeiten Sie danach das Erlebnis gemeinsam.

Wenn Sie diese Erfahrung alleine machen möchten, benutzen Sie Ein-, Zwei- und Fünf-Kilo-Gewichte. Legen Sie sie vor sich hin, und identifizieren Sie jedes einzelne mit einem Ihrer augenblicklichen Probleme. Nehmen Sie eins in die Hand, und gehen Sie damit auf und ab. Ohne das erste aus der Hand zu legen, heben Sie das nächste Gewicht auf und gehen damit umher, dann das nächste und so weiter. Achten Sie jedesmal, wenn Sie ein neues Gewicht hinzunehmen, genau auf Ihre Gefühle. Können Sie die Gewichte verteilen, damit sie leichter zu tragen sind? Gibt es etwas, das Sie loslassen können? Beschreiben Sie Ihrer Gruppe die Gefühle, entweder durch Reden oder non-verbal, indem Sie ein Bild malen.

Lebenszyklen

Zwar sind den meisten Menschen die rhythmischen Prozesse natürlicher Ereignisse bewußt, wie z.B. der Wechsel von Tag und Nacht, der Mondzyklus von Neu- und Vollmond, aber nur wenige sind sich darüber im Klaren, wie intensiv die Zyklen auch unser Leben durchdringen. Unser Körper hat eine Vielzahl von Zyklen: unsere roten Blutkörperchen regenerieren sich etwa alle 128 Tage, die Eierstöcke produzieren alle 28 Tage ein Ei, der Magen zieht sich etwa dreimal pro Minute zusammen, unser Herz schlägt 76 Mal pro Minute, und die verschiedenen Alpha-, Beta-, Theta- und Deltawellen unseres Gehirns pulsieren pro Sekunde ungefähr in 10 Zyklen. Diese verborgenen Zyklen sind die Lebensenergien eines Menschen. Es lassen sich aber auch größere, ausgedehntere Zyklen im Leben beobachten.

Typisch ist, daß wir unser Leben in Phasen unterteilen, z.B. als Säugling, Kind, Teenager, junger Erwachsener, Erwachsener, älterer und alter Mensch. Schauen Sie mit Hilfe dieser Kategorien auf Ihr Leben zurück, und betrachten Sie jede dieser Phasen als eigenständige Zeiteinheit. Wie war Ihre Säuglingszeit? An welche Schlüsselerlebnisse können Sie sich erinnern? Welche Begriffe fallen Ihnen ein, wenn Sie sie bewerten? Gehen Sie ebenso mit den anderen Lebensphasen vor. Vergleichen Sie sie. Welches war die schwierigste Phase, welche waren leichter, erfüllter? Wenn wir unser Leben in seinen Zyklen untersuchen, können wir eine größere Klarheit des Bewußtseins erreichen.

Fundamente

Malen Sie entweder alleine oder als Gruppe ein Bild Ihres momentanen Fundaments. Empfinden Sie es als fest und stark, oder ist es in einem bestimmten Bereich brüchig und schwach? Wenn ja, weshalb? Wie sieht diese Schwäche aus? Welchen Aspekt Ihres Lebens symbolisiert sie? Erfordert die Situation einen grundlegenden Neuaufbau? Haben Sie die Mittel, die Schwäche 'abzustützen'. Bitten Sie die Teilnehmer, diese Übung alleine zu machen und dann die Ergebnisse miteinander auszutauschen.

Wenn Sie beabsichtigen, daß Ihre Gruppenmitglieder nicht nur ihre Saturn-Themen herauskristallisieren, sondern auch an ihnen arbeiten, fragen Sie sie, über welche Hilfsmittel sie verfügen, die einengenden Situationen in ihrem Leben zu verbessern. Jeder Teilnehmer sollte dann eine Strategie für die nächsten Monate entwerfen.

Ton

Weichen Ton zu kneten und zu formen ist ein hervorragendes Gegenmittel für Saturn-Transite. Weil wir uns in diesen Zeiten so festgefahren und eingeengt fühlen, erinnert uns das Bearbeiten von weichem Ton unbewußt an die Flexibilität und die Frische, die auf das Aufbrechen vertrockneter alter Formen folgt. Besonders wirkungsvoll ist diese Methode bei einer Saturn-Rückkehr, bei der der Ton zum Symbol wird für das neue Fundament und die Struktur, die man sich nun formt.

Geschichte zur Zeit Ihrer Geburt

Wir wissen, daß Babys formbar sind wie weicher Ton. Wir absorbieren die psychische Energie, die uns vor und nach der Geburt umgibt. Welche Dinge haben sich während der neun Monate vor Ihrer Geburt in der Welt ereignet? Oder zur Zeit Ihrer Geburt? Während Ihres ersten Lebensjahrs? Welche Gefühle haben Sie unbewußt aufgenommen? Sehen Sie einen Zusammenhang zwischen diesen Ereignissen in der Welt und der Art, wie Sie das Leben empfinden?

Saturn-Rückkehr

Weil die Saturn-Rückkehr den Höhepunkt eines dreißigjährigen Zyklus darstellt, handelt es sich dabei ganz offenkundig um einen bedeutenden Transit. Benutzen Sie bei Ihrer eigenen Saturn-Rückkehr und bei der von Freunden und Klienten folgendes Bild.

Viele langfristige Transite können leichter durch Metaphern verstanden werden. Ein gutes Bild, das ich für die Saturn-Rückkehr gefunden habe, ist, an einer Eisenbahnstrecke durch einen Tunnel in den Bergen entlangzugehen. Die sechs bis neun Monate vor der exakten Wiederkehr entsprechen den Umständen, unter denen Sie sich dem Tunnel nähern; der Gang durch den Tunnel stellt die einjährige Phase des exakten Transits dar, und die sechs bis neun Monate danach werden durch die neue Perspektive und die Bedingungen auf der anderen Seite des Tunnels beschrieben. Benutzen Sie diese Metapher als Phantasiereise für Ihre Gruppe. Modifizieren Sie das Erlebnis, um sich auf bestimmte Phasen Ihres Lebenszyklus zu konzentrieren. Die Arbeit mit dieser Metapher über einen gewissen Zeitraum wird Ihnen helfen, Verständnis für diesen Transit zu erlangen.

Um Ihrem Klienten beim Durchqueren des 'Tunnels' zu helfen, bieten Sie ihm folgende Visualisierung an: Sind Sie schon einmal mit dem Rucksack durch die Berge gewandert? Wenn nicht, stellen Sie sich vor, wie es wäre. Stellen Sie sich vor, daß Sie Ihre gesamte Ausrüstung tragen müssen, Zelt mit Stangen, Lebensmittel,

Rucksack. Während Sie sich dem Tunnel nähern, machen Sie sich ein Bild, das Ihr Leben im Augenblick ausdrückt. Ordnen Sie jedem Ausrüstungsgegenstand, den Sie bei sich haben, eine bestimmte Situation Ihres Lebens zu. Sie wagen sich mit all diesem Zeug beladen in den Tunnel. Was möchten Sie nicht mit sich herumschleppen? Welche Gefühle assoziieren Sie mit der Last? Was können Sie abwerfen? Entledigen Sie sich aller Dinge, die Sie nicht benötigen. Wie fühlt es sich an, von dem überflüssigen Gepäck befreit zu sein? Schauen Sie nach vorne! Können Sie das Licht am Ende des Tunnels sehen? Gehen Sie durch den Tunnel, bis Sie am anderen Ende stehen. Was sehen Sie dort? Welche neuen Bilder und unerforschten Aussichten eröffnen sich? Machen Sie sich ein abschließendes Bild von Ihrem Einblick in diesen neuen Lebensabschnitt.

Meine Erfahrung hat gezeigt, daß dieser Prozeß Menschen hilft, ihre Gefühle über diese häufig beschwerliche Phase lebendig auszudrücken, ihr Ziel klar zu erkennen, sich für die Zukunft zu öffnen und wieder Hoffnungen und Vorfreude zu entwickeln.

Variante: Nehmen Sie die Aussicht vor dem Tunnel als Bild für den 30-Jahres Zyklus. Wie sehen die ersten 30 Jahre aus? Welche Merkmale, Eigenschaften und Erfahrungen kennzeichnen diese Phase? Können Sie sie symbolisch in einer Zeichnung festhalten? Welche Erfolge, Enttäuschungen, Herausforderungen haben sich ereignet? Was haben Sie erreicht? Welche Farben oder Schattierungen haben in den verschiedenen Phasen dieser 30 Jahre vorgeherrscht? Oder malen Sie ein Bild des Ausblicks auf der anderen Seite des Tunnels als Symbol für den kommenden 30-Jahres-Zyklus. Welche Kennzeichen, Eigenschaften und Erfahrungen erhoffen Sie sich?

Rückläufiger Saturn

Jede Phase, in der der Transit-Saturn rückläufig ist und sich der schwierige Aspekt zu Ihrem Geburtsbild abgeschwächt hat, ist eine Zeit der 'Gnade', in der Sie die wertvolle Chance erhalten, Ihre Reaktionen auf den ersten Übergang von Saturn zu überdenken. Einige von uns lassen diese Chance ungenutzt und fühlen sich, weil der Druck gewichen ist, so sehr erleichtert, daß sie in alte Gedankenmuster zurückfallen oder glauben, das Problem sei bereits gelöst. Nutzen Sie diese Gnadenfrist, um Ihr Leben zu betrachten. Haben Sie konstruktive Wege gefunden, Ihr gegenwärtiges Problem anzugehen? Welche neuen Methoden können Sie weiterhin anwenden, um sich der Herausforderung zu stellen, die wahrscheinlich auf Sie zukommen wird, wenn Saturn wieder direktional wird und Ihren Planeten erneut aspektiert?

Asteroidengürtel

Unter schwierigen Saturn-Transiten hilft diese Übung, herauszukristallisieren, was Sie in Ihrem Leben einschränkt. Stellen Sie sich vor, wie Sie durch den Asteroidengürtel zwischen den Sternen umherreisen. Malen Sie ein Bild von Ihrer Umgebung. Malen Sie große und kleine Asteroiden. Markieren Sie jeden Asteroiden mit einer Einschränkung, die Sie zur Zeit empfinden. Assoziieren Sie Ihr größtes Hindernis mit dem größten Asteroiden. Schwierige Saturn-Einflüsse mit Namen zu versehen, kann therapeutisch wirken.

Welche dieser Hindernisse lassen sich am leichtesten beseitigen? Welches ist das größte Hindernis? Welche Möglichkeiten haben Sie, um dieses Hindernis zu umgehen? Haben Sie irgendwelche bevorstehenden positiven Saturn-Transite, die Sie hierzu benutzen könnten? Überlegen Sie sich eine Strategie, die Sie anwenden können, wenn Sie die Hilfe eines guten Saturn-Transits haben.

Malen Sie Ihr momentanes Problem

Diese Übung läßt sich alleine durchführen, ist jedoch am wirksamsten innerhalb einer kontinuierlich laufenden Therapiegruppe. Bitten Sie jeden Teilnehmer, ein Bild seines derzeit größten Problems zu malen. Zeigen Sie abwechselnd Ihre Bilder vor. Geben Sie als Gruppe Ihre Meinung zur Lebendigkeit des Bildes ab. Stellen Sie Stärken und Schwächen fest. Wie gut sind die einzelnen Komponenten integriert? Wie groß ist der symbolische Gehalt?

Diskutieren Sie folgende Fragen: Wie gut kann der Betroffene mit dem Problem umgehen? Wird die Ernsthaftigkeit des Problems abgestritten? Wer gewinnt? Wer oder was ist nach Meinung des Betroffenen für das Problem und seine Heilung verantwortlich? Wie stark weist das Bild auf einen positiven Ausgang hin? Welche Ressourcen, Abwehrstrategien und unterstützenden Maßnahmen können ihm bei der Lösung des Problems helfen? Gibt es hilfreiche Transite?

Der Schatten

Das Erkennen unserer eigenen Schattenseiten scheint eine unumgängliche Voraussetzung zur Selbsterkenntnis zu sein. Machen Sie eine Liste der Persönlichkeitszüge, mit denen Sie bei anderen Menschen die größten Schwierigkeiten haben. Sie stellt eine genaue Beschreibung der in Ihrem eigenen Unbewußten unterdrückten Eigenschaften dar! Sie haben Ihren eigenen Schatten beschrieben! Genau das, was uns an anderen Menschen stört, sind die nicht integrierten Schlüsselelemente unserer eigenen Psyche, die wir auf die Welt projizieren. Diese Übung kann einige unangenehme Gefühle wachrufen, aber sie bietet reichlich Stoff zum Nachdenken.

Alter

Diskutieren Sie in Ihrer Gruppe die Rolle älterer Menschen in unserer Gesellschaft. Wie geht man bei uns im Vergleich zu anderen Kulturen mit alten Menschen um? Weil die Generation aus den Jahren des "Baby-Booms" allmählich älter wird, wird unsere Kultur innerhalb der nächsten zwanzig Jahre eine enorme demographische Veränderung erfahren. Es wird dann weitaus mehr alte Menschen geben als heute. Was sind die potentiellen Probleme und Ergebnisse einer steigenden Anzahl älterer Menschen in unserer Gesellschaft?

Ein alter Mensch, den ich als Kind erlebt habe

Legen Sie sich entweder alleine oder mit einem Gruppenmitglied hin, und machen Sie es sich bequem. Lassen Sie Ihre Gedanken zurückgehen in die Vergangenheit, und erinnern Sie sich an einen älteren Menschen, der Ihnen nahestand, als Sie ein Kind waren. Konzentrieren Sie sich auf ein Bild dieser Person vor Ihrem geistigen Auge. Beschreiben Sie sie so genau wie möglich. Wie war sie? Welche Gefühle hatten Sie ihr gegenüber? Welche Geschenke der Weisheit hat sie Ihnen gemacht?

Ein weiser alter Mensch

In vielen Kulturen werden die alten Menschen respektiert und verehrt. Saturn verkörpert die Zeit, und die Zeit lehrt uns durch Erfahrung. Viele von uns haben durch die Bekanntschaft mit ein oder zwei alten Menschen eine Menge gelernt.

Es lohnt sich, sich mit alten Menschen zusammenzusetzen und sie nach ihrem Leben, ihren Erinnerungen, Freuden, Schmerzen, Lehren und Erfolgen zu befragen. Durch sie bekommen wir einen Einblick in unser eigenes Leben. Halten Sie die persönliche Geschichte eines alten Menschen fest. Fragen sie nach bedeutenden Momenten wie dem ersten Zusammentreffen mit dem Lebensgefährten, dem ersten eigenen Zuhause, seinem Aufbruch in den Krieg, wie sie alleine mit dem Bus ins Krankenhaus gefahren ist, um ihr erstes Kind zu gebären usw. Die Mutter meines Mannes hat uns eine Tonkassette voll solcher Erinnerungen geschickt. Uns wurde dabei bewußt, wie wichtig es ist, solche Aufzeichnungen der älteren Familienmitglieder zu haben, denn sie sind ein Dokument der Geschichte unserer persönlichen Abstammung. Sie könnten Ihre Eltern bitten, Ihnen eine Kassette zu besprechen, oder vielleicht interviewen Sie sie vor laufender Videokamera. Später werden Sie es vielleicht als einen wertvollen Schatz betrachten.

Verstärkung Ihres Fundaments

Ein harmonischer Saturn-Transit ist eine günstige Zeit zur Stärkung der eigenen Basis im Leben. Welcher Aspekt Ihres Lebens könnte mehr Disziplin vertragen? Welcher Teil Ihres persönlichen Fundaments benötigt Verstärkung? Wenn Sie das Gebiet definiert haben, entwickeln Sie eine Strategie, um es zu festigen. Korrekturen, die Sie nun mit Fleiß und harter Arbeit vornehmen, werden Ihre Basis solider machen und Sie näher an Ihr Ziel bringen.

Es gibt zum Beispiel verschiedene Möglichkeiten, ein Saturn-Trigon zu Ihrer Sonne positiv zu nutzen. Während dieser Zeit verläuft das Leben glatt, es läßt sich viel erreichen, und man kann seine Position in der Welt verstärken. Verbringen Sie einige Minuten am Tag damit, Ihre Psyche mit der positiven Saturn-Energie aufzutanken. Beobachten Sie, wie Ihr Körper und Ihre Lebenskraft stärker werden. Wenn Ihr Körper eine schwache Stelle hat, stellen Sie sich vor, wie sie vitale, lebensspendende Energie erhält. Benutzen Sie die tägliche Affirmation: "Jeden Tag werde ich in jeder Hinsicht stärker." Oder entschließen Sie sich jetzt, etwas für Ihren Körper zu tun: das Rauchen aufgeben, täglich etwas Sport treiben usw. Sprechen Sie von diesem Vorhaben mit Überzeugung. Wenn Sie an dieser Überzeugung festhalten und an ihr Ziel mit Selbstdisziplin herangehen, werden Sie Erfolg haben. Innerhalb einer Gruppe läßt sich ein Saturn/Sonne-Trigon z.B. noch weiter verstärken, wenn Sie mit jedem einzeln sprechen und Ihre Absicht *mit Entschlossenheit* vertreten.

Variante: Positive Anerkennung durch andere kann die Psyche stärken. Lassen Sie sich von der Gruppe Komplimente für Ihre Leistungen und Erfolge machen. Schreiben Sie diese Komplimente auf, und lesen Sie sie wieder, wenn Saturn im Quadrat zu Ihrer Sonne steht oder wenn Sie einen schwierigen Saturn-Tag haben.

Anerkennung durch andere ist für jeden Menschen wichtig. Legen Sie sich eine Sammlung an mit anerkennenden Aufzeichnungen und Briefen, die Sie von Freunden oder Klienten erhalten haben. Dies kann eine sinnvolle psychologische Stütze sein, wenn Sie es mit Entmutigung oder Mangel an Anerkennung zu tun haben, die Sie möglicherweise erleben, wenn Saturn im Quadrat oder in Opposition zu Ihrer Sonne steht.

Ziele

Die Planung und Entwicklung konkreter Strategien läßt sich am realistischsten unter positiven Saturn-Transiten ausführen und verwirklichen. Welche Ziele haben Sie sich für das nächste Jahr gesetzt? Für die nächsten fünf Jahre? Wenn Sie noch keine konkreten Zukunftspläne haben, nehmen Sie sich jetzt die Zeit, sie zu schmieden!

Schwierige Saturn-Transite im Rollenspiel

Was können Sie tun, wenn der Transit-Saturn in Opposition zu Ihrem Uranus steht und Sie ein Experiment machen wollen, um diesem Transit einen bewußten Ausdruck zu verleihen? Bedenken Sie, je mehr man die Existenz eines Problems verleugnet oder sich gegen eine Konfrontation wehrt, desto wahrscheinlicher wird es plötzlich und unverhofft oder gar explosiv hervortreten. Die folgende Erfahrung kann recht wirkungsvoll mit einem Freund oder auch in einer Gruppe gemacht werden. Welches konkrete Problem bereitet Ihnen ein Gefühl des Unbehagens? Gegen wessen Autorität wehren Sie sich? Woraus möchten Sie ausbrechen?

Eine Metapher für diesen Transit ist ein wilder Hengst auf einer Koppel; er ist unruhig und zerrt am Halfter, das ihn einengt. Ihr Impuls mag Ausbrechen sein, aber Sie müssen umsichtig handeln. Uranische Energie ist so unvorhersehbar, daß man, einem Impuls folgend, über den Zaun springt, nur um dann im Stacheldraht hängen zu bleiben. Oder Sie brechen aus Ihren Begrenzungen aus, nur um festzustellen, daß Sie überhaupt nicht darauf vorbereitet sind, sich ganz alleine durchzuschlagen.

Spielen Sie mit jemandem, wie es sich anfühlt, sich in einem Tauziehen mit einer Autoritätsperson oder einer Angelegenheit zu befinden. Sie könnten das wörtlich nehmen und sich ein Seil besorgen. Atmen Sie zuerst tief durch, und konzentrieren Sie sich auf Ihre Gefühle. Jemand, der die 'andere Seite' vertritt, zieht gegen Sie und stellt Sie, Ihren Wert und Ihre Position auf die Probe. Bleiben Sie bei sich. Vergessen Sie nicht zu atmen. Drücken Sie Ihre Gefühle laut aus. Fühlen Sie Spannung in Ihrem Körper? Wo genau? Lassen Sie die Spannung heraus, indem Sie mit den Füßen eine Matratze treten oder gegen ein Kissen boxen. Sinn dieser Übung ist es, Ihnen dabei zu helfen, die unbewußte Spannung freizusetzen und ein größeres Bewußtsein für potentiell explosive Situationen zu entwickeln.

Wenn Sie die Spannung etwas abgebaut haben und sich immer noch aufgewühlt fühlen, könnten Sie Jupiter in Ihrem Innern anrufen. Stellen Sie sich einen heilenden Lichtstrahl vor, der hereinkommt und Ihnen Einsicht, Verständnis und eine höhere Perspektive von der Situation bringt. Wer in Ihrem Leben kann Ihnen jetzt Jupiter-Unterstützung und -Perspektive geben?

Nahtod-Erfahrungen

Haben Sie jemals einen Moment erlebt, in dem Sie glaubten, sterben zu müssen? Vergegenwärtigen Sie sich die Situation, und denken Sie darüber nach. Teilen Sie Ihr Erlebnis in der Gruppe mit. Hat es Sie verändert? Wenn ja, inwiefern? Denken Sie heute anders über den Tod?

Tod

Denken Sie über Ihre Gefühle zum Tod nach. Denken Sie an die Möglichkeit Ihres eigenen Todes? Löst dieser Gedanke Unbehagen aus? Ist jemand, der Ihnen nahestand, gestorben? Teilen Sie Ihre Gruppe in Paare ein, die sich die Geschichte des Todes einer nahestehenden Person erzählen. Sehen Sie Ihren Partner als Ihren Mond, der schweigend über Ihre Gefühle nachdenkt. Zwar kann diese Übung

Gefühle von Traurigkeit oder Schmerz aufwühlen, aber oft finden wir durch das bloße 'Erzählen unserer Geschichte' Erleichterung und Heilung.

Beschäftigung mit dem Tod

Es gibt verschiedene sehr gute Quellen für diejenigen, die sich näher mit der Frage des Todes beschäftigen wollen. *Die Schwelle zum Tod – Sterben, Tod und Leben nach tibetischem Glauben* (Glenn Mullin) umfaßt neun verschiedene tibetische Quellen. Es behandelt Themen wie z.B. Meditationstechniken zur Vorbereitung auf den Tod, inspirierende Berichte über den Tod von Heiligen und Weisen, die Erfahrung des Todes und seiner geheimen und inneren Anzeichen, Methoden der Bewußtseins-Umwandlung.

Who Dies? (Stephen Levine) ist ein sensibles und inspirierendes Buch, das Ihnen und denen, die Ihnen nahestehen, helfen soll, sich dem Prozeß des Todes zu stellen. *Jenseits des Todes* (Stanislav und Christina Grof) zieht lehrreiche Parallelen zwischen den Vorstellungen über das Leben nach dem Tod in unterschiedlichen Kulturen und umfaßt Berichte von Menschen, die einen klinischen Tod überlebt haben, Darstellungen von Todes- und Wiedergeburts-Erlebnissen schizophrener Patienten sowie Beschreibungen psychedelischer Zustände aus der experimentellen Psychiatrie.

Saturn-Filme

Sophies Entscheidung, Tod eines Handlungsreisenden, Ein Platz im Herzen, Nur Pferden gibt man den Gnadenschuß, I Never Sang for My Father.

Saturn-Gang

Die Gangart von Saturn ist langsam, schwerfällig und mühsam. Stellen Sie sich vor, Ihre Füße wären jeweils 30 Pfund schwer. Noch besser ist es, seine Füße mit Gewichten zu beschweren und dann umherzugehen.

Saturn-Meditation

> Ich gehe meinen Weg nach den Gesetzen der Natur, bis ich niedersinke und ausruhe, nachdem ich meinen Atem in das Element ausgehaucht habe, aus dem ich täglich Atem hole, und auf den Boden niedergesunken bin, aus dem mein Vater die Zeugungskraft, meine Mutter das Blut und meine Amme die Milch meines Seins schöpfte...
> Kaiser Marc Aurel: Selbstbetrachtungen[1]

Musikvorschläge

Holst: Saturn (The Planets), John McLaughlin: Dance of Maya, The Beatles: I Want You/She's So Heavy (Abbey Road), Samuel Barber: Adagio for Strings (Thema aus Platoon). Viele Songs von Leonhard Cohen: Dress Rehearsal Rag, Nancy, Desolation Row; Goin' Home (Spiritual), Brahms: Symphonie Nr. 4, Bruce Springsteen: Point Blank (The River).

Uranus und Wassermann

Die klassischen (seit dem Altertum bekannten) Planeten Sonne bis Mars repräsentieren die Sphäre des Ichs. Jupiter und Saturn stehen für die Grenze oder auch die Brücke zwischen dem Ich und dem kollektiven Unbewußten. Im Reich der drei äußeren Planeten, Uranus, Neptun und Pluto, erfahren wir das, was über das Ich hinausgeht. Unserer Psyche wird eine neue Dimension hinzugefügt, indem wir Energien erkennen, die an den Grenzen unseres Alltagsbewußtseins wirken.

Uranus ist das 'ursprüngliche Chaos', dessen Energie ziellos, unvorhersehbar und unvermittelt ist. Wie ein Blitzschlag schockiert und erschüttert er, rüttelt an alten Grundlagen und Strukturen, die zu rigide geworden sind. Hierdurch können befreiende, neue Formen entstehen, die der Psyche mehr Raum zum Atmen verschaffen und neue Möglichkeiten für eine zukünftige Entwicklung aufzeigen. Wird diese Energie unterdrückt, so kann sie plötzlich explodieren und mühsam erarbeitete Strukturen beschädigen oder gar zerstören. Uranus verbindet sich mit ursprünglichem, schöpferischem, erfinderischem oder gar bizarrem Handeln.

Menschen mit starker Uranus/Wassermann-Energie können im höchsten Maße unabhängig sein. Sie erleben Veränderungen als lebenserhaltend und verfügen über die intuitive Erkenntnis, daß es mehr gibt als Fakten und materialistisches Denken. Zu viel Uranus-Energie kann zu kategorischer Ablehnung gesellschaftlicher Strukturen und explosivem, unberechenbarem Verhalten führen. Wer wenig Uranus/Wassermann-Energie hat, drückt sich eher konservativ aus, fürchtet die Veränderung oder kritisiert diejenigen, die Althergebrachtes in Frage stellen.

Uranus – ein 'elektrisierendes' Erlebnis

Wenn Sie in einer Großstadt leben, gibt es einen leicht zugänglichen Ort, an dem Sie uranische Energie gut spüren können: die Waren- oder Wertpapier-Börse. Es kann ein aufregendes und entnervendes Erlebnis sein. Dieser intensive, stressige, nervenaufreibende Kampf, um dort mitzumischen, wo Vermögen innerhalb von Sekunden gewonnen und verloren werden, macht diesen Ort zu einer der unvorhersehbarsten Umgebungen, die man sich vorstellen kann. Ab dem ersten Glok-

Die Erschaffung von Fischen und Vögeln

kenschlag am Morgen vibriert der Börsensaal von wildem, ohrenbetäubendem Geschrei, dem Chaos extremer Nervosität, Gedränge und Gezerre und allen Extremen menschlicher Emotion: Panik, Hochstimmung, Gier, Unsicherheit und Freude. Das Alltägliche, äußerst Unvorhersehbare dieser Umgebung, die hohen

Risiken und Spiele ziehen jene Draufgänger an, deren einziger Boss die Freiheit ist, und die in dieser Umgebung aufblühen.

Bewegung

Uranische Bewegungen sind ziellos, bizarr und ändern sich völlig unvorhergesehen. Um einen Geschmack davon zu bekommen, legen Sie Heavy-Metal-Musik auf, und schütteln Sie energisch Ihre Hände. Dann schütteln Sie ihre Arme, Ihren Oberkörper, den ganzen Körper. Schütteln Sie Ihren Kopf. Erlauben Sie sich, die Orientierung zu verlieren. Das ist Uranus!

Unvorhergesehene Ereignisse

Rechnen Sie mit dem Unerwarteten! Einer der Transite, die sich am schwersten mit Genauigkeit vorhersehen lassen, ist Uranus. Sie können sich zehn verschiedene Arten ausmalen, wie ein bevorstehender Uranus-Transit wirken wird, und dann wird sich Uranus, ganz seinem Wesen entsprechend, auf eine Art manifestieren, an die Sie vorher überhaupt nicht gedacht haben! Versuchen Sie es bei Ihrem nächsten Uranus-Transit. Achten Sie genau auf die Formen der Uranus-Manifestation, die Sie vorher nicht bedacht hatten.

Unfälle

Bevorzugt benutzt Uranus Unfälle, um unterdrückte Energien zu manifestieren. Haben Sie in den letzten Jahren einen Unfall gehabt? Im letzten Jahr? Können Sie sich an das erinnern, was unmittelbar *vor* dem Unfall geschah, und haben Sie noch präsent, was in Ihrem Kopf zu der Zeit vorging? Empfanden Sie Wut, Auflehnung oder Anspannung?

Kreativität und Originalität

Uranus macht Lust auf Experimente, auf Kreativität und das Erschaffen von Neuem. Versuchen Sie folgendes:

Sie haben gerade eine Hosenträgerfabrik von Ihrer geliebten Tante Nelli geerbt. Da aber Hosenträger nicht mehr zum letzten Schrei auf dem Modemarkt gehören, ist die Fabrik in finanzielle Schwierigkeiten geraten. Welche anderen Verwendungsmöglichkeiten können Sie sich für all die vielen Hosenträger vorstellen? Lassen Sie sich so viele Alternativen wie möglich einfallen.

Es ist eine bekannte Tatsache, daß wir Menschen nur einen Bruchteil der Kapazität nutzen, über die unser Gehirn verfügt, bei Erwachsenen sind das maximal 10%. Sie sind damit beauftragt worden, für dieses Problem eine Lösung zu finden! Lassen Sie sich so viele Möglichkeiten einfallen, wie Sie können.

Zeitungsturm
Nehmen Sie zwei Seiten Zeitungspapier und 60 cm Klebeband. Basteln Sie damit den höchstmöglichen Turm innerhalb von 30 Minuten. Sie können die Materialien schneiden, falten und formen, wie es Ihnen beliebt!

Weltraum-Phantasie
Sie sind ein Besatzungsmitglied des Raumschiffs "Intrepid" ("Unerschrocken") und sind gerade in ein bislang unbekanntes Sonnensystem eingedrungen. Ihr Schiff landet auf einem Planeten, der dem Zentralgestirn am nächsten liegt. Malen Sie die Umgebung, die Sie gerade zum ersten Mal erblicken!

Science-Fiction
Lesen Sie eins der massenhaft vorhandenen Science-Fiction-Bücher. Zu den besten gehören Bücher von Isaac Asimov, Robert Heinlein und Clifford D. Simak. Lassen Sie Ihrer Vorstellungskraft freien Lauf, wenn Sie fremden Universen, Welten und Menschen begegnen.

Bizarrer Humor
Zwei Cartoonisten mit uranischem Humor sind Gary Larson (*Far Side*) und Gahan Wilson (*Playboy*). *Far Side Collection* von Gary Larson ist eine Cartoon-Sammlung, in der sein lustiger, gelegentlich recht seltsamer Humor zum Ausdruck kommt: Zigaretten rauchende Dinosaurier, Großmütter auf dem Autoscooter, ein Elefant auf Krücken in einer Telefonzelle. Sehr lustig! Sehr seltsam!

'Harte Nüsse'
Uranische 'Kopfnüsse' und intellektuelle Herausforderungen finden Sie z.B. in 'Logeleien von Zweistein' und 'Um die Ecke gedacht', dem Kreuzworträtsel der Wochenzeitung 'Die Zeit', wo weniger Ihr logisches Denken als ihre Intuition, 'widersinnige' Verknüpfungen zu durchschauen, gefragt ist. Auch in anderen Tageszeitungen (z.B. der 'TAZ' oder der Wochenbeilage der 'Frankfurter Rundschau') gibt es ähnliche uranische Rätsel.

Planetarium
Besuchen Sie ein Planetarium, und nehmen Sie an einer Führung teil. Viele dieser Führungen erzeugen das Gefühl einer Reise jenseits des Sonnensystems. Dies geschieht mit Hilfe von komplizierten Laseranlagen, von Bildern, Musik und Geräuscheffekten. In Chicago z.B. wird die Himmelsführung alle zwei Monate geändert, so daß es immer wieder etwas Neues zu sehen und zu lernen gibt.

Uranische Kunst

Die kreativen Genies, die uns geholfen haben, die Welt mit neuen Augen zu sehen, sind Beispiele für uranisch-wassermännischen Geist: die Kunst von Pablo Picasso und Marc Chagall oder die Architektur und die Visionen von Paolo Soleri und Buckminster Fuller. Falls sich in Ihrer Nähe ein Museum befindet, nehmen Sie sich etwas Zeit, diese Kunst zu erleben, oder besorgen Sie sich Bücher über diese Künstler in einer Bibliothek. Lassen Sie sich einen Abend lang in die einzigartige Welt Ihrer kreativen Bilder und Ideen entführen.

Genies

Lesen Sie Biographien über das Leben kreativer uranischer Menschen wie z.B. *Albert Einstein* von Ronald Clark, *Leonardo – Der Erfinder*, herausgegeben von Ladislao Reti, oder *Prodigal Genius: The Life of Nicola Tesla* von John O'Neil. Oder setzen Sie sich mit den Gedanken in Thomas Kuhns *Die Struktur wissenschaftlicher Revolutionen* oder in James Gleicks *Chaos, die Ordnung des Universums* auseinander.

Außerirdische

Das Phänomen von UFOs und die Entführung durch Außerirdische sind uranische Erlebnisse. Versuchen Sie es einmal mit Büchern, wie *Die Besucher* von Whitley Strieber, der seine Entführungserlebnisse erzählt, und *Intruders* von Bud Hopkins, dessen Buch seine Ergebnisse von 135 untersuchten Fällen enthält, in denen Menschen behaupten, von Fremdlingen entführt worden zu sein. Diese Bücher laden uns ein, unseren Begriff von Realität zu überprüfen.

Weltraumprogramme

Wie sieht Ihrer Meinung nach die Zukunft des Menschen im Weltall aus? Sollten wir Reisen zum Mars und anderen Planeten planen? Die Gebiete der Weltraumtechnik und -wissenschaft haben äußerst erfolgreich den Geist der Zusammenarbeit zwischen den Nationen gefördert. Sollten unterschiedliche Nationen an gemeinsamen Projekten im Weltraum zusammenarbeiten? Wie stellen Sie sich das vor? Dies ist ein gutes Diskussionsthema für eine Gruppe.

Elektronische Medien

Jedes Computer- oder Videospiel ist uranisch. Verbringen Sie einen Nachmittag in einer Spielothek. Spielen Sie ein Abenteuerspiel an Ihrem Computer. Wenn Sie ein Modem haben, betreiben Sie Computer-Konversation.

Uranisches Wochenende

Das ist eine hilfreiche Strategie gegen Langeweile und Alltagstrott: Nehmen Sie sich vor, an einem Wochenende so viel wie möglich anders zu machen, als Sie es gewöhnlich tun. Gehen Sie an neue Orte, tun Sie Ungewohntes, essen Sie etwas, das Sie vorher noch nie gegessen haben, kombinieren Sie Ihre Kleider neu, halten Sie sich in uranischen Umgebungen auf, ja putzen Sie sich sogar einmal die Zähne mit der anderen Hand. Es ist eine spielerische Herausforderung, sich zu überlegen, was man alles anders machen kann. Mein Mann und ich machen das gewöhnlich im Februar, wenn bei uns der Winter beginnt. Wir haben schon sehr viel Spaß und recht bizarre Erlebnisse durch diese Art der Spontaneität gehabt.

Zukünftige Transite

Spekulieren Sie oder treffen Sie eine Vorhersage über das, was geschehen wird, wenn Pluto im Jahre 1995 seinen Transit durch den Schützen beginnt, Uranus im Jahre 1996 in den Wassermann geht oder wenn Neptun und Jupiter 1997 in den Wassermann kommen. Wie werden sich diese Transite auf die Astrologie auswirken? Auf welche Art wird die Astrologie dann Bestandteil unserer Kultur sein? Können Sie sich vorstellen, wie sich in den entsprechenden Transit-Zeiträumen das Potential der Astrologie verändert? Tun Sie sich mit Ihren Astrologie-Freunden zusammen: Was können Sie sich als Gruppe ausmalen? Sammeln Sie alle möglichen Ideen? Lassen Sie Ihrer Vorstellungskraft freien Lauf!

Das Jahr 2020

Wie stellen Sie sich das Jahr 2020 vor? Welche Fortschritte werden wir als Menschen gemacht haben? Malen Sie sich eine Reihe von Szenen aus, die Ihren Alltag, so wie Sie ihn sich dann vorstellen, beschreiben.

Uranus-Filme

Mondo Cane, Uhrwerk Orange, Blade Runner, F/X Tödliche Tricks, Mad Max – Jenseits der Donnerkuppel, Der Mann, der vom Himmel fiel, The Last Days of Man on Earth, Schlachthof 5, 2001: Odyssee im Weltraum, Krieg der Sterne.

Uranus-Gang

Gehen Sie schnell und ziellos, so als ob jemand Ihnen Elektroschocks verpassen würde: wirbeln Sie umher, springen Sie, tun Sie alles, was Ihnen einfällt. Zensieren Sie sich nicht, sondern tun Sie es einfach!

Uranus-Meditation

Reisen Sie in Ihrer Vorstellung über unser Sonnensystem und unsere Galaxis hinaus, durch unsere Milchstraße, vorbei am galaktischen Zentrum bis in die tiefsten Weiten des Universums. (Zu diesem Thema gibt es Phantasiereisen auf Kassette.)

Es gibt einen sehr guten Kurzfilm mit dem Titel *Powers of Ten*[1], der die relativen Entfernungen, die wir uns so schwer vorstellen können, auf eindrucksvolle Art beschreibt. Er beginnt mit dem Blick auf ein Paar beim Picknick im Lincoln-Park in Chicago und betrachtet den Ausschnitt aus immer größerer Entfernung bis jenseits des Sonnensystems, über die Galaxis hinaus, um dann ganz schnell wieder durch all die Bilder zu dem Paar auf der Picknick-Decke zurückzukehren. Obwohl dieser Film nur zehn Minuten dauert, rückt er den Weltraum in unsere Perspektive und bietet uns eine direkte Erfahrung vom Ausmaß des Universums, in dem wir leben. Ein Buch mit dem gleichen Titel, das den Prozeß des Filmens beschreibt, gibt es auch auf Deutsch[1], aber wenn Sie die Möglichkeit haben, sollten Sie sich auf jeden Fall den Film anschauen.

Uranus-Musik

Die meiste Heavy-Metal-, elektronische und progressive Jazzmusik; auch viel New-Age-Musik wie z.B. Kitaro; John McLaughlin: Hard Rock und One Word, The Ramones: Sheena is a Punk Rocker, We're a Happy Family und I Don't Care (Rocket to Russia), The Ramones: We Want the Airwaves (Pleasant Dreams), Rhythm Pigs: Choke on This und Can't Change the World (Choke on This), Miles Davis: Rated X (Get Up With It), Holst: Uranus, der Magier (The Planets).

Neptun und Fische

Neptun verkörpert die Planeten-Energie, die am schwierigsten zu verstehen ist, weil Neptun seinem Wesen nach ein Symbol für jene Phänomene ist, die vage, subtil, illusionär und unklar sind. Während Saturn danach drängt, eine psychische Basis zu errichten, ein handlungsfähiges Ich, ist Neptun die entgegengesetzte Kraft in der Psyche, die dieses Ich verleugnet und auflöst; Neptun gibt uns das Wissen, daß unser Ich letztlich nicht das ist, was uns ausmacht.

Neptun läßt sich als das Prinzip der Entropie zusammenfassen. Wird eine bestimmte Menge Energie an die Umgebung abgegeben, wird sie allmählich verwässert und zerstreut, bis sie sich in der Umgebung aufgelöst zu haben scheint. Die Menge der Energie bleibt zwar die gleiche, aber sie ist derart diffus, daß sie sich nicht mehr in ihre ursprüngliche Form zurückversetzen läßt.

Der himmlische Chor

Neptun ist eine weibliche Kraft, die uns gestattet, die Ziele des Egos zu opfern, uns in das Ganze, in die Leere des kosmischen Schoßes zu versenken, um dann mit größerer Vorstellungskraft, Inspiration, Sensibilität, Empfänglichkeit und Hingabebereitschaft zurückzukehren. Neptun hängt mit Träumen, Intuition, Vorstellungskraft, Erleuchtung und wahrer Mystik zusammen.

Menschen mit starker Neptun/Fische-Energie in ihrem Geburtsbild können sensibel, idealistisch, spirituell, romantisch und mitfühlend sein. Neptun kann aber auch Ängste und Phobien erzeugen, ominöse Mißverständnisse, Abhängigkeit und Eskapismus, besonders in Verbindung mit Alkohol und Drogen. Neptun ist ganz besonders problematisch für Menschen mit einem schwachen Ich, denn er kann sie für diese machtvollen und unbewußten Energien öffnen, was manchmal dramatische Konsequenzen hat. Wer nur wenig Neptun/Fische-Energie hat, mag überhaupt kein Bewußtsein für die feineren Dimensionen des Geistes besitzen. Diese Menschen sind möglicherweise intolerant, rigide und haben nur wenig menschliches Mitgefühl.

Neptun – eine Erfahrung

(Diese Übung wird am besten von einem Begleiter geführt.)

Stellen Sie sich vor, Sie sind ein einzelliger Organismus, der in einer winzigen Wasserlache lebt. Diese Pfütze ist Ihre ganze Welt. Richten Sie Ihre Aufmerksamkeit auf die eine Zelle Ihres Körpers. Betrachten Sie sie ganz genau. Dann schauen Sie sich die Pfütze an, in der Sie leben. Der Regen setzt wieder ein. Ihre Pfütze wird größer und verbindet sich mit einer kleineren, nahegelegenen Pfütze. Konzentrieren Sie sich auf Ihren einzelligen Körper. Es regnet weiter. Die vielen kleinen Pfützen in Ihrer Umgebung verwandeln sich in ein winziges Rinnsal. Schauen Sie sich jetzt das Rinnsal an, in dem Sie leben. Sie beginnen, darin zu treiben, und schwimmen in immer größere Gewässser hinein. Bleiben Sie auf Ihren einzelligen Körper konzentriert. Das Rinnsal wird zu einem Bach. Betrachten Sie diesen Bach. Sie bewegen sich mit dem Bach, der immer weiter anschwillt. Durch die zunehmende Wassermenge schwimmen Sie immer schneller. Konzentrieren Sie sich auf Ihren einzelligen Körper. Dann fließt Ihr Bach in einen kleinen Fluß. Betrachten Sie den Fluß, in dem Sie nun leben. Der Fluß wird schneller und größer. Er windet sich in eine Bucht hinein und fließt schließlich ins offene Meer. Konzentrieren Sie sich auf Ihren einzelligen Körper. Eine Welle trägt Sie immer weiter fort von der Küste, und das Meer zieht Sie immer weiter in sein Inneres und reißt Sie mit all seiner Gewalt in seine riesigen Dimensionen hinein. Spüren Sie, wie Sie im Rhythmus des Wassers frei treiben.

(Ihr Begleiter bringt Sie zurück in die Bucht, den Fluß, den Bach, bis in Ihre Pfütze und erinnert Sie daran, sich auf Ihren einzelligen Körper zu konzentrieren.)

Bewegung

Neptuns Bewegungen lassen sich am besten durch das Wasser verbildlichen. Stellen Sie sich vor, Sie seien ein Fisch, der sich frei und fließend bewegt. Ihr Rückgrat ist geschmeidig, biegsam, und Sie können sich mit Leichtigkeit in jede Richtung bewegen. Sie können mit der Strömung schwimmen oder auch gegen den Strom, wie auf einer Achterbahn; oder Sie kommen an die Oberfläche und lassen sich auf den Wellen treiben.

Isolationstank (Samadhi-Tank)

Wenn Sie in einer größeren Stadt leben, gibt es vielleicht einen Samadhi-Tank oder Isolationstank in Ihrer Nähe. Dieser Tank wurde von dem Delphinforscher John Lilly erfunden. Es ist eine große, eingeschlossene 'Badewanne', die man durch eine Tür betritt. Sie schließen die Tür hinter sich und sind in völliger, warmer Dunkelheit. Die Wanne ist mit Salzwasser gefüllt. Man kann sich also ganz einfach hineinlegen und an der Oberfläche schweben. Die Ausschaltung der Sinne und der warme Schwebezustand werden als Rückkehr in den Mutterleib empfunden. Manche Menschen kann diese Erfahrung zunächst beängstigen; andere wiederum können sich schnell darauf einlassen und empfinden es als ein nährendes und beglückendes Erlebnis.

Blindes Gehen

Neptun hat mit dem schwierigen Gefühl der Hilflosigkeit und des Ausgeliefertseins zu tun. Hier ist eine wirksame Erfahrung, die uns tiefer mit diesen Gefühlen in unserem Inneren in Verbindung bringt: Es ist eine ideale Übung für Menschen mit starkem Neptun im Geburtsbild oder im Transit. Man kann sie mit einem Freund oder in einer Gruppe durchführen. (Sie brauchen dazu ein großes Tuch oder einen Schal.)

Suchen Sie sich einen Partner. Einem von Ihnen werden dann die Augen verbunden. Der andere führt seinen blinden Partner am besten nach draußen und geht mit ihm durchs Viertel oder, wenn die Zeit es erlaubt, in einen Supermarkt oder an irgend einen anderen öffentlichen Ort. Ganz gleich, welche der beiden Rollen Sie übernommen haben, bleiben Sie mit den unterschiedlichen Gefühlen, die Sie erleben, in Kontakt. Hinterher teilen Sie sich Ihre Gefühle gegenseitig mit. Wie fühlt es sich an, nichts zu sehen und nicht zu wissen, wo man sich gerade befindet? Wie empfinden Sie die Abhängigkeit? Werden dadurch momentane Gefühle von Abhängigkeit oder Machtprobleme aufgewühlt? Was hat der Führende empfunden? Wie fühlte es sich an, daß jemand von ihm abhängig war?

Dann tauschen Sie die Rollen und wiederholen die Übung. Untersuchen Sie Ihre Geburtsbilder. Stellen Sie Ihre momentanen Transite fest. Kommen Sie dadurch zu weiteren Erkenntnissen über dieses Erlebnis?

Neptun/Saturn-Variante

Dies ist eine gute Übung für Menschen mit einer schwierigen Neptun/Saturn-Kombination. Sie wird am besten in einem Haus durchgeführt. Bitten Sie die betreffende Person, sich den Raum, in dem Sie sich befinden, genau anzuschauen. Wie groß ist er? Wo befinden sich die Möbel? Die Türen? Die Wände? Gehen Sie mit ihr in die anderen Zimmer, so daß sie sich ein Bild vom Grundriß der Wohnung und der Anordnung der einzelnen Zimmer machen kann. Gehen Sie dann wieder in das Ausgangszimmer zurück, verbinden Sie der Person die Augen und führen Sie sie in einen anderen Raum der Wohnung. Geben Sie ihr sechs bis acht recht schwere Bücher zum Tragen. Als Führender sorgen Sie dafür, daß die Person nicht über die Möbel stolpert, und bitten sie, wieder in das erste Zimmer an ihre Ausgangsposition zurückzugehen. (Sie sollten als Führender eigentlich nur dann eingreifen, wenn das Risiko einer Verletzung besteht oder wenn der andere sehr frustriert zu sein scheint.) Dieses Erlebnis, blind zu sein und eine Last zu tragen, spiegelt recht genau wieder, wie man sich bei der Kombination von Neptun und Saturn durch einen schwierigen Geburts- oder Transitaspekt fühlt. Bearbeiten Sie diese Gefühle.

Gruppenheilung

Bilden Sie einen Kreis, und setzen Sie sich. Machen Sie es sich bequem, lockern Sie enge Kleidungsstücke, und beginnen Sie, tief durchzuatmen. Werden Sie sich eines heilenden Lichtpunktes zwischen Ihren Augenbrauen bewußt. Lassen Sie ihn langsam anwachsen und intensiver werden. Lassen Sie ihn Ihren ganzen Kopf ausfüllen. Dann dehnen Sie ihn auf Ihren Körper aus. Nachdem Sie dies gemacht haben, stellen Sie sich vor, wie Sie im Kreis herumgehen und jede der anwesenden Personen in Ihrem heilenden Licht baden. Dann setzen sich die Teilnehmer abwechselnd in die Mitte des Kreises. Richten Sie Ihre volle Aufmerksamkeit auf die Person im Zentrum. Schicken Sie ihr Heilung. Sprechen Sie ihren Namen lautlos aus, und bitten Sie darum, daß Ihre Heilung empfangen wird. Wer im Zentrum sitzt, sollte sich bemühen, für die feine spirituelle Energie, die zu seinem Wohle erzeugt wird, so empfänglich wie möglich zu sein.

Variante

Setzen Sie sich im Kreis zusammen, und beginnen Sie, als Gruppe zu singen. Ein besonders wirkungsvoller Gesang ist der kosmische Klang des 'Aum' (man spricht es 'ah-omm'). Wiederholen Sie den Gesang in Ihrem persönlichen Rhythmus, und bald werden Sie von einer herrlichen Symphonie aus Stimmen umgeben sein. Lassen Sie den Gesang von selbst sein Ende finden.

Wortgesänge

In Chicago gehöre ich zu einer Ritualgruppe, in der (unter anderem) Töne und Worte gesungen werden. Wir beginnen mit dem 'Aum'-Gesang und gehen dann über zu Klängen, die für die einzelnen stimmig sind. Hierbei entstehen betörende Gruppenklänge, die in der Stille nachklingen.

Subtile Heilmethoden

Neptun wird durch ganzheitliche, subtile Heilmethoden symbolisiert, zum Beispiel die Bachblütentherapie, das Heilen mit Edelsteinen und Kristallen und den Reiki-Energieausgleich. Vergrößern Sie Ihr Wissen über diese Methoden. Lassen Sie sich durch sie heilen. Spüren Sie die Auswirkungen?

Retreat/Exerzitien

Von Zeit zu Zeit sucht jeder einmal die Einsamkeit und zieht sich von der Welt zurück. Gehen Sie für eine Woche oder ein Wochenende zu einem Retreat in ein Zen-Kloster, oder nehmen Sie an einem Intensiv-Wochenende in einer spirituellen Gemeinschaft teil.

Drogen und Süchte

Wenn Sie mehr über den subtilen, manchmal heimtückischen Neptun-Prozeß erfahren möchten, nehmen Sie einmal an einem offenen Meeting der Anonymen Alkoholiker oder von Alanon teil (den Gruppen für Angehörige, u.a. auch 'Erwachsenen Kindern von Alkoholikern'). Besorgen Sie sich das 'Zwölf-Schritte-Programm' der AA. Hören Sie sich an, was die Gruppenmitglieder über ihr Leben erzählen.

Sind Sie Angehöriger eines Alkoholikers? Oder sind Sie selbst alkohol- oder drogenabhängig? Viele von uns haben die eine oder andere Sucht – Zucker, Rauchen, Sex, Beziehungen oder Arbeit und Erfolg. Dies sind auch ernstzunehmende Süchte. Passen die typischen Verhaltensweisen eines Alkoholikers auch zu Ihnen? Brauchen Sie Hilfe? Zeigt Ihr Geburtsbild eine Neigung zur Sucht? Wenn ja, seien Sie besonders wachsam in Zeiten schwieriger Neptun-Transite.

Neptun-Aktivitäten

Begeben Sie sich in Neptuns Welt, indem Sie ins Schwimmbad oder in Ihrem nächsten Urlaub zum Sporttauchen gehen. Wie fühlen Sie sich im Wasser? In einem Schwimmbad im Vergleich zum Meer? Hat Sie die Angst schon einmal überkommen? Oder empfinden Sie überhaupt keine Angst? Drückt sich dies in Ihrem Geburtsbild aus?

Fotografie

Neptun steht mit der Welt der Bilder in Verbindung. Stellen Sie sich eine Fotosammlung zusammen. Nehmen Sie persönliche Bilder, und schneiden Sie einige aus Zeitungen aus. Ist Ihr Neptun in der Jungfrau? Untersuchen Sie die Einzelheiten der Bilder. Analysieren Sie das, was Sie sehen. Ist Ihr Neptun in der Waage? Suchen Sie die Harmonie in den Bildern. Wie sind sie zusammengesetzt? Gibt es eher ausgewogene oder eher kontrastreiche Farben? Ist Ihr Neptun im Skorpion? Welches Gefühl drückt sich in dem Bild aus? In welcher Stimmung befand sich der Fotograf, als er das Bild aufnahm?

Visionäre Kunst

Die Zahl der visionären Künstler steigt ständig. Eine großartige Sammlung von Gemälden, die die Sonne, den Mond, die Planeten und die Sterne darstellen, ist *Visions of the Universe* von Kazuaki Iwasaki. Das Buch wurde bei *The Cosmos Store* (*Carl Sagan Productions*) verlegt. Jeder Astrologe, der mit experimentellen Methoden arbeitet, wird die wunderschönen Bilder dieses Buches zu schätzen wissen.

Neptun-Filme

Alle Zeichentrickfilme, besonders die Zeichentrick-Parodie auf Walt Disneys *Fantasia* von Bruno Bozzetto, *Allegro Non Troppo, Lady Sings the Blues, Tage des Weines und der Rosen, Einer flog übers Kuckucksnest, Das Herz ist ein einsamer Jäger.*

Neptun-Gang

Bewegen Sie sich, als ob Sie gerade Ihrem Seelengefährten begegnet seien. Gehen Sie verträumt, fießend, mit leichtem Herzen, und fühlen Sie sich selig und voller Frieden.

Ihre Aura

In der östlichen Tradition ist das feine Energiefeld, das alle Lebewesen umgibt, als 'Aura' bekannt. Die Aura ist ein sich ständig veränderndes Feld mit wechselnder Farbe und Intensität, das an das Phänomen des Nordlichts erinnert. Von Zeit zu Zeit wird unsere Aura durchlässiger und nimmt psychische Energie von den Menschen auf, die um uns sind. Manchmal spürt man dies durch unerklärbare Launen, Gefühle von innerer Nervosität oder Verwirrung oder durch ein Gefühl der Abhängigkeit und Anhänglichkeit. Um diese Gefühle aufzulösen, reinigen Sie Ihre Aura zuerst durch körperliche Betätigung und/oder eine Dusche. Stellen Sie sich vor, wie das Wasser die störenden Schwingungen von Ihnen abspült. Trocknen Sie sich ab, ziehen Sie sich an, setzen Sie sich hin, und versuchen Sie dann gleich die folgende Meditation. Sie hat den Zweck, innere Stärke zu erzeugen und Ihre Aura zu schützen.

Atmen Sie einige Male tief durch, und beruhigen Sie Ihren Geist. Konzentrieren Sie sich auf das Ajna-Chakra, den Punkt zwischen den Augenbrauen. Stellen Sie sich vor, wie ein Silberfaden dort heraustritt, sich um Sie legt und einen silbernen Kokon bildet. Dann sehen Sie einen goldenen Faden heraustreten, der sich ebenfalls um Sie legt und einen goldenen Kokon bildet. Spüren Sie die Sicherheit, von diesem Sonnen- und Mondkokon umhüllt zu sein.

Fühlen Sie, wie Sie in dieser vollständig beschützenden Energie aufgehoben sind. Sagen Sie im Geiste: "Ich werde nur Lichtenergie aufnehmen!" Tun Sie dies so lange, bis Sie eine Rückkehr zum Gleichgewicht empfinden. Wenn Sie glauben, von einem bestimmten Menschen negative Energie aufzunehmen, und die Gesellschaft dieses Menschen nicht vermeiden können, bekräftigen Sie wenige Minuten vor dem Zusammentreffen diese Visualisierung noch einmal. So läßt sich Ihre Aura bewußt verstärken!

Musikvorschläge

Tony Scott/Shinicki Yuize/Hozan Yamamoto: Music for Zen Meditation, Mood Recordings: Cape Cod Ocean Surf und Sailboat Voyage, John McLaughlin: Sanctuary, Brian Eno: Discrete Music, Henry Wolff/Nancy Hennings: Tibetan Bells, Steve Halperin/Georgia Kelly: Ancient Echoes, Brian Eno: Music for Airports, The Beatles: Lucy in the Sky With Diamonds (Magical Mystery Tour), Brahms: Wiegenlied, James Galway: Song of the Seashore, Berlioz: Hosianna, Paul Horn: Inside the Taj Mahal, When You Wish Upon a Star, Gregorianische Choräle.

Pluto und Skorpion

Als äußerster Planet unseres Sonnensystems symbolisiert Pluto die tiefste und gründlichste Ebene des Wandels, die in der menschlichen Psyche möglich ist. Es ist die ursprüngliche weibliche Kraft, die auf das Bewußtsein eindringt und sich weder durch den Willen noch durch die Vernunft beschwichtigen läßt. In der Mythologie ist Pluto die antike sumerische Göttin der Unterwelt, Ereshkigal, deren Ursprünge weit vor denen des griechischen Gottes Hades und des römischen Gottes Pluto liegen. Sie symbolisiert die Reise ins tiefste Innere, auf die sich jeder von uns begibt, nachdem er etwas Wertvolles im Leben verloren hat. Bei den meisten geschieht dies nicht bewußt oder willentlich, sondern durch innere Kräfte, die uns dazu zwingen, durch das reinigende Feuer zu gehen, das eine Ebene unserer Existenz von einer anderen trennt.

Pluto scheint ein grausamer, unerwünschter Prozeß zu sein. Betrachtet man ihn jedoch im Licht der seelischen Zusammenhänge, so handelt es sich um einen notwendigen Prozeß, der das Gleichgewicht in die Tiefe der Psyche zurückbringt. Durch das Bedürfnis, in unsere eigenen Tiefen einzudringen und unser 'Selbst' vollständig zu erkennen, müssen wir auch unseren 'Dämonen' gegenübertreten: einem aufgeblasenen Ego (Hybris), der Begierde und der Macht. Wenn wir den Mut nicht verlieren und durchhalten, befreien wir unsere persönlichen Dämonen, integrieren diese rohe Kraft und kommen mit dem Geschenk der Ganzheit zurück, die eine unerschöpfliche Vielfalt an psychischem und spirituellem Reichtum enthält.

Menschen mit starker Pluto/Skorpion-Energie demonstrieren große Intensität und Kraft, sexuelle Anziehungskraft und Charisma, die Fähigkeit zu gnadenloser Anstrengung und innerer Heilung. Es kann aber auch zu Machtstreben, Egozentrik, Eifersucht, Besitzgier, Zwanghaftigkeit oder Brutalität kommen. Menschen mit wenig Pluto/Skorpion-Energie können zum Opfer des Angriffs ihrer eigenen unterdrückten Energie werden, wenn sie die Dinge, die der Veränderung bedürfen, ständig ignorieren; sie können aber auch ein Opfer des Machtmißbrauchs anderer Menschen werden.

Da Pluto sich wahrscheinlich mit großer Intensität und Komplexität ausdrücken wird, bedarf es bei vielen Pluto-Erlebnissen eines kompetenten Führers. Wir müssen immer damit rechnen, daß ein Individuum von den unbewußten Kräften, die es entfesselt hat, überwältigt wird. Der effektive Umgang mit Pluto-Energien erfordert zwei grundsätzliche Voraussetzungen: Kompetenz im Umgang mit den tiefen, manchmal beängstigenden Bereichen und genügend Zeit für eine umfassende Verarbeitung des aufgewühlten Materials aus dem Unbewußten.

Schamanische Verwundung

Der Schamanismus ist ein Phänomen, das bereits seit Jahrtausenden existiert und ein Bestandteil beinahe jeder Kultur auf unserem Planeten ist. Schamanen sind Priester oder Priesterinnen, die als Mittler zwischen der Welt des Bewußtseins und der des Unbewußten auftreten. Sie sind Seelenheiler, die Systeme verschlüsselter Symbole und Bilder benützen, die als Sprache für das Unbewußte dienen, um anders nicht erklärbare psychische Zustände auszudrücken.

In alten Zeiten waren die Astrologen Schamanenpriester. Jetzt, wo Pluto im Skorpion steht, kehren immer mehr Astrologen zu der ursprünglichen, heilenden Rolle als 'Hebamme' der Psyche zurück und schaffen dadurch Mittel und Wege, uns und anderen zu helfen, mit Pluto-Energie wirksam umzugehen.

Der Begriff des verwundeten Heilers ist wichtig für Astrologen, die heutzutage heilend arbeiten. C.G. Jung sah in einem wahren Heiler jemanden, der selbst verwundet wurde und sowohl die Verwundung als auch den Heilungsprozeß

Dante und der Adler

erfahren hat. Als Astrologen können wir andere nur so weit begleiten, wie wir selbst bereits gegangen sind. Wenn wir einen anderen Menschen über die Schwelle zum Unbewußten führen wollen, müssen wir selbst vorher dort gewesen sein.

Pluto-Transite aktivieren in vielen Fällen ein spirituelles, physisches oder emotionales Trauma, das uns in das innere Wirken dieser Verletzung hineinkatapultiert. Wenn es gelungen ist, die Erfahrungen von Leid, Tod und Wiedergeburt zu integrieren, können wir das besondere Wissen um diese machtvollen Zustände zur eigenen Heilung und zur Heilung anderer einsetzen. Indem wir unsere Freunde oder Klienten begleiten, die teilweise zum ersten Mal mit der Macht von Pluto konfrontiert werden, können wir ihnen helfen, den unbewußten inneren Druck loszulassen und freizusetzen, und ihnen beim Verstehen, Wandeln und Integrieren der Pluto-Kraft zur Seite stehen.

Es gibt ein hervorragendes Heilungserlebnis für Pluto-Verletzungen, das Jean Houston 'Heilige Wunde' genannt hat. Es handelt sich dabei um einen dreistündigen Prozeß, den man alleine, mit einem Begleiter oder in einer Gruppe durchleben kann. Sie müssen eine Reihe von Fragen beantworten, die Sie anregen sollen, die Geschichte Ihrer Verletzung zu erzählen und sie dann in ihren mystischen Dimensionen zu wiederholen. Die Übung befindet sich in der Zeitschrift *Magical Blend* (Nummer 17, Seite 56) oder in Jean Houstons Buch *The Search for the Beloved* (verlegt bei Jeremy P. Tarcher, Los Angeles).

Weitere gute Quellen über die Welt der Schamanen sind die Bücher von Carlos Castaneda, in denen er über seine Erfahrungen mit dem Magier Don Juan berichtet; auch *Medizinfrau* von Lynn Andrews, *Lame Deer: Seeker of Visions* von John Lame Deer und Richard Erdoes, oder *Die andere Wirklichkeit der Schamanen* von Joan Halifax.

Schamanische Reise

Schamanisches Reisen ist ein System von psychologischen und körperlichen Techniken zur Veränderung des Bewußtseinszustandes ohne Drogen und zum Eintritt in das 'außergewöhnliche' Reich des Schamanen. Diese Reisen sind tiefe, imaginative Ausflüge in die 'Unter-' und 'Überwelt'. Durch die Anwendung von Trancen, Trommeln und Phantasiereisen betritt man durch einen Riß im Bewußtsein schamanisches Gebiet.

Eine der besten verfügbaren Quellen für schamanisches Reisen ist *Der Weg des Schamanen* von Michael Harner. Harner bietet in diesem Buch eine grundlegende Einführung in die Techniken, die er durch seine Forschungen als Anthropologe und durch seine Erlebnisse mit süd- und nordamerikanischen Schamenen zusammengetragen hat.

Machtreihe

Diese Übung ist für Gruppen bestimmt, die bereits eine Zeitlang zusammenarbeiten. Mit neuen Gruppen wird sie nicht funktionieren.

Bitten Sie die Gruppe zunächst, sich in einer Reihe aufzustellen. Bestimmen Sie das eine Ende der Reihe als 'vorne', das andere als 'hinten'. Achten Sie im Verlauf dieser Übung besonders auf die wechselnden Reaktionen jedes einzelnen Teilnehmers. (Die Teilnehmer achten auf ihre eigenen Reaktionen.) Die Gruppe stellt sich der Reihe nach auf, so daß das machtvollste Mitglied der Gruppe vorne in der Reihe steht, und derjenige mit der geringsten Macht steht hinten. Tun Sie dies, ohne zu sprechen. Jeder darf jeden an die Stelle bringen, die er für angemessen hält. Die Teilnehmer machen dies so lange, bis sie einen Konsens gefunden haben (was vielleicht nie geschieht). Als Gruppenleiter sollten Sie den Prozeß sorgfältig beobachten. Geht irgendein Teilnehmer sofort nach vorne oder nach hinten oder kann sich nicht entscheiden? Wer weist anderen ihre Plätze an? Wer wartet ab, bis andere ihm eine Position zuweisen? Diese Übung enthüllt in bemerkenswerter Weise, wie jeder seine Macht innerhalb der Gruppe einschätzt und wie sehr man in seinen Machtgefühlen gefangen ist. Wenn die Übung beendet ist, geben Sie der Gruppe genügend Zeit, ihre Gefühle auszudrücken und das, was entstanden ist, zu verarbeiten. Teilen Sie Ihre Beobachtungen mit. Lassen Sie jeden einzelnen seinen Pluto im Geburtsbild und im Transit untersuchen. Erklärt dies seine speziellen Reaktionen?

Variante

Diese Übung läßt sich alleine durchführen. Analysieren Sie eine Situation, die Sie zur Zeit mit anderen Menschen erleben. Legen Sie die Machtreihe fest, und beobachten Sie sie. Wer hat nominell die größte Macht? Wer hat tatsächlich die größte Macht? Wer schließt sich mit wem zusammen? Zeichnen Sie eine Graphik dieser Machtreihe. Welche Stelle nehmen Sie darin ein? Gehören Sie zu den mächtigeren oder zu den schwächeren Beteiligten? Sind Sie mit Ihrer Position innerhalb der Machtreihe zufrieden?

Geheimnisse

Dies ist eine interessante Methode, Gefühle über Geheimnisse zu aktivieren. Geben Sie in einer Gruppe allen Teilnehmern identische Stifte und Papier. Jeder schreibt ein Geheimnis auf, das er noch niemals jemandem anvertraut hat. Sammeln Sie alle Geheimnisse in einem Hut, der in der Mitte steht. Jeder Teilnehmer zieht danach abwechselnd ein Geheimnis aus dem Hut. Lesen Sie das Geheimnis laut vor, so als ob es Ihres sei, selbst wenn Sie Ihr eigenes gezogen haben. Gehen Sie näher auf das Geheimnis ein. Schmücken Sie es mit Einzelheiten aus. Bleiben Sie sich Ihrer Gefühle während dieses Vorgangs bewußt. Was empfinden Sie angesichts der Geheimnisse anderer Menschen? Waren Sie von einem der Geheimnisse schockiert? Gibt es Ihrer Meinung nach schlimmere Geheimnisse als das Ihre? Empfinden Sie Mitgefühl für den Verfasser eines bestimmten Geheimnisses? Was empfinden Sie dabei, einen Teil Ihrer Privatsphäre offenzulegen?

Körpertherapien

Bei Körpertherapien wie der von Wilhelm Reich, Bioenergetik oder Rolfing werden blockierte Energien im Körper befreit. Ausgehend von der Prämisse, daß unterdrückte, nicht integrierte emotionale und traumatische Erfahrungen im Körper eingeschlossen werden und eine Art 'muskulären Charakterpanzer' bilden, konzentrieren sich diese Techniken darauf, die Traumata durch spezielle Körperpositionen oder tiefe Gewebemassagen zu lösen.

Teile von mir, die ich nicht sehen will

Pluto wird uns in Berührung mit Aspekten von uns selbst bringen, die wir nicht wahrhaben wollen. Er ist diese unterdrückte, losgelöste Energie, die aus dem Unbewußten noch oben drängt, um erkannt und integriert zu werden. Welche Teile Ihrer Psyche haben Sie nur flüchtig gesehen, nicht genauer beobachtet und reflektiert? Wenn Sie diese Teile weiter beiseite drängen, können Sie damit rechnen, daß sie beim nächsten Pluto-Transit aufgewühlt werden. Was können Sie jetzt unternehmen, um sich mit diesen unterdrückten Energien auseinanderzusetzen?

Ressentiments

Machen Sie eine Liste Ihrer Ressentiments. Hegen Sie zur Zeit Groll gegen irgendwelche Menschen in Ihrem Leben? Wenn ja, weshalb? Haben Sie so ein Gefühl früher schon erlebt? Können Sie dabei ein unbewußtes Muster feststellen, das sich immer wiederholt? Wenn Sie in einer Gruppe sind, teilen Sie sich in Paare auf. Sprechen Sie über Ihren Groll.

Sind Sie auf eine bestimmte Person wütend? Stellen Sie diese Person symbolisch vor sich hin. Sagen Sie ihr so direkt und emotionslos wie möglich, was Sie ärgert. Drücken Sie sich genau aus. Versuchen Sie, die Person und sich selbst mit einem Kreis aus Liebe zu umgeben, um dadurch die Mars/Pluto-Energie aufzulösen. Sagen Sie: "Ich vergebe dir. Ich vergebe mir." Wiederholen Sie dies.

Variante

Tun Sie sich mit einem Partner zusammen. Einer von Ihnen übernimmt die Rolle seines eigenen Pluto. Der andere spielt den Mond dieser Person. Die Aufgabe des Mondes ist es, schweigend dazusitzen, die Gefühle, die Pluto mitteilt, anzuhören und darüber nachzudenken. Diejenigen, die ihren Pluto spielen, erzählen dem Mond von ihren Sehnsüchten, ihrem Ärger, ihren Verletzungen, Ambitionen usw.

Hat der Pluto-Partner sich ausgesprochen, werden die Rollen getauscht. (Nach Jeff Jawer)

Feierliches Ritual

Feierliche Rituale werden überall auf der Welt in gesunden Kulturen abgehalten. Diese zutiefst symbolischen Riten finden meist jährlich statt und gewähren dem einzelnen und der Gesellschaft eine Pause vom Alltag, um die ursprünglichen, archetypischen Untertöne der Psyche erneut zu erleben und zu integrieren. Der alljährliche Tanz der Ureinwohner Amerikas und anderer Gemeinschaften zur Sommersonnenwende ist ein Beispiel hierfür. In der typischen Form dieses Rituals tanzen, trommeln und beten die Ureinwohner Amerikas vier Tage und Nächte lang. Einige dieser Rituale sind öffentlich.

Bis an die eigenen Grenzen gehen

Reisen Sie in das Reich von Pluto auf einer herausfordernden und anstrengenden Wildwasser-Kanufahrt. Es werden Gruppen für Männer, Frauen oder beide angeboten. Eine einwöchige Fahrt auf einem schnellen Fluß hat alle Eigenschaften Plutos. Sie nimmt einen völlig in Anspruch, ist eine Herausforderung und steckt voller physischer und emotionaler Höhen und Tiefen. Es gibt Augenblicke reinster Freude, wenn man gerade erfolgreich eine schwierige Stromschnelle gemeistert hat, oder Augenblicke, in denen das Herz förmlich stillsteht, während sich die Fahrt des Bootes beschleunigt und Sie sehen, wie ein Freund aus dem Boot stürzt und auf Gedeih und Verderb dem wilden Wasser ausgeliefert ist. Noch schlimmer ist die Vorstellung, daß Sie selbst über Bord gehen oder daß das Boot in einen Strudel geraten könnte. Alles ist möglich, wenn Sie sich den Herausforderungen eines Wildwassers stellen. Erfahrungen wie diese können ein wundervolles Gefühl der Befriedigung vermitteln.

Sexualität

Mars und der intensivere Pluto stehen beide in Verbindung mit unserer Sexualität. Denken Sie alleine oder innerhalb der Gruppe über Ihr aufregendstes sexuelles Erlebnis nach! (Dies funktioniert natürlich nicht bei einer neuen Gruppe oder in einer Gruppe, in der noch kein gegenseitiges Vertrauen aufgebaut worden ist.) Wann hatten Sie Ihr letztes aufregendes sexuelles Erlebnis? Können Sie es einem anderen oder der Gruppe beschreiben?

Variante

Welchen Teil Ihres Körpers mögen Sie nicht? Wenn Sie zum ersten Mal mit jemandem ins Bett gehen, welche Teile Ihres Körpers empfinden Sie als peinlich? Was regt Sie sexuell an? Welche Teile Ihres Körpers sind die erotischsten?

Tantra

Die alte Praxis des Tantra ist ein plutonischer Weg zu höheren Zuständen des Bewußtseins und der Selbstbeherrschung. Die leicht zugängliche Energie sexueller Anziehung dient als Sprungbrett in subtilere energetische Bereiche. Diese Praxis kultiviert die Sexualität, indem sie die feineren Kräfte im menschlichen Körper mit dem Ziel integriert, ein dynamisches Gleichgewicht zwischen den dualen und entgegengesetzten Energien, die als Yin und Yang bezeichnet werden, zu erreichen. Folgende Bücher über Tantra kann ich empfehlen: *Tantrismus: Die geheimen Lehren und Praktiken des linkshändigen Pfades* (Benjamin Walker), *Tantra in Tibet* (hrsg. von Jeffrey Hopkins, mit einer Einleitung des 14. Dalai Lama), *Wege zum Tantra* (Harish Johari), *Tantra im Westen* (Marcus Allen) und *Das große Buch des Tantra* (Nick Douglas und Penny Slinger).

Tabus

Persönliche wie gesellschaftliche Tabus gründen sich gewöhnlich auf bestimmte Moralvorstellungen. Welche gesellschaftlichen Tabus fallen Ihnen ein? Welche persönlichen Tabus haben Sie? Haben Sie sich jemals über ein gesellschaftliches Tabu hinweggesetzt? Über ein persönliches? Wenn dieses Thema in einer Gruppe angesprochen wird, können Sie es den anderen mitteilen?

Nukleare Vernichtung

Diskutieren Sie in einer Gruppe über die Wahrscheinlichkeit eines Atomkriegs während Ihres Lebens. Nehmen Sie sich Zeit, die bei dieser Diskussion aufgetretenen Gefühle zu verarbeiten.

AIDS

Dieses komplexe Thema geht uns alle an. Wie gehen wir mit AIDS um, auf individueller Basis, als Kultur, als Weltgemeinschaft? Wie schützen wir die Rechte jener, die infiziert sind, und die Rechte jener, die nicht infiziert sind? Wie können die enormen medizinischen Ausgaben für eine solch große Gruppe aufgebracht werden? Wie gehen wir mit den Themen AIDS-Test, Vertraulichkeit und Vorurteil um? Kennen Sie jemand, der an AIDS erkrankt ist? Kennen Sie jemand, der an AIDS gestorben ist?

Magie

Magie und magisches Handeln fallen in Plutos Ressort. Viele von uns wirken täglich unbewußt magisch. Auf der einfachsten Ebene bedeutet Magie die Fähigkeit, die Welt durch psychische Energien zu beeinflussen. Es ist die Macht, seine eigene Raum-Zeit-Wirklichkeit zu beeinflussen und zu kontrollieren und schließlich auch die Raum-Zeit-Wirklichkeit anderer zu kontrollieren. Eine hervorragende Quelle für alle, die mehr über Magie erfahren möchten, ist *Natural Magic, the Magical State of Being* von Barry Saxe. Es ist besonders aufschlußreich, ordentlich dokumentiert und faszinierend zu lesen. Eine bekannte und anerkannte Reihe von fünf Büchern über Magie wurde von Melita Denning und Osborne Phillips unter dem Titel *The Magical Philosopy* geschrieben. *Die Praxis der magischen Evokation* von Franz Bardon sowie zahlreiche Bücher des Okkultisten Dion Fortune sind weitere Quellen zur Anwendung und Technik der Magie.

Die letzte Stunde des Lebens

Sie kennen die Zukunft und wissen, daß Sie nur noch 60 Minuten auf der Erde zu leben haben. Was müßten Sie den Menschen, mit denen Sie zu tun haben, noch sagen? Mit wem haben Sie noch unerledigte Angelegenheiten zu klären?

'Skrupel'

Das Brettspiel 'Scruples' (Skrupel) könnte kaum skorpionischer sein. Es ist ein Spiel der Selbsteinschätzung, bei dem man bewußt die Entscheidung trifft, entweder die Wahrheit zu sagen oder zu lügen. Das Spiel versetzt Sie und Ihre Freunde in eine Reihe provozierender Situationen, auf die Sie nach einer gewissen Bedenkzeit reagieren müssen. Würden Sie sich für eine überregionale Illustrierte nackt fotografieren lassen, wenn Sie dafür 10.000 Dollar bekämen? Sie und ein Fremder rufen gleichzeitig ein Taxi. Wenn das Taxi vorfährt, bestehen Sie darauf, daß es Ihres ist? Sie werden Zeuge eines Autounfalls, bei dem die Schuld eindeutig der einen Partei zuzuschreiben ist. Melden Sie sich als Zeuge? Manchmal geben Sie wahrheitsgemäße Antworten. Oder, wenn Sie sich denken können, welche Antwort Ihre Freunde von Ihnen erwarten, behaupten Sie genau das Gegenteil und müssen die Gruppe von der Aufrichtigkeit Ihrer Antwort überzeugen. Ein äußerst skorpionisches Spiel, das Sie zum Nachdenken bringt.

Pluto-Filme

Das letzte Testament, Aliens – das unheimliche Wesen aus einer fremden Welt, Aliens – die Rückkehr, Bang the Drum Slowly, Beim Sterben ist jeder der Erste, Shoah, My Fair Lady, Der Pate, Der Löwe im Winter, The Burning Bed.

Pluto-Gang

Plutos Gang ist intensiv und einschüchternd. Gehen Sie mit Macht, Stärke und Leidenschaft. Tun Sie, als seien Sie Hades, der aus dem Erdinnern hervortritt, um Persephone gefangenzunehmen.

Musikvorschläge

The Harmonic Choir/David Hykes: Hearing Solar Winds, Popul Vuh: Tantric Songs, Gabrielle Roth: Totem, Dynamische Meditation (Musik aus dem Shree Rajneesh Ashram), Pink Floyd: Dark Side of the Moon, 10 cc: I'm Not in Love, Wagner: Vorspiel zu Lohengrin (und vieles mehr von Wagner), Apocalypse Now (Film-Musik), Berlioz: Te Deum, Liszt: Hunnenschlacht, Mussorgsky: Nacht auf einem kahlen Berg, Vivaldi: Gloria, Cho-ga: Tantric and Ritual Music of Tibet.

Pluto-Geschichte

Bis zur Entdeckung der Schrift waren unsere Vorfahren von der mündlichen Überlieferung abhängig, um Geschichten und Weisheiten, die allgemeingültig und zeitlos waren, weiterzugeben. Es wird immer Geschichten geben, die davon berichten, woher wir kommen, wie die Welt erschaffen wurde, wie es zur Trennung in Licht und Dunkel kam und die von Liebe, Macht, Sieg und Niederlage handeln.

Geschichten und Geschichtenerzähler sind Träger von Tradition und Weisheit einer Kultur. Ich habe meine Freundin, die Geschichtenerzählerin Marcie Telander, gebeten, uns eine Geschichte zu erzählen, mit deren Hilfe wir Pluto besser verstehen können. Ihre hinreißende Geschichte ist in Anhang A aufgeschrieben. Ich wünsche Ihnen viel Vergnügen beim Lesen.

Anhang A

Die Geschichte von Margaret und Tamlaine

Die Geschichte von Tamlaine, dem Tamlin oder Tam, wie er auch genannt wird, kommt aus der schottischen und irischen Tradition, insbesondere aus mündlich überlieferten Geschichten und Balladen. Es existieren viele Versionen dieses beliebten Märchens. Die folgende Geschichte ist die persönliche Version der Schriftstellerin und Erzählerin Marcie Telander. "Margaret und Tamlaine" ist eine der Geschichten aus Marcie Telanders Buch "Forbidden Fruit: Adult Romances and Gothic Tales".

Lady Margaret lebte in einem Land im hohen Norden der britannischen Insel. Ihr Vater, ein alter und weiser König, hatte seine Frau, Margarets Mutter, bei ihrer Geburt verloren. Seine Zuneigung zu seinem einzigen Kind war überall bekannt. Seine Liebe war so groß; es schien, als könne er ihr keinen Wunsch abschlagen. Das einzige, was er ihr abverlangte, war, niemals den Wald von Carterhaugh zu betreten. So wuchs Margaret zur jungen Frau heran und lebte, wie es ihr gefiel. Manche sagten, sie lebe geradeso, als sei sie in Wahrheit ein Mann und des Königs einziger Sohn und Erbe.

Margaret wurde für außergewöhnlich mutig und kühn gehalten. Wann immer ihr der Sinn danach stand, ritt sie mit den Männern aus. Sie ging mit einem prächtigen Merlinfalken, den sie aufgezogen hatte, auf die Jagd, und sie besaß einen großen roten Hengst, auf dem sie wie ein Ritter oder Krieger ritt.

Es war aber nicht etwa so, daß Margaret dieser Mut angeboren gewesen wäre, sondern es war vielmehr ihre ausgeprägte Neugier, die sie immer wieder aus dem Schloß trieb. Wenn es etwas gab, das sie am meisten fürchtete und am wenigsten ertragen konnte, so war es Langeweile.

Die Feiern der Litha und der Tanz der Sommerfeuer standen bevor und erfüllten den Geist jeder Frau, jedes Mannes und jedes Kindes innerhalb und außerhalb der Festung. Margaret lief im Schloß umher, voller Abenteuerlust, die in ihr wie ein Feuer loderte. An der Tür zum Destillationsraum, in dem das Bier und der Honigwein gebraut wurden und Margarets Kindermädchen die heilenden

Kräuterelixiere zubereitete, hörte Margaret die alte Frau mit einer der Köchinnen sprechen. Sie blieb stehen, um den beiden zu lauschen.

"Die Jungfrauen werden zur Quelle gehen und dort stehen und dieses männliche Geschöpf anstarren. Er ist sogar unsterblich, ein Feen-Wesen." "Oh ja, so wird es sein", erwiderte ihre Schwester, "und verflucht sei des Vaters Tochter, die zu lange im Wald von Carterhaugh verweilt. Sie wird mehr als nur ihren Verstand an diesen lieblichen Märchenprinzen verlieren." Die alten Frauen tuschelten weiter über dieses Geheimnis. Margaret aber hatte alles gehört, was sie wissen mußte. Von Neugier gepackt, machte sie sich auf in den Wald von Carterhaugh!

Ihr Pferd flog über die reifen, üppigen Felder des Sommers auf schnellstem Weg ihrem Ziel entgegen. Bald schon sah sie das leuchtende Grün des großen Waldes. Sie band ihr Pferd am Waldrand fest und ging dann auf einem Tierpfad tiefer in den Wald bis zu einem plätschernden Bach. An dessen Ufer entlang schlängelte sich der Weg. Immer tiefer ging sie in den Eichenwald, bis sie im Herzen des Waldes, verborgen in geheimnisvollem Halbschatten, an die Quelle des Baches gelangte. Es war eine wunderschöne Steingrotte und ein tiefer Weiher, der aus der kleinen Quelle entstanden war, die aus der Tiefe der Erde entsprang. Dies also war die Quelle, von der die alte Frau gesprochen hatte. Plötzlich ertönte ein fürchterliches Krachen auf der anderen Seite des Baches. Dort stand ein gewaltiger, vor Furcht zitternder Hirsch, der gerade über den Bach springen wollte, als seine wilden bernsteinfarbenen Augen Margaret erblickten. Im selben Moment erkannte sie die lange, blutende Wunde auf seiner linken Schulter und hörte das gefährliche Bellen wilder Hunde, die mit wütendem Geknurre und Gekläffe hinter ihrer Beute herjagten. Sie hatten Blut geleckt und wollten nun töten. Der Hirsch senkte sein mächtiges Geweih. In der Falle zwischen Margaret und den knurrenden Bestien, blieb ihm nichts anderes übrig, als so gut wie möglich um sein Leben zu kämpfen.

Ohne zu begreifen, woher ihr plötzlicher Mut kam, streckte Margaret dem blutenden Hirsch ihre Arme entgegen. Seine Bernsteinaugen ruhten für die Dauer eines langen Herzschlags auf ihr, dann war er auf der anderen Seite des Bachs und brach schließlich vor Angst und Erschöpfung hinter Margaret am Rande der Quelle zusammen.

Die Hunde sprangen aus dem Unterholz hervor und hielten plötzlich inne, als sie Margaret erblickten, die ihnen auf der anderen Seite des Baches gegenüberstand. Sie ergriff ein kräftiges Holzstück und hielt es vor ihren Körper, während sie zwischen den Hunden und dem Hirsch stand. Ganz ruhig, aber mit ständig wachsender Kraft erhob sich in ihr eine Stimme, als sie ihre gesamte Energie auf die knurrenden Bestien richtete.

"Reben und Korn, Korn und Reben,
Alles was gefallen, soll sich erheben."

Der Hirsch sieht sein Spiegelbild im Wasser

Immer wieder sang sie diesen alten Gesang. Ihre Stimme schwoll an, durchdrungen von Kraft und Entschlossenheit. Und dennoch stand sie ganz still und hielt ihre Augen auf die wilden, wütenden Hunde gerichtet. Plötzlich, als habe sie ihnen brennendes Pech hinterhergeschleudert, drehten die Hunde um und verschwanden mit eingezogenen Schwänzen in der Richtung, aus der sie gekommen waren. Margaret sank auf die Knie. Eine Zeitlang konnte sie nicht denken oder sich bewegen. Dann wandte sie langsam ihren Kopf nach hinten, um zu sehen, ob der verwundete Hirsch noch lebte.

Dort jedoch, am Rande des Weihers, kniete ein nackter Jüngling mit dem Rücken zu Margaret und tauchte seinen Kopf in das Wasser. Sie erkannte die häßliche Narbe auf seiner linken Schulter. Als er seinen Kopf aus dem Wasser zog und die Haare zurückwarf, flogen viele winzige Wassertröpfchen aus den braunen Locken und bildeten im Zwielicht eine Krone, die wie das Geweih eines Hirsches aussah. Dann wandte er sich ihr zum ersten Male zu. Keiner der beiden sprach, während sie sich anschauten. Er war fraglos der schönste Mann, den Margaret je gesehen hatte. Und wieder streckte sie ihre Arme aus, und wie im Traum ging er auf sie zu. –

Wie lange hatten sie zusammengelegen? Margaret konnte es nicht sagen. Alles, was ihre Wirklichkeit gewesen war, existierte nun nicht mehr. An ihre Stelle war dieser wunderbare Jüngling getreten, der jetzt in ihren Armen schlief.

Als er schließlich erwachte, fragte Margaret ihn nach seinem geheimnisvollen Erscheinen. Doch er lächelte nur und spielte mit ihrem Haar. "Nun denn", sagte sie, "ich heiße Margaret. Und ich wünsche, *deinen* Namen zu kennen."

Auf einmal verfinsterte sich das Gesicht des Jünglings, als erinnere er sich an einen fürchterlichen Traum. "Frag nicht weiter!" rief er. "Denn gewiß gibt es keinen beklagenswerteren Mann als mich."

"Ich bitte dich," sagte Margaret. "Haben wir denn nicht eben noch zusammengelegen? Alles, was ich wissen möchte, ist dein Name, mein Herr."

"Ich bin Kummer und Verlust. Ich bin der einsamste Mensch. Ich gehöre zu keinem Sterblichen, sondern muß tun, was immer SIE gebietet." Seine Stimme ließ Margaret erschaudern, dennoch lachte sie und blieb beharrlich: "All das wegen eines Namens? Aber wenn es tatsächlich eine andere Frau gibt, ich habe keine Angst! Führe mich mit ihr zusammen. Ich weiß, daß ich es, wenn es sein muß, mit ihr aufnehmen kann."

"Ich bin Tamlaine. Und jetzt, da du es weißt, mußt du um dein eigenes Leben fürchten. Denn, im Namen der dreifaltigen Göttin, ich liebe dich, Margaret! Doch die Herrin, die mich beherrscht, hat mehr Macht als alle Sterblichen. Sie ist die Große Mutter, die Erde, die Morrighan. Sie ist die Gebieterin der Feen, die Königin von Elphane!"

Während Tamlaine seine traurige Geschichte erzählte, spürte Margaret, wie ihr Herz schwer wie Blei wurde. Er war nach der großen Samhain-Feier, die von manchen heute als Halloween (Vorabend von Allerheiligen – d.Ü.) bezeichnet wird, in den Krieg geritten. Doch hatte er auf seinem Weg eine wunderschöne Frau getroffen und mit ihr die ganze Nacht verbracht. Er ahnte nicht, daß es die

Feen-Königin in ihrer jungfräulichen Erscheinung war, mit der er diese Nacht zugebracht hatte. Es war die Nacht aller Nächte, in der die Fee die Welt der Sterblichen betreten durfte. Nun war er ihr Knecht und dazu verdammt, das Reich der Sterblichen zu verlassen, um ihr ewiger Begleiter zu sein. Dies werde sich zutragen, wenn beim nächsten Samhain-Fest sich die Welten erneut trennen. Er beendete seine Geschichte mit den eindringlichen Worten: "Du mußt mich verlassen, Margaret. Geh und dreh dich nie mehr um oder denke je an mich. Denn bald bin ich fort, und nicht einmal ein Schatten wird zurückbleiben. GEH NUN!"

Was konnte sie tun? Sie bückte sich nach ihrem Umhang, der ihr Bett gewesen war. Als sie sich umdrehte, sah sie, daß das bis dahin ruhige Wasser der Quelle nun in Aufruhr geraten war. Dann erblickte sie den Hirsch, wo vorher Tamlaine gestanden hatte. Er sprang über den Bach, hielt inne, um sie mit seinen großen Bernsteinaugen anzusehen, und verschwand im Gebüsch.

Margaret verließ den Wald, und ihr Pferd trug sie geschwind nach Hause. Sie konnte sich an das Gewesene nicht erinnern. Es war, als seien alle ihre Gedanken tief im Wasser der Quelle im Herzen des Waldes von Carterhaugh versunken.

In den folgenden Monaten lebte sie in einer Wolke der Leere. Sie lebte fortan im Schloß wie eine Marionette oder wie eines der Strohpüppchen, die die Ammen des Dorfes machten – das leblose Abbild eines menschlichen Wesens. Und dann kamen die Träume. Solche Träume: jede Nacht sah sie den großen Nebel über das öde Land hereinbrechen und hörte in der Ferne ein Donnergrollen. Aber jedesmal, wenn sie im Begriff war zu erkennen, was da unbarmherzig auf sie zukam, löste sich das Bild auf.

Dann hatte sie die Gewißheit, ein Kind in sich zu tragen. Tamlaines Kind. Ihr Kummer wurde zu Zorn über den Verrat und die Angst ihres Geliebten. Sie wollte dieses Kind haben, und es würde ihr allein gehören. Kein Vater, keine Fee oder törichte Liebe würde jemals auf sie oder das Kind einen Anspruch erheben dürfen.

Als jedoch die Zeit kam, da die Blätter fielen und das dunkle Samhain-Fest näherrückte, fühlte Margaret, wie ihr Zorn sich legte. An seine Stelle trat der Wunsch, Tamlaines Gesicht noch einmal zu sehen. Sie sehnte sich danach, vor ihm zu stehen und ihm ins Herz zu schauen. War er wirklich nur ein gedankenloser Faun, der seinen Körper mit ihr geteilt hatte und nichts weiter? Er *mußte* ihr wie ein Mann begegnen!

Sie erinnerte sich Tamlaines geheimnisvoller Geschichte von Samhain und war fest entschlossen, ein weiteres Mal in den Wald von Carterhaugh zu reiten. Sie wollte dort sein, wenn der Mond am Vorabend des Samhain-Festes aufgehen würde. Es blies ein kalter Wind, als sie ihren Hengst am Waldrand festband und den Wald betrat. Sie folgte dem Lauf des Baches und erreichte die Quelle, gerade als der Mond aufging. Sie hüllte sich in ihren Umhang, versteckte sich hinter einem Dickicht und wartete, ohne zu wissen worauf. Dann hörte sie – wie in ihren Träumen – ein merkwürdiges Grollen, das so klang, als würde etwas Gewaltiges

247

auseinandergerissen. Und dann sah sie einen Nebel, der nicht von dieser Welt zu sein schien, wie eine Flut auf sich zurollen. Das war der Fith-Fath, der Feenzauber, der jede Bewegung verhüllt, bis sich die Welt der Sterblichen und der Geister geöffnet hat und die Feenkönigin hervorkommt.

Aus dem Nebel traten 13 große weiße Pferde, gefolgt von 13 schwarzen. Und dann sah sie ihn, ihren Tamlaine. Er war gebeugt und bleich, ritt auf einem grauen Pferd und war feengrün gekleidet. Beim Anblick ihres Geliebten schrie sie auf, ohne nachzudenken, und vergaß ihren Zorn und ihre Angst. Sie lief auf ihn zu. Als Tamlaine sie erblickte, hellte sich sein todbleiches Gesicht einen Moment lang auf, dann sank er wie ohnmächtig in sich zusammen. Sie fing ihn auf, als er vom Pferd rutschte, und fiel mit ihm zu Boden. Sie hielt Tamlaine in ihren Armen.

"Aha! Du bist also gekommen, um Tamlaine Lebewohl zu sagen!" hörte sie eine kräftige, machtvolle Stimme sagen. Margaret hob den Kopf und sah eine prächtige Frau, die von dem Rücken einer Stute wild auf sie herabblickte. Die Frau, wenn sie eine Frau war, war weder alt noch jung, sie war beides. Sie war klein und dunkel, und ihr silbernes Haar fiel über ihren Rücken wie Mondlicht. Das blaue Zeichen der Mondsichel strahlte in der Mitte ihrer Stirn. Margaret war sprachlos vor Entsetzen. Ihr fehlten die Worte, und sie konnte diesem Geschöpf nicht einmal in die Augen sehen, der Erdgöttin, dieser Fee – der Königin von Elphane.

"Lady Margaret, sieh mich an! Ich sehe deine sterbliche Liebe für diesen Tamlaine und den Knaben, den du im Schoße trägst. All das sehe ich. Und dennoch wird Tamlaine mit mir heute Nacht auf den großen Feen-Ritt gehen und mir fortan für immer gehören!"

Immer noch war Margaret sprachlos, und immer noch hielt sie Tamlaines leblosen Körper in ihren Armen. Die Königin fuhr fort: "Aber ich liebe die Herausforderung, meine Schwester Margaret, und so werde ich dir drei Aufgaben stellen. Wenn deine sterbliche Liebe diese Prüfungen besteht, werde ich dir diesen schönen jungen Mann zum Feen-Geschenk machen." Während die Königin von Elphane so sprach, legte sich der Fith-Fath-Nebel um sie. "Kannst du die erste Stufe der sterblichen Liebe ertragen?" rief die Königin. "Sterbliches Weib, rette deinen Mann. Sammle deine Kraft, wenn du kannst!"

Margaret blickte hinab auf das, was vorher ihr süßer Tamlaine gewesen war und sich nun in ein schreckliches Ungeheuer zu verwandeln begann. Seine Hände wurden zu Pranken, sein Haar zur wilden Mähne und sein Gesicht zur Grimasse eines wilden Löwen. Während sie ihn hielt, gruben sich die Pranken des Ungeheuers in ihre Brust, und es fauchte sie an und zerrte an ihr. Aber Margaret hielt fest, hielt ihren geliebten Tamlaine fest in den Armen.

Schließlich begann die Königin zu lachen und sprach: "Du hast mehr Mut, als ich dachte, Jungfer Margaret. Du hast diesem verschlingenden Ungeheuer der Begierde die erste Stufe der menschlichen Liebe geschenkt, all deine Zärtlichkeit. Und siehe! Dort liegt dein Jüngling wieder in deinen Armen. Aber jetzt sei auf der

Hut! Die zweite Probe betrifft dich selbst! Sterbliches Weib, rette deinen Mann. Schwester, miß dich mit meiner Macht, wenn du kannst!" Und bei diesen Worten hüllte sie der Fith-Fath noch dichter ein.

Margaret sah mit Entsetzen, wie Tamlaines Körper sich zu winden und zu schlängeln begann. Seine Haut wurde schuppig und kalt, und sein Gesicht wurde der Kopf einer großen Schlange, aus deren grünen Augen ein giftiges Feuer sprühte. Diese Flamme war von solch schneidender Kälte, daß sie Margaret mit ihrem eisigen Feuer bis ins Mark erschütterte. Es loderte in ihrem Inneren so sehr, daß sie glaubte, sie müsse sterben. Und immer noch hielt sie die Schlange, ihren Tamlaine, in den Armen. Am Ende vernahm sie die Stimme der Königin: "Du hast also auch die Kraft, mit dem Verstand einer Frau deine Liebe zu halten, selbst mit den Schmerzen der gierigen Schlange Neid und Eifersucht. Nun aber, meine Lady Margaret, wenn deine sterbliche Liebe und deine Weiblichkeit dir jemals geholfen haben, rufe sie jetzt zu dir. Die dritte und letzte Stufe der menschlichen Liebe ist die schmerzhafteste von allen. Solltest du diese Probe nicht meistern, wird der Jüngling sein menschliches Herz verlieren und für immer mein sein!"

Margaret erschauderte, während sich der Nebel erneut um sie legte. Sie spürte, daß fast all ihre Kraft sie verlassen hatte. Aber sie mußte standhaft bleiben!

"Sterbliches Weib, rette deinen Mann! Schwester, *brich* meine Macht, wenn du kannst!"

Als die Königin ihre letzte Herausforderung ausgesprochen hatte, herrschte Totenstille. Zuerst betete Margaret, daß der Bann brechen möge. Doch dann sah sie den wogenden Nebel wie eine riesige Welle aus dem Meer über das Land hinwegrollen. Aus der Tiefe des Nebels vernahm Margaret ein gieriges Heulen, wie sie es nie zuvor gehört hatte. Die Morrighan stimmte den Todesgesang der Geister an, um Tamlaine für sich zu fordern. Und während Margaret Tamlaine mit letzter Kraft hielt, wuchs ihr Entsetzen. Als sie Tamlaine anschaute, erkannte sie, daß er dem menschlichen Tode geweiht war. Sein junger Körper begann zu altern und runzelig zu werden. Sein wunderschönes Gesicht grinste sie mit spöttischem Grabeslächeln an. Das, was einmal der zarte Körper des Jünglings, den sie liebte, gewesen war, hatte sich nun in ein übelriechendes Skelett verwandelt. Margaret konnte nun deutlich die Stimme der Feen-Königin hören, die trotz des Wehklagens der Todesgeister zu ihr vordrang.

"Dies, liebe sterbliche Schwester, ist die letzte Stufe. Erkennst du nun, wie Zeit und Alter den Tod jeder menschlichen Liebe bedeuten? Gib ihn mir, damit ihm diese Dinge niemals widerfahren und er im Land der Feen ewige Jugend erlangt. ER GEHÖRT MIR!"

Margaret sah hinunter auf die klappernden Knochen in ihren Armen. Wer war sie schon? Nur eine gewöhnliche Sterbliche. Alles, was sie Tamlaine, dem Vater des Kindes in ihrem Schoß, geben konnte, war die Liebe einer Frau. Langsam ging sie an den Rand der Quelle. Sie würde ihre Liebe in den Schoß der Erde hinabschicken. Sie mußte nun all ihren Mut zusammennehmen und ihn dieses eine letzte Mal in die Tiefe entlassen. Sie ließ die Knochen in das stille Wasser gleiten und stimmte den überlieferten Gesang an:

"Korn und Hafer, Hafer und Korn,
Alles was stirbt, wird wiedergeborn."

Mit all ihrem sterblichen Mut und Vertrauen konzentrierte sie ihren Willen darauf, das, was einmal Tamlaine gewesen war, durch ihre Liebe wieder zu erwecken.

Plötzlich begann in der Tiefe der Quelle das Wasser zu sprudeln und zu wirbeln. Während der Strudel sich zur Wasseroberfläche bewegte, sah Margaret, wie ein goldenes Licht auf ihr Spiegelbild im Wasser fiel. Vor ihr stand Tamlaine, nackt und unversehrt, so wie sie ihn zum ersten Mal gesehen hatte. Es war, als sei er einfach nach einem Bad aus dem Wasser gestiegen.

Sie streckte ihm ihre Arme entgegen und hielt ihn fest, sie spürte sein Herz an ihrem schlagen. Der geheimnisvolle Nebel und das Grollen verschwanden ebenso schnell, wie sie gekommen waren, in Richtung des westlichen Meeres. Jetzt vernahm Margaret eine Stimme, die wie der letzte sanfte Hauch eines Windstoßes klang: "Gesegnet seist du, Tochter, du und deine sterbliche Liebe. Ich segne dich."

Margaret schaute in Tamlaines Gesicht. Jetzt wußte sie, daß sie ihn und den kleinen Jungen, den sie bald gebären würde, in ihrem gemeinsamen Leben erneut würde retten müssen. Und dieses Mal wußte sie auch, daß die Kraft dazu ebenso plötzlich wie magisch kommen würde – die einzige Magie, die sie kannte. Sie würde kommen als die Kraft der Liebe einer sterblichen Frau.

Anhang B

Gruppenleitung: Tips und Techniken

G.I. Gurdjieff hat uns darauf aufmerksam gemacht, daß jeder von uns über ein bestimmtes Repertoire an Rollen im Alltagsleben verfügt. In den verschiedenen Situationen unseres Alltags spielen wir eine oder mehrere Rollen: in der Familie, bei der Arbeit und bei unseren Freunden. Wir sind nicht bloß eine Person, sondern sechs, sieben oder gar mehr. Manchmal sind wir so sehr in eine dieser Rollen verstrickt, daß wir uns völlig mit ihr identifizieren.[1]

Geraten wir in eine ungewohnte Umgebung wie z.B. eine Gruppe, haben wir Probleme, passende Rollen zu finden und sofort wir selbst zu sein. Außerhalb unseres Repertoires fühlen wir uns unwohl. Gurdjieff war der Ansicht, daß wir nur durch die Erfahrung dieses Unwohlseins uns selbst wirklich erleben können. Eine Gruppensituation hilft, unsere 'gewohnheitsmäßigen Wahrnehmungen' auszuschalten, und gestattet uns, weitere Möglichkeiten, die in uns stecken, zu erleben.

In einer Gruppe werden wir mit anderen Sicht- und Seinsweisen konfrontiert, die uns zu der Erkenntnis verhelfen, daß wir alle ähnliche Probleme und Erfahrungen haben. In der Situation eines anderen erkennen wir ein Stück von uns selbst, einen Teil der uns gemeinsamen Einstellungen, Reaktionen und Verhaltensweisen. Indem wir das Menschsein von anderen anerkennen und akzeptieren, werden wir ermutigt, uns selbst zu akzeptieren.

Die Zusammenarbeit innerhalb einer Gruppe verhilft dem einzelnen zu einem neuen Gefühl der Zugehörigkeit und Handlungsfähigkeit in seinem Leben. Indem wir am Augenblick teilhaben, erleben wir uns außerhalb unserer gewohnten Rollen und erfahren, daß wir zu der Eigeninitiative und Dynamik fähig sind, die wir uns wünschen.

Der Beginn einer Gruppe: die Vorbereitung

Wenn sie eine Gruppe bilden möchten, um erfahrbare Methoden auszuprobieren, sei es für einen Nachmittag oder einen ganzen Tag, werden Ihnen einige grundsätzliche Überlegungen helfen, ein effektiveres Gruppenerlebnis zu entwerfen.

Denken Sie zunächst über die Logistik nach. Wie groß wird die Gruppe sein? Kennen sich die Mitglieder untereinander? Wenn ja, werden Sie weniger Zeit für die 'Eisbrecher' benötigen. Ist die Arbeitsatmosphäre angemessen für die Gruppe? Dies kann ein kritischer Punkt sein. Je angenehmer die Umgebung ist, desto mehr wird sie eine aktive Teilnahme fördern. Ein großer, freundlicher, gut beleuchteter Raum, teilweise mit Teppichboden, mit Spiegeln und Kissen bietet Ihnen ein hohes Maß an Flexibiliät. Bewegung und Selbstausdruck lassen sich in einem engen Zimmer nur sehr schwer anregen.

Wie lange wird die Gruppe zusammen sein? Wenn es eine Tagesgruppe sein soll, sollten Sie berücksichtigen, daß die Gruppenenergie etwa zwei bis drei Stunden nach Beginn ihren Höhepunkt und gleich nach der Mittagspause ihren Tiefstand erreicht. Planen Sie Ihre wichtigste Aktivität für den Tag so, daß sie stattfindet, wenn die Energie am stärksten ist. Machen Sie etwas Entspannendes oder leichte körperliche Aktivitäten nach dem Mittagessen.

Stellen Sie fest, was alles zur Bereicherung Ihrer Gruppe zur Verfügung steht (Kostüme, Zeichenmaterial, Teilnehmer/innen mit Schauspiel- oder Gruppenerfahrung, mit Kenntnissen in Beratung, Musik oder Tanz). Dies kann ein unschätzbarer Beitrag für das Gruppenerlebnis sein.

Welchen astrologischen Kenntnisstand hat die Gruppe (Anfänger, Teilnehmer mit einigen Kenntnissen oder Fortgeschrittene)? Zu Beginn wird es leichter für Sie sein, wenn Sie diese drei verschiedenen Niveaus auseinanderhalten. Zu große Unterschiede können es schwieriger machen, allen Bedürfnissen gerecht zu werden. Teilnehmer mit mittleren und sehr guten Kenntnissen können gut zusammenarbeiten, Anfänger fühlen sich dabei jedoch oft überfordert. Ich habe unvorsichtigerweise einmal diesen Fehler gemacht und war so sehr bemüht, den Teilnehmern mit geringen Vorkenntnissen zu helfen, daß ich den fortgeschritteneren Gruppenmitgliedern nicht die Anleitung geben konnte, die sie brauchten – und das bekam ich dann auch zu spüren!

Der Anfang

Nachdem Sie sich Gedanken über die Logistik gemacht haben, sollten Sie Ihre Zielsetzung klären. Ist es Ihr Hauptziel, meditativ nach innen zu schauen, zu teilen, eine emotionale Katharsis herbeizuführen oder miteinander zu spielen? Ihre Ziele werden die Qualität und den Ton der Gruppe bestimmen. (Eine Gruppe mit dem Ziel emotionaler Katharsis wird zu einem völlig anderen Erleben kommen als eine, die das Ziel hat, Astrologie spielerisch zu erfahren.) Planen Sie den Termin so, daß die Transite Ihre Absicht am besten unterstützen. Ist zum Beispiel eine meditative Erfahrung Ihr Ziel, legen Sie die Gruppe auf ein Merkur/Neptun-Trigon. Ein kathartisches Ziel wäre gut bei stationärem Pluto oder bei Skorpion-Vollmond aufgehoben. Wenn es um den Spaß an der Astrologie geht, wählen Sie ein Jupiter-Sextil zu Merkur/Mars.

Ein grundsätzliches Ziel sollte die positive Erfahrung für die Teilnehmer sein, besonders bei einem ernsthaften Astrodrama. Mein Vorschlag wäre, mit einem positiven Ausblick zu beginnen. Dadurch wird ein hilfreiches Gefühl der Sicherheit erzeugt, wenn man auf eher schmerzhafte Erkenntnisse stößt. Weisen Sie auf die Hilfen hin, die dem Regisseur zum Ausgleich schwierigerer Aspekte zu Verfügung stehen. Wenn diese gefunden sind, gehen Sie zu den empfindlicheren Teilen der Psyche über. Jetzt ist es ungefährlicher, sich den schmerzhafteren Themen zuzuwenden, da viele Hilfsmöglichkeiten im Raum stehen. Zielen Sie von Anfang an auf einen Abschluß des Erlebnisses, der dem Regisseur ein Gefühl von positiver Erfüllung gibt.

Seien Sie auf jeden Fall flexibel und bereit, Ihre Ziele zu modifizieren; denn Sie können die genauen Reaktionen einer Gruppe auf diese Erlebnisse nicht vorhersehen. Stellen Sie Ihre eigenen Erwartungen zurück, und bleiben Sie offen für eine spontane Änderung Ihres Konzepts. Indem Sie die Veranstaltung der Situation anpassen, können Sie besser auf die speziellen Energien Ihrer Gruppe reagieren.

Geben Sie klare Anweisungen. Verwirrung, ganz gleich bei wem, wird die Wirkung mindern und sogar die Übung untergraben. Sollte etwas nicht so laufen, wie Sie es geplant hatten, oder die Gruppe versteht nicht, worum es geht, lassen Sie es zu! Es ist keine Schande, Anweisungen zu wiederholen. Die Gruppe wird die Klarstellung zu schätzen wissen.

Am besten trägt die Gruppe bequeme, nicht einengende Kleidung, so daß alle sich gut bewegen können und entspannt fühlen. Seien Sie auf jeden Fall für neue Ideen aufgeschlossen! Benutzen Sie diese Hinweise als Sprungbrett für Ihre eigene Kreativität.

Sicherheit und Geborgenheit

Um ein erfolgreiches Gruppenerlebnis zu erreichen, ist die weitaus kritischste Aufgabe des Gruppenleiters, eine Atmosphäre der Sicherheit zu schaffen. Die Gruppenmitglieder brauchen das Gefühl, daß sie ihre Gefühle ohne Angst, Bewertung oder Kritik mitteilen können. Wenn diese Neutralität nicht vorhanden ist, wird es zu bewußtem oder unbewußtem Widerstand gegen Ihr Vorgehen kommen, und Sie werden Ihre Ziele wahrscheinlich nicht erreichen. Um erfolgreich zu sein, müssen Sie als erstes eine Atmosphäre des Vertrauens schaffen. Eine der besten Möglichkeiten, dies zu erreichen, ist, langsam zu beginnen. Lockern Sie die Gruppe auf, bis sie sich miteinander wohlfühlen. Fangen Sie an mit Aufwärmübungen, Eisbrechern und einfachen Körperdehnungen. Wenn die Gruppe allmählich lockerer wird, steigern Sie die Bewegungen. Wenn Sie Menschen dazu einladen, ihren Körper zu spüren, laden Sie sie gleichzeitig auch dazu ein, ihr

Unbehagen und ihre Widerstände deutlicher zu fühlen. Bei manchen Gruppen werden diese Aufwärmphasen etwas länger dauern. Deshalb sollten Sie immer eine Reihe von lustigen oder anregenden Übungen in der Hinterhand haben. Um Vertrauen und Gruppengefühl aufrecht zu erhalten, sollten Sie immer deutlich machen, daß Ihre Teilnehmer eine bestimmte Übung ablehnen können, ohne sich deshalb unwohl fühlen zu müssen.

Kommt ein Mensch an einen persönlichen Gefahrenpunkt, hält er erfahrungsgemäß instinktiv inne. Er verinnerlicht das, was er gelernt hat und errichtet seine Verteidigungsmechanismen neu. Wenn dies respektiert wird, sollten Sie keine Probleme haben. Besonders wichtig: seien Sie selbst risikobereit! Das erlaubt Ihren Teilnehmern, es ebenfalls zu sein. Ihre Einstellung kann richtungsweisend sein. Sie sollten sich auch Ihre eigene Rolle innnerhalb der Gruppe genau überlegen. Der traditionelle Frontalunterricht (eine aktive und zwanzig passive Personen) ist gewöhnlich nicht so erfolgversprechend wie die Hilfestellung zur Entwicklung der eigenen Gruppen-Kreativität. Dann steht der Gruppenleiter nicht mehr im Mittelpunkt, und das Hauptaugenmerk richtet sich auf die Gruppe selbst.

Gruppendynamik

Während der 70er Jahre wurde Gruppenarbeit modern, weil dadurch mehr Menschen Zugang zu psychologischer Hilfe bei geringeren Kosten als in der Einzeltherapie erhielten. Aus den Erfahrungen mit Gruppenarbeit erwuchs die Erkenntnis, daß die einzelnen Mitglieder einer Gruppe einen unschätzbaren Beitrag als 'psychologische Helfer' für die anderen leisten können, und ein wahrer Schatz an Wissen über die Möglichkeiten der Maximierung dieser Hilfe sammelte sich an. Wenn Sie sich auf diese Erfahrungen stützen, können Sie Ihre eigenen Gruppen effektiv gestalten, und Sie können die unterstützenden und helfenden Energien fördern, die diese Art von Erfahrung so wertvoll machen. Vieles aus dem folgenden stammt aus meiner Ausbildung oder meiner eigenen Erfahrung als Gruppenleiterin.

Gefühle

Erlebnisorientierte Gruppen sollten eine direkte Begegnung mit Gefühlen bieten. Durch direkte Erfahrung kommen wir in tieferen Kontakt mit diesen wichtigen emotionalen Reaktionen. Ein Großteil des neurotischen Verhaltens resultiert aus dem verzweifelten Wunsch, Emotionen zu vermeiden, und bei so manchem von uns liefert der Intellekt eine Art 'Schutzschild', der uns von unseren Gefühlen abschneidet. Ich will hier nicht den Wert des Nachdenkens und Diskutierens in Frage stellen, sondern vielmehr den Wert unseres vernachlässigten Gefühlslebens hervorheben. Wenn wir das Ungleichgewicht zwischen diesen beiden Formen der

Erfahrung ausgleichen, können wir unsere Welt aus einer größeren, dreidimensionalen Perspektive betrachten.

Da die bei erlebnisorientierten Prozessen freigesetzten Emotionen sehr machtvoll sein können, ist es besonders wichtig, auf die Abfolge der Ereignisse bei einer Gruppenaktivität zu achten. Beschränken Sie unmittelbar nach einem Erlebnis das Sprechen auf ein Minimum, um die Zerstreuung der Energien zu verhindern. Falls die Gruppenmitglieder sofort zu reden beginnen, so kann dies daran liegen, daß sie einen persönlich sensiblen Bereich berührt haben. Ein Themenwechsel drängt ihn zurück ins Unbewußte, wo er nicht ausgedrückt werden muß.

Es ist auch wichtig, der Gruppe nach einem gemeinsamen Erlebnis zu gestatten, langsam wieder 'herunterzukommen'. Da uns jedes Erlebnis auf unterschiedliche Weise berührt, ist es sinnvoll, eine gewisse Zeit zur Verdauung und ruhigen Betrachtung anzubieten. Ein ausgeglichener Rhythmus zwischen Aktivität und Reflexion trägt dem natürlichen Wechsel von innerer und äußerer Erfahrung Rechnung und bringt ein vollständigeres Heilungserlebnis.

Wenn die Gruppe insgesamt ein starkes Luftelement hat, wird es noch wichtiger, den Blick auf die Gefühle zu richten. Eine solche Gruppe neigt dazu, im Kopf zu bleiben und über Gefühle reden zu wollen, anstatt sie auszudrücken. Ich hatte ein derartiges Erlebnis vor einigen Jahren mit einer starken 'Luft'-Gruppe. Um ihnen einen Zugang zu ihrer rechten Gehirnhälfte, der Gefühlsseite, zu bahnen, bat ich sie, ihre Astrodramen non-verbal aufzuführen. Es war zwar sehr schwierig für diese Teilnehmer, aber sehr wirkungsvoll.

Struktur und Zeitplan

Zu viel oder zu wenig Struktur werden der Kreativität der Gruppe im Wege stehen. Eine zu stark durchstrukturierte Gruppe wird sich unterdrückt und kontrolliert fühlen und nicht in der Lage sein, spontan oder expressiv zu sein. Bei zu wenig Struktur kann die Gruppe unter Zerstreuung der Energie leiden. Oder sie könnte in Querelen über die Führung innerhalb der Gruppe versanden. Die Erfahrung wird Sie lehren, dieses Gleichgewicht zu verstehen und zu erzeugen.

Die durchschnittliche Aufmerksamkeitsspanne beträgt bei Erwachsenen ca. 20 Minuten; achten Sie also darauf, den Rhythmus Ihres Vorgehens zu verändern. Der Wechsel zwischen Einzelarbeit, ausgedehnten Gruppenübungen, Paarübungen und kleineren Gruppenaktivitäten hält die Gruppe bei der Stange. Wechseln Sie zum Beispiel ab zwischen einer Übung für die rechte und einer für die linke Gehirnhälfte, oder benutzen Sie die vier Zustände des Bewußtseins, auf die Jung sich bezieht, und führen Sie nacheinander ein Erlebnis für die Sinne, eins für den Kopf, eins für die Intuition usw. durch.

Feedback

Zeigen Sie der Gruppe während der gesamten Veranstaltung immer wieder, wie ein richtiges Feedback funktioniert. Was andere Ihnen mitteilen, kann genauso wichtig sein wie die eigene Erfahrung. Sie kann durch Feedback noch intensiviert werden. Die meisten von uns tauschen sich nicht ausreichend darüber aus, wie das Verhalten anderer auf sie wirkt. Entweder sind wir zu 'höflich' und geben überhaupt kein Feedback, oder wir tun es zu allgemein oder beleidigend. Wir beklagen uns: "Du sagst nie etwas!" oder "Du kommandierst genauso rum wie deine Mutter!" Aber so etwas führt zu keinen guten Ergebnissen. Sie müssen lernen, direkt und genau zu sein und das Verhalten, das Sie betroffen hat, das daraus entstandene Gefühl und Ihre Interpretation genau zu beschreiben: "Als du nicht aufgehört hast, um mir zuzuhören, empfand ich Wut und war verletzt, denn mir kam es so vor, als wären meine Bedürfnisse unwichtig für dich." Ebenso wie im Leben können in einer erlebnisorientierten Gruppe Gefühle der Kränkung entstehen; am besten läßt sich mit ihnen durch aufmerksames und liebevolles Feedback umgehen.

Primum non nocere (Erstens: tue nichts Schädliches)
Unter Therapeuten gibt es eine Faustregel: Reißen Sie keine Wände ein, die Sie nicht wieder aufbauen wollen oder können. Als Gruppenleiter müssen Sie Ihre Fähigkeiten und Ihre Grenzen genau kennen. Da die erfahrbare Astrologie manchmal machtvolle, unbewußte Energien aufrühren kann, sollten Sie niemals die Rolle eines Therapeuten übernehmen, wenn Sie sich nicht genügend qualifiziert oder sicher fühlen. Wenn Sie Ihre Grenzen spüren, handeln Sie überlegt, oder besser noch, ziehen Sie sich zurück. Seien Sie besonders auf der Hut, wenn Sie 'Widerstand' erkennen. Hinter dem Widerstand steckt eine ganz bestimmte Angst. Jung würde sagen, daß Widerstand den Kontakt zu einem unbewußten 'Komplex' signalisiert. Hier liegt, symbolisch betrachtet, ein Vulkan. Wenn Sie Erfahrung haben, können Sie der Sache auf den Grund gehen, wenn nicht, bohren Sie auf keinen Fall weiter, denn das könnte ernsthafte Konsequenzen nach sich ziehen.

Um mit anderen Menschen in deren Tiefe vorzudringen, benötigen Sie Einfühlungsvermögen und die entsprechenden Fähigkeiten. Meiner Erfahrung zufolge kann man mit einer Gruppe nur dorthin gehen, wo man selbst schon war. Wenn es Ihnen wirklich ernst ist, auf dieser Ebene von Intensität mit anderen zu arbeiten, gehen Sie zunächst selbst in Therapie. Sie könnten auch an Fortbildungsveranstaltungen für Gruppenleitung, Psychodrama, Psychosynthese oder Gestalt-Therapie teilnehmen. Wenn Sie durch Ihre eigenen Tiefen gereist sind, werden Sie wissen, was für diese Arbeit mit anderen Menschen notwendig ist.

Falls Sie bereits über derartige Qualifikationen verfügen, werden Ihre Fähigkeiten der Gruppe helfen, tief unter die Oberfläche zu gehen und störende psychische und emotionelle Energien zu transformieren. Aber lassen Sie es mich noch einmal sagen: Seien Sie sich Ihrer Grenzen bewußt! Besonders bei Gruppen, die sich nur ein- oder zweimal treffen, sollten Sie sicherstellen, daß die Teilnehmer, mit denen Sie in die Tiefe gehen, auch hinterher wissen, an wen sie sich wenden können, falls weitere Gefühle hochkommen. Bei Teilnehmern, die zur Zeit eine Therapie mitmachen, sollten Sie darauf bestehen, daß diese die Zustimmung ihres Therapeuten einholen, bevor sie an der Gruppe teilnehmen. Schauen Sie noch einmal das Beispiel in Kapitel 3 an: Die dort beschriebene Frau befand sich in Therapie und wußte, wo sie mit ihren Gefühlen hingehen konnte. Die einstündige Sitzung hatte zu einer 2 1/2-monatigen intensiven Entdeckungsreise geführt, in deren Verlauf sie mit ihren unterdrückten Gefühlen gegenüber ihrer Mutter und ihrem Vater konfrontiert wurde. Trotz des positiven Endes dieser Erfahrung hat es mir noch einmal deutlich gezeigt, wie sehr ein solcher Prozeß einen Menschen aufwühlen kann.

Ablauf erlebnisorientierter Gruppen

Hier nun eine kurze Darstellung des Ablaufs erlebnisorientierter Gruppen, wie ich sie manchmal durchführe. Benutzen Sie sie als Grundlage, die Sie den Umständen entsprechend modifizieren.

I. Vorstellung

Erzählen Sie der Gruppe zunächst etwas von sich selbst, über Ihr Interesse an erfahrbaren Methoden und Ihre Erfahrung damit. Vergessen Sie nie die Bedeutung der ersten 10 Minuten eines Zusammentreffens, denn hier wird der 'Grundstein' für alles Kommende gelegt. Dies gilt für Einzel- wie für Gruppensitzungen.

A. Bitten Sie die Gruppenmitglieder, sich nacheinander vorzustellen, ihre Sonne, ihren Mond und ihren Aszendenten mitzuteilen und über ihre Erfahrungen mit ähnlichen Gruppen zu berichten. Warum nehmen sie hier teil, und was sind ihre Erwartungen? (Ein wichtiger Punkt! Zwar wird es immer verborgene Motive geben, aber es ist hilfreich, zumindest die bewußten Erwartungen zu kennen.) Verfügen die einzelnen Teilnehmer über Fähigkeiten, die der Gruppe dienen können, und sind sie bereit, diese mit den anderen zu teilen? (Schauspielerei, Tanz, Gruppenerfahrung, Beratung, Massage usw.)

B. Gruppenzusammensetzung: Bitten Sie einen Teilnehmer, Sonne, Mond und Aszendenten aller Gruppenmitglieder während der Vorstellungsphase zu notieren. Schauen Sie sich die Daten danach mit der Gruppe an, und besprechen Sie die Gruppenzusammensetzung. (Astrologen wissen, daß dies nur die allgemeine Schwingung einer Gruppe charakterisiert, da andere Horoskopelemente hierbei nicht berücksichtigt werden.) Die Teilnehmer werden dadurch die Eigenheit ihrer speziellen Gruppe kennenlernen und bekommen ein Gespür für mögliche Reaktionen.

Wenn Sie die Elementenverteilung einer Gruppe kennen und berücksichtigen, können Sie ein kreatives Gruppenerlebnis für diese Gruppe von Individuen maßschneidern. Bei einer Gruppe mit starkem Feuer könnten Sie zusätzliche körperliche Übungen zur Steigerung der Begeisterung einfließen lassen. Es kann auch angebracht sein, diese Energie zu beobachten und gegebenenfalls die Gruppe anhand einiger Sinnes-Übungen zu erden. Bei einer Gruppe mit hohem Luftanteil sollten Sie darauf achten, daß sie nicht aus Gewohnheit in übermäßige 'Plauderei' abrutscht. Non-verbale oder betont körperliche Übungen und Astrodramen bieten sich hier an.

Eine Gruppe mit starker Wasserbetonung hat gewöhnlich einen leichteren Zugang zu den Gefühlen. Wenn eine solche Gruppe bei Vollmond in einem Wasserzeichen stattfindet, können Sie mit der Freisetzung starker Emotionen rechnen. Um diese emotional geladene Atmosphäre aufzubrechen, können Sie energetisches, Mars-orientiertes Tanzen ausprobieren.

C. Nachdem sich alle vorgestellt haben, informieren Sie die Gruppe über Ihre Pläne für den Tag, damit die Teilnehmer wissen, was auf sie zukommt. Zum Beispiel: "Wir werden bis zum Mittag improvisierte Paarübungen machen, zwischendurch eine 10minütige Pause. Dann machen wir eine Stunde Mittagspause und werden am Nachmittag zwei vollständige Astrodramen aufführen. Zum Schluß habe ich eine halbe Stunde für Feedbacks eingeplant. Wir beschließen unseren Tag gegen 17 Uhr."

II. Dehn-Übungen, Aufwärmer und Eisbrecher

Beginnen Sie mit langsamen Dehn-Übungen, Bewegungen und ruhigem Tanz. Danach schließen Sie einige Eisbrecher an, damit die Teilnehmer sich wohlfühlen und allmählich Vertrauen in die Gruppe fassen. Mit jeder Übung sollten Sie die Intensität der Interaktion leicht steigern; beginnen Sie mit Paarübungen, dann bilden Sie kleinere Gruppen von drei bis vier Teilnehmern, und machen Sie schließlich Übungen, an denen die ganze Gruppe beteiligt ist.

III. Vorgehensweise

Wie Sie vorgehen werden, hängt von Ihren Zielvorstellungen und der individuellen Gruppe ab. Wenn Sie eine Anfängergruppe in die Grundlagen der Astrologie einweisen wollen, beginnen Sie mit den vier Elementen und der Beschreibung ihrer Unterschiede. Dann führen Sie zu jedem Element eine Übung durch. (vgl. Kapitel 3.) Oder Sie verbringen einen Abend mit den fünf persönlichen Planeten, inklusive einer den Planeten entsprechenden Musik und Körpererfahrung. Um die Gruppe abwechslungsreicher zu gestalten, können Sie die Mitglieder Bilder aus Zeitschriften ausschneiden und Bildertafeln zu den einzelnen Planeten anfertigen lassen.

Sie können auch den Begriff der Dualität einführen, indem Sie die dualen Planeten behandeln: Sonne/Mond, Venus/Mars, Jupiter/Saturn. Eine meiner Freundinnen, die Astrologie in Chicago lehrt, beschäftigt sich immer eine Sitzung lang mit einem einzigen Planeten. Sie ist dermaßen begeistert von der erfahrbaren Astrologie, daß sie sogar das Kostüm des jeweiligen 'Planeten der Woche' trägt und die Gruppe während des ganzen Abends in der Rolle dieses Planeten leitet. Bei Mars ist sie ungestüm und energetisch, bei Venus weich und süß!

Bei erfahreneren Gruppen können Sie einen Jupiter-Abend anberaumen, an dem jeder als Jupiter verkleidet erscheint und sich der ganze Abend um die Aspekte und Transite Jupiters in den einzelnen Geburtsbildern dreht. Planen Sie diesen Abend, wenn Transit-Jupiter besonders stark ist. Ein Abend voller Aktivität läßt sich gut bei Jupiter/Mars-Konjunktion durchführen, ein künstlerischer Abend bei Venus/Jupiter-Trigon. Versuchen Sie eine Jupiter-Meditation, wenn er in harmonischem Aspekt zu Neptun steht. Die Möglichkeiten der erfahrbaren Astrologie sind grenzenlos!

IV. Abschluß

Es ist ganz wichtig, am Ende einer Sitzung Zeit zum Austausch von Gefühlen zu haben, Feedbacks zu geben und sich zu verabschieden. Ohne einen solchen Abschluß gehen einige Teilnehmer noch völlig unter dem Einfluß der Erfahrungen des Tages nach Hause. Eine Abschlußübung wird dazu beitragen, daß die Gruppe mit Klarheit endet.

Es ist nicht leicht, Astrodrama-Gruppen zu leiten, und Sie werden Ihre Erfahrungen dabei sammeln müssen. Ich hoffe, daß Ihnen dieses Kapitel zu einem guten Start verhelfen wird.

Astrodrama: Eingreifen

In Kapitel 5 habe ich bereits erwähnt, daß man oft in den Ablauf eines Astrodramas eingreifen möchte. Hier nun einige Methoden, die ich sinnvoll finde.

Stopp!

Manchmal werden die Planeten während der spontanen Entfaltung eines Astrodramas angeregt, alle gleichzeitig miteinander zu agieren und zu sprechen. Wenn daraus Chaos entsteht, rufen Sie laut und bestimmt: "Stopp!" Jeder Teilnehmer muß sofort innehalten und schweigen. Während dieser Pause fragen Sie den

Regisseur, was er im Augenblick am liebsten erleben möchte. Oder Sie schlagen als Spielleiter vor: "Warum schweigen nicht alle zunächst einmal, außer dem T-Quadrat? Hier fangen wir an und bewegen uns dann auf seinen Berührungspunkt mit Jupiter zu."

"Stopp!" ist auch hilfreich, wenn Sie erkennen, daß der Regisseur von dem Geschehen zu sehr überwältigt wird. Dies gibt Ihnen die Möglichkeit, gemeinsam mit dem Regisseur festzustellen, ob etwas getan werden muß oder ob der Hergang etwas Bestimmtes ausgelöst hat, worauf Sie sich jetzt konzentrieren müssen.

Doublen

Diese Technik ist aus dem Psychodrama entliehen. Ein Double ist eine Person, die neben dem Regisseur hergeht und Gedanken oder Gefühle beisteuert, die der Regisseur selbst vielleicht nicht ausdrückt. Es gibt gewöhnlich zwei Doubles: eins als Beistand, das andere als Kritiker. Stellen Sie sich vor, der Regisseur steht gleichzeitig unter dem Einfluß eines Saturn- und eines Uranus-Quadrats. Er weiß, daß ihn sein gegenwärtiger Job fertigmachen wird, aber fühlt sich völlig gelähmt. An dieser Stelle tritt das Double auf den Plan. Einer doubelt seinen Saturn, der andere seinen Uranus in dieser Situation. Lassen Sie den Regisseur außerhalb des Horoskopkreises an einer gedachten geraden Linie auf und ab gehen. Die Doubles gehen neben ihm. Einer spricht für das Saturn-Quadrat: "Bleib, wo du dich sicher fühlst und dich auskennst. Es ist zwar langweilig, aber sicher." Dann teilt Uranus seine Meinung mit: "Da kannst du nicht länger bleiben. Tust du es doch, fange ich an zu schreien. Dieser Job wird dich noch umbringen, wenn du nichts unternimmst." Der Regisseur reagiert auf beide, als wären Sie seine inneren Stimmen. Gibt es eine Möglichkeit, hier mit beiden Energien zu arbeiten? Lassen Sie den Regisseur wieder an der Linie auf- und abgehen. Diesmal interagiert jedes Double mit dem Regisseur und hilft ihm, eine Lösung für seinen Teil des Problems zu finden.

Ein weiteres Beispiel: Ein anderer Regisseur macht sich Sorgen über seine bevorstehende Pluto/Mond-Opposition. Eine Person doubelt die negativen Eigenschaften des Oppositions-Pluto, während die andere die positiven Ergebnisse und Möglichkeiten der Opposition darstellt. Indem die Opposition im voraus durchgespielt wird, kommt der Regisseur nicht nur mit seiner Angst vor dem Transit in Berührung, sondern er erhält auch einen Ausblick auf die Chancen, die ihn ebenfalls erwarten. Häufiger Einsatz dieser Doubles kann es ihm ermöglichen, die positiven Seiten von Pluto bewußt zu nutzen und sich darauf einzustimmen.

Die letzte Methode, ins laufende Geschehen einzugreifen, ist eine astrologische Version von Fritz Perls' *Gestalt*-Intervention des *Top Dog/Underdog*, die sich anbietet, wenn es um einen polaren Konflikt geht.[2] Vergessen Sie nicht, daß Polaritäten sich nicht nur gegenseitig bekämpfen, sie suchen sich auch und ziehen sich an. Diese inneren polaren Konflikte müssen integriert werden, damit die Psyche einen Sinn für das Ganze entwickeln kann. Perls setzt den *Top Dog* gleich mit Freuds Über-Ich und charakterisiert ihn als den Diktator und Richter, der uns sagt, was wir tun sollen, uns kritisiert und kleinmacht. Die andere Rolle, die des *Underdog*, ist die geringe, anscheinend weniger machtvolle, passive Rolle. Perls war der Ansicht, daß der *Underdog* gewöhnlich durch Sabotage, Aufschieben und Ausweichen gewinnt. Um zu einer Versöhnung zwischen den beiden Hälften zu gelangen, können sie einen Dialog führen. Bei dieser Technik werden zwei Stühle ins Zentrum des Horoskopkreises gestellt. (Nehmen wir einmal an, daß die Regisseurin einen Konflikt bezüglich ihres Saturn/Venus-Quadrats im Natal ausgemacht hat. Sie sehnt sich danach zu heiraten, sabotiert aber eine Beziehung, sobald sie den 'richtigen' Mann kennengelernt hat, und weist ihn schließlich zurück.) Am Anfang übernimmt die Regisseurin beide Rollen und sitzt abwechselnd auf dem Stuhl des *Underdog* bzw. des *Top Dog*. Ein typischer Dialog könnte folgendermaßen aussehen: Der *Top Dog* (Saturn) sagt, daß alle Männer unverantwortliche Schwächlinge mit verhängnisvollen Fehlern sind. Der *Underdog* (Venus) erkennt ihre Abhängigkeit und möchte gerne einen Mann dazu bringen, sich um sie zu kümmern, ist aber über die eigene Unnahbarkeit überrascht, wenn sie einen passenden Partner kennenlernt. Die Spielleiterin fragt sie, ob sie der *Top Dog* an jemanden erinnere, und sie stellt fest, daß es sich um ihren Vater handelt. Der Dialog verschiebt sich nun zu einem Gespräch zwischen ihr und ihrem Vater. Sie gelangt dadurch allmählich zu der Erkenntnis, daß ihr Vater, der sie immer wie eine Prinzessin behandelt hat, trotzdem ihre Beziehungen zu Jungen untergrub, indem er diese schlecht machte. Sie bemerkt, daß sie unbewußt ihrem Vater recht gab und daß diese Einstellung die ganze Zeit in ihr lebendig gewesen ist.

Konfliktlösungen können auch ohne die Metapher vom *Top Dog* und *Underdog* gefunden werden. Bitten Sie ganz einfach den von einem inneren Konflikt geplagten Regisseur, sich zu setzen und beide Seiten seines Gefühls auszudrücken. Lassen Sie ihn immer wieder die Stühle und die Rollen wechseln, bis ein Thema durchbricht und sich zeigt. Dann entwickeln Sie den Dialog anhand des hervorgetretenen Problems.

Anmerkungen

(ausführliche Bibliographie im Literaturverzeichnis)

Buch I:

Einleitung

1. Vgl. Bateson, Angels Fear, S. 18.
2. Manilius, Astronomicon, Bd. 5; zit. n. Cumont, Astrology and Religion, S. 79.
3. Ptolemäus, Anthol. Palat. IX, 577; zit. n. Cumont, Astrology and Religion, S. 81.
4. Vgl. Springer, Linkes Gehirn/rechtes Gehirn.
5. Houston, Der mögliche Mensch, S. 46.
6. Vgl. ebd. S. 208-224.
7. Über Erickson vgl. Haley, Die Psychologie M.H. Ericksons; sowie: Erickson, Hypnotherapie; über Neurolinguistisches Programmieren vgl. Bandler, Neue Wege d. Kurzzeittherapie; sowie: Lankton, Practical Magic.
8. Vgl. Arroyo, Astrologie, Psychologie und die vier Elemente, S. 9-10.
9. Harvey Cox, zit. in LaChapelle, Earth Festivals, S. 63.

Kapitel 1

1. Vgl. Jeff Jawer: Living the Drama of the Horoscope; in: Astrology Now, Bd. 22, 1979, S. 12-15 u. 55-58.
2. Vgl. Highwater, Dance – Rituals of Experience, S. 42, wo er die "95.140 kombinierten Körperbewegungen" beschreibt, die für den antiken griechischen Tanz "akribisch ausgefeilt wurden".
3. Aristophanes, Die Frösche, Vers 340-350, übers. v. B.B. Rogers; zit. n. Mylonas, Eleusis, S. 254-255. (Da es sich im Original um eine Anrufung des Dionysos = Iakkos handelt, die nicht ganz in den Kontext paßt, haben wir die gekürzte englische Fassung ins Deutsche übersetzt.)
4. Lucianus, Über den Tanz; zit. n. Angus, Mystery Religions, S. 90.
5. Themistius, überliefert in Stobaios IV, S. 107 (Meineke), zit. n. Mylonas, Eleusis, S. 264-265.
6. Pindar, Fragmente, Threnoi-Fragment VII; zit. in: Mylonas, Eleusis, S. 285.
7. Vgl. Mylonas, Eleusis and the Eleusinian Mysteries, S. 284.

Kapitel 2

1. Vgl. Rudhyar, Astrologie und Psyche, S. 12-45.
2. Ebd. S. 17-18.
3. Vgl. ebd. S. 6.
4. Jung, Archetypen, S. 305-306.
5. Vgl. Jung, Erinnerungen, Träume, Gedanken, S. 162.
6. Campbell, The Portable Jung, S. XXII.
7. Jung, Archetypen, S. 13-14.
8. Ebd. S. 14.
9. Ebd. S. 95 (Psychologische Aspekte des Mutter-Archetypus).
10. Vgl. Moreno, Gruppenpsychotherapie und Psychodrama.
11. Vgl. Rudhyar, Astrologie und Psyche, S. 108.
12. Nichols, Catharsis in Psychotherapy, S. 73.
13. Vgl. Klein, The Experiencing Scale.
14. Vgl. Claudio Naranjo: I and Thou, Here and Now. In: Stephensen, Gestalt Therapy Primer.
15. Vgl. Reich, Funktion des Orgasmus; siehe auch: Lowen, Körperausdruck und Persönlichkeit; sowie: Keleman, Dein Körper formt Dein Selbst.
16. Vgl. Yogananda, Autobiographie eines Yogi, S. 255-256.
17. Grof, Geburt, Tod und Transzendenz, S. 374; siehe auch: Wilber, Halbzeit der Evolution; sowie: Walsh, Psychologie in der Wende.

Kapitel 4

1. Argüelles, Mandala-Buch, S. 12.
2. Dies ist eine nützliche Vereinfachung der Ideen Wilhelm Reichs aus: Funktion des Orgasmus.
3. Vgl. Rolf, Rolfing.
4. Vgl. Brown, New Mind, New Body.

Kapitel 6

1. Albert Einstein, zit. n. McKim, Visual Thinking, S. 11.
2. Vgl. Jung, Erinnerungen, Träume, Gedanken, S. 163-164.
3. Friedrich von Kekulé, zit. n. McKim, Visual Thinking, S. 11.
4. Castaneda, Reise nach Ixtlan, S. 102.

Kapitel 7

1. Vgl. Achterberg, Heilung durch Gedankenkraft, S. 12.
2. G. Prince: Putting the Other Half of the Brain to Work; in: Training – The Magazine of Human Resources Development, Nr. 15/1978. Zit. n. Springer, Linkes Gehirn, rechtes Gehirn, S. 179.
3. David Galin; in: Springer, Linkes Gehirn, rechtes Gehirn, S. 189.

Kapitel 8

1. Jung, Erinnerungen, Träume, Gedanken, S. 348-349.
2. Ebd. S. 348.
3. Vgl. Rice, Eastern Definitions, S. 409.
4. Vgl. ebd. S. 408.
5. Satyeswarananda Giri, Lahiri Mahasaya, S. 92.
6. Yogananda, Autobiographie eines Yogi, S. 252.
7. Ebd. S. 255.
8. Ebd. S. 255.
9. Ebd. S. 252.
10. Mohandas K. Gandhi, zit. in Robert T. Jones' Background-Artikel als Beilage zum Libretto für die Aufführung von Phillip Glass' "Satyagraha" an der Chicago Lyric Opera; CBS Masterworks, New York 1987.
11. Ebd.
12. Grof, Abenteuer der Selbstentdeckung, S. 54.
13. Milne, Pu der Bär.

Kapitel 9

1. Vgl. Williamson, Living the Sky, S. 220.
2. Häuptling Letakots-Lesa vom Stamm der Pawnee-Indianer zu Natalie Curtis; zit. in Campbell, Way of Animal Powers, S. 8+18.
3. Vgl. Cumont, Astrology and Religion, S. 15.
4. Vgl. Angus, Mystery Religions, S. 167.
5. Vgl. ebd. S. 195.
6. Vgl. Yates, Gedächtnis und Erinnern, S. 44.
7. Vgl. ebd. S. 123 ff.
8. Ebd. S. 204-205.
9. Ebd. S. 234.
10. Vgl. Conway, Magic, S. 104.

Buch II: Arbeitsbuch

Einführung
1. Vgl. Holst, Holst, S. 48.

Mond und Krebs
1. Vgl. Houston, Der mögliche Mensch, S. 164-173.
2. Vgl. ebd. S. 150-154.

Merkur, Zwillinge und Jungfrau
1. Vgl. Houston, Der mögliche Mensch, S. 262-265.

Venus, Stier und Waage
1. Rose, Herbal Body Book; oder besorgen Sie sich ein entsprechendes deutschsprachiges Buch (d.Ü.).

Saturn und Steinbock
1. Marc Aurel, Selbstbetrachtungen, zit. n. Mullin, Schwelle zum Tod, S. 236.

Uranus und Wassermann
1. Kurzfilm "The Power of Ten" nach dem gleichnamigen Buch von Phillip Morrison, auf Deutsch: "Zehn hoch".

Anhang B
1. Über G.I. Gurdjieff berichtet P.D. Ouspensky in: Auf der Suche nach dem Wunderbaren; zit. in: ARCS Parabola, Bd. 3, August 1981, S. 42.
2. Vgl. Frederick S. Perls, Gestalt Therapy and Human Potentials, Kap. V in: Stephenson, Gestalt Therapy Primer, S. 77.

Die im Text verwendeten Graphiken sind von Gustave Doré.

Literaturverzeichnis

(Soweit vorhanden, wird die deutsche Übersetzung angegeben.)

Achterberg, Jeanne: Heilung durch Gedankenkraft. Scherz-Vlg 1989.
Allen, Marcus: Tantra für den Westen. Rowohlt (rororo) 1987.
Andrews, Lynn: Die Medizinfrau. Rowohlt (rororo) 1986.
Angus, S.: The Mystery Religions. Dover, New York 1975.
Argüelles, José u. Miriam: Das Große Mandala-Buch. Aurum-Vlg 1974.
Arroyo, Stephen: Astrologie, Karma und Transformation. Hugendubel 1989.
— Astrologie, Psychologie und die vier Elemente. Rowohlt (rororo) 1989.
Bandler, Richard u. Grinder, John: Neue Wege der Kurzzeit-Therapie – Neurolinguistisches Programmieren. Vlg f. Hörbuchproduktionen 1989.
Barbach, Lonnie (Hg): ... und mein Verlangen ist grenzenlos. Erotische Erzählungen von Frauen für Frauen. Ullstein (Tb) 1988.
— Welche Farbe hat die Lust? Frauen erzählen ihre erotischen Phantasien. Ullstein (Tb) 1990.
Bardon, Franz: Die Praxis der magischen Evokation. Bauer-Vlg 1986.
Bateson, Gregory u. Mary Catherine: Angels Fear. Macmillan, New York 1987.
Bettelheim, Bruno: Kinder brauchen Märchen. dtv 1985.
Bolen, Jean S.: Göttinnen in jeder Frau. Sphinx-Vlg 1989.
Brown, Barbara: New Mind, New Body. Harper & Row, New York 1975.
Campbell, Joseph: Der Heros in tausend Gestalten. Suhrkamp (stw) 1978.
— The Portable Jung. Penguin Books, New York 1976.
— Die Kraft der Mythen. Bilder der Seele im Leben des Menschen. Artemis-Vlg 1989.
— Way of Animal Powers. Harper & Row, San Francisco 1983.
Castaneda, Carlos: Die Lehren des Don Juan. Fischer (Tb) 1976.
— Eine andere Wirklichkeit. Fischer (Tb) 1976.
— Reise nach Ixtlan. Fischer (Tb) 1978.
Clark, Ronald W.: Albert Einstein. Heyne (Tb) 1976.
Collin, Rodney: The Theory of Celestial Influence. Shambhala Publications, Boulder, Col. 1984.
Conway, David: Magic – An Occult Primer. E.P. Dutton, New York 1973.

Coward, Harold: Jung and Eastern Thought. State University of New York Press, New York 1985.

Cumont, Franz: Astrology and Religion Among the Greeks and Romans. Dover, New York 1960.

Cunningham, Donna: Erkennen und Heilen von Pluto-Problemen. Urania-Vlg 1987.

Denning, Melita u. Phillips, Osborne: The Llewellyn Inner Guide to Magical States of Consciousness – Working the Paths of the Tree of Life. Llewellyn Publications, Minneapolis, Minn. 1985.

— Mysteria Magica. 2. Aufl. Llewellyn Publications, Minneapolis, Minn. 1986.

Douglas, Nick u. Slinger, Penny: Das große Buch des Tantra. Sphinx-Vlg 1989.

Downing, George: Massage und Meditation. Goldmann (Tb) 1989.

Erickson, Milton H. u. Rossi, Ernest L.: Hypnotherapie. Pfeiffer-Vlg 1981.

Feder, Elaine u. Bernard: The Expressive Arts Therapies. Prentice-Hall, Engelwood Cliffs N.J. 1981.

Fleugelman, Andrew: New Games – Die neuen Spiele. Ahorn-Vlg 1979.

Fortune, Dion: Selbstverteidigung mit PSI. Ansata-Vlg 1985.

— Sane Occultism. Aquarian Press, Wellingborough, Northamptonshire 1985.

Gawain, Shakti: Stell dir vor. Kreativ visualisieren. Rowohlt (rororo) 1986.

Gleick, James: Chaos – die Ordnung des Universums. Vlg Droemer Knaur 1988.

Govinda, Anagarika: Der Weg der weißen Wolken. Knaur (Tb) 1988.

Grof, Stanislav u. Christina: Jenseits des Todes. Kösel-Vlg 1986.

Grof, Stanislav: Geburt, Tod und Transzendenz. Kösel-Vlg 1985.

— Das Abenteuer der Selbstentdeckung. Kösel-Vlg 1987.

Grossinger, Richard: Der Mensch, die Nacht und die Sterne. Goldmann-Vlg 1988.

Grotowski, Jerzy: Für ein Armes Theater. Vlg Orell Füssli 1986.

Haley, Jay: Die Psychologie Milton H. Ericksons. Pfeiffer-Vlg 1988.

Halifax, Joan: Die andere Wirklichkeit der Schamanen. Goldmann (Tb) 1985.

Hamaker-Zondag, Karen: Astro-Psychology. The Aquarian Press, Wellingborough, Northampton 1980.

Harding, Esther: Frauen-Mysterien: einst und jetzt. Vlg Schwarze Katz, Berlin 1982.

Harner, Michael: Der Weg des Schamanen. Rowohlt (rororo) 1986.

Highwater, Jamake: Dance – Rituals of Experience. Methuen, Toronto 1985.

Hillman, James: Revisioning Psychology. Harper & Row, New York 1975.

Holst, Imogen: Holst. Faber and Faber, London 1974.

Hopkins, Budd: Intruders – The Incredible Visitations at Copley Woods. Random, New York 1987.

Hopkins, Jeffrey (Hg): Tantra in Tibet. Das geheime Mantra des Tson-ka-pa. Diederichs-Vlg 1989.

Houston, Jean: Der mögliche Mensch. Handbuch zur Entwicklung des menschlichen Potentials. Sphinx-Vlg 1984.

— The Search of the Beloved. Tarcher, Los Angeles 1987.

Howell, Alice: Jungian Symbolism in Astrology. The Theosophical Publishing House, Wheaton, Ill. 1987.

Iwasaki, Kazuaki u. Asimov, Isaac: Visions of the Universe. The Cosmos Store, Montrose, Cal. 1981.

Johari, Harish: Wege zum Tantra. Bauer-Vlg 1987.

Johnson, Robert A.: Der Mann. Die Frau. Auf dem Weg zu ihrem Selbst. Knaur (Tb) 1987.

Jung, C.G., Franz, Marie Luise von u.a.: Der Mensch und seine Symbole. Walter-Vlg 1988.

Jung, C.G.: Erinnerungen, Träume, Gedanken. Walter-Vlg 1988.

— Die Archetypen und das kollektive Unbewußte. Ges. Werke Bd. 9/I. Walter-Vlg 1983.

Keleman, Stanley: Dein Körper formt Dein Selbst. Selbsterfahrung durch Bioenergetik. mvg (Tb) 1986.

Kensington Ladies Society: Ladies Own Erotica. Ten Speed Press, Berkeley, Cal. 1984.

Klein, M.H., Mathieu, P.L. u.a.; The Experiencing Scale – A Research and Training Manual. Bureau of Audio-Visual Instruction, University of Wisconsin Extension 1970.

Kriyananda, Swami: The Spiritual Science of Kriya Yoga. The Temple of Kriya Yoga Press, Chicago 1985.

Kuhn, Thomas S.: Die Struktur wissenschaftlicher Revolutionen. Suhrkamp (Tb) 1973.

LaChapelle, Dolores u. Bourquet, Janet: Earth Festivals. Finn Hill Arts, Silverton, Col. 1976 (Vertrieb im dtschspr. Raum: Verlag Neue Erde, Saarbrücken).

Lame Deer, John u. Erdoes, Richard: Lame Deer – Seeker of Visions. Simon & Schuster, New York 1976.

Lankton, Steve: Practical Magic. Meta Publications, Cupertino, Cal. 1980.

Larson, Gary: Far Side Collection. Goldmann (Tb) 1988.

Levine, Stephen: Who Dies? Anchor Books, Garden City, NY 1982.

Lewis, Howard R.: Growth Games. Bantam Books, New York 1972.

Lingerman, Hal A.: Bewußt hören. Musik zum Heilen, Entspannen, Träumen, Aktivieren und Therapieren – für den täglichen Gebrauch. Windpferd-Vlg 1984.

Lowen, Alexander: Körperausdruck und Persönlichkeit. Kösel-Vlg 1988.

McEvers, Joan: Metaphysical, Spiritual and New Trends in Modern Astrology. Llewellyn Publications, Minneapolis, Minn. 1988.

McKim, Robert H.: Experiences in Visual Thinking. PWS Engineering, Boston, Mass. 1980.

Mariechild, Diane: Traumkraft. Vlg Frauenoffensive 1987.

Matthiessen, Peter: Auf der Spur des Schneeleoparden. Knaur (Tb) 1985.

Milne, A.A.: Pu der Bär. Dressler-Vlg 1989.

Moreno, Jacob L.: Gruppenpsychotherapie und Psychodrama. Thieme-Vlg 1988.

Morrison, Phillip u.a.: Zehn hoch. Dimensionen zwischen Quarks und Galaxien. Vlg Spektrum d. Wiss. 1988.

Motherpeace Tarot-Deck. US Games Sytems, New York 1981.

Mullin, Glenn H.: Die Schwelle zum Tod. Sterben, Tod und Leben nach tibetischem Glauben. Diederichs-Vlg 1987.

Mylonas, George E.: Eleusis and The Eleusinian Mysteries. Princeton University Press, Princeton, N.J. 1961.

NASA Adventure Games. School of Public Administration 786, University of Southern California.

Neihardt, John G.: Schwarzer Hirsch: Ich rufe mein Volk. Lamuv (Tb) 1987.

Nichols, Michael P. u. Zax, Melvin: Catharsis in Psychotherapy. Gardner Press, New York 1977.

Nin, Anais: Die verborgenen Früchte. Scherz-Vlg 1983.

— Das Delta der Venus. Heyne (Tb) 1989.

O'Neil, John: Prodigal Genius – The Life of Nikola Tesla. McKay (Tartan Books), New York.

Perera, Sylvia Brinton: Der Weg zur Göttin der Tiefe. Ansata-Vlg 1985.

Reich, Wilhelm: Die Funktion des Orgasmus. Kiepenheuer & Witsch (Tb) 1987.

Reti, Ladislao u.a. (Hg): Leonardo. Der Erfinder – Der Künstler – Der Forscher. (3 Bde) Belser-Vlg 1987.

Rice, Edward: Eastern Definitions. Anchor Doubleday, Garden City, N.Y. 1980.

Rolf, Ida P.: Rolfing. Hugendubel-Vlg 1989.

Rose, Jeanne: Jeanne Rose's Herbal Body Book. Putnam Publishing Group, New York 1976.

Rudhyar, Dane: Astrologie und Psyche. Chiron-Vlg 1990.

— Astrologie der Persönlichkeit. Hugendubel-Vlg 1988.

Satyeswarananda Giri, Swami: Lahiri Mahasaya. Selbstverlag USA 1983.

Saxe, Barry: The Magical State of Being. Arbor House, New York 1977.

Spolin, Viola: Improvisationstechniken für Theater, Therapie und Pädagogik. Junfermann-Vlg 1983.

Springer, Sally P. u. Deutsch, George: Linkes Gehirn / rechtes Gehirn. Vlg Spektrum d. Wiss. 1988.

Starhawk: Der Hexenkult als Ur-Religion der Großen Göttin. Bauer-Vlg 1985.

Stephenson, F. Douglas: Gestalt Therapy Primer. Jason Aronson, New York 1975.

Strieber, Whitley: Die Besucher – Eine wahre Geschichte. Vlg Ueberreuther 1988.

Walker, Benjamin: Tantrismus. Die geheimen Lehren und Praktiken des linkshändigen Pfades. Sphinx-Vlg 1987.

Walsh, Roger N. u. Vaughan, Frances (Hg): Psychologie in der Wende. Rowohlt (rororo) 1987.

Whitmont, Edward C.: Die Rückkehr der Göttin. Kösel-Vlg 1989.

Wilber, Ken: Halbzeit der Evolution. Goldmann (Tb) 1988.

— Der glaubende Mensch. Goldmann (Tb) 1980.

Williamson, Ray A.: Living the Sky. Houghton Mifflin, Boston 1984.

Yates, Frances A.: Gedächtnis und Erinnern. Mnemotechnik von Aristoteles bis Shakespeare. VCH-Vlg 1989.

Yogananda, Paramahansa: Autobiographie eines Yogi. Barth-Vlg 1985.

5e